신약 강해시리즈 (1)

교회의 장래는 어두운가?

골로새서

COLOSSIANS

교회의 장래는 어두운가?
골로새서

이중수 글
처음 찍은날 · 2017년 7월 20일
처음 펴낸날 · 2017년 7월 27일
펴낸이 · 오명진
펴낸곳 · 양들의식탁
출판등록 · 제2015-00018호
주소 · 서울 서초구 강남대로 455, B710호(서초동 강남태영데시앙루브)
전화 · (02)939-5757
보급 · 비전북 전화 (031)907-3927 팩스 080-907-9193
이메일 · jsleemar22@gmail.com(이중수), boseokdugae@hanmail.net(오명진)
페이스북 · 밝은교회-양들의 식탁

ISBN 979-11-960446-4-0 04230

이 도서의 국립중앙도서관 출판시도서목록(CIP)은 서지정보유통지원시스템 홈페이지(http://seoji.nl.go.kr)와
국가자료공동목록시스템(http://www.nl.go.kr/kolisnet)에서 이용하실 수 있습니다.(CIP제어번호: CIP2017016531)

신약 강해시리즈 (1)

교회의 장래는 어두운가?

골로새서

COLOSSIANS

양들의식탁

차례

소개

COLOSSIANS 골로새서

골로새서의 주된 특징은 숭고한 기독론입니다. 골로새서 1장 15-20절은 기독론의 에베레스트(Everest) 산정이라고 부를 수 있습니다. 바울은 여기서 예수님의 신적 신분과 함께 창조와 교회와의 관계에서 예수님이 가지신 역할을 장엄하게 진술하였습니다. 기독교의 핵심은 예수님입니다. 예수님이 알파와 오메가입니다. 예수님이 세상을 지으신 창조주시며 교회의 머리이십니다. 그래서 골로새서는 다원주의 현대 사회에서 그리스도인들이 다른 사상이나 타종교에 대해서 어떻게 생각하고 처신해야 하는지에 대한 실용적인 가르침을 줍니다. 골로새서에는 주님과 우리와의 연합 주제도 선명하게 가르칩니다. 예수님의 죽음과 부활은 객관적인 구원 사건에 그치는 것이 아니고, 주 예수를 믿는 모든 신자가 실제로 그의 죽음과 부활에 참여하여 그 혜택을 받는 사건입니다. 그래서 "함께"라는 말이 키워드로 여러 번 강조되었습니다.

> "너희가 세상의 초등학문에서 그리스도와 함께 죽었거든 어찌하여 세상에 사는 것과 같이 규례에 순종하느냐"(골 2:20).
> "그러므로 너희가 그리스도와 함께 다시 살리심을 받았으면 위에 것을 찾으라…"(골 3:1).
> "이는 너희가 죽었고 너희 생명이 그리스도와 함께 하나님 안에 감추었음이니라."(골 3:3).
> "우리 생명이신 그리스도께서 나타나실 때에 그 때에 너희도 그와 함께 영광 중에 나타나리라"(골 3: 4).

본 서신의 집필 목적

일반 이유 : 바울은 자신의 사도적 권위 아래 있었던 골로새 교회를 도울 책임이 있다고 느꼈습니다. 에바브라는 바울이 투옥되었을 때 그를 방문하여 골로새 교회와 주변 교회들의 소식을 전하였습니다. 바울은 이 소식을 받고 골로새서를 썼습니다.

특별 이유 : 골로새 교회는 당시에 유행하던 종교 사상을 수용하라는 유혹을 받았습니다. 바울은 골로새 지역에서 영향을 주던 소위 '골로새 이단'(Colossian heresy)을 막기 위해 그리스도를 높이는 서신을 보냈습니다(참조. 골 2:8, 20, 22, 23).

골로새 이단은 무엇인가

골로새 이단은 여러 형태의 종교적 극단주의와 재래 종교 사상이 혼합된 것이었습니다.

의식주의 : 유대 배경을 가졌습니다. 할례와 유대 음식 규례와 종교 절기를 지켜야 한다고 가르쳤습니다.

신비주의 : 하나님의 계시를 받는다면서 구원과 하나님에 대한 성경의 가르침은 무시하고 종교적 신비 체험에 의존하였습니다.

금욕주의 : 과도한 금식과 육체적인 극기를 통해 구원의 축복을 충만하게 받는다고 믿었습니다.

그리스도의 평가절하 : 예수님의 전적 충족성과 신성을 거부하였습니다(골 1:15-20; 2:2, 3, 9).

천사 숭배 : 천사들을 중재자로 보고 그들을 통해서 하나님의 축복을 전달받는다고 가르쳤습니다(골 2:18).

골로새서의 주안점은 무엇인가?

주 예수 그리스도의 신분을 적시하고 그분이 지닌 신성의 충만함을 알게 하는 것입니다. 예수 그리스도는 하나님의 모든 계시와 능력과 사랑의 성품이 육체로 거하시는 분임을 진술합니다. 그리고 그분은 세상의 모든 권세를 통제하는 창조주시며 교회의 머리가 되심으로써 모든 성도를 다스리시는 분임을 강조합니다. 그리고 예수 안에서 뿌리를 박고 그분 안에 세워져서 올바른 신자 생활을 하도록 합니다(골 2:6-7).

　바울은 골로새 교회를 세우지도 않았고 그곳의 교인들을 친밀하게 알지도 못하였습니다. 그래도 그는 그들에 대해서 사도로서 책임이 있다고 느꼈습니다. 또한, 그로부터 복음을 들은 에바브로가 세운 교회였기에 더욱 관심을 가졌을 것입니다. 그는 골로새 교회에 이단이 침투하여 자리를 잡지는 않았지만, 수시로 교회를 넘보는 이단들의 위험에 비추어 그리스도의 탁월성과 충만성을 강조하고 이단의 허구성을 경고하였습니다.

골로새서에서 생각하고 배울 점은 무엇인가?

　골로새 교회는 매우 작은 규모였습니다. 일부 학자들에 의하면, 교인 수가 몇 가정 되지 않아 약 15명을 넘지 않았을 것으로 짐작합니다(참조. 골 4:15-17). 그렇다면 바울이 이처럼 깊은 서신을 보냈다는 것은 놀라운 일입니다. 골로새 교회는 소수의 모임이었지만 믿음과 사랑의 열매를 맺으며 충실하게 자랐습니다. 교회가 크고 사람이 많아도 믿음과 사랑으로 채워지지 않으면 무력한 교회입니다. 그리스도에 대한 믿음이 깊고 서로 간의 사랑이 많아야 힘 있는 큰 교회며 좋은 교회입니다.

　우리의 교회는 무엇으로 유명합니까? 헌금 액수, 찬양대, 목회자의 인기, 교회당 크기, 유명 인사들의 참석 등등입니까? 우리 교회는 현재 그리스도에 대한 굳건한 믿음과 형제 사랑으로 넘치고 있습니까? 아니면 싸움과 시기와 세속성으로 채워져 있습니까? 우리 교회는 사랑이 많은 교회로 알려져 있습니까? 아니면 이기적이고 물질적

이며 위선적인 단체로 비난받고 있습니까? 우리나라 기독교의 위상
은 현재 크게 실추되었습니다. 기독교인들에 대한 세인의 비판에 어
떻게 대처해야 할까요? 우리가 욕을 듣는 까닭이 무엇인지 깊이 생
각하고 반성하며 회개하지 않으면 아무도 교회의 가르침에 귀를 기
울이지 않을 것입니다.

골로새서의 교훈

현대 목회자들은 소수 앞에서 복음을 신실하고 충실하게 전하는
것부터 배워야 합니다. 질적 성장과 신앙생활의 성숙을 등한시하는
대형주의는 현대 자본주의의 물량적 가치관의 반영입니다. 신약 성
경의 많은 부분은 이단에 대한 경고입니다. 현대 교회는 이단의 위
험을 어느 정도로 의식하고 있을까요? 이단이라는 말은 아무 데나
남용하기 때문에 이단의 정체를 바로 파악하는데 오히려 역효과를
낼 때가 많습니다. 신약에서 말하는 이단의 특징을 살펴보십시오.
현대 교회는 어떤 종류의 이단에 물들어 있으며 어떤 위험에 노출되
어 있습니까?

현대 기독교를 가장 왜곡시킨 것은 물질주의와 성공주의입니다.
교회가 맘몬의 우상 앞에 절하며 세속적 가치관의 성공을 축복의 증
거로 삼는다면, 예수 그리스도의 복음을 믿는 것이 아닙니다. 복음
은 하나님의 계시입니다. 그런데 골로새 이단은 철학적 추측과 극단
적인 종교적 의식을 구원의 방편으로 삼았습니다. 인간의 종교 철학
은 우리에게 아무 유익이 없습니다. 하나님이 계시한 복음만이 우리
를 구원합니다. 우리는 개인 신앙이든 교회 운영이든 인간의 노하우

가 아닌 예수님과 사도들을 통해서 하나님이 계시하신 가르침을 따라야 합니다. 현대 교회와 개별 신자들이 어떤 종류의 인간적 지혜와 사상으로부터 탈피해야 하는지 생각해 보십시오. 예를 들어 다원주의, 포스트모더니즘, 성공주의 등은 현대 교회가 복음의 본질에 비추어 분명하게 선을 긋고 대처해야 하는 세속 사상의 영역입니다.

골로새 교회와 에바브라와의 관계

바울은 에베소에서 2년간 머문 적이 있었습니다. 그때 소아시아에 있는 자들이 복음을 들었습니다(행 19:10). 골로새에서 온 에바브라도 이때 회심하였고 바울이 그를 골로새로 돌아가게 하여 교회를 개척하도록 하였습니다(1:7; 4:12; 몬 23). 에바브라는 골로새 지역의 히에라볼리와 라오디게아에서도 교회들을 개척한 듯합니다(골 4:13).

에바브라는 누구인가?

그는 빌립보서 2:25-30절에 언급된 에바브로디도가 아닙니다. 그러나 에바브라는 그와 같은 성품을 가진 자였습니다. 바울은 "이와 같은 자들을 존귀히 여기라"(빌 2:29)고 했습니다.

에바브라는 빌레몬서 23절에서도 언급되었습니다. 그는 바울과 함께 투옥되었습니다. 그는 자기 고향으로 가서 자원하여 복음을 전하였고 인근 지역에서도 신실하게 복음을 전하였습니다. 그는 감옥에 있는 바울에게 가서(로마 혹은 가이사랴 감옥) 골로새 교회의 소식을 전하였는데 무슨 이유에서인지 자기도 감금되었습니다(몬 23절). 바울은 이제 골로새 교인들에게 에바브라의 문안을 전합니다(4:12). 그리고 그를 적극적으로 칭찬합니다.

존귀히 여겨야 할 사람들

빌립보서 2:25-30절에 나오는 에바브로디도와 골로새 교회의 에바브라는 이름도 비슷하고 성품도 비슷합니다. 바울은 그들을 교회에 추천하며 훌륭한 리더들이라고 칭찬하면서 존귀하게 대하라고 했습니다(참고. 골 1:7-8; 4:12-13; 빌 2:29). 현대 사회는 어떤 인물들을 알아줍니까? 사람들은 필름 스타, 팝 스타, 스포츠 스타들에게 열광합니다. 일반적으로 세상에서 출세한 사람들을 우러러보고 부러워합니다. 그런데 교회는 어떤 자들을 존귀히 여겨야 할까요? 소위 말하는 하나님의 귀한 종들이 누구입니까? 대형 교회 목사님들입니까? 돈 많은 장로님들입니까? 유명세를 탄 선교사들입니까? 우리는 외형주의에 사로잡혀 있는지도 모릅니다. 외형주의는 세속적 가치관이지 기독교 사상이 아닙니다. 하나님은 누구도 외모로 판단하시지 않습니다. 이 말씀은 곧 하나님의 가치관을 대변합니다. 하나님께서는 외형이나 인기나 자기 성취를 자랑삼는 자들을 인정하시지 않습니다. 그래서 하나님은 외모로 사람을 판단하시는 분이 아님을 성경에서 여러 번 명시하였습니다(신 16:19; 요 7:24; 롬 2:11; 행 10:34; 벧전 1:17; 3:3; 약 2:1-4). 이러한 가르침은 무엇을 의도한 것일까요? 하나님을 믿는 신자들은 마땅히 하나님의 가치관에 따라 사람을 평가하고 하나님의 표준에 맞추어 주를 섬겨야 한다는 것입니다. 우리가 배경이나 돈이나 사회적 지위를 보고서 잘 나고 못난 것을 따지고,

귀하고 귀하지 않은 것을 판단한다면 세속적인 가치관을 가진 사람이지 하나님의 가치관을 가진 그리스도인이 아닙니다.

교회가 누구를 존귀하게 여겨야 할까요? 대형교회 목회자나 돈 많은 장로나 유명한 선교사라고 해서 당연히 존경을 받아야 한다는 법도 없고, 그런 분들이 반드시 존경의 대상에서 제외되어야 한다는 법도 없습니다. 우리가 존경하는 디엘 무디나 찰스 스펄전의 교회에는 수천 명의 교인이 있었습니다. 그러나 에바브라가 세운 골로새 교회는 십여 명에 불과했습니다. 바울이 세운 다른 교회들도 아무리 크다고 해도 초창기에는 50여명 이하였습니다. 나중에 숫자가 불어났다고 해도 현대 교회의 사이즈에 비교될 수 없습니다.

우리가 교회에서 누구를 존귀하게 여기고 안 여기는 표준이 무엇입니까? 돈이나 학위나 직책이나 인기 좋은 직업입니까? 우리가 존귀하게 여겨야 할 성도들은 하나님의 복음을 바르게 깨닫고, 외모로 판단하지 아니하며, 주님의 말씀과 하나님의 가치관에 따라 세상을 살고 주님을 섬기는 자들이어야 합니다. 하나님과의 바른 관계 속에서 복음을 실천하며 헌신하는 자들이라면, 돈이 많거나 적거나, 교회가 크거나 작거나, 세상에 이름이 알려졌거나 말거나, 목회자든 평신도든 아무런 상관이 없이 존귀히 여겨야 합니다.

돈 많은 사람 장로 될 수 있고, 외국 유학해서 학위 받은 사람 큰 교회 목사 될 수 있습니다. 그러나 그런 조건 때문에 장로가 되고 목사가 되어 존귀를 받는다면 세속적 가치관입니다. 세상의 눈으로 조건 충족이 되기 때문에 하나님의 귀한 종으로 인정된다면, 교회가 세상 방식으로 운영된다는 증거입니다. 학위가 있든 없든, 큰 집에서 살든 단칸방에서 살든, 직업이 좋든 나쁘든, 하나님의 복음에 충실하게 사는 분들이 존경을 받아야 합니다. 우리는 외모로 판단하는 악습에서 벗어날 때만, 복음적인 교회를 할 수 있고 복음적인 교인이 될 수 있으며 세상과 다른, 그리스도의 표준으로 사는 하나님의 백성이 될 수 있습니다.

야고보의 말을 들어 보십시오(약 2:1-4). 야고보의 결론이 무엇입니까? 외형주의는 "악한 생각으로 판단"하는 것이라고 정죄하였습니다. 그럼 우리는 어떻게 해야 하겠습니까? 외모로 판단하지 말아야 합니다. 그리고 우리가 다니는 교회가 외모로 판단하여 운영하려고 할 때는 이를 막아야 합니다. 무엇이 잘못되었는지를 깨달은 자에게는 책임이 있습니다. 하나님의 교회는 갱신되어야 합니다. 외모로 판단하는 일부터 바로잡아야 하겠습니다.

현재 우리나라 교회는 수십 년 동안 존귀히 여겨야 할 분들을 존귀히 여기지 않았기 때문에 많은 부작용과 영적 손실을 당하고 있습니다. 우리 눈에 존귀히 여겨야 할 에바브라가 발견되면, 하나님께 감사하고 그런 분을 자신이 할 수 있는 최선의 방법으로 격려해야 합니다. 에바브라는 바울의 칭찬과 추천이 필요하였고(4:13) 성도들의 격려가 필요하였습니다. 반드시 사역자가 아니더라도 우리의 에바브라를 귀히 여기고 사랑해야 합니다. 하나님의 축복이 그들을 통해서 우리에게 흘러들어 옵니다. 그런 분들이 많을수록 교회가 건강해지고 복음의 원색이 드러납니다. 그들은 하나님의 복의 통로입니다. 무엇보다도 나 자신이 에바브라와 같은 사람이 되도록 힘써야 합니다. 그래서 모두 하나님 앞에서 '잘하였도다. 착하고 충성스러운 종아'라는 칭찬을 받아야 합니다. 에바브라는 세상이 알아주지 않을지 모릅니다. 그러나 외모로 판단하시지 않는 하나님께서 알아주십니다. 온 천하 앞에서 에바브라를 잘하였다고 칭찬하실 날이 올 것입니다. 그러므로 에바브라들은 남이 알아주지 않더라도 낙심하지 말고 주님을 더욱 간절한 마음으로 성실하게 섬겨야 합니다.

본 서신은 "하나님의 뜻으로 말미암아 그리스도 예수의 사도 된 바울과 디모데"라고 시작합니다. 하나님의 사람들과 신실한 성도들 사이의 교제는 얼마나 복된 것인지 모릅니다. 진정으로 하나님의 뜻으로 주의 종이 된 자들과 하나님의 뜻으로 신실한 믿음 생활을 하는 자들과의 관계는 아름답고 바람직합니다. 친교의 참 의미를 생각해 보십시오. 바울과 디모데는 골로새 성도들과 함께 복음의 장엄함과 그리스도의 위대하심을 깊이 나누었습니다. 그들의 세계는 하나님의 뜻으로 부름을 받은 성도들과의 교제를 통해서 세상이 알지 못하는 차원의 축복을 누렸습니다. 그들은 수가 적고 가난했으며 사회의 멸시를 받아도 드높은 구속의 창공을 바라보며 광활한 복음의 대지에서 살았습니다. 그들의 영혼은 광대한 구원의 날개를 달고 하나님의 빛의 세계를 마음껏 나를 수 있었습니다(1:13). 우리에게도 이 같은 자유가 있습니까?

어떻게 하면 우리도 바울과 에바브라처럼 복음에 신실하고 골로새 교인들처럼 풍성한 영적 삶을 살 수 있을까요?
• 주 예수를 깊이 아는 것입니다.

- 골로새서에 기록된 기독론을 믿는 것입니다.
- 주 예수께 모든 것을 걸고 자신을 넘겨 드리는 것입니다.
- 그분의 위대한 구원을 깨닫고 하나님을 항상 찬양하며 사는 것입니다.

  기독교의 중심은 예수 그리스도입니다. 복음은 예수로 시작해서 예수로 끝납니다. 복음은 충만한 복의 근원이신 주 예수를 신뢰하고 오직 그분만의 구원에 의존하는 것입니다. 그러므로 히브리서의 저자는 주 예수를 바라보고, 주 예수를 깊이 숙고하라고 하였습니다.

  "믿음의 주요 또 온전하게 하시는 이인 예수를 바라보자"(히 12:2).
  "우리 믿는 도리의 사도이시며 대제사장이신 예수를 깊이 생각하라"(히 3:1).

2장

바울의 인사말
골로새서 1:1-2

"하나님의 뜻으로 말미암아 그리스도 예수의 사도 된 바울과 형제 디모데는 골로새에 있는 성도들 곧 그리스도 안에서 신실한 형제들에게 편지하노니 우리 아버지 하나님으로부터 은혜와 평강이 너희에게 있을지어다"(골 1:1-2).

바울은 열두 사도가 아니었습니다. 그는 열두 사도의 자격 요건에 들어가지 못하였습니다(행 1:21-22). 그는 교회를 박해하였고, 예수님의 부활도 나중에 다메섹 길에서 환상으로 보았을 뿐이었습니다. 그는 사도로서 인정을 받지 못할 때가 많았습니다. 그래서 자신의 사도직을 변호해야 했습니다(고후 10장-12장). 그의 다른 서신들에서도 자신의 사도직을 자주 강조하였습니다(갈 1:14-17; 엡 1:1; 딤전 1:1; 딤후 1:1).

왜 하나님께서 바울을 처음부터 열두 사도의 한 사람으로 선택하시지 않았을까요?

하나님께서는 때때로 우리의 기대나 생각보다 전혀 다른 방법으로 자신의 선한 뜻을 펼쳐나가십니다. 바울은 사람의 판단으로는 사도의 자격이 없었습니다. 그러나 하나님께서는 박해자를 회심케 하시고 하나님의 은혜와 능력이 크게 드러나게 하셨습니다. 바울은 큰 약점을 가진 자였습니다(행 22:19-20). 그런데도 바울 같은 사람이 예수를 믿었다면 누구도 구원받을 수 있습니다. 하나님은 복음의 원수도 구원받기를 원하십니다. 그래서 사람의 생각을 넘어 하나님의 능력으로 이를 가능하게 하십니다(행 22:7-8).

바울은 열두 사도에 들어갈 수 있는 자격은 없었을지라도, 주님으로부터 직접 이방인의 사도로 부름을 받았습니다. 그는 이방인 선교 소명을 위해 특별히 필요한 인물이었습니다. 만일 바울이 아니었더라면 기독교는 세계 종교가 될 수 없었을 것입니다. 그러나 사람들은 그를 인정하지 않았고 모함하기 일쑤였습니다. 그런데도 하나님께서는 그를 통해 세계 선교의 발판을 닦으셨습니다.

나에게는 어떤 약점이 있습니까? 하나님은 나의 약점을 극복하시고 내게 주신 사명을 감당하게 하십니다. 삼손의 경우를 생각해 보십시오. 그는 자신의 심각한 약점에도 불구하고 하나님의 나라를 위해 크게 쓰임을 받았습니다. 나도 바울과 삼손의 하나님을 믿으면, 모든 죄를 용서받고 유용한 일꾼으로 하나님을 위해 봉사할 수 있습니다.

바울은 자신의 사도직이 하나님의 뜻으로 되었다고 확신하였습니다. 바울은 거짓 사도들처럼 사적으로 혹은 스스로 사도라고 자칭하지 않았습니다. 그는 다메섹에서 주님을 만났고, 그분이 메시아이심을 깨달았으며, 주님으로부터 직접 이방인 선교의 소명을 받았습니다. 바울이 하나님의 뜻으로 사도가 되었다면 골로새 교인들은 비록 바울을 만난 적이 없어도, 그의 서신을 하나님이 주시는 말씀으로 읽어야 했습니다.

우리는 하나님의 선한 뜻에 따라 복음을 듣고 믿었습니다. 신자를 '성도'라고 부르는 것도 하나님의 구원 계획의 뜻을 따른 것입니다(엡 1:3-6). 바울처럼 우리도 하나님의 뜻에 따라 성도로 부름을 받았다는 사실을 확신한다면, 감사의 기도가 그치지 않고 하나님을 섬기고 싶은 마음으로 채워질 것입니다. 그리고 자신이 하나님의 사랑의 대상임을 알고 기뻐할 것입니다. 내가 그리스도 안에서 누구인지를 알면, 자존감이 상승하고 거룩한 삶의 동기부여를 받습니다.

신실함의 의미는 무엇입니까?

바울은 골로새 성도들이 그리스도 안에서 신실한 형제임을 전제합니다. 성도는 신실한 신자들입니다(2절). 그럼 신실함이란 어떤 것일까요? 바울은 복음과 관련해서 골로새 교인들이 신실하다고 하였습니다.

첫째, 신실함은 복음에 머무는 일에 충실한 것입니다.

골로새 교인들은 복음을 듣고 그리스도에게 속한 하나님의 백성이 되었습니다. 그런데 골로새에는 도덕적 금욕주의와 종교적 신비주의, 철학적이고 추상적인 이론들이 많아서 골로새 교인들에게 유혹이 되었습니다. 그래서 바울은 본 서신에서 그들이 복음의 진리에서 흔들리지 않도록 교훈하였습니다(5절). 성도는 '그리스도인'(Christian)입니다. 그리스도를 따르는 자들이 성도입니다. 그렇다면 그리스도의 복음이 아닌 것들로부터 떠나야 합니다. 복음에 충실하지 않은 교인들은 하나님의 뜻을 어기는 자들입니다. 거짓된 가르침을 분별하며 비복음적인 가르침에 저항하는 자들이 '신실한 형제'들입니다.

둘째, 신실함은 복음을 전하는 일에 충실한 것입니다(골 1:7; 4:7, 9).

초대 교회의 일꾼들은 복음을 위해 힘써 봉사하였습니다. 자신이 그리스도의 크나큰 희생과 사랑으로 구원받았다는 사실을 아는 신자라면, 복음의 귀중함을 압니다. 이것은 복음을 전하는 강력한 동기부여가 됩니다. 주 예수의 구원을 알고 믿는다면서 복음이 얼마나 필요하고 좋은 것인지를 전하지 않는다면, 십자가 은혜가 무엇인지를 다시 생각해 보아야 합니다.

셋째, 신실함은 자신이 사는 곳에서 복음의 증인이 되는 것입니다.

골로새에 있는 성도들은 그리스도 안에 있는 자들입니다. 그리스도 안에 있는 자들이란 그리스도의 메시아 사역이 이룬 영광스러운 결과의 축복을 누리는 위치로 옮겨졌다는 뜻입니다. 그러나 이것은 동시에 메시아의 축복을 자신이 사는 곳에서 드러내어야 함을 의미합니다. 골로새 교인들은 이단 교리가 많은 골로새에서 복음의 증인이 되어야 했습니다.

은혜의 의미는 무엇입니까?

은혜를 비는 것은 로마 시대에 일반적인 인사말이었습니다. 그러나 바울은 은혜라는 말을 구원의 용어로 사용하였습니다. 바울은 하나님의 구원의 은혜를 말하면서 당시의 로마 제국이 제공하는 세속적 형태의 구원을 염두에 두고 대조시켰습니다. 바울은 은혜를 하나님의 구원 사역의 관점에서 설명하였습니다.

하나님께서는 먼저 구원을 위해 한 백성을 택하셨습니다(골 3:12; 엡 1:4; 갈 3:6-9). 그다음 아들이신 예수님을 세상에 보내셨습니다(골 1:15-20). 그 목적은 주 예수를 믿음으로써 그의 백성이 죄로부터 구출되게 하려는 것이었습니다(골 1:13-14; 갈 1:4). 바울은 이 은혜 사역을 위해 특별히 이방인의 사도로 부름을 받았습니다(골 1:21-23; 1:24-2:5). 바울은 이러한 구원 사역의 역사적인 단계와 과정을 진술하면서 그리스도의 복음을 이방인에게 전파하기 위해 자신을 사도로 부르신 것을 하나님의 은혜라고 설명합니다. 복음의 은혜는 신자들이 죄와 죽음을 이기고 거룩하고 신실한 삶을 살도록 능력을 입혀 줍니다(롬 6:4). 바울이 진술하는 은혜 구원은 로마 제국의 억압적이고 조건적인 정치적 구원과 달랐습니다. 하나님의 구원은 믿음을 수단으로 삼고 받는 선물입니다(골 2:12; 갈 2:16; 3:26). 이 은혜는 인종과 문화의 장벽을 넘습니다. 정치적 배경이나 경제적 힘이 없어도, 주 예수를 하나님이 보내신 구원자로 믿는 자들은 누구나 죄의 용서와 영원한 구원을 받습니다(골 3:11; 갈 3:28).

평강의 의미는 무엇입니까?

일반적으로 평강 혹은 평화라고 하면 전쟁이 종식되고 질서가 회복된 세상이나 마음의 평안을 가리킵니다. 평강(peace)은 성경의 배경을 가진 말로써 히브리어로 '샬롬'(shalom)입니다. 구약 선지자들은 하나님의 샬롬을 약속하였습니다. 무엇에 대한 약속이었을까요?

첫째, 만물이 원래 하나님께서 의도하셨던 창조 질서로 회복된다는 약속입니다. 샬롬은 '오는 세상'(엡 1:21; 비교. 갈 1:4) 혹은 '새 하늘과 새 땅'(계 21:1; 벧후 3:13)의 모습을 대변합니다. 즉, 죄와 무질서가 지배하는 타락한 상태에서 죄에 대한 하나님의 진노가 거두어지고(롬 1:18; 골 3:5, 6), 생명과 질서와 조화의 새로운 세상으로 변화되는 것입니다. 즉, 메시아 시대의 축복들을 가리킵니다(요 20:19, 21).

둘째, 새로운 샬롬의 세상에서는 하나님의 승리를 축하하고 온 우주가 만물의 으뜸이 되시는 예수 그리스도의 다스림을 받습니다. 이러한 평화는 그리스도의 십자가 피로써 이루어진 초자연적 은혜입니다(골 1:18-20; 요 14:27).

셋째, 샬롬은 충만하게 채워졌다는 의미의 웰빙(well-being)입니다. 샬롬은 하나님 나라의 모든 축복을 총칭합니다. 하나님의 다스림을 받고 그분의 뜻 안에서 살 때 누리는 최선의 축복된 삶입니다. 예수님은 부활절 저녁에 제자들에게 "너희에게 평강이 있을지어다"(요 20:19)라고 샬롬의 축도를 하셨습니다. 예수님이 자신의 죽음과 부활로써 하나님 나라를 이룩하시므로 드디어 샬롬의 축복이 실현되기 시작하였습니다. 타락한 세상 역사에서 처음으로 구약 선지자들이 예언해 왔던 진정한 의미의 샬롬이 선포되고 수여된 것입니다. 그래서 부활절 저녁의 샬롬은 십자가에서 "다 이루었다"(요 19:30)라는 주님의 선언에 대한 후렴입니다. 십자가 대속을 통해 죄인과 하나님 사이에 평화가 오고, 그리스도의 부활 생명을 받아 누리므로 샬롬의 새 시대가 왔습니다. 샬롬은 진정한 의미의 부활절 인사입니다. 바울의 모든 서신에서 '은혜'와 '평강'이 함께 나오는 것은 예수님의 부활 승리가 있기 때문입니다.

넷째, 평화는 내적이고 영적인 만족 이상입니다. 평화는 단순히 안온하고 좋은 느낌을 주는 개인적인 심령의 평온함 이상의 의미가 있습니다. 샬롬은 인간 존재의 모든 영역을 포함합니다. 영적, 도덕적, 사회적 측면의 질서를 비롯한 조화와 화해가 모두 내포됩니다(골 3:1-4:6). 부활하신 그리스도가 우리에게 주시는 샬롬은 새 시대(골 3:6, 8)와 새 생명 속으로 들어간 신자들이 누려야 할 새 삶의 특징이어야 합니다. 새 하늘과 새 땅은 그리스도 안에서 이미 시작되었습니다.

기독교를 단순히 도덕 종교로 보지 말아야 합니다. 도덕 종교는 세상에도 많습니다. 기독교는 물론 개인의 인격과 도덕을 중시합니다. 그러나 그것이 구원의 전부가 아닙니다. 구원은 우주적인 새 창조입니다. 하나님과 사람 사이, 인간과 인간 사이, 인간과 자연 사이의 어긋난 관계가 회복되고 화해되며 죽음과 죄가 사라지는 것이 구원입니다. 구원은 새 창조의 결과로 신천신지에서 그리스도와 함께 새 생명의 영원한 삶을 사는 것입니다. 십자가 구원은 새 인류의 출발이며 온 우주의 회복입니다. 우리는 이러한 샬롬의 새 시대를 위해 부름을 받았습니다.

1세기 로마 시대의 팍스 로마나(Pax Romana, '로마가 주는 평화')는 널리 홍보되었지만, 인간의 자원과 무력으로 쟁취하고 유지된 평화였습니다. 이것은 세상이 주는 평화의 특징입니다. 그러나 인간의 병든 영혼과 타락한 세상은 이보다 더 깊은 차원의 평화가 필요합니다. 새 창조는 그리스도 안에서 이미 시작되었습니다. 그러나 아직은 예수께서 재림하실 완성의 날을 기다립니다. 그때까지 우리는 세상의 여러 문제로 고통과 압박을 받습니다. 그럴지라도 주 예수를 믿는 성도들은 새 하늘과 새 땅의 완전한 갱신의 때가 올 것을 확신하고 고대합니다. 성도는 날마다 이 세상의 불의와 고통을 보며 의로운 롯처럼 심령이 상합니다(벧후 2:7). 그래도 그리스도의 샬롬을 날마다 체험하면서 살 수 있습니다. 이 평안은 복음을 바르게 깨달으며 예수님과 살아 있는 교제를 계속할 때 누리게 됩니다. 우리는 항상 주님의 다스림을 받으며 온 우주의 회복을 열망하면서 바울의 기도를 올리는 샬롬의 백성들입니다(골 1:9-12).

3장

믿음, 사랑, 소망
골로새서 1:3-5

"우리가 너희를 위하여 기도할 때마다 하나님 곧 우리 주 예수 그리스도의 아버지께 감사하노라 이는 그리스도 예수 안에서 너희의 믿음과 모든 성도에 대한 사랑을 들었음이요 너희를 위하여 하늘에 쌓아 둔 소망으로 말미암음이니 곧 너희가 전에 복음 진리의 말씀을 들은 것이라" (골 1:3-5).

바울의 기도와 감사

바울은 기도의 사도였습니다. 그는 항상 다른 사람들을 위해 기도하였습니다. 그 결과는 무엇입니까? 감사의 소재가 풍성해지는 것입니다(참고. 엡 1:15-16). 나는 누구를 위해서 기도합니까? 물론 자신을 위해서도 기도하고 하나님께 감사해야 합니다(딤전 1:12). 그런데 주님의 지체라는 공동체 의식이 있을 때 다른 형제자매의 일을 놓고 기도하게 됩니다. 초대교회는 자기 교회라는 울타리를 벗어나서 다른 성도들을 위해서도 기도하였습니다. 바울은 만나본 적도 없는 골로새 교인들을 위해 항상 기도하였습니다.

나 자신을 위해서만 기도하면 감사의 소재가 제한됩니다. 그러나 다른 사람을 중심으로 한 기도에는 감사거리도 많습니다. 항상 감사하는 사람이 되려면 중보 기도자가 되십시오. 바울은 항상 다른 사람을 위해 기도했기에(1:9) 항상 감사하는 자가 되었습니다(1:3). 바울은 항상 기도하고 항상 감사하라는 권면을 자주 하였습니다. 다음 구절들을 확인해 보십시오. (골 1:6, 12; 2:7; 3:15, 17 4:2; 롬 12:12; 고전 1:4; 살전 1:2; 2:13; 5:17-18; 살후 1:3, 11; 딤후 1:3). 바울은 자신이 항상 감사 기도를 올렸습니다. 어떻게 항상 감사할 수 있겠습니까? 나에게 일어나는 좋은 일들만 감사한다면 항상 감사할 수 없습니다. 나에게 좋은 일만 항상 일어나지 않으니까요. 그러나 다른 사람을 위해 기도하면 기도 응답의 횟수가 올라가기 때문에 그만큼 하나님께 더 감사할 수 있습니다. 기도와 감사는 바늘 가는 데 실 가듯이, 상호 연관된 것입니다. 신자의 삶은 기도와 감사의 연속이어야 합니다. 이것은 주님의 기도 생활을 닮는 것입니다. 주님은 자신보다 남을 위해 기도하셨습니다. 비록 겟세마네 동산의 기도처럼 자신을 위한 기도를 하실 때도 우리 모두의 구원을 위해 필요한 기도였습니다.

교인들은 너도나도 복 받기를 원합니다. 그런데 하나님께서 날마다 쉬지 않고 공급하실 수 있는 복이 있습니다. 기도의 범위를 넓혀서 다른 사람을 위해 날마다 기도해 보십시오. 가족이나 자기 교회를 넘어 다른 교회들과 다른 나라에까지 영역을 확대해서 기도한다면, 그만큼 감사의 소재가 늘어날 것입니다. 감사하면서 사는 것은 하나님이 언제나 주기를 원하시는 신령한 복입니다. 그런데도 일반적으로 우리는 중보 기도를 통한 감사의 복에는 별 관심이 없습니다. 그러나 바울은 감사의 복을 항상 누리라고 권면하였습니다. 골로새 교회의 리더였던 에바브라는 중보 기도를 통해 이러한 복을 누리는 성도였습니다(골 4:12).

"우리 주 예수 그리스도의 아버지께 감사하라"(3절).

바울은 골로새 교인들을 위해 기도하면서 "우리 주 예수 그리스도의 아버지께" 감사한다고 하였습니다. 여기서 '아버지'는 하나님과 구약 백성 사이의 언약 관계를 시사합니다. 이스라엘은 하나님의 장자였습니다(호 11:1; 출 4:22). 그런데 예수님은 하나님의 아들로서 세상에 보냄을 받고 오셨습니다. 그는 언약 백성의 참모습을 대표하는 새 이스라엘 백성의 장자로서 하나님을 전적으로 순종하셨습니다(롬 8:29; 히 3:6; 5:7-10). '그리스도 안에서' 우리를 택하시고, 그리스도를 대속주로 세상에 보내시며, 그의 모범으로 우리를 인도하시는 분은 그리스도의 아버지이십니다. 그래서 골로새 교인들이 복음을 믿고 믿음과 사랑과 소망을 갖게 되었기에 하나님께 감사한다고 하였습니다(요 3:16).

우리는 예수님에게만 모든 감사를 돌리기 쉽습니다. 그러나 구원은 성삼위 하나님의 공동 작업입니다. 성부 하나님은 구원의 근원이시고, 성자 예수님은 구원의 성취자며, 성령님은 구원을 죄인들에게 적용하여 믿게 하십니다. 구원은 성부 하나님의 계획으로 시작되었습니다. 하늘 아버지께서 예수 그리스도를 세상에 구주로 보내셨습니다. 그래서 우리는 하늘 아버지께 늘 감사해야 합니다(엡 1:3; 2:10). 예수님은 잘 알고 기억하면서 예수님을 세상에 보내신 "주 예수 그리스도의 아버지"를 잘 기억하지 않는 것은 잘못입니다. 바울은 "주 예수 그리스도의 아버지"를 늘 강조하였습니다. 예수님 자신도 요한복음에서 자신의 아버지를 항상 언급하며 높였습니다. 하늘 아버지께서는 예수 그리스도를 세상에 보내심으로써 자기 백성을 구원하실 것이라는 언약을 지키셨습니다. 그래서 우리가 하나님께 감사하는 것은 하나님께서 자신의 언약에 신실하심을 인정하는 일입니다. 그런데 예수님의 아버지는 곧 우리 아버지도 되십니다(요 20:17). 그렇다면 성부 하나님께 마땅히 더 감사해야 합니다. 입으로만 감사하고 찬양하는 것이 아니라, 아버지를 항상 신뢰하고 그분을 순종하며 하늘에 속한 자녀로서 합당한 열매를 맺어야 합니다(골 1:10). 신자의 삶에는 하늘 아버지가 그리스도와 함께 경배와 찬양의 초점이 되어야 합니다

> "내가 또 들으니 하늘 위에와 땅 위에와 땅 아래와 바다 위에와 또 그 가운데 모든 피조물이 이르되 보좌에 앉으신 이와 어린 양에게 찬송과 존귀와 영광과 권능을 세세토록 돌릴지어다 하니"(계 5:13).

믿음과 사랑과 소망은 성도의 특징입니다(4-5절)

[어떤 믿음입니까?]

복음적인 믿음은 내적 신념이나 자기 확신이나 막연한 바람이 아니고 예수 그리스도를 신뢰하는 것입니다(4절). 믿음의 근원지는 내 속이 아니고 내 밖에 있습니다. 믿음은 하나님과 그분에 대한 말씀을 신뢰하는 것으로 시작됩니다. 특별히 하나님께서 이 세상에 구주로 보내신 예수 그리스도를 신뢰하는 것이 믿음의 첫걸음입니다. 믿음은 하나님께서 구속주로 보내신 예수님 안에서 제공하는 구원의 축복들을 붙잡는 것입니다. 골로새 교인들은 구원을 위해 예수님을 바라보았고 죄로부터 구출되기 위해 예수님을 신뢰하였습니다. 믿음의 질과 가치를 결정하는 것은 믿음의 대상입니다. '그리스도 예수 안에' 있는 믿음이어야 하나님의 인정을 받습니다. 하나님이 구주로 보내신 그의 아들을 믿는 믿음, 곧 예수 안에 뿌리를 박고 그의 인격과 사역에 초점이 잡히지 않은 다른 종류의 믿음은 구원에 이르는 믿음이 아닙니다.

한편, 예수 그리스도를 믿는다는 것은 예수님만 별도로 믿는 것이 아닙니다. 성경은 구원을 설명할 때 항상 구원의 역사와 메시아에 대한 예언들을 언급합니다. 믿음의 내용은 하나님께서 자기 백성을 구출하는 구약의 여러 역사적 이벤트를 통해서 형성되었습니다. 즉, 궁극적인 구원에 대한 예언의 약속들이 예수님의 돌아가심과 부활로 성취되었다는 것입니다(롬 10:9). 믿음은 예수님의 오심과 십자가와 부활 사건의 절정에 이르기까지 구원의 역사를 전개해 오신 하나님을 신뢰하는 것을 전제한 것입니다. 그래서 사도 요한은 "영생은 곧 유일하신 참 하나님과 그가 보내신 자 예수 그리스도를 아는 것"(요 17:3)이라고 하였습니다.

주 예수를 믿을 때 우리는 그에게 연합되고 하나님의 눈에 의롭게 보입니다(롬 3:26; 5:1; 13:39). 바울은 구원을 신자들이 함께 경험하는 것으로 여깁니다. 믿음으로 그리스도 안에 들어가고 연합되는 것은 예수님과의 교제뿐만 아니라 주 안에 있는 다른 신자들과의 교제를 의미합니다(고전 12:12). 구원에 이르는 믿음은 개인적인 것이지만, 일단 구원을 받은 후에는 믿음의 공동체에 소속된 일원으로서 다른 신자들과 함께 하나님을 섬겨야 합니다. 그리스도 안에 있는 믿음은 드러나야 정상입니다. 골로새 교인들의 믿음은 사도 바울에게 알려졌습니다. 참믿음은 예수님에 대해서 용기 있게 증언하고 서로 사랑하며(갈 5:9) 반대와 자신의 연약성에도 불구하고 포기하지 않고 계속해서 믿습니다. 바울은 골로새 교인들의 이러한 믿음에 대해 하나님께 감사하였습니다.

[어떤 사랑입니까?]

예수님은 죄인들을 위해 자신을 십자가의 제물로 내놓으셨습니다. 신자들의 사랑은 예수님의 이타적인 자기희생의 사랑에 뿌리를 둔 것입니다. 우리가 사랑을 표현한다면, 그것은 우리에 대한 하나님의 가히 없는 사랑에 대한 감사의 반응입니다. 복음적인 사랑의 특징은 대상에 구별이 없습니다. '모든'(4절)이라는 말이 사랑의 키워드입니다. 자기들끼리만 주고받는 사랑이 아닙니다. 나와 신분이나 학력이나 경제 능력이 비슷한 자들과 어울려 사랑하는 것은 세상 사람들도 잘합니다. 그런데 교회에서도 일부 성도들만 사랑하는 것은 어렵지 않습니다. 그러나 모든 성도 곧, 나에게 적대적인 자, 가난하고 못 배운 자, 무례한 자, 교만한 자, 나와 수준이 맞지 않는 자들을 포함한 무차별적이고 비제한적인 사랑은 그리스도 안에서만 가능합니다(마 5:44).

복음적인 사랑은 어떤 것일까요? 예수님에 대한 믿음으로 성령 안에서 예수님처럼 사랑하는 것입니다(요 13:34). 골로새 교인들은 모든 이들을 사랑하는 일로 널리 소문이 났습니다. 바울은 골로새 교인들의 믿음과 사랑을 들었다고 했습니다. 서로에 대한 그들의 사랑이 공개적으로 드러났기 때문에 바울 사도에게도 이 소식이 알려졌습니다. '서로 사랑'이 행동으로 표현될 때 세상은 우리가 주님의 제자라는 것을 알게 됩니다(요 13:35). 사랑은 구원받은 신자가 하나님 안에 머문다는 것을 증명합니다(요일 4:8, 16). 그럼 어떻게 하는 것이 하나님에 대한 사랑을 드러내고 그분의 이름을 높이는 것일까요?

주님의 지체를 먼저 사랑하는 것입니다. 하나님의 백성에 대해 냉담하거나 무관심한 것은 하나님에 대한 무시입니다. 하나님께 속한 성도들을 사랑하는 것이 하나님을 사랑하는 한 증거입니다. 나는 하나님의 사랑을 어떻게 표현하고 있습니까? "그의 이름을 위하여 나타낸 사랑"(히 6:10)을 하나님께서는 잊지 않으신다고 하였습니다. 갱신되어야 할 우리 교회의 열악한 부분에 대해서 나는 어떤 사랑을 보입니까? 주님께서 자신의 생명을 내어준 자들에게 냉담하면서, 예수를 잘 믿는다고 말하는 것은 모순입니다. 믿음과 사랑은 상호 독립적으로 존재할 수 없습니다. 믿음이 없는 사랑은 진지하지 못하고, 사랑이 없는 믿음은 메마르고 인색합니다.

[어떤 소망입니까?]

신약에서 믿음, 사랑, 소망을 복음의 열매로 반복해서 언급하였습니다(롬 5:1-5; 고전 13:13; 엡 4:2-5; 골 1:4-5; 살전 1:3; 5:8; 히 6:10-12;

10:22-24). 이 삼 요소는 하나님이 신자들의 삶 속에서 활동하신다는 증거입니다. 어떤 것이 먼저일까요? 상호 연결되었지만, 순차적으로 본다면 믿음이 먼저입니다. 예수 그리스도에 대한 믿음이 구원의 출발점입니다. 이 믿음은 사랑으로 인도되고 하나님이 무엇을 하실지에 대한 소망을 갖게 합니다. 그런데 이 소망은 믿음과 사랑을 고무시키고 활력을 불어넣습니다. 포기하지 않고 계속 전진하기 위해 소망은 필수적입니다. 소망은 믿음을 유지하는 양식이며 사랑을 북돋워 주는 거름입니다. 소망은 가장 강력한 동기부여입니다. 하늘의 소망이 골로새 교인들로 하여금 세상의 유혹에도 불구하고 계속해서 하나님의 구원을 믿고 서로 사랑하게 하였습니다. 믿음이 하나님과의 수직적인 관계이고, 사랑이 인간 사이의 수평적인 관계라면, 소망은 믿음과 사랑의 목표가 완성되는 새 하늘과 새 땅의 실체에 대한 확신입니다.

[하늘에 쌓아 둔 소망은 무엇입니까?]

"너희를 위하여 하늘에 쌓아 둔 소망으로 말미암음이니 곧
너희가 전에 복음 진리의 말씀을 들은 것이라"(골 1:5).

하늘에 쌓아 둔 소망은 예수님이 아닙니다. 예수님이 소망이라면 '하늘에 쌓아 두었다'라는 표현은 어울리지 않습니다. 만약 하늘에 쌓아 두었다는 말이 부패하지 않는 안전한 장소를 의미한다면(마 6:19-20) 예수님에게는 더더욱 적용될 수 없습니다. 예수님은 장소와 상관없이 자신의 안전을 지키십니다. 예수님은 하나님과의 관계

에서는 하늘에 쌓아 둔 분이 아니라 하나님 우편에 계신 분입니다(막 16:19; 행 7:56; 히 10:12; 12:2; 벧전 3:22; 엡 1:20; 롬 8:34; 막 16:19; 행 7:56), 우리와의 관계에서는 현재 성령을 통해서 우리 속에 왕으로 좌정해 계십니다. 그래서 성령은 우리에게 준 새 언약의 소망을 적용하고 성취시키는 분이라는 의미에서 우리 안에 계신 그리스도가 영광의 소망이라고 하였습니다(골 1:17).

하늘에 쌓아 둔 소망은 천국 자체도 아닙니다. 천국은 지상에 보관할 수 없어 하늘에 쌓아두는 것이 아닙니다. 천국은 지상에서부터 이루어지는 하나님 나라입니다. 하나님 나라는 예수님 자신이 천국의 본체로서 이 세상에 오셨을 때 드러났고 지금도 예수님 안에서 완성을 향해 진행 중입니다. 하나님의 나라는 역동적이기 때문에 특정 장소에 별도로 보관할 필요가 없습니다.

하늘에 쌓아 둔다는 표현은 세상에 있는 부패하는 것들과 대조시킨 말입니다. 즉, 성도들이 받을 유업의 영원성과 썩지 않음을 가리킵니다. '하늘'은 유업의 복들이 그리스도의 재림으로 지상에서 실체로 드러날 때까지 안전하게 보호된 곳입니다. 쌓아 둔다는 말은 별도로 잘 챙겨서 보관한다는 의미입니다. 우리 말로는 쌓아둔다. 혹은 싸서 둔다고 번역하여 물건을 차곡차곡 쌓아두거나 보자기에 싸서 보관한다는 뜻이지만 원문은 같은 단어입니다. 이 단어는 예수님의 달란트 비유에서도 사용되었습니다(눅 19:20).

하늘에 쌓아 둔 소망은 그리스도 안에서 신자들이 받게 될 새 하늘과 새 땅의 축복들입니다. 이 축복의 소망에는 신자들이 받을 유업의 상과 부활이 포함됩니다(벧전 1:3-4; 히 11:26; 롬 8:17). 그래서 베드로도 이 소망이 기쁨의 근거가 된다고 하였고(벧전 1:6), 주의 재림 때에 나타날 이 은혜를 굳게 붙잡으라고 권면하였습니다(벧전 1:13). 바울은 골로새 교인들에게 이러한 소망이 있어서 믿음과 사랑의 삶을 적극적으로 일궈내는 동인이 되었다고 하였습니다.

[크리스천 삶은 어떻게 사는 것입니까?]

믿음, 사랑, 소망은 크리스천 삶의 열쇠입니다. 우리는 신자의 삶을 이것저것을 하고 안 하는 것으로 생각하기 쉽습니다. 그러나 기독교는 세상 종교의 계율이나 윤리 지침이 아닙니다. 신자의 삶은 부담스러운 루울이 아니고 믿음, 사랑, 소망에 의해서 하나님의 뜻 가운데 머물며 하나님을 섬기는 삶입니다. 성경은 하나님을 위한 삶을 어떻게 시작해야 한다고 가르칩니까? 루울(rule)로 시작하지 않고 믿음(faith)으로 시작하게 합니다. 즉, 예수 그리스도에 대한 믿음을 출발점으로 삼고 그 믿음이 사랑으로 인도되게 합니다. 믿음과 사랑의 삶은 그리스도의 재림으로 완성될 새 하늘과 새 땅의 소망으로 더욱 깊어지게 합니다. 우리는 복음의 소망이 실현될 날을 기대할 때 믿음과 사랑의 삶에 박차를 가하게 됩니다. 이것이 신자들이 주 안에서 사는 방법입니다. 그런데 중요한 것은 복음의 소망이 무엇인지 알아야 합니다. 막연하게 어느 날 예수님이 재림하실 것이라는 소망을 갖는 것 이상이어야 합니다. 그리스도의 복음을 바르게 이해하지 못하고 참소망의 내용을 알지 못한다면, 성경이 말하는 믿음 생활을 제대로 할 수 없습니다. 기껏해야 교회에서 전통적으로 가르치는 율법의 계명이나 여러 가지 루울에 따른 고정된 가치관에 묶여 삽니다. 그러나 신자의 삶은 율법과 규정으로 정체된 것이 아니고, 성령의 인도와 그리스도의 부활 생명으로 하나님의 뜻을 좇아 사는 역동적인 삶입니다.

[하늘에 쌓아 둔 소망은 어떤 유익을 줍니까?]

　영원한 축복에 대한 소망은 현세의 고통을 견디는 힘을 공급합니다. 믿음의 족장들은 모두 "하늘에 있는 것"(히 11:16)을 사모하였습니다. 하늘에 속한 것을 묵상하면 인내의 열매를 맺습니다. 현재의 고난을 견디는 힘은, 미래의 만족과 기쁨을 갈망함으로써 오는 열매입니다. 예수님은 우리가 주님으로 인해서 박해를 받을 때 하늘의 상이 크다는 것을 생각하고 기뻐하라고 하셨습니다(마 5:11-12). 바울도 현재의 고난은 장차 우리에게 나타날 영광과 비교할 수 없다고 하였습니다(롬 8:18; 고후 4:17). 그래서 바울은 우리가 소망으로 구원을 얻었다고 하였고 현재 보이지 않는 소망이기에 인내하며 기다리라고 하였습니다(롬 8:24-25). 하늘 소망에 집중하면 세상에 속한 것들에 집착해서 살지 않습니다. 돈과 명예와 육적인 일들을 위해 인생을 허비하지 않게 됩니다(골 3:1-4; 벧후 3:11-13). 영원한 하늘 영광을 응시하면 세상을 보는 눈이 달라져서 세상을 따라 사는 것이 헛되다는 것을 깨닫습니다(고후 4:16-18). 하늘의 관점을 가지고 살면, 세상의 불의와 불행에 대해 좌절하거나 비관하지 않습니다. 새 하늘과 새 땅은 불의가 제거되고 의가 다스리는 곳이기 때문입니다(벧후 3:13). 신자의 영적 갱신도 오는 세대의 영광스러운 소망을 응시할 때 힘을 얻습니다. 그래서 우리의 구원이 완성될 주의 나타나심을 바라는 자들은 거룩한 삶을 살려고 노력합니다(요일 3:2-3).

　그런데 신자들은 세상을 바르게 살지 못하는 일이 많으므로 자주 비난과 멸시를 당합니다. 신자가 세상 사람들로부터 손가락질의 대상이 되는 까닭이 무엇입니까? 그 원인의 하나는 하늘에 쌓아 둔 소망이 무엇인지를 잘 모르기 때문입니다. 세상 소망은 믿을 수 없습니다. 그러나 하늘에 쌓아 둔 소망은 아무도 좌절시킬 수 없습니다. 이 소망은 하나님이 주신 것입니다. 세상이 주는 소망은 때가 되면 시들지만, 하나님이 주시는 유업의 소망은 영원히 시들지 않습니다.

우리는 지상에서 주님을 신실하게 섬기면 새 하늘과 새 땅에서 주님의 영광을 나누며 주님과 함께 온 세상을 다스리는 특권을 누릴 것입니다. 그런데 신자들의 삶이 아직도 이기적이고 세속적이며 현세 중심적인 까닭은 하늘에 쌓아 둔 유업의 소망을 바라보며 살기보다는 죄와 죽음으로 물든, 땅에 속한 것들을 의존하기 때문입니다. 우리는 그리스도 안에서 회복될 이 세상의 완전한 갱신을 바라보고 살아야 합니다. 우리는 부활의 새 몸을 받게 될 미래의 축복들을 기대하며 살 때 현재의 고통을 견디며 힘을 낼 수 있습니다. 우리는 착하고 충성스러운 종들에게 내리는 유업의 상을 소망하며 살아야 합니다. 이러한 소망을 바라볼 때, 우리는 천국의 본질인 사랑의 삶을 살며 고난과 불의를 견디면서 하늘에 속한 새 생명의 삶을 비춰 보일 수 있습니다. 이런 복음의 진리에 따라 사는 성도는 주님의 인정을 받고 성령의 위로를 체험합니다.

4장
골로새 교회의 부흥
골로새서 1:5-8

"너희를 위하여 하늘에 쌓아 둔 소망으로 말미암음이니 곧 너희가 전에 복음 진리의 말씀을 들은 것이라 이 복음이 이미 너희에게 이르매 너희가 듣고 참으로 하나님의 은혜를 깨달은 날부터 너희 중에서와 같이 또한 온 천하에서도 열매를 맺어 자라는도다 이와 같이 우리와 함께 종 된 사랑하는 에바브라에게 너희가 배웠나니 그는 너희를 위한 그리스도의 신실한 일꾼이요 성령 안에서 너희 사랑을 우리에게 알린 자니라"(골 1:5-8).

바울은 골로새 교회의 믿음과 사랑을 듣고 감사하였습니다. 본 항목에서는 골로새 교회의 부흥이 감사의 내용입니다. 그들은 복음을 듣고 하늘에 쌓아 둔 소망을 가졌는데 여기서 믿음과 사랑이 솟아났습니다. 그들은 복음의 열매를 맺으며 계속 자라갔습니다. 이러한 부흥은 로마의 소아시아 지역을 휩쓸고 있는 강력한 영적 운동의 일부였습니다. 그럼 이 부흥은 어떻게 시작된 것일까요? 우리가 부흥을 체험하려면 무엇을 알아야 할까요? 본문은 부흥의 아이디어를 제공합니다.

부흥은 복음을 듣는 것을 전제합니다.

"…곧 너희가 전에 복음 진리의 말씀을 들은 것이라"(5절)

골로새 교인들은 복음을 들었습니다. 이 복음은 무엇입니까? 바울이 '복음 진리'라고 표현한 것을 주목하십시오. 복음은 우선 주 예수 그리스도에 대한 메시지입니다. 바울은 이 복음을 사방에서 전파하였습니다. 에바브라가 골로새 교인들에게 전한 메시지도 바울이 전한 복음이었습니다. 이 복음은 인간의 역사 속에서 발생한 하나님의 구원 사건들에 근거한 분명한 진리입니다. 그래서 누구나 듣고 배울 수 있습니다. 복음이 주는 구원은 인간이 혼자서 명상을 하거나 논리로 따져서 깨달을 수 있는 것이 아닙니다. 복음은 나 자신 밖에서 내게로 오는 것입니다. 복음은 성경에 기록되었습니다. 그래서 내가 읽을 수 있고 혹은 복음 전파자들을 통해서 들을 수 있습니다(롬 10:14). 복음은 좋은 소식(good news)입니다. 그러나 인간 종교는 나쁜 소식(bad news)입니다. 세상 종교는 선행으로 구원을 받는다고 가르칩니다. 자력으로 선을 행하여 구원에 이르려는 것은 헛된 시도입니다. 누구도 거룩하신 하나님의 수준에 닿을 수 있는 충분하고 온전한 선행을 할 수 없기 때문입니다.

복음은 완전하신 예수 그리스도입니다. 그리스도는 하나님께서 죄인들에게 요구하시는 완전한 선을 행하시고 죄인들이 받아야 할 죽음의 형벌을 대신 받고 다시 살아나셨습니다. 이 예수를 자신의 구주로 믿는 자들은 그리스도의 십자가 공로에 힘입어 모든 죄를 용서받고 하나님의 자녀가 됩니다. 복음이 좋은 소식인 것은 구원을 받기 위해 우리에게 필요한 모든 것이 예수 그리스도에 의해서 공급된 것입니다. 하나님은 예수 그리스도를 통해서 성취된 구원의 온갖 축복들을 십자가 대속을 믿는 모든 죄인에게 거저 주십니다. 골로새 교인들은 이 복음의 선물을 받고 새롭게 살아나는 부흥을 체험하였습니다.

부흥은 성령의 강력한 능력에 의해서 일어납니다.

부흥은 인위적으로 일으킬 수 없습니다. 부흥은 성령의 주권적이고 초자연적인 활동에 의한 것입니다. 먼저 복음의 진리가 제시되어야 하지만, 그 자체로서는 부흥은 일어나지 않습니다. 복음을 타고 오는 부흥은 외부적인 것입니다. 그래서 "이 복음이 이미 너희에게 이르매"(6절)라고 하였습니다. 이미 성취된 그리스도의 "복음 진리의 말씀"(5절)으로 온 것이기에 하나님의 은혜와 능력입니다. 복음은 완성품이며 보증품입니다. 예수 그리스도의 십자가와 부활로 확정되고 입증된 구원의 소식입니다. 이 진리의 말씀에 강력한 설득력을 실어주는 것이 성령의 능력입니다. 복음을 들어도 성령의 설득에 귀를 닫으면 믿지 못합니다.

복음은 들은 후에 이를 받아들여야 합니다. 복음이 진리며 구원의 길이라는 것을 확신하지 못하면, 믿음으로 수용할 수 없습니다.

그래서 성령이 죄의 영향으로 어두워지고 완고해진 마음을 밝혀 주어야 합니다. 무딘 양심을 일깨우고 자신이 하나님의 심판을 받아야 할 죄인이라는 것을 확신할 때, 십자가를 통한 하나님의 용서와 부활의 새 생명에 마음이 열립니다. 이 일은 전적으로 성령의 활동에 의한 것입니다(요 15:8; 살전 1:5). 성령께서 죄인을 예수께로 데리고 가야 합니다. 한편 죄인은 이러한 성령의 인도와 설득에 대항하지 말고 주 예수를 자신의 주님으로 맞아야 합니다. 그러면 즉시 죄로 죽었던 영혼이 살아나고 심령이 새로워지며 삶에 변화가 일어나기 시작합니다. 그래서 바울은 말합니다.

> "…이 복음이 이미 너희에게 이르매 너희가 듣고 참으로 하나님의 은혜를 깨달은 날부터 너희 중에서와 같이 또한 온 천하에서도 열매를 맺어 자라는도다"(6절).

초대 교회의 부흥은 오순절에 시작되었습니다. 바울이 크게 기뻐하고 감사한 까닭은 골로새 교인들에게도 그와 같은 부흥이 일어나서 열매가 달리고 세상에 큰 영향을 주었기 때문입니다. 이러한 부흥은 우리가 모두 바라는 것입니다. 이러한 하나님의 강력한 능력이 세상에 드러나려면 교회가 반드시 갱신되어야 합니다. 그 첫 작업은 교회가 복음의 기본으로 먼저 돌아가는 것입니다. 복음의 본질과 성경의 가르침에 비추어 어떤 점에서 교회가 잘못된 길로 가고 있는지를 점검하고 철저한 반성과 회개가 있어야 합니다. 그리고 하나님의 용서와 자비하심에 호소하며 성령의 인도를 간구해야 합니다. 물론 기도와 함께 그릇된 부분을 고쳐나가야 합니다. 이런 교회의 새로운 모습은 세상에 좋은 영향을 주고 주님의 이름을 높이게 될 것입니다.

부흥하는 교회의 특징은 사랑입니다.

참된 부흥에는 눈으로 볼 수 있고 느낄 수 있는 사랑의 실천이 따릅니다. 골로새 교회의 영적 부흥에서 하나님은 에바브라를 복음 사역자로 사용하셨습니다. 에바브라는 바울에게 골로새 교인들이 사랑의 삶을 산다고 보고하였습니다.

"성령 안에서 너희 사랑을 우리에게 알린 자라"(8절).

"성령 안에서 너희 사랑"이라는 표현은 에바브라가 성령 안에 있으면서 골로새 교인들의 사랑에 대한 소식을 전했다는 뜻처럼 들립니다. 그래서 대부분의 영문 번역처럼 '성령 안에 있는 너희 사랑' (your love in the Spirit)이라고 해야 훨씬 더 분명합니다. 골로새 교인들의 서로 사랑은 그들의 삶 속에서 활동하는 성령의 덕분이었습니다. 바꿔 말하면, 골로새 교회 공동체는 그들 속에서 활동하는 성령에 의해서 사랑의 삶을 산다는 것입니다. 성령은 우리에게 예수 그리스도를 신뢰하는 믿음을 주실 뿐만 아니라, 예수님의 사랑도 주십니다. 그 결과 우리는 예수님의 사랑을 다른 성도들과 주고받습니다. 그럼 성령이 어떤 식으로 사랑을 일으켰습니까?

• 성령은 십자가를 통해 드러난 하나님의 사랑을 깨닫게 합니다.

- 성령은 하나님의 사랑을 새 삶의 바탕이 되게 합니다.
- 성령은 이기적인 사랑에서 이타적인 사랑으로 마음을 바꾸게 합니다.
- 성령은 사랑의 삶을 위해 희생을 감수하는 능력을 줍니다.
- 성령은 용서의 마음을 불어넣고 악감을 극복하게 합니다.

사랑은 성령의 열매입니다(갈 5:22). 사랑은 성령의 활동으로 우리에게 공급되고 유지됩니다. 인간은 본성으로 이기적입니다. 그러나 성령으로 복음을 깨닫고 주 예수와 그의 구원을 묵상하며 주를 따르기 시작하면, 큰 변화가 일어나는 것을 체험적으로 알 수 있습니다. 즉, 성령이 초자연적인 사랑을 우리 속에서 일으키고 예수님의 사랑을 반영하게 합니다. 그래서 세상도 우리가 예수님의 제자임을 알 수 있습니다(요 13:35).

초대 교회는 사랑의 공동체로 세상에 알려졌습니다. 당시의 이교의 한 비판자도 크리스천들은 서로 깊이 사랑한다고 증언하였습니다. 초대 교회의 첫 몇십 년은 강력한 부흥 시기였습니다. 사도들이 전한 복음이 전파되면서 수천수만의 사람들이 그리스도를 영접하고 삶의 변화를 일으켰습니다. 유감스럽게도 신약 시대 후기로 들어서면서 사랑의 공동체는 분열과 이단의 방해를 받았습니다. 그래서 바울은 자신이 떠난 후에 사나운 이리들이 와서 양 떼를 해칠 것이라고 경고하였습니다(행 20:29).

현대 교회는 무엇으로 세상에 알려져 있습니까? 사랑의 공동체라기보다는 미움과 부패의 공동체라는 말이 더 맞을지 모릅니다. 교회는 자주 사랑이 아닌 것들로 채워집니다. 세상은 기독교에 대해 좋은 이미지보다는 나쁜 이미지를 더 가지고 있습니다. 우리나라 교회는 이기적이고 이웃을 사랑할 줄 모르는 반사회적인 집단이며 돈을 좋아하는 곳으로 알려져 있습니다.

어떻게 이런 부정적인 인상을 지울 수 있겠습니까? 교회는 그리스도의 사랑을 회복해야 합니다. 성령의 조명으로 복음을 명료하게 깨달아야 하고, 믿음과 사랑과 소망의 공동체가 되어야 합니다. 바울이 경고한 이리 떼는 복음이 성령의 강력한 능력에 의해 원색으로 전해지지 않는 곳에서 활개를 치고, 사랑이 식은 교회일수록 자신들의 수효를 증폭시킵니다.

골로새의 거짓 교사들의 가르침과 인간의 머리에서 만들어낸 종교 프로그램들을 골로새 교인들이 무엇으로 막았는지를 생각해 보십시오. 복음 진리의 말씀에 대한 믿음과 성도들 사이의 깊은 사랑과 하늘에 쌓인 영광스러운 소망이었습니다. 지금도 교회가 이리 떼의 사상과 영향에서 보호되려면 복음을 바르게 전하고 구원의 진리를 굳게 믿어야 합니다. 그리고 그리스도의 사랑을 배워 실천하며 위의 것을 생각하고 땅의 것을 생각하지 말아야 합니다.

교회는 하늘에 속한 것으로 운영되어야 합니다. 교회는 땅에서 나온 것이 아닙니다. 하늘에서 나왔습니다. 교회는 하늘에 원천을 둔 믿음과 자신을 십자가에 내어주신 그리스도의 사랑과 하늘에 쌓아 둔 소망으로 일궈지고 유지되어야 합니다. 믿음과 사랑과 소망이 보이지 않는 곳에서 부흥은 일어나지 않습니다. 추상 명사에 불과한 알맹이 없는 경건과 돈으로 세운 교회 건축물은 부흥과 아무 상관이 없습니다. 그리스도의 엄숙한 심판을 의식하며 살지 않는 교인들 속에서는 부흥이 일어날 수 없습니다. 성도의 마지막 영광과 유업의 소망에 대한 기대가 약한 곳에서는 부흥은 기대할 수 없습니다. 그런 곳에는 양 떼들보다 이리 떼들이 서식하기 좋은 장소를 제공할 뿐입니다.

부흥하는 교회에는 신실한 일꾼들이 있습니다.

"이와 같이 우리와 함께 종 된 사랑하는 에바브라에게 너희가 배웠나니 그는 너희를 위한 그리스도의 신실한 일꾼이요"(7절).

에바브라는 골로새 교인들에게 복음을 가르친 성도였습니다. 그는 또 바울에게서 복음을 들었고 그와 함께 투옥되기도 하였습니다. 그는 준비된 사역자였습니다. 부흥은 진리의 복음을 성령의 능력으로 가르치고 설교할 수 있는 준비된 일꾼들을 필요로 합니다. 바울은 에바브라에 대해서 칭찬을 아끼지 않았습니다. 그는 그리스도를 위해 모든 것을 감수하는 복음 전도자였습니다(1:6). 이교도로 있던 사람이 어느 날 고향으로 돌아와서 그리스도의 복음이 구원의 길이라고 외쳤을 때 사람들은 그를 비웃음과 조롱으로 대했을 것입니다. 그러나 그는 골로새 지역만이 아니고, 인근의 라오디게아와 히에라볼리에서도 복음을 전하였습니다. 그는 복음을 잘 가르치는 교사였습니다(1:7). 그는 복음을 골로새 교인들에게 바르게 가르침으로써 열매를 맺게 하였습니다(1:7). 그는 바울이 신뢰할 수 있는 자였고, 교인들을 헌신적으로 섬겼습니다(1:7). 그는 '예수의 종'(4:12)이었기에 자신의 유익을 챙기는 이기적인 동기가 없었습니다. 그는 자신을 돌보지 않고 오로지 성도들의 영적 복지를 위해 헌신하였습니다. 그는 '많이 수고'(골 4:13)하였습니다. 그는 성도들의 영적 성숙을 위한 것이라면 어떤 수고도 마다하지 않았습니다.

그는 투옥된 것을 놓고 신세 한탄을 하지 않았습니다. 그는 자신의 감금 생활을 골로새 교인들과 이웃 지역의 교인들을 위한 중보 기도의 기회로 삼았습니다(4:12). 그는 힘들고 불편한 여건 속에서도 포기하지 않고 항상 다른 성도들을 위해 '애써'(4:12) 기도하였습니다. 바울은 에바브로가 날마다 성도들의 이름을 대면서 중보하는 기도를 들었을 것입니다. 바울이 에바브라에 대해서 크게 칭찬한 까닭은 그의 사랑과 헌신을 함께 옥살이하면서 지켜보았기 때문일 것입니다. 그는 골로새 교회가 크게 되어 유명해지도록 해 달라고 기도하지 않았습니다. 그의 기도의 초점은 교인들이 영적으로 성숙하고, 하나님의 뜻을 분별하며, 거짓된 가르침에 흔들리지 않고, 예수 그리스도 안에서 굳건히 서 있는 삶을 위해 기도하였습니다(골 4:12).

우리가 에바브로에게서 배워야 할 교훈은 무엇일까요? 만약 우리에게 에바브라와 같은 성도가 있다면 어떻게 대해야 하겠습니까? 무엇보다도 그런 자들을 귀하게 여기고 하나님께 감사해야 할 것입니다. 그런데 나 자신이 다른 사람들에게 '에바브라'가 되어 주는 것도 귀한 일입니다. 나는 에바브라처럼 옥중에서 중보자가 될 수는 없을지라도, 현재의 처지에서 다른 사람들을 위해 기도할 수 있습니다. 그냥 먹고 사는 일로 잘되게 해 달라는 식의 기도보다는 그들이 하나님의 뜻 안에서 든든히 서고 복음에 대해서 충만한 확신을 하도록 기도해 보십시오. 부흥을 위해서는 에바브라가 필요합니다. 에바브라를 많이 보내달라고 하나님께 간절히 구하도록 합시다. 추수할 것은 많은데 일꾼이 부족합니다. 하나님이 보내 주시는 에바브라를 통해서 교회 갱신과 부흥의 불꽃이 지펴지도록 기도하는 것이 부패하고 무력한 교회를 살리는 길입니다.

부흥은 지속적인 가르침이 있어야 중단되지 않습니다.

"또한 온 천하에서도 열매를 맺어 자라는도다"(6절).

초대교회 운동은 놀랄만합니다. 몇십 년 만에 로마 제국의 판도를 바꾸어 놓았습니다. 기독교는 그 이후로 세상을 계속 개혁하고 발전시키는 일에 앞장서 왔습니다. 노예제도의 폐지를 비롯하여 인권 존중, 교육, 의학, 법률, 정치, 예술, 남녀평등, 사회복지 등 많은 부분에서 공헌하였습니다. 또한, 수많은 개인의 영혼에 구원의 복음을 전하고 치유와 평안, 용서와 화해를 가져왔습니다. 그 결과 굳은 사회적 편견과 문화적 차이와 인종적 장벽을 허물었습니다. 그런데 초대 교회의 부흥은 지난 2천 년 동안 상승만 한 것이 아니고 퇴락과 부패의 길도 걸었습니다. 그 원인이 무엇입니까? 복음이 순수한 형태로 전수되지 않은 것입니다. 교회는 세속 사상과 물질주의로 변형되고 성령의 능력이 아닌, 인간의 제도와 관습으로 운영되었습니다.

신자들은 주 예수를 믿는 순간부터 "흑암의 권세에서" 하나님의 "아들의 나라로"(골 1:13) 옮겨집니다. 그러나 당장 하나님 나라의 백성다운 모습으로 일관해서 살지 못합니다. 아직도 고쳐야 할 옛 버릇과 관습의 잔재들이 남아 있습니다. 복음을 듣고 하나님의 은혜를 깨달아 신자가 되었지만(1:6) 복음의 진리를 다 깨달은 것은 아닙니다. 그래서 신자가 된 날부터 계속해서 구원의 진리를 더 깨달아가야 하고 하나님을 더 알아가야 합니다. 바울은 골로새 교인들이 "하나님의 뜻을 아는 것"(골 1:9)과 "하나님을 아는 것"(골 1:9)에 자라게 해 달라고 기도하였습니다. 교회가 퇴조하는 주된 원인은 바로 이 점에서 소홀하기 때문입니다.

복음을 처음부터 있는 그대로 바르게 깨달아야 소기의 열매를 맺습니다. 복음을 그냥 듣는 것과 깨닫는 것은 천양지차입니다. 깨닫지 못하면 구원이 없습니다. 내게 참으로 "하나님의 은혜를 깨달은 날"(6절)이 있습니까? 복음을 원색으로 가르치고 배우는 일이 얼마나 중요합니까? 이 기초 위에 다른 모든 것들이 따라야 합니다. 우리 문제는 복음의 기초가 약한 것입니다. 일반적으로 현대 교회에서 복음을 어떻게 전합니까? 예를 들어, 복음에 따르는 고난을 언급합니까? 축복 신앙에는 그런 가르침이 없습니다. 이것은 복음을 재단하여 중요한 부분을 잘라낸 것입니다. 성공주의 메시지는 절단된 복음이며 편집된 복음입니다. 골로새 교인들은 그런 식의 복음을 받지 않았습니다. 예수님은 그런 복음을 전하시지 않았습니다. 말로는 십자가를 믿기만 하면 구원을 받는다고 하고서, 마치 이것저것을 행해야 구원받는 것처럼 가르친다면 잘못된 것입니다. 물론 신자는 선행을 해야 하지만 비성경적이고 인간적인 방법의 행위들은 피해야 합니다.

십자가 이외의 세속적 번영 사상을 접목한 것은 변절한 기독교입니다. 십자가의 희생과 고난의 의미는 젖혀두고 잘 먹고 잘사는 것에 마음을 집중시킨다면 탈선된 기독교입니다. 기도와 헌금과 교회 봉사가 모두 축복 신앙을 알맹이로 삼고 행해진다면 기복신앙이지 기독교가 아닙니다. 어느 교회를 가보아도 십자가로 구원받는다고 말합니다. 그런데 십자가를 믿는다는 것은 구원의 보장을 위한 보험 가입에 불과한 것처럼 들립니다. 바른 복음과 주 예수의 삶을 위한 고난에 대한 가르침은 생략되거나 희석되기 때문에, 고난을 맞을 때 성도들이 너무너무 힘들어합니다. 고난이 견디기 쉽다는 사람은 아무도 없습니다. 그러나 우리가 고난의 의미를 처음부터 복음의 일부로 배운다면, 고난에 대한 불필요한 갈등들은 많이 해소될 수 있습니다. 또한, 견딜 힘도 받을 것이기에 훨씬 더 담대하게 고난을 대처하게 됩니다.

복음이 탈색된 복음으로 전해지면 너무도 많은 부작용이 생깁니다. 탈색된 복음은 원색의 복음으로 회복되어야 합니다. 현대 교회의 문제는 복음이 처음부터 본래의 모습대로 전해지지 않는 것입니다. 제대로 전해진 경우라도 출발했을 때의 원색이 유지되지 않는 경우가 대부분입니다. 초대 교회에서는 복음이 사도들에 의해 바르게 전파되었습니다. 그러나 사도들은 교회가 다시 어둠의 유혹을 받을 조짐을 예단하고 복음을 훨씬 더 깊이 있게 다루기를 게을리하지 않았습니다.

교회와 개인의 부흥은 오로지 "복음 진리의 말씀"(1:5)을 듣고 꾸준히 배울 때만 유지될 수 있습니다. 이를 위해서는 심혼에 파고드는 감동된 메시지가 있어야 하고, 복음을 선명하게 펼쳐 보이며 그리스도가 이루신 구원의 내용을 깨닫게 하는 준비된 사역자들이 있어야 합니다. 그래야만 성도들이 올바른 신앙생활을 하면서 하나님을 진심으로 경배할 수 있습니다. 이 같은 하나님의 사람들이 나타나서 우리를 돕도록 하나님께 간구하십시다.

부흥은 새 창조의 꽃입니다.

"열매를 맺어 자라는도다"(6절)라는 표현은 에덴동산에서 아담과 하와에게 주셨던 "생육하고 번성하여 땅에 충만하라"는 하나님의 복된 명령을 연상시킵니다(창 1:28). 이것은 나무나 겨자씨, 누룩 넣은 빵과 같은 성장에 대한 예수님의 비유들과 연결됩니다. 초대 교회의 이방인 선교의 목표는 언약 백성에게 원래 주었던 성장과 번성의 궁극적인 승리가 성취되는 것이었습니다(창 9:1, 7; 12:2; 22:17; 렘 3:16; 23:3).

열매는 부흥의 증거이며 그리스도 안에서 복음의 진리로 새로 지음을 받는 새 창조의 수확입니다(고후 5:17; 엡 2:10). "복음 진리의 말씀"(1:5)이 골로새 지역에 뿌려졌을 때 새 생명이 싹터 올랐습니다. 복음은 죄와 사망의 땅에서 성령의 활동으로 새 창조를 일으킵니다. 그런데 새 창조는 일회로 끝나지 않습니다. 새 창조는 예수님이 재림하시고 온 세계가 새 하늘과 새 땅으로 변화될 때까지 계속되는 일련의 과정입니다. 그래서 교회와 개별 신자는 언제나 성령의 새 창조 활동에 동승해야 하고 날마다 새롭게 지어져 가는 갱신과 부흥의 새 꽃을 피워야 합니다. 자라고 번성하는 것은 계속된 활동입니다. 새 창조는 믿음의 공동체로 출발하여 사랑의 향기를 풍기면서 완성될 새 하늘과 새 땅에 대한 하나님의 약속들을 소망하는 일을 자신의 표식으로 삼습니다. 바울은 이 새 창조의 표식이 골로새 교회에 뚜렷이 드러났다고 보았기에 하나님께 항상 감사하였습니다. 우리는 자신들과 교회의 어떤 모습들을 보고 기뻐하며 감사합니까? 믿음과 사랑과 소망 속에서 자라가는 새 창조의 열매가 있기 때문에 즐거워하는지 반성해 보아야 하겠습니다.

바울은 믿음과 사랑이 하늘에 쌓아 둔 소망으로부터 흘러나온다고 하였습니다(1:4-5). 이것은 중요한 통찰입니다. 현대 교회에는 복음의 일을 두 갈래로 보는 두 부류의 극단이 있습니다. 하나는 사회주의 복음입니다. 그들의 주장은 예수는 혁명가였다는 것입니다. 그래서 크리스천의 주된 임무는 지상에서 사회, 정치, 경제, 문화 전반에 걸친 혁명으로 하나님의 나라를 세우는 것이라고 봅니다. 이들은 사회 개혁이나 사회 정의에 집중합니다. 그러나 지난 수십 년간 시도했지만 실패했습니다. 기독교는 혁명 단체가 아닙니다. 사회주의 복음은 현대적 개념의 이상적인 사회를 추구했습니다. 그래서 성경의 사상을 자신들의 안건에 맞게 부분적으로 끌어들였을 뿐입니다. 물론 사회에 다소의 개선이 있었지만, 과연 어느 만큼 기독교 사상에 충실한 사역의 결과였는지 속단하기 어렵습니다. 다른 하나는 복음주의 극단입니다. 세상은 악의 세력이 너무 깊어서 구제 불능이라는 비관론에 빠져서 세상을 거의 포기합니다. 그들은 세상일에 별관심이 없습니다. 세상을 정죄만 하고 내버려 둡니다. 예수 재림 이전에는 손을 쓸 수 없는 세상이라고 말합니다. 이 세상은 결국 심판으로 망할 것이기에 세상을 변화시키려고 힘쓰기보다는 천국 소망에 초점을 잡고 개인 경건에 주력합니다.

양편 주장에는 일리가 있습니다. 우리는 원칙적으로 하나님 나라를 땅에서 이루어야 한다는 주장을 수용해야 합니다. 하나님의 뜻이 하늘에서 이루어진 것처럼 땅에서도 이루어져야 한다는 것이 주기도문의 가르침입니다. 복음은 지상에서의 삶 전체에 걸쳐 예수님의 주인 되심을 드러내어야 합니다. 단순히 이 세상의 부패를 피하고 경건하게 살다가 사후에 천국 가는 것이 복음 생활의 전부가 아닙니다. 그러나 복음은 현재의 지상 생활을 어느 정도 개선하는 정도로 그칠 수 없습니다. 복음은 확실하게 사후의 삶을 강조합니다. 하늘에 쌓아 둔 소망은 지상에서의 복음 생활을 위한 강력한 동기부여입니다. 우리가 주 예수를 위하여 선을 행하며 힘써 사는 까닭은(마 5:16) 미래에 현실로 나타날 궁극적인 하늘의 소망이 있기 때문입니다. 이 소망은 몸의 부활 영광과 각자가 받게 될 썩지 않을 유업이며 하늘에 간직된 그리스도 안에 있는 온갖 축복들입니다(벧전 1:3-6).

예수님은 우리가 이 세상의 빛과 소금이 되어야 한다고 가르치셨습니다(마 5:13-16). 그러나 우리는 세상에서 주를 위하여 살 때 "하늘에서 너희의 상이 큼이라"(마 5:12)라는 소망의 말씀도 기억하고 살아야 합니다. 우리는 그리스도 안에서 새로 지음을 받은 성도로서 지상에서 하나님 나라를 실천해야 하지만, 미래에 완성될 재창조의 세계가 현실로 다가설 마지막 구원의 날도 가슴에 지니고 살아야 합니다. 현재의 삶과 미래의 소망은 분리가 아니고 연속입니다. 지상에서의 재창조의 삶은 하늘에 쌓인 소망으로 점화되고 가열되어야 합니다. 회복과 변화를 일으키는 믿음과 사랑의 삶은 그리스도 안에 있는 미래의 새 하늘과 새 땅의 소망에서 흘러나오면서 열매를 맺습니다. 우리는 이 소망 속에서 살고 있습니까?

　지금까지 우리는 골로새 교회의 부흥에 관해서 살펴보았습니다. 현대 교회는 부흥이라는 말보다 교회 성장이라는 말을 더 좋아합니다. 교회 성장은 몸집이 커지는 것을 시사합니다. 그러나 '교회 성장'은 '교회 성숙'이라야 더 성경적입니다. 성숙이 없는 성장은 신약 교회의 가르침이 아닙니다. 사람만 많이 모이면 부흥되었다고 말합니다. 건축만 하면 부흥되었다고 말합니다. 교인 수가 늘고, 교회당이 커지고, 헌금이 많이 나오고 또 더 커지려고 여러 프로그램을 들여오는 것 자체가 나쁘다는 것이 아닙니다. 중요한 것은 사람들의 아이디어와 방식으로 성장하려고 하면 안 된다는 말씀입니다. 우리는 성경 말씀 자체에서 무엇이 부흥이고 성장인지를 배워야 합니다. 교회는 부흥되어야 합니다. 그러나 성숙이 없는 부흥은 부흥도 아니고 성장도 아닙니다.

　또 한 가지 중요한 것은 신앙생활이 변질하지 않는 것입니다. 골로새 교회는 진정한 의미에서 부흥하였고 성장하고 있었습니다. 그런데도 바울은 그들에게 복음을 다시 깊이 있게 설명하며 거짓된 가르침을 경계하였습니다. 좋은 뜻으로 시작한 교회도 잘 나가다가 색깔이 변하는 것을 자주 봅니다. 흔히들 끝까지 가는 목회자가 없다고 말합니다. 처음에는 좋은 뜻으로 성경의 원칙을 따라서 행하다가도 어느 시점에 가면 변해버린다는 것입니다. 일반 교인들도 예외가 아닙니다. 우리는 원래 받았던 복음대로 끝까지 신실하게 살아야 합니다. 진정한 부흥은 교인들과 목회자가 주님의 복음 안에서 골로새 교인들처럼 변치 않고 자라는 것입니다.

5장

바울의 중보 기도의 내용은 무엇입니까?
골로새서 1:9-12

"이로써 우리도 듣던 날부터 너희를 위하여 기도하기를 그치지 아니하고 구하노니 너희로 하여금 모든 신령한 지혜와 총명에 하나님의 뜻을 아는 것으로 채우게 하시고 주께 합당하게 행하여 범사에 기쁘시게 하고 모든 선한 일에 열매를 맺게 하시며 하나님을 아는 것에 자라게 하시고 그의 영광의 힘을 따라 모든 능력으로 능하게 하시며 기쁨으로 모든 견딤과 오래 참음에 이르게 하시고 우리로 하여금 빛 가운데서 성도의 기업의 부분을 얻기에 합당하게 하신 아버지께 감사하게 하시기를 원하노라"(골 1:9-12).

본문은 바울 서신에 나오는 가장 훌륭한 기도의 하나입니다(비교. 엡 1:17-19; 3:14-19). 바울의 기도에는 언제나 그의 신학이 배여 있습니다. 바울의 기도는 그가 가진 신관의 축도(縮圖)입니다. 우리가 가진 신관은 기도에 직접적인 영향을 줍니다. 바울의 기도는 우리가 본받아야 할 기도의 패턴이며 우리의 좁은 신관을 교정하고 넓혀 주는 표본입니다.

바울은 자기와 직접 관련이 없는 성도들을 위해서도 기도하였습니다.

본 항목은 '이로써'(1:9)라는 말로 시작됩니다. '그러므로'라는 뜻입니다. 바울은 골로새 교회의 에바브라가 전하는 소식을 들었습니다. 이 소식은 1:3-8절에서 언급된 골로새 교인들의 믿음과 사랑과 소망에 대한 뉴스입니다. 바울이 이 소식을 "듣던 날부터" 그들을 위해 "기도하기를 그치지 아니하고"(9절) 일심으로 간구하였습니다. 여기서 우리는 두 가지 교훈을 얻을 수 있습니다.

첫째, 기도는 미루지 말아야 합니다. 바울은 골로새 교회의 소식을 '듣던 날부터' 기도하였습니다. 우리는 기도 부탁을 받아도 나중에 기도해야지 하고는 잊어버리기 쉽습니다. 내일로 미루면 내일은 영원히 오지 않을 가능성이 높습니다. 내일로 미루었다가 이루지 못한 일들이 얼마나 많습니까! 짧은 기도라도 그 필요성을 느끼는 순간부터 기도하기 시작하는 것이 좋습니다.

둘째, 바울은 골로새 교회를 세우지도 않았고 그들을 만난 적도 없습니다. 그런데도 그는 그들을 위해 간절하고 꾸준하게 기도하였습니다. 우리는 다른 성도나 교회가 번성한다는 소식을 들으면 어떤 반응을 보입니까? 바울처럼 기뻐하며 그들을 위해 쉬지 않고 기도합니까? 아니면 무관심하거나 혹은 경쟁의식을 느끼고 은근히 싫어하지는 않습니까? 바울은 자기가 세운 교회가 아니지만, 그들이 믿음과 사랑과 소망으로 가득하다는 소식에 기쁨을 억누를 수 없었습니다. 그래서 은혜의 보좌 앞으로 나아가 그들이 더 많고 더 큰 영적 유익을 받도록 중보하였습니다. 그는 자신이 세우지 않은 교회가 부흥하기 때문에 자기 이름은 나지 않는다고 섭섭해하지 않았습니다. 또 자기는 죽으라고 선교 사역을 했음에도 왜 감옥에 갇혀 있느냐고 하나님께 불평하지 않았습니다. 이것이 이해관계를 초월하여 하나님의 교회를 사랑하는 영적 지도자의 참된 모습입니다.

우리가 중보 기도를 하는 교회나 성도의 대상은 우리와 직접 관계가 없어도 하나님의 지체라는 사실로서 충분해야 합니다. 바울은 감옥에 있었습니다. 그는 자유를 박탈당했습니다. 그는 원하는 대로 선교지를 다니면서 교회를 개척할 수 없었습니다. 이것은 그에게 견디기 힘든 일이었을 것입니다. 그러나 그는 하나님께 끊임없이 감사하였습니다. 하나님의 교회들이 온 천하에서 진리의 말씀을 듣고 열매를 맺으며 자라고 있었기 때문입니다(1:5-6). 하나님께서는 여러 곳에서 교회가 자라게 하시고 우리의 감사가 넘치게 하십니다(2:8).

바울은 비록 감옥에 있었지만, 하나님의 백성이 복음 안에서 자라는 것을 알고 감사에 넘치는 생활을 하였습니다. 우리도 만약 다른 교회와 선교지에서 일어나는 영적 성장에 관심이 있다면, 분명 감사의 소재를 넘치게 공급받을 것입니다. 나 자신에게 일어나는 좋은 일만 가지고 감사하기는 쉽습니다. 그러나 우리는 그리스도의 지체로서 장소와 대상을 가리지 말고 복음의 열매를 맺고 자라는 모든 일에 대해 감사해야 합니다. 우리 교회 중심은 하나님의 교회들을 서로 차단하고 경쟁의 대상으로 경계하게 합니다. 다른 교회에서 일어나는 일을 놓고 감사하지 못하는 까닭이 무엇입니까? '우리 교회'만 잘 되면 된다는 식의 이기적인 교회관을 가졌기 때문입니다. 초대교회는 세계교회 의식이 있었습니다. 우리의 신앙 일지에는 다른 교회나 다른 나라에서 일어나는 하나님의 은혜들에 대한 감사가 적혀 있어야 합니다.

바울은 그치지 않고 기도하였습니다.

바울은 골로새 교인들을 위해서 "그치지 아니하고"(9절) 기도하였습니다(9절). 물론 문자적으로 보지 말아야 합니다. 이 말은 바울이 다른 일은 전혀 하지 않고 기도만 했다는 뜻이 아닙니다. 바울은 수도원에 들어간 사람이 아니었습니다. 그 의미는 1:3절에서 보듯이 바울이 "기도할 때마다" 골로새 교인들을 잊지 않고 포함했다는 것을 가리킵니다. 이와 유사한 표현들이 다른 서신들에서도 같은 의미로 나옵니다.

- 빌립보 성도들을 위해 바울은 "내가 너희를 생각할 때마다 나의 하나님께 감사하며 간구할 때마다 너희 무리를 위하여 기쁨으로 항상 간구"(빌 1:3-4)한다고 하였습니다.
- 에베소서에서도 "내가 기도할 때에 기억하며 너희로 말미암아 감사하기를 그치지 아니하고"(엡 1:16) 간구한다고 하였습니다.
- 바울은 데살로니가 교회에도 "쉬지 말고 기도하라"(살전 5:17)고 권면하였습니다.

이 말은 신자들이 모두 기도원으로 들어가서 금식 기도를 해야 한다는 의미가 아닙니다. 바울이 골로새 교인들을 위해서 "그치지 아니하고"(9절) 기도했다는 말은 자신의 일상적인 기도 속에 그들을 포함했다는 뜻입니다. 흔히 사무엘 선지자의 예를 들어 중보 기도만 하는 사람이 따로 있는 것으로 알거나 그런 사람을 매우 영적인 하나님의 종으로 여기는 경향이 있습니다.

> "나는 너희를 위하여 기도하기를 쉬는 죄를 여호와 앞에 결단코 범하지 아니하고 선하고 의로운 길을 너희에게 가르칠 것인즉"(삼상 12:24).

우리가 자주 인용하는 이 구절에는 사무엘이 백성을 위해 기도하는 죄를 범하지 않겠다는 말만 있는 것이 아닙니다. 사무엘은 백성에게 하나님의 말씀을 가르치는 일도 아울러 언급하고 있음을 주목해야 합니다. 전반절만 보면 사무엘이 아무것도 안 하고 오직 기도에만 전념한 것처럼 들립니다. 그러나 후반절을 보면 사무엘은 백성을 가르치는 일에 투신하였습니다. 그는 사실상 전국을 순회하면서 백성을 지도하고 가르쳤습니다. 우리는 주님을 극단적으로 섬기려고 하지 말고 정상적으로 섬겨야 합니다. 오직 기도만 하는 것이 잘하는 일이 아닙니다. 성경에서 그렇게 산 사람은 아무도 없습니다. 예수님도 기도만 하시지 않았습니다. 사도들도 마찬가지입니다. 그들은 모두 기도하면서 일하고, 일하면서 기도했습니다. 바울은 감옥에 있다고 해서 온종일 여러 교회를 위해서 중보 기도만 한 것이 아닙니다. 그는 기도에 바친 시간 못지않게 여러 교회에 보내는 서신들을 썼습니다. 또한, 감옥에서 기회만 있으면 전도하였습니다. 만일 그가 문자적으로 쉬지 않고 기도만 했다면 어떻게 그 많은 서신을 쓸 수 있었겠습니까?

바울은 늘 다른 성도들의 필요를 기억하면서 살았습니다. 그래서 그는 자신이 기도할 때마다 그들의 필요를 위해 중보할 수 있었습니다. 우리에게도 이런 관심이 있어야 합니다. 우리가 하나님을 항상 의식하고 다른 성도들의 필요를 잊지 않는다면, 우리의 기도에는 늘 남을 위한 기도가 포함될 것입니다. 우리의 기도에서 과연 남을 위한 중보 기도의 분량은 어느 만큼입니까? 우리의 기도는 너무도 근시안적이고 자기중심적이지 않습니까? 그렇다면 우리의 기도는 바울의 기도를 닮은 것이 아닙니다. 기도원도 많고 기도에 대한 강조도 많은 것이 우리나라 교회의 한 특징입니다. 그런데 중보기도는 특정한 사람들만 하는 것으로 인식되고 있습니다. 이것은 잘못된 생각입니다. 중보기도는 누구나 해야 하는 기도입니다. 내가 기도에서 성숙하고 있는지를 알려면 다른 사람을 위한 기도의 분량이 어느 정도인지를 점검해 보면 됩니다. 주님과 사도들이 주로 누구를 위해서 기도했습니까? 대부분이 남을 위한 기도였습니다. 하나님의 나라는 이러한 타인 위주의 중보기도에 의해서 발전합니다.

바울의 기도 내용은 실제적입니다.

"너희로 하여금 모든 신령한 지혜와 총명에 하나님의 뜻을 아는 것으로 채우게 하시고"(1:9).

바울은 영적 지식을 갖도록 기도하였습니다. 지혜는 우리가 아는 것을 일상생활에서 적용하는 실제적인 기술입니다. 총명은 하나님의 일에 대한 이해와 통찰을 말합니다. 그런데 지혜와 총명은 성령이 주시는 것이므로 신령하다고 하였습니다. 바울은 골로새 교인들이 믿음과 사랑과 소망으로 살고 있다는 것을 알고 하나님께 감사하였습니다. 그러나 그들은 더욱 성숙한 신앙생활을 위해서는 지혜와 총명과 함께 하나님의 뜻을 아는 지식으로 무장되어야 했습니다. 지혜와 총명과 하나님의 뜻을 아는 지식은 믿음과 사랑과 소망을 실생활에서 적용하는 데 필요한 삼 요소라고 할 수 있습니다. 그리스도를 주님으로 신뢰하는 믿음이 있고 하나님의 구원의 사랑을 알며 유업의 소망이 있어도, 이를 일상생활에서 표출하지 못하면 열매를 맺는 것이 아닙니다. 그래서 바울이 영적 지식을 위해서 기도한 것은 골로새 교인들의 실천적인 신앙생활을 위한 배려였습니다.

하나님의 뜻을 아는 지식은 영적 삶의 심화를 위한 것입니다. 바울이 골로새 교인들을 위해서 제일 먼저 언급한 기도는 지혜와 총명에서 하나님의 뜻을 아는 것으로 채워지는 것이었습니다. 바울은 영적 지식의 중요성을 항상 강조하였습니다. 그는 에베소 교회를 위한 기도에서도 "우리 주 예수 그리스도의 하나님, 영광의 아버지께서 지혜와 계시의 영을 너희에게 주사 하나님을 알게 하시고"(엡 1:17)라고 하였습니다. 빌립보서에서도 비슷한 기도를 하였습니다. "내가 기도하노라 너희 사랑을 지식과 모든 총명으로 점점 더 풍성하게 하사 너희로 지극히 선한 것을 분별하며…"(빌 1:9).

우리가 우선권을 두고 기도하는 토픽이 있다면 어떤 것입니까?

하나님의 뜻을 아는 지식입니까? 아니면 물질적인 것과 신상 문제를 위한 기도가 우선입니까? 우리는 하나님의 뜻을 아는 문제에서도 대체로 자기중심으로 생각합니다. 예를 들어 결혼, 직장, 이사, 학업, 사업 등등을 결정할 때 하나님의 뜻이 무엇인지 먼저 알고 싶어 합니다. 그러나 성경이 말하는 하나님의 뜻은 이보다 훨씬 더 규모가 큰 문제들을 주로 다룹니다. 즉, 하나님이 계시하신 구원 계획과(엡 1:5, 9) 하나님의 백성으로서 가져야 할 처신과(롬 12:1-2) 주님의 뜻을 순종하는 문제들입니다. 그렇다면 우리도 마땅히 이런 것들을 알기 위해서 많이 기도해야 하지 않겠습니까? 내가 올리는 기도의 내용과 바울이 드린 기도의 내용을 비교해 보십시오. 성경의 기도들은 하나님 나라 중심이고 구원 중심이었습니다. 하나님을 더 잘 아는 것, 복음 진리를 더 깨닫는 것, 성도와 교회의 영적 생활을 위한 것들이 대부분입니다. 그래서 바울은 신자들의 의식주 문제나 자녀 문제나 혹은 건강 문제를 기도의 주안점으로 삼지 않았습니다. 그는 신령한 지혜와 총명과 하나님의 뜻을 아는 것을 위해 간절히 구하였습니다.

바울의 기도는 우리에게 가장 필요한 것이 무엇인지를 말합니다. 그것은 우리가 현재 가진 물질적이고 심리적인 안정이나 건강이나 학업이나 자녀 교육에 앞서 하나님으로부터 받는 영적 축복입니다. 우리는 하나님을 믿는다고 하면서도 교회 생활이나 개인 생활에 있어 영적 삶에 바탕이 되는 부분들에는 관심이 적습니다. 그러나 신령한 지혜와 총명과 하나님의 뜻에 대한 지식이 없으면, 크리스천 삶을 하나님께서 원하시는 대로 살지 못합니다. 교회도 개별 신자도 제각기 자기가 원하는 것만 찾기 때문입니다.

우리는 신앙생활의 우선순위를 자기중심으로 작성하는 성향이 짙습니다. 누구와 결혼을 하고, 무슨 직장을 구하고, 어디로 이사를 하고, 어디에 투자하고, 자녀를 어떻게 공부시키고 하는 등등의 문제들에서만 하나님의 뜻을 찾는 것은 바른 순서가 아닙니다. 일차적으로 알아야 하는 하나님의 뜻에는 관심이 없고, 자기 일이 불안하거나 확신이 없어 하나님의 뜻을 구하는 것은 하나님께서 기뻐하시는 기도가 아닙니다. 하나님께서는 우리가 하나님 이외의 것들에 우선순위를 두는 것을 싫어하십니다. 하나님 나라와 그의 의를 먼저 구하라고 하셨지, 나의 복지와 평안을 먼저 구하라고 하시지 않았습니다. 주기도문의 순서대로 하나님의 이름과 그분의 나라와 뜻이 이루어지기를 구하는 것이 나의 일용할 양식을 구하는 일보다 먼저입니다. 우리는 하나님의 뜻을 찾는 기도를 하면서도 하나님께서 우선적으로 원하시지 않는 것들을 찾기 때문에 성령을 근심케 합니다. 그래서 기도라는 경건한 행위를 하면서 오히려 죄를 지을 수 있습니다. 우리는 기도의 틀을 바꾸어야 합니다. 어떻게 바꿀 수 있을까요?

　　무엇보다도 성경에서 이미 계시된 하나님의 보편적인 뜻을 이해하고 실천하면서 자신과 관련된 하나님의 개별적인 뜻을 찾아야 합니다. 예를 들어, 산상설교의 가르침은 모든 신자가 따라야 할 삶의 표준입니다. 신약의 도덕적 교훈들도 신자라면 예외 없이 실생활에서 적용해야 할 하나님의 뜻입니다. "하나님의 뜻은 이것이니 너희의 거룩함이라"(살전 4:3)고 하였습니다. 신자들끼리 서로 덕을 세우고, 사랑하며, 교회 질서를 지키고, 항상 선을 택하고, 기뻐하며, 쉬지 말고 기도하고, 범사에 감사하고, 성령의 말씀을 중시하고, 악을 버리는 것이 "그리스도 예수 안에서 너희를 향하신 하나님의 뜻"(살전 5:18)이라고 분명하게 말하지 않았습니까? 우리의 문제는 이러한 하나님의 보편적인 뜻에는 관심이 없으면서, 자기 일만 앞으로 내밀고 그 문제에 대한 하나님의 뜻이 무엇인지를 알려고 하는 것입니다. 성경에서 이미 밝힌 하나님의 뜻을 행하는 것이 우선입니다. 그래서 믿음과 지혜와 총명을 달라고 하나님께 항상 기도해야 합니다.

자신의 복지에만 집착하면 하나님의 대 구원의 뜻을 전체적으로 조망하지 못합니다. 각 개인에 대한 하나님의 뜻은 먼저 이 세상을 회복하고 갱신하는 하나님의 구원 계획의 전망대 위에서만 적합한 자리매김을 할 수 있습니다. "모든 신령한 지혜와 총명에 하나님의 뜻을 아는 지식으로 채우게"(9절) 해 달라는 바울의 기도는 골로새 교인들이 하나님이 어떤 분이신지를 더욱 알아가고 구속의 목적에 비추어 복음의 증인으로서 어떻게 살아야 한다는 것을 깨달아야 한다는 뜻이었습니다.

골로새 교회에는 거짓 교사들과 거짓 철학자들이 예수 그리스도를 능가하는 레벨의 지혜와 구원의 길이 있다고 유혹하였습니다(골 2:8, 18, 23). 그래서 바울은 그리스도를 아는 것으로 충분하다고 하면서 그리스도를 초월하는 어떤 신비한 지식이 필요한 것이 아니고, 그분 안에서 더욱 자라가는 것이라고 강조하였습니다. 그리스도 안에는 모든 신성의 충만함이 내주합니다. 바울이 본 기도에서 사용한 지혜, 지식, 총명, 기쁨 등은 이사야서에 나오는 메시아에 대한 진술과 흡사합니다.

"그의 위에 여호와의 영 곧 지혜와 총명의 영이요……지식과

여호와를 경외하는 영이 강림하시리니 그가 여호와를 경외

함으로 즐거움을 삼을 것이며……"(사 11:2-3).

주 예수께 영적 지혜와 총명과 지식으로 능력을 부어주신 성령께
서는 예수의 피로써 구속함을 받은 우리에게도 같은 은혜를 부어 주
십니다(고후 1:21-22). 그래서 우리는 하나님의 온전한 뜻을 깨닫기 위
해 진리의 말씀인 성경을 공부하고 성령의 도우심으로 이를 삶에 적
용할 수 있어야 합니다.

영적 지식의 목표는 올바른 삶입니다. 다윗은 "주는 나의 하나님
이시니 나를 가르쳐 주의 뜻을 행하게 하소서"(시 143:10)라고 기도
하였습니다. 하나님의 뜻을 구하는 목적은 '주의 뜻을 행'하기 위함
입니다. 우리가 신령한 지혜와 총명과 하나님의 뜻을 아는 지식으로
무장되는 것은 그 자체로서 목적이 아닙니다. 영적 지식은 "주께 합
당하게 행"(10절)하기 위한 것입니다. '합당하게 행하는 것'은 우리
가 믿는 것과 일치되는 삶을 사는 것을 말합니다. 즉, 하나님의 영광
에 걸림이 되지 않고, 우리가 받은 구원과 소명에서 빗나가지 않으
며, 복음의 진리를 밝히는 삶입니다(참조. 빌 1:27; 엡 4:1; 살전 2:12; 요삼
6). 바꿔 말하면, 신자는 항상 하나님의 은혜를 알리기 위해서 살아
야 합니다. 신자들의 삶을 보고 세상 사람들이 하나님을 인정하도록
해야 한다는 것입니다. 우리는 주께 합당한 삶을 통해서 하나님의
구원이 얼마나 귀하고 하나님이 얼마나 은혜로우신지를 드러내도록
부름을 받았습니다. 하나님의 뜻을 아는 것만으로는 부족합니다. 주
님 앞에서 올바른 성도의 삶을 살면서 선한 열매를 맺는 일에 연결
이 되어야만 주님을 기쁘게 해 드릴 수 있습니다.

우리가 하나님의 뜻을 아는 일로 채움을 받고 주님 앞에서 합당한 실천 생활을 하면 하나님을 더욱더 알아가게 됩니다. 하나님에 대한 영성의 깊이는 성령으로 깨달은 말씀의 적용 능력에서 드러납니다. 그래서 바울은 합당하고 선한 삶의 열매를 통해서 "하나님을 아는 것에 자라게"(10절) 되기를 기도하였습니다. 이기적인 목적으로 하나님의 뜻을 찾으려고 하면 하나님을 기쁘게 해 드릴 수 없습니다. 그래서 하나님을 아는 일에서 자라지 못하고 올바른 삶이 없는 유명무실하고 무력한 신자가 됩니다. 이것은 구원의 은혜를 무색하게 만드는 일입니다(딛 2:11-14). 우리에게는 삶의 모든 부분에서 내리는 결정이나 선택의 문제에서 이러한 하나님의 뜻을 적용하고 실천하는 지혜가 있어야 합니다.

현대 교회의 한 특징은 영적 지식의 빈곤입니다. 영적 무지는 재난입니다. 지식은 영적 발전의 중요한 요소입니다. '지혜, 총명, 지식' 등의 단어가 바울의 기도에서 자주 나오는 까닭이 무엇입니까?(골 1:9-10; 엡 1:17; 빌 1:9). 크리스천 삶에서 매우 중요하기 때문입니다. 영적 지식에 관한 한, 무지한 것은 약이 아니고 독입니다. 교회가 세속주의 사상과 물질주의에 휩쓸리는 주된 원인은 영적 지식의 부족에 따른 열매의 결핍입니다. 많은 교회와 교인들이 왜 물질주의와 세속적 성공주의의 유혹에 넘어갑니까? 하나님이 아닌, 자기를 기쁘게 해 주려는 일에 집중하기 때문입니다. 자아는 항상 편안하기를 원합니다. 잘 먹고 잘살고 잘 풀리기를 원합니다.

현대 교회는 복음이 지닌 고난의 요소를 삭제시키고 자기 부정의 십자가를 자신의 소원 성취를 비는 아이콘으로 걸어 놓았습니다. 주님의 십자가는 내 소원을 비는 하나의 종교적 장치에 불과합니다.

그러나 성경은 "선을 행함으로 고난받는 것이 하나님의 뜻"(벧전 3:12)이라고 밝혔습니다. 십자가의 고난이 포함되지 않은 하나님의 뜻은 인간의 뜻입니다. 우리가 하나님의 뜻을 찾는 것은 대체로 내 일이 잘되게 하기 위한 것입니다. 하나님의 뜻을 찾는 것이 복 받기 위한 것이라면 무슨 복을 찾고 있는지를 자문해 보아야 합니다. 우리는 "의를 위하여 고난을 받으면 복 있는 자"(벧전 3:14)라는 말씀에 비추어 우리의 기복적인 복의 개념을 수정해야 합니다. 성경이 가르치는 영적 지식을 바르게 깨닫지 못하면 이기적인 목적과 동기에서 하나님의 뜻을 구하게 됩니다.

성도는 신령한 능력이 드러나는 삶을 살아야 합니다.

복음이 열매를 맺고 증가하는 것은 단순히 전도의 수확만이 아닙니다. 믿음으로 구원을 받은 자들이 변화의 삶을 창출하는 것도 포함합니다(골 1:6, 10). 성도의 새 삶은 하나님을 아는 신령한 지식으로 채워져야 하고 거룩한 생활로 이어져야 합니다. 그런데 신령한 지식과 거룩한 삶의 목표가 있어도 영적 에너지가 없으면 주께 합당하고 선한 열매를 맺지 못합니다.

그럼 거룩한 삶의 원동력은 어디서 오는 것일까요? 바울은 기쁨으로 "모든 견딤과 오래 참음에"(11절) 이르게 하는 것은 성령의 능력이라고 말합니다. 그래서 바울은 골로새 교인들이 "그의 영광의 힘을 따라 모든 능력으로 능하게"(11절) 되기를 기도하였습니다. 왜 이런 기도가 필요할까요? 신자가 되면 성령을 받는데 왜 성령의 능력으로 살게 해 달라는 기도가 별도로 필요합니까? 신자가 되었다고 해서 "합당하게 행"(10절)하는 삶이 자동으로 오지 않기 때문입니다.

신자가 되면 자신의 힘에 의존하지 말고 성령의 능력과 인도에 의지하며 협력하는 것을 배워야 합니다. 신자의 삶은 새로운 출발입니다. 신자는 자신들 속에서 조용히 시작된 하나님의 생명과 성령의 내주를 의식하며 성숙하고 발전하는 과정을 익혀 나가야 합니다. 이것은 시간과 경험이 필요합니다. 골로새 교회는 이미 믿음과 사랑과 소망의 삶을 살고 있었습니다. 그러나 하나님을 알아가며 자라는 일은 계속되어야 했습니다. 현상 유지로 만족하지 말라는 것입니다. 이 일을 위해 성령은 항상 우리를 도울 준비가 되어 있습니다. 그러나 우리 편에서도 성령의 능력을 원하며 의존하는 준비가 되어야 합니다. 이러한 준비의 하나가 "그의 영광의 힘을 따라 모든 능력으로 능하게"(11절) 해 달라는 기도입니다. 신자는 날마다 이런 기도를 하면서 주님을 기쁘시게 하는 합당한 삶을 살아야 합니다. 이것은 당연한 말이지만 실천은 어렵습니다. 신자라면 주님 앞에서 바르게 살면서 성숙해져야 한다는 것을 압니다. 그러나 그렇게 살지 못하는 경우가 적지 않습니다. 왜 그럴까요?

신자의 성숙은 열매이기에 시간이 걸립니다. 그런데 내 안에서 복음의 열매가 달리고 성품과 생활 자세에 변화가 오려면 성령의 능력을 확신해야 합니다. 주님을 기쁘게 해 드리는 선한 열매의 삶이 가능하다는 것을 긍정적인 동기부여로 삼아야 합니다. 우리는 물론 절대적인 의미에서 하나님의 완전한 표준에는 이를 수 없습니다. 그러나 성령께서 우리를 "모든 능력으로 능하게"(11절) 하시기 때문에 범사에 하나님을 기쁘게 해 드리는 수준에 이를 수 있습니다. 우리는 넘어지기도 하고 실수도 합니다. 그러나 하늘 아버지께서는 자녀된 우리를 격려하시며 새롭게 시작하도록 은혜를 내리십니다.

모든 선한 일에 열매를 맺게 해 달라는 바울의 기도는 영적 슈퍼맨이 되게 해 달라는 말이 아니었습니다. 힘에 부치는 일을 더 많이 하게 해 달라는 주문도 아니고 하루아침에 성인군자가 되게 해 달라는 요청도 아닙니다. 바울이 원한 것은 주님의 자녀로서 주께서 인정하실 수 있는 바른 생활을 하라는 것입니다. 세상 사람들과 다르게 자기 능력이 아닌, 성령의 능력에서 나오는 힘에 의존하는 은혜의 삶을 살면서 계속 성숙하라는 것입니다. 우리가 범사에 주를 기쁘게 해 드릴 수 있는 까닭은 범사에 주께서 우리의 능력이 되시기 때문입니다. 그래서 바울은 "내게 능력 주시는 자 안에서 내가 모든 것을 할 수 있느니라"(빌 4:13)고 고백하였습니다.

신자의 삶은 새로운 출발일 뿐만 아니라 모든 일에서 새 힘을 받고 새로운 자세와 목적으로 새 생명의 열매를 맺으며 새롭게 자라는 삶입니다. 이것이 "능하게"(11절) 되는 것입니다. 그래서 "모든 견딤과 오래 참음에 이르게"(11절) 됩니다. 바울 당시의 로마의 소아시아는 살기가 쉽지 않았습니다. 갖가지 이교도들의 종교와 황제 숭배의 압력이 강한 곳이었습니다. 기독교에 대한 사회적 편견도 적지 않았습니다. 어린 골로새 교회는 참고 견딜 일이 많았습니다. 그런 여건 속에서 복음 생활을 지속하려면 오래 참는 인내의 힘이 없이는 불가능하였습니다. 성령의 능력은 전도 효과나 부흥이나 치유와 같은 것들만을 가리키지 않습니다. 성령의 능력에는 "모든 견딤과 오래 참음"도 포함됩니다. 외부의 압력과 유혹을 견디기 위해서 성령의 능력을 달라고 기도하는 것은 초자연적인 치유나 부흥을 위한 기도 못지 않게 중요합니다.

한편, 바울은 하나님의 능력을 비는 기도 다음에, 큰 능력을 받고 온 세상을 정복하라든지 무슨 일이든지 다 감당할 수 있다고 말했음 직합니다. 그러나 그는 이어서 '기쁨으로 모든 견딤과 오래 참음'을 언급하였습니다. 견딤이 상황이나 환경에 대한 인내라면, 오래 참음은 사람에 대한 인내라고 할 수 있습니다. 예수를 믿고 새사람이 되었다고 해서 환경의 스트레스를 받지 않거나 사람들과의 관계에서 항상 원만한 것은 아닙니다. 자신의 한계를 넘어서려면 끊임없이 성령의 능력과 도우심을 받아야 합니다.

복음은 신비주의나 성공주의가 아닙니다. 만사에 인내하며 건전한 판단과 지혜로 복음에 기초한 처신을 하는 것이 믿음 생활입니다. "모든 능력으로 능하게" 되는 것은 개인뿐만 아니라 교회에도 공동체적으로 적용되는 일입니다. 성령의 능력에 의존하지 않고는 주님을 기쁘게 해 드릴 수 없습니다(고전 2:5; 엡 1:19-20). 이 능력은 골로새 교인들이 하나님의 이름을 세상에서 높이는 삶을 가능케 하였습니다. 이 능력의 특징은 인내와 기쁨입니다. 믿음과 사랑과 소망이 부흥하는 공동체의 특징이라면, "기쁨과 견딤과 오래 참음"(11절)은 이상적인 신자의 성숙한 삶을 위한 투쟁에 필수적인 요소입니다. 이것은 내가 스스로 만들어낼 수 있는 일이 아닙니다. 그러나 성령의 능력을 받으면 체험할 수 있습니다. 우리는 성령의 능력을 다 믿는다고 말할 것입니다. 그러나 믿는 것과 체험하는 것은 별개의 것일 수 있습니다. 나는 성령의 능력을 믿고 의존하기 때문에 기쁨과 견딤과 오래 참음을 체험하고 있습니까?

우리는 신령한 능력을 받기 위해 기도해야 합니다.

"그의 영광의 힘을 따라 모든 능력으로 능하게 하시며"(11 절).

하나님께서는 우리가 이런 능력을 바라며 기도하면 주신다고 약속하셨습니다. 크리스천 삶의 한 비결은 하나님께서 우리에게 기꺼이 힘을 주신다는 약속을 믿고, 그 힘에 의존하는 것을 배우는 것입니다. 신약의 대부분의 가르침은 우리가 어떻게 주 예수를 의지해서 살아야 하는지를 말합니다. 당시의 이교도들은 우상 신으로부터 영적 능력을 받으면 악으로부터 보호를 받고 번창한다고 믿었습니다. 그래서 여러 가지 종교적 의식을 행하고 우상 신이 요구하는 제사와 물질을 바쳤습니다. 그러나 세상 종교나 세속적 파워를 의지하는 것은 마귀의 속임수에 빠졌다는 증거입니다. 교인은 주님의 능력이 아닌, 세상에 속한 힘으로 살려고 하면 반드시 실패합니다. 우리는 주님으로부터 모든 에너지를 받아야 합니다. 주님이 새 삶의 생명이십니다. 주님은 이것을 주님의 살을 먹고 피를 마시는 것이라고 표현하셨습니다(요 6:55-57). 주님이 영적 삶의 양식입니다. 주님이 주시는 힘은 날마다 체험적으로 알 수 있고 확인할 수 있습니다. 주님의 양식은 썩어 없어질 세상 양식이 아닙니다.

"썩을 양식을 위하여 일하지 말고 영생하도록 있는 양식을 위하여 하라 이 양식은 인자가 너희에게 주리니 인자는 아버지 하나님께서 인치신 자니라"(요 6:27).

우리는 인내를 위해서도 기도해야 합니다(1:11-12).

"...기쁨으로 모든 견딤과 오래 참음에 이르게 하시고"(11절).

시련을 견디는 것에서 한 걸음 더 나아가는 것은 '기쁨으로' 견디는 것입니다. 바울은 '너희 스스로 힘을 내라'고 말하지 않았습니다. 우리 속에는 거룩한 삶을 위해 자체적으로 생산할 수 있는 능력이 없습니다. 에베소서 6:10절에서도 "주 안에서" 강하라고 하였습니다. "모든 능력으로 능하게 하시며"는 하나님에 의해서 그렇게 된다는 의미입니다. 그러니까 바울은 '주님, 이 연약하고 무기력한 자들에게 당신의 뜻을 행할 수 있는 능력을 주십시오'라고 기도한 것이었습니다. "그의 영광의 힘을 따라"(11절)라는 표현은 하나님의 장엄한 능력을 말합니다. 그런데 능력을 주시는 목표는 인내입니다. 시련과 난경은 우리를 좌절시킵니다. 비난과 불의는 복수의 유혹을 일으킵니다. 그러나 하나님께서는 인내의 능력을 주셔서 우리를 보호해 주십니다. 이 같은 오래 참음은 하나님에게서 옵니다. 바울은 하나님을 인내의 하나님이라고 불렀습니다(롬 15:5). 우리에게 날마다 필요한 인내의 원천은 하나님이십니다.

바울은 하나님의 막강한 능력이 골로새 교인들 속에서 역사하여 주님을 기쁘게 해 드리는 삶을 가능하게 한다고 가르쳤습니다. 이 능력은 우리가 그리스도의 복음을 믿기 때문에 겪는 고난과 하나님의 선한 뜻을 따라 살려고 할 때 겪는 어려움을 능히 감당하게 하는 오래 참음입니다. 하나님의 능력은 지금도 줄지 않았습니다. 우리가 주 예수의 구원을 받고 복음의 진리에 투신해서 살면, 비록 고난이

와도 하나님의 능력이 여러 종류의 역경 속에서 우리를 붙들어주는 것을 체험할 수 있습니다.

골로새 교인들은 이러한 가르침을 복음을 처음 듣던 때부터 배웠습니다. 바울은 골로새 교인들이 구원을 받았으니까 앞으로 모든 일이 형통할 것이라고 가르치지 않았습니다. 그는 신자 생활에 십자가가 있다는 것을 전제하고 골로새 교인들이 고난을 견디며 오래 참게 해 달라고 기도하였습니다(1:11). 만약 신자 생활에 고난이 없다면 복만 받게 해 달라고 기도했을 것입니다. 그러나 바울의 기도에는 고난을 견디게 해 달라는 기도가 늘 나옵니다. 크리스천 삶은 인내의 삶이라고 해도 과언이 아닙니다.

그런데 일반적으로 교회에서 복음을 어떻게 전합니까? 복음에 충실한 삶을 살면 고난이 온다고 말해 줍니까? 인내를 위해 하나님께 기도하여 능력을 받아야 한다고 미리 가르쳐 줍니까? 우리나라 기독교 출판계에는 성공주의 서적이 항상 인기 도서입니다. 축복 신앙에는 고난에 대한 가르침이 없습니다. 그런데 예수님이 그런 복음을 전하셨습니까? 바울이 그렇게 가르쳤습니까? 예수님은 신자들이 세상의 미움을 당할 것이라고 분명히 말씀하셨고(요 15:18-20), 바울도 경건하게 살려고 하면 박해를 받는다고하였습니다(딤후 3:12). 하나님을 바알 신처럼 대하는 것은 맘몬 종교이지 기독교가 아닙니다. 말로는 십자가로 구원을 받는다고 하지만, 사는 일에서는 십자가를 부인하고 맘몬 신의 축복에 의존합니다. 얼마나 많은 사람이 복음의 참뜻을 바르게 알지 못하고 교회 생활을 하는지 모릅니다. 그들은 성공주의와 구복 신앙에 빠져서 성경을 깨닫지 못하고 하나님을 오해하며 영적 분별력이 없이 주여, 주여, 하며 부르짖습니다. 그런 식의 신앙생활에는 하나님께서 원하시는 성령의 열매가 달리지 않습니다.

바울은 골로새 교인들에게 "여러분이 하나님의 은혜를 듣고서 참되게 깨달은 그날로부터…열매를 맺으며 자라고"(새번역, 6절) 있다고 평가했습니다. 바르게 깨달아야 열매를 맺습니다. 복음을 편리한 대로 각색하지 말고 원색으로 가르치고 배우는 일이 얼마나 중요한지 모릅니다. 우리의 문제는 복음의 기초가 너무도 미진한 것입니다. 그래서 고난을 맞을 때 당황하고 무척 힘들어합니다. 고난을 원하는 사람이 어디에 있겠습니까? 고난이 견디기 쉽다는 사람도 없습니다. 그러나 신자의 삶에 필연적으로 찾아오는 고난의 의미를 처음부터 복음의 일부로 배웠더라면, 고난을 대하는 우리의 자세가 달랐을 것이고 고난의 여파로 오는 피해를 많이 줄일 수 있었을 것입니다.

복음이 원색으로 전해지지 않고 탈색되고 편집된 복음으로 전달되면, 들을 때에는 위로가 되고 힘이 될지 몰라도 심한 부작용이 반드시 생깁니다. 우리는 부패한 복음으로부터 원색의 복음으로 되돌아갈 때만, 하나님이 원하시는 건전한 교회와 건강한 성도들이 될 수 있습니다. 그렇다면 우리에게 가장 시급한 것은 구복적인 기도 응답을 받는 것이 아니고, 복음에 대한 잘못된 이해와 하나님에 대한 그릇된 기대에서 해방되는 것입니다. 이것이 우리가 간절히 올려야 할 시급한 기도 제목입니다.

6장

성도의 유업

골로새서 1:12-14

"우리로 하여금 빛 가운데서 성도의 기업의 부분을 얻기에
합당하게 하신 아버지께 감사하게 하시기를 원하노라 그가
우리를 흑암의 권세에세 건져내사 그의 사랑의 아들의 나라
로 옮기셨으니 그 아들 안에서 우리가 속량 곧 죄 사함을 얻
었도다"(골 1:12-14).

바울은 지금까지 골로새 교인들의 영적 필요를 위해 기도하였습
니다. 그는 골로새 교인들이 영적 지식으로 채워져서 실제적인 삶에
하나님의 뜻을 적용하며 살도록 간구하였습니다. 이를 위해 그는 그
들이 성령으로부터 영적 능력을 받아 환난을 견디며 기쁨으로 주를
섬기게 해 달라고 기도하였습니다. 이제 바울은 그러한 합당한 성도
의 삶에 대한 이유와 동기를 밝힙니다.

하나님은 성도들에게 유업을 주십니다.

"우리로 하여금 빛 가운데서 성도의 기업의 부분을 얻기에
합당하게 하신 아버지께 감사하게 하시기를 원하노라"(12
절).

우선 여기서 말하는 기업(基業)이란 말의 기본적인 의미를 알아야
합니다. 다른 말로 바꾸면 유업, 또는 상속인데 더 실제적으로 말하
면 상이나 상급입니다. '합당하게'라는 말은 10절의 "주께 합당하게
행하여"처럼 마땅하고 적절하다는 의미가 아닙니다. 이 말은 자격을
준다는 뜻입니다. 원문과 문맥상으로도 10절과 12절의 단어는 서로
다른 뜻입니다. 그래서 새번역과 직역성경에서는 1:12절을 다음과
같이 번역하였습니다.

"그리하여 성도들이 받을 상속의 몫을 차지할 자격을 여러분
에게 주신 아버지께, 여러분이 빛 속에서 감사를 드리게 되
기를 우리는 바랍니다."(새번역)
"빛 안에서 성도들이 받을 유업의 몫을 차지할 자격을 여러
분에게 주신 아버지께 감사드리기를 빕니다."(직역성경)

본 절은 구약에서 아브라함과 이스라엘에게 주었던 약속들을 반
향합니다. 유업이란 말은 구약 개념입니다. 그래서 유업을 바르게
이해하려면 구약의 문맥에서 시작해야 합니다. 유업의 약속은 처음
에 아브라함에게 주었고(창 13:14-17) 그다음. 이스라엘 백성에게 가

나안 땅을 준다고 하였습니다(민 26:52-56). 구약 시대의 유업은 가나안 땅이었습니다. 그러나 가나안 땅은 그리스도 안에서 받게 될 '하늘에 쌓아 둔 소망'(1:5)에 대한 물체적인 화살표였습니다.

하나님께서는 모든 성도에게 이 유업을 상속받을 수 있는 자격을 부여하셨습니다. 그 방법은 무엇일까요? 그리스도께서 우리 죄를 대신하여 자신의 피로써 속량하시고 흑암의 권세 아래 갇혀 있던 우리를 하나님의 아들의 나라로 옮겨 주신 것입니다(13-14절). 이것은 출애굽 이미지입니다. 하나님께서 예수 그리스도를 통하여 자기 백성을 구속하시고 어둠의 왕국에서 빛의 왕국인 아들의 나라로 옮기신 것은 새로운 출애굽입니다. 이스라엘 백성이 죄와 흑암의 왕국이었던 애굽에서 구출되어 가나안의 유업을 향해 나아갔듯이, 신약 교인도 사탄의 왕국에서 그리스도의 새 나라로 옮겨져서 그리스도와 한 몸이 되어 약속된 유업을 받는 공동 상속자가 되었습니다(롬 8:17; 마 5:5).

우리가 하나님의 왕국으로 옮겨졌다는 것은 그리스도와 함께 상속을 받을 수 있는 위치에 있음을 의미합니다. 그럼 언제 유업의 자격을 얻을까요? 주 예수 그리스도를 처음 믿고 하나님의 자녀가 되었을 때입니다. 그래서 유업을 받을 수 있는 자격은 신자라면 다 있습니다. 그런데 유업의 자격이 있는 것과 실제로 유업을 받는 것에는 차이가 있습니다. 자격이 있는 것과 자격을 실제로 사용하여 혜택을 누리는 것은 다른 것입니다. 자격이 있다고 해서 누구나 유업을 받지 않는다는 말씀입니다.

우리는 회복된 새 하늘과 새 땅에서 그리스도와 함께 다스리는 영광을 각자의 분량에 따라 나누게 될 것입니다(시 2:8; 롬 4:13). 그래서 우리가 이 영광의 미래를 기대하며 그것에 맞추어 살도록 하나님께서 동기부여를 해 주셨습니다. 유업은 하나님의 놀라운 은혜의 선물입니다. 그래서 바울은 골로새 교인들이 하나님께 감사하는 자들이 되도록 기도하였습니다(12절). 신자들은 하나님께서 자신들을 위하여 행하신 구원의 의미를 항상 되새기며 하나님께 감사드리는 생활을 해야 마땅합니다. 감사가 없는 삶은 하나님의 구원이 얼마나 기이한 축복인지를 깨닫지 못했다는 증거입니다.

유업은 복음의 일부입니다.

유업 주제를 더 다루기 전에 한 가지 유념할 것이 있습니다. 그것은 유업을 잘못 전하면 오해를 받는다는 것입니다. 그 까닭은 우리나라 교회에서 70년대 이후로 한동안 부흥사들이 예수 잘 믿어야 상받는다는 것을 매우 유치하게 전했기 때문입니다. 예를 들면 이런 것들입니다.

- 십일조 잘 내면 하늘 곡간에서 복이 쏟아져 내린다.
- 목사 잘 대접하면 자식 잘된다.
- 건축 헌금 많이 하면 천국에 가서 대궐에서 산다.
- 교회 봉사 잘하면 천국에서 황금 면류관 쓰고, 교회 잘 섬기지 않는 자들은 개털 모자 쓴다.
- 헌금 잘 내는 신자의 정원은 천국 집의 잔디가 푸르고, 헌금 떼먹은 신자의 정원은 잔디가 다 타 죽는다.
- 교회에 일반 피아노를 헌물하면, 천국에서 그랜드 피아노를 받는다.

- 죽도록 헌신한 신자들은 예수님의 맨션 옆에서 살고, 헌신하지 않는 신자들은 시골 벽촌에서 산다.

이런 상급은 주로 돈과 관련된 상거래입니다. 그런데 이런 유치한 말들에 많은 사람이 넘어갔습니다. 사실 지금까지 이런 식의 설교를 하고 그렇게 믿는 신자들도 적지 않습니다. 소위 말하는 번영신학이라는 것이 그런 것입니다. 요즘은 말을 바꾸어 성공신학이라고 부릅니다. 그래서 의식이 있는 분들은 기독교를 물질주의로 바꾸었다고 비판하며 싫어합니다. 예수를 믿는 것이 아니고 맘몬 신을 섬긴다는 것입니다. 하나님을 위해서 사는 것이 아니라, 내 복 받기 위해서 교회에 다니고 봉사하고 헌금한다는 것입니다. 그래서 상 받는다는 말이 나오면 싫증을 냅니다. 70년대 이후의 세속적이고 물질적이며 이기적인 상급 교리는 분명히 복음의 왜곡입니다.

그런데 한 가지 주의해야 합니다. 어떤 잘못된 가르침과 그에 따른 부정적인 현상 때문에 복음의 진리 자체를 거부해서는 안 된다는 것입니다. 예를 들어, 때때로 비(非) 복음적인 종말론자들이 예수님의 재림 날짜를 정해놓고 사회적 물의를 일으킵니다. 그들의 주장이 번번이 틀리기 때문에 많은 사람이 예수님의 재림에 큰 관심을 가졌다가 실망하고 그 후로는 아예 예수님의 재림 자체에 스위치를 끄고 삽니다.

예수님의 재림에 관심이 낮은 또 다른 이유는 교회가 물질주의에 빠져서 지상에서 잘 먹고 잘사는 일을 우선시하기 때문입니다.

「예수님 재림 안 하셔도 좋으니까 이 세상에서 잘 되게 해 주십시오. 죽으면 천국에 들어갈 테니까 구태여 예수님 안 오셔도 지장이 없습니다」라는 식입니다. 그러나 아무리 거짓 선지자들이 재림이니 휴거니 하고 속여도 그런 이유로 성경의 진리인 예수님의 재림 자체를 잊고 살거나 제쳐 놓아서는 안 됩니다. 우리는 예수님의 재림을 큰 소망으로 알고 간절히 기다려야 합니다. 상급 교리도 마찬가지입니다. 부흥사들과 일부 목사들의 가르침이 유치하고 비성경적이라고 해서 성경에서 가르치는 상급 교리 자체를 부정해서는 안 된다는 말씀입니다. 예를 들어, 밥을 먹다가 돌이 씹혔다고 해서 밥그릇 전체를 내던질 수는 없지 않습니까? 돌은 골라내고 밥은 먹어야 합니다. 영어 속담에 아기를 목욕시킨 물을 버리려다가 아기까지 함께 버린다고 합니다. 그러나 더러운 물은 버려야 하지만 아기는 버릴 수 없습니다.

복음은 죄인이 아무런 공로가 없이 주 예수를 구주로 믿음으로써 구원을 받는 것 이상을 의미합니다. 복음에는 그리스도 안에서 받는 유업의 축복도 담겨 있습니다. 유업은 단순히 사후에 천국에 들어가는 것도 아니고, 하나님 자신도 아닙니다. 유업은 궁극적으로 새 하늘과 새 땅이 지니고 있는 무궁한 축복들 속에 포함된 것입니다. 이 것은 현세에서부터 맛보기 시작하는 새 시대의 은혜들입니다. 주 예수를 믿는 신자들에게는 상속의 자격이 있습니다. 그러나 자동으로 누구나 다 같은 유업을 받지 않습니다. 유업은 주님을 위한 지상에서의 선한 삶에 대한 보상입니다. 그런데 선한 삶의 레벨이 성도마다 다르기에 유업의 상에도 차이가 납니다.

성도들에게 유업이 있다는 것은 하나님의 구원 계획 속에 각자의 몫으로 상속해 주기를 원하시는 복들이 있음을 시사합니다. 성도들은 하나님의 뜻을 따라 주님을 기쁘게 해 드리는 삶을 살면서 선한 열매를 맺어야 합니다. 성도들은 하나님의 능력에 힘입어 복음을 위해 고난을 견디며 살 때 하나님을 기쁘게 해 드립니다(1:9-11). 이 같은 성도의 마땅한 삶에 대한 하나님의 응답이 상입니다.

유업에 대한 기대는 성도의 거룩한 삶을 위한 강력한 동기가 됩니다. 유업의 상은 우리가 순종과 사랑과 거룩한 삶을 살도록 격려하고 하나님의 후한 배려에 감사하게 합니다(12절). 하나님께서 우리에게 자격을 부여하시고 선한 삶을 통해 상속을 받도록 계획하신 유업의 몫을 감사와 기쁨으로 추구하는 것은 이기적인 행위가 아닙니다. 이것은 하나님의 선한 뜻을 존중하는 일이기에 바울은 적극적으로 권장하였습니다. 바울은 "무슨 일을 하든지 마음을 다하여 주께 하듯 하고 사람에게 하듯 하지 말라"(골 3:23)고 말한 후에 이어서 "이는 기업의 상을 주께 받을 줄 아나니 너희는 주 그리스도를 섬기느니라"(골 3:24)고 하였습니다. 다시 이어서 불의를 행하는 자는 '불의의 보응'(골 3:25)을 받는다고 하였습니다. 그러니까 의를 행하는 자에게는 의의 보상이 있고, 불의를 행하는 자는 심판의 보응을 받는다는 것을 대조한 것입니다. 하나님은 선행과 악행을 갚아 주시는 분입니다. 하나님께서는 의와 불의에 대한 갚음을 잊지 않고 실행하십니다.

"…보라 상급이 그에게 있고 보응이 그 앞에 있느니라 하셨느니라"(사 62:11)

"나로 말미암아 너희를 욕하고 박해하고 거짓으로 너희를 거슬러 모든 악한 말을 할 때에는 너희에게 복이 있나니 기뻐하고 즐거워하라 하늘에서 너희의 상이 큼이라 너희 전에 있던 선지자들도 이같이 박해하였느니라"(마 5:11-12).

"…또 작은 자든지 큰 자든지 주의 이름을 경외하는 자들에게 상 주시며 또 땅을 망하게 하는 자들을 멸망시키실 때로소이다"(계 11:18).

"보라 내가 속히 오리니 내가 줄 상이 내게 있어 각 사람에게 그가 행한 대로 갚아 주리라"(계 22:12).

다음 구절들도 찾아보십시오. 마태복음 5:46; 6:1-6, 16, 18; 10:41; 요한복음 5:29; 로마서 2:6-10; 12:19; 계시록 11:18; 사무엘하 22:21-28; 예레미야 31:16.

성경에서 상급에 대해서 가장 많이 가르치신 분은 예수님이십니다. 산상 설교에는 상에 대한 말씀이 자주 나옵니다. 바울도 상에 대해서 많이 언급하였습니다. 유업은 성경 전체에서 하나님을 사랑하는 백성에게 내리는 하나님의 후한 축복의 약속입니다. 상급 사상은 성경에 편재합니다. 구약에서 유업(기업)이라는 언급이 약 650회나 나옵니다. 신약에서는 직접적인 언급만 따져서 46절이나 됩니다. 유업의 상을 바라고 사는 것은 믿음의 선열들이 지닌 특징이었습니다(참조. 히브리서 11장). 그렇다면 우리도 믿음의 선조들이 지녔던 이러한 특징을 가지고 사는 것이 당연한 일입니다.

[유업과 거룩한 삶]

교인들은 거룩한 삶을 살아야 한다는 것을 다 압니다. 그런데 실
제로 이것이 쉽지 않다는 것도 잘 압니다. 거룩한 삶을 성화라고 부
릅니다. 성화가 잘 되려면 먼저 자신이 어둠의 나라에서 빛의 나라
로 완전히 옮겨졌다는 사실을 알아야 합니다. 그리고 구원받은 자녀
들을 위한 하나님의 선한 뜻이 있음도 알아야 하는데 이 지식은 그
리스도 안에 있는 유업의 복을 누리게 하는 동기가 됩니다. 우리는
누구나 내 자식들이 잘되기를 원합니다. 하물며 우리를 지으신 하나
님이시겠습니까?

"자기 아들을 아끼지 아니하시고 우리 모든 사람을 위하여
내주신 이가 어찌 그 아들과 함께 모든 것을 우리에게 주시
지 아니하겠느냐?"(롬 8:32).

하나님께서는 자기 아들을 우리를 구속하기 위해 기꺼이 내주셨
습니다. 그런데 아들만 달랑 십자가에 달려 죽게 하시고 끝난 것이
아닙니다. 아들과 함께 아들에게 속한 측량할 수 없는 은혜의 선물
들을 계속해서 주십니다. 하나님께서는 그리스도 안에 있는 모든 복
을 주시려고 만세 전부터 계획하셨습니다. 이제 우리가 하나님의 아
들을 구주로 받았다면, 그에 후속되는 다른 모든 복도 받아 누려야
합니다. 이것이 하나님의 선한 뜻입니다. 죄와 정죄와 사망으로부터
우리를 구원해 주신 것만 해도 감사합니다. 그런데 하나님께서는 우
리가 은혜에 풍성한 자녀들이 되기를 원하십니다. 우리가 지상의 것
과 비교할 수 없는 하늘에 속한 신령한 복으로 가득 채워지기를 원

하시는 것이 하늘 아버지의 선한 뜻입니다. 그러한 복들이 하나님께서 주시려는 유업의 상입니다. 구원을 받았으면 그다음부터는 이러한 유업의 상들을 받기 위해 살아야 합니다. 이처럼 하나님의 선한 뜻이 담긴 유업의 복들을 향해 나아갈 때, 우리의 삶이 그리스도 안에서 채워지고 생기가 나기 시작합니다. 유업을 바라보는 자들은 하나님을 기쁘게 해 드리려고 애씁니다. 그래서 유업은 거룩한 삶을 사는 강력한 동기부여입니다.

"유업은 근면과 믿음과 인내로 상속받습니다"(골 1:11; 히 6:12; 11:6).

고대 이스라엘 백성에게는 각자에게 주어진 몫의 가나안 땅이 있었습니다. 이 유업의 땅은 각 지파에 할당되었지만 믿음의 싸움으로 쟁취해야 했습니다. 신약 시대의 성도들도 각자가 받을 유업의 몫을 위해 믿음을 발휘하고 역경을 참으며 주를 기쁘게 해 드리는 삶을 살아야 합니다. 유업의 상은 단순히 신자가 되었다고 해서 당연히 다 받는 것이 아닙니다. 유업은 조건 충족이 되었을 때 받습니다. 히브리서는 유업을 받는 성도들의 자세를 근면과 믿음과 인내의 삶으로 표현하였습니다.

"하나님은 불의하신 분이 아니므로, 여러분의 행위와 여러분이 하나님의 이름을 위하여 나타낸 사랑을 잊지 않으십니다. 여러분은 성도들을 섬겼으며, 또 지금도 섬기고 있습니다. 여러분 각 사람은 같은 열성을 끝까지 나타내서, 소망을 이

루시기 바랍니다. 여러분은 게으른 사람이 되지 말고, 믿음
과 인내로 약속을 상속받는 사람들을 본받는 사람이 되어야
합니다."(히 6:12. 새번역).

유업의 상을 받으려면 무엇보다도 하나님께서는 그를 찾는 자들
에게 상 주시는 이심을 믿어야 합니다(히 11:6). 히브리서 11장에 열
거된 수많은 인물은 아브라함을 위시하여 모두 하나님께서 유업의
상을 주신다는 사실을 믿었습니다. 예를 들어, 모세는 장차 받을 상
을 기대했기 때문에 애굽의 보화를 버리고 하나님을 위해 모욕을 참
으며 바로의 분노를 두려워하지 않았습니다. 미래에 받게 될 상에
대한 기대는 모세로 하여금 당당하게 출애굽을 감행하는 동기부여
가 되었습니다(히 11:26-27). 하나님께서는 이러한 자들의 헌신을 잊
지 않고 상으로 갚아 주신다고 약속하셨습니다(히 6:10, 15, 17). 그런
데 유업은 부지런함과 오래 참음이 없으면 받지 못합니다. "게으르
지 아니하고 믿음과 오래 참음"(히 6:12)으로 유업을 받은 아브라함은
우리의 모델입니다(히 6:15). 우리는 현세에서 주를 위해 사는 삶의 질
에 따라 미래에 온전한 유업의 상을 받게 될 것입니다. 유업은 현세
에서도 받지만, 대부분 내세에서 받습니다(히 11:33, 39). 그런데 육신
을 따르지 않고 성령을 따라 사는 삶에는 많은 유혹과 고난이 있습
니다.

"자녀이면 또한 상속자 곧 하나님의 상속자요 그리스도와 함
께 영광을 받기 위하여 고난도 함께 받아야 할 것이니라"(롬
8:17).

바울은 골로새 교인들을 위해 "모든 견딤과 오래 참음에 이르게"(11절) 되도록 기도하였습니다. 이 기도는 유업을 바라는 우리도 날마다 올려야 할 기도입니다. 꾸준한 인내가 없이는 아무도 유업의 상을 위한 싸움을 감당할 수 없습니다.

유업의 상은 은혜의 선물입니다.

게으른 종은 유업을 받지 못합니다(마 25:26). 이 말을 오해하면 유업은 우리의 믿음과 노력의 대가라고 생각하기 쉽습니다. 그러나 우리가 하나님으로부터 받는 모든 좋은 것들은 은혜의 선물임을 기억해야 합니다. 우리에게 유업을 주기로 계획하신 분이 누구입니까? 하나님이십니다. 유업을 받을 수 있도록 자격을 부여하신 분이 누구입니까? 하나님이십니다. 유업을 받을 수 있는 믿음과 노력도 성령의 활동에 의한 것입니다. 따라서 우리가 힘써 얻은 유업이라도 우리 힘으로 벌었다고 말할 수 없습니다. 하나님은 누구에게도 빚지신 분이 아닙니다. 누구에게도 무엇을 갚을 의무나 책임이 없습니다. 우리의 선행과 봉사와 거룩한 삶은 하나님의 종들로서 마땅히 행해야 하는 일들입니다.

우리는 무익한 종들에 불과합니다(눅 17:7-10). 우리가 아무리 순종을 잘한다고 해도 할 일을 행한 것에 불과합니다. 우리가 아무리 하나님을 위해 합당한 삶을 살았다고 하여도 결함이 있습니다. 우리의 믿음과 인내와 근면은 완전하지 않습니다. 그런데도 하나님께서 우리의 부족한 선행을 그리스도 안에 있는 흠 없는 유업으로 갚아 주시기에 크나큰 은혜입니다.

우리의 불완전한 선행과 순종에 대해서 하나님이 상을 주시는 것은 우리가 온전한 유업을 받을 만큼 훌륭해서가 아닙니다. 유업을 받는 것은 부족하나마 자녀들의 선행을 기뻐하시는 하늘 아버지의 은혜로운 속성 덕분입니다. 이러한 의미에서 유업의 상은 내 힘으로 버는 것이 아니고, 하나님의 "영광의 힘을 따라"(11절) 우리가 힘쓸 때 받는 은혜의 선물입니다. 상은 우리가 하나님을 위해서 살도록 격려하는 것이므로 하나님의 자비의 표현입니다. 우리에게는 선한 삶을 살았다고 해서 자랑할 것도 없고 보상을 청구할 권리도 없습니다. 우리는 피 한 방울 흘리지 않고 죄와 사망으로부터 영원한 구원을 거저 받았습니다. 우리가 만약 이 큰 은혜를 우리의 선행으로 갚아야 한다면 전적으로 불가능합니다. 우리가 하나님을 위해서 행하는 모든 선행은 끝없는 감사에 대한 극히 작은 부분에 불과합니다. 그런데 하나님께서는 우리에게 그리스도 안에 있는 유업의 복들을 나누어 주십니다. 유업의 상이 "무익한 종"(눅 17:10)의 당연한 봉사와 부족한 헌신에 대한 보상이라면 하나님의 은혜가 아니고 무엇입니까!

[유업의 상은 어떤 것일까요?]

성경은 상의 종류나 성격에 대해서 자세히 말하지 않습니다. 그러나 동기부여를 받을 수 있는 만큼의 암시들은 충분히 있습니다.

• 유업의 상은 한 마디로 표현한다면, 주님께서 우리의 선행을 인정하시고 '착하고 충성스러운 종'이라고 칭찬하시는 것입니다. 그 의미를 생각해 보십시오. 그냥 말로만 칭찬하시는 것이 아니지 않겠습니까? 물론 그런 칭찬 자체가 보상입니다. 나의 믿음과 오래 참음

과 충성을 주님이 인정해 주시는 것이기에 그 자체로서 큰 축복입니다. 우리의 삶을 가장 보람되고 행복하게 해 주는 것은 주님께서 나를 알아보시고 인정해 주시며 칭찬해 주시는 것입니다. 사랑하는 이로부터 '참 수고했어요'라는 한마디만 들어도 기뻐서 그동안의 여러 고통이 사라지는데 하물며 주님으로부터 받는 칭찬이겠습니까! 너무도 큰 위로와 기쁨이 될 것입니다. 상은 기쁨과 확신을 갖게 합니다. 내가 주님께서 기뻐하시는 일을 하는 것은 하나님의 뜻 가운데 살고 있다는 증거입니다. 이런 삶에는 구원의 확신이 있고 심령의 평안이 있습니다.

• 상은 사후 천국에서 더 큰 책임과 영예를 가져옵니다. 하나님을 충성과 신실로 섬긴 자들은 더욱 많은 봉사를 맡게 될 것입니다. 사후에 우리는 아무것도 안 하고 그저 하나님을 찬양하기만 하는 것이 아닙니다. 갱신된 새 하늘과 새 땅에서 할 일이 많을 것입니다. 우리 앞에는 주님과 함께 온 우주를 상속받고 만유를 다스릴 과업이 기다립니다. 우리 각자에게 할 일이 주어질 것입니다. 그러나 누구나 같은 일을 같은 레벨에서 하는 것이 아니고, 지상에서 주님을 어떻게 섬겼는지에 따라 상이한 일을 맡게 될 것입니다. 천국에 들어가는 것은 같을지라도 각자가 받는 유업에는 차이가 있습니다. "보라 내가 속히 오리니 내가 줄 상이 내게 있어 각 사람에게 그가 행한 대로 갚아 주리라"(계 22:12)고 하셨습니다. "각 사람에게 그가 행한 대로 갚아 주리라"고 하셨기 때문에 상이 개별적이고 차별적이라는 것을 알 수 있습니다.

유업의 상에 대한 가르침이 주는 교훈들은 무엇입니까?

첫째, 행위의 의미와 중요성을 부여합니다.

하나님께서는 우리의 모든 선행과 사랑의 섬김을 기억하십니다 (히 6:10). 하나님께서 기억하신다는 것은 갚아 주시겠다는 의미입니다. 우리가 주를 위해 사는 삶은 절대 잊히지 않습니다. 주 안에서 맺는 모든 수고의 열매는 하나님께서 열납하십니다. 주님께서 우리로 인해 기뻐하시는 것은 우리의 기쁨으로 돌아옵니다. 유업의 상은 주님께서 우리의 선행을 인정하고 칭찬하신다는 뜻입니다. 이것은 우리가 지상에서 미래의 약속을 기대하며 주님을 기쁨으로 섬기게 하는 동기부여가 됩니다. 동시에 유업의 상은 우리의 책임을 강조합니다. 우리는 하나님이 주신 재원과 기회를 낭비하거나 무시하면서 살 수 없습니다. 그리스도의 심판대 앞에서 우리는 자신의 행위에 대해 변호해야 하기 때문입니다.

둘째, 고난을 바르게 보는 일을 돕습니다.

그리스도와 공동 상속자가 된 성도들은 고난도 함께 받으면서 주를 섬깁니다(롬 8:17). 그러나 현 세상에서 받는 고난은 장차 우리가 누릴 영광과 비교할 수 없습니다(롬 8:18-21). 성도의 영광에 포함될 유업의 상은 주를 위해 사는 삶의 고통을 견디게 하는 영적 강심제입니다. 우리가 주 안에 머물러 있는 삶을 살면 갱신된 이 세상에서 주님과 함께 왕처럼 다스리는 영광을 누릴 것입니다. 주 예수의 재림으로 죄와 죽음과 불의의 세상이 온전히 새롭게 될 때는 고난의 삶은 흔적도 없이 사라질 것입니다. 그 날이 오기까지 우리는 하나님 나라가 주는 유업의 축복들을 환난 속에서 기대하며(행 14:22) 하나님의 인정과 칭찬을 받을 수 있는 선한 삶을 살아야 합니다.

유업의 약속은 그리스도 안에 있는 기쁨과 소망을 갖게 합니다. 그래서 장기적인 안목에서 부정적인 현실을 긍정적인 시각으로 보게 됩니다. 하나님은 시련과 역경을 통해서 하나님 나라의 유업의 축복들이 우리에게 더욱 깊이 체험되도록 계획하셨습니다(살후 1:5). 우리가 환난을 기쁨으로 여기는 까닭이 무엇입니까? (행 5:41; 벧전 4:13; 약 1:2-4). 우리는 현세에서 환난을 통하여 하나님의 임재에 더 가까이 접근합니다. 이것은 미래에 받을 유업의 영광을 지상에서 미리 맛보는 것입니다. 이러한 유업의 체험은 하나님 나라의 무궁한 축복들을 더욱 깊이 즐길 수 있는 용량을 넓혀 주고 그 은혜를 더욱 사모하게 합니다. 고난은 우리의 성품을 승화시키고, 더욱 견디게 하며, 감사하는 자가 되게 하고, 성령의 능력을 한층 더 기대하게 합니다(벧전 4:13-14). "그러므로 …예수 그리스도께서 나타나실 때에 너희에게 가져다 주실 은혜를 온전히 바랄지어다" (벧전 1:13).

셋째, 유업은 아버지 하나님의 은혜로운 속성을 깨닫게 합니다.

유업 교리는 무엇보다도 성도들을 격려하기 위한 것입니다. 예수님은 박해에 대한 가르침에서 하늘 상급을 언급하셨습니다(마 5:12). 베드로도 그리스도의 고난에 참여하는 일을 즐거워하라고 하였습니다. 그 까닭은 주의 영광이 나타날 때 우리도 그 영광에 참여하고 시들지 않는 영광의 면류관을 얻을 것이기 때문입니다(벧전 4:13-16; 5:1-4). 하나님께서는 우리의 봉사와 헌신과 사랑의 삶을 자신의 주권적 권리로서 얼마든지 요구하실 수 있습니다. 그러한 삶은 성도의 마땅한 책임이며 의무입니다. 그럼에도 하나님께서는 우리가 그리스도의 영광에 참여하여 온 우주를 주님과 함께 다스리며 새 하늘과 새 땅에 속한 형언할 수 없이 좋은 복들을 상으로 받기를 원하십니다. 하나님께서는 복음 안에서 한 때 본질상 진노의 자녀로서 하나님의 원수가 되었던 우리에게 (롬 5:10; 엡 2:3) 놀라운 자비와 친절을 베푸십니다. 이러한 은혜로우신 하나님의 성품은 우리로 하여금 거룩한 삶과 주를 위한 헌신에 박차를 가하게 하고 우리가 받은 구원의 축복이 얼마나 후한 것인지를 새롭게 깨닫게 합니다.

7장

어둠에서 빛으로

골로새서 1:13-14

"그가 우리를 흑암의 권세에서 건져내사 그의 사랑의 아들의
나라로 옮기셨으니 그 아들 안에서 우리가 속량 곧 죄 사함
을 얻었도다" (골 13-14)

본문은 출애굽 스토리를 배경으로 안고 있습니다. '흑암의 권세',
'건져내사', '옮기셨으니', '속량' 등은 출애굽의 구출 사건에 대한 짙
은 이미지를 반향합니다. 그리스도를 통한 구원은 출애굽이 예표한
새로운 출애굽입니다. 신약 교인은 이스라엘 백성이 바로의 학정으
로부터 해방되었듯이, 죄와 죽음의 속박으로부터 해방되었습니다.
이스라엘 백성이 '흑암의 권세'가 장악한 애굽 땅에서 유월절 양의
피를 통해 약속의 가나안 땅으로 들어갔듯이, 신약 교인은 예수 그
리스도의 속죄 피로써 용서를 받고 그리스도의 빛의 나라 속으로 들
어갑니다.

출애굽의 궁극적인 성취는 그리스도의 나라로 들어가는 것입니다.

구원의 목표는 죄인들을 악한 자의 통치로부터 구출하여 성도의 유업을 향해 나아가게 하는 것입니다. 이것은 새로운 출애굽 사건입니다. 하나님의 백성으로서 모세를 따라 출애굽을 했던 이스라엘 백성은 제2의 모세인 예수 그리스도를 믿고 따르는 자들로 새롭게 형성되었습니다(신 18:15, 18; 롬 2:28-29). 이 새 이스라엘은 그리스도의 십자가 대속으로 죄와 죽음의 통치로부터 해방되어 거룩함과 생명으로 가득 찬 빛의 나라로 옮겨졌습니다. 이 옮김의 변화는 확정적이며 영구적입니다. "건져내사…옮기셨으니"는 미래의 일이 아니고 과거에 일어난 결정적인 사건입니다. 이것은 어둠의 세력이 패배하였고 성도들이 아들의 나라로 이미 들어간 것을 시사합니다.

하나님의 구출 작전은 완료된 사건입니다. 바로는 참패하였고 이스라엘 백성은 애굽을 떠났습니다. 그리스도는 십자가에서 대적의 머리를 부수고(창 3:15) "다 이루었다"(요 19:30)고 선포하셨습니다. 이러한 그리스도의 십자가 승리를 의지하고 믿음으로 주 예수의 이름을 부르는 자들은 출애굽의 유월절이 적용되어 죄와 죽음으로부터 구원을 받고 유업의 자격을 얻습니다(롬 3:22-24; 10:9-13). 이것이 참 유월절이 바라보았던 목표였습니다.

본문은 구원의 의미를 간명하게 진술하였을 뿐만 아니라 성경의 세계관을 압축한 것입니다.

인간의 문제는 정치 제도나 경제적 번영이나 기술 혁신에 의해서 해결될 수 없는 보다 근본적인 문제를 안고 있습니다. 인간은 타락한 존재입니다. 인간의 타락 뒤에는 영적 어둠의 세력이 웅크리고 있습니다. 인간의 문제는 복음을 믿지 못하면 해결책이 없습니다. 복음의 핵심은 악의 세력에 노예가 된 인간들을 하나님께서 건져 내신다는 것입니다. 이 구출 작전의 주인공은 예수 그리스도입니다. 그는 죄인들을 대신하여 십자가에서 형벌을 받으시고 다시 살아나셨습니다. 그는 죽지 않고 썩지 않는 부활 생명을 그를 믿는 자들에게 나누어 주고 새 생명의 삶을 살게 하십니다.

세상에는 두 개의 왕국이 대치하고 있습니다. 인간을 하나님으로부터 이탈시키려는 어둠의 왕국이 있고, 죄인들을 하나님과 화해시키고 새로운 인류 공동체로 회복시키려는 빛의 왕국이 있습니다. 복음은 그리스도의 십자가가 어둠의 왕국을 강타하고 주 예수를 구주로 영접하는 자들을 하나님의 자녀로 삼는다고 가르칩니다. 복음을 구원의 길로 수용하지 않으면 새 생명의 변화를 일으킬 수 없습니다. 인간 문제는 예수 그리스도를 자신의 주인으로 모시지 않는 한, 죄와 사망의 감옥에서 풀려날 수 없습니다.

'아들의 나라'는 예수 그리스도의 왕국입니다.

성경은 인류의 역사를 두 세대로 나누어 표현합니다. 곧 "이 세대"(고전 2:8)와 "오는 세상"(엡 1:21)입니다. '이 세대' 혹은 '이 세상'은 사탄에게 속하였으며 하나님께 반항합니다. "이 세상"(엡 2:1-2)은 죄와 죽음이 지배하는 곳입니다. 악한 세력의 우두머리인 사탄이 하나님을 거역하는 인간들 속에서 활동하는 장소와 때가 '이 세상'입니다.

타락한 인류는 "악마의 세력 아래"(요일 5:19) 놓여 있습니다. 사탄은 "이 세상의 임금"(요 14:30)입니다. 그러나 '오는 세상'(엡 1:21) 혹은 '오는 세대'(the age to come)의 왕은 하나님의 아들이신 예수 그리스도이십니다. 이 왕은 그의 주권과 구원 사역을 반대하고 방해하는 "악한 자"(요일 5:19)와 모든 어둠의 세력들을 심판하고 그들이 더 이상 하나님의 세상을 지배하지 못하게 할 것입니다. 그런데 이 '오는 세대'는 하나님의 아들이신 예수 그리스도의 십자가 죽음과 부활의 승리를 통해 이미 '이 세상' 속으로 진입하였습니다. 그래서 하나님의 나라는 현재 이루어가는 중입니다. 이것이 하나님께서 타락한 인류를 구원하는 방식입니다. 이 구원의 길은 하나님께서 다윗에게 주신 언약에서 예고되었습니다.

[다윗 언약은 무엇입니까?]

하나님께서는 시내산 언약(출 19:3-6)에서 이스라엘을 자기 백성으로 삼으셨습니다. 그리고 그들의 하나님이 되어 그들을 돌보실 것을 언약하셨습니다. 그 후 하나님은 이스라엘의 미래를 위해 대전환점이 되는 새로운 약속을 주셨는데 이것이 다윗 언약입니다. 다윗 언약의 특징은 하나님께서 이스라엘 백성을 인도할 새로운 리더쉽을 제공하신다는 것이었습니다. 이 새로운 지도자는 여호와의 기름 부음을 받고 왕으로 세움을 받은 하나님의 아들이십니다. 그는 "모든 통치와 모든 권세와 능력을 멸하시고"(고전 15:24) 세상의 군왕들을 분쇄하며 온 땅을 유업으로 받으실 분입니다(시편 2편). 그는 다윗 가문에서 태어날 심판주로서 공의로 세상을 다스리실 것이며 '새 다윗'으로서 이스라엘의 목자가 될 것입니다.

"이새의 줄기에서 한 싹이 나며 그 뿌리에서 한 가지가 나서 결실할 것이요 그의 위에 여호와의 영 곧 지혜와 총명의 영이요 모략과 재능의 영이요 지식과 여호와를 경외하는 영이 강림하시리니 그가 여호와를 경외하므로 즐거움을 삼을 것이며 그의 눈에 보이는 대로 심판하지 아니하며 그의 귀에 들리는 대로 판단하지 아니하며 공의로 가난한 자를 심판하며 정직으로 세상의 겸손한 자를 판단할 것이며 그의 입의 막대기로 세상을 치며 그의 입술의 기운으로 악인을 죽일 것이며 공의로 그의 허리띠를 삼으며 성실로 그의 몸의 띠를 삼으리라"(사 11:1-5).

"여호와의 말씀이니라 보라 때가 이르리니 내가 다윗에게 한 의로운 가지를 일으킬 것이라 그가 왕이 되어 지혜롭게 다스리며 세상에서 정의와 공의를 행할 것이며 그의 날에 유다는 구원을 받겠고 이스라엘은 평안히 살 것이며 그의 이름은 여호와 우리의 공의라 일컬음을 받으리라"(렘 23:5-6).

"베들레헴 에브라다야 너는 유다 족속 중에 작을지라도 이스라엘을 다스릴 자가 네게서 내게로 나올 것이라 그의 근본은 상고에, 영원에 있느니라"(미 5:2)

"내가 한 목자를 그들 위에 세워 먹이게 하리니 그는 내 종 다윗이라 그가 그들을 먹이고 그들의 목자가 되리라 나 여호와는 그들의 하나님이 되고 내 종 다윗은 그들 중에 왕이 되

리라 나 여호와의 말이니라"(겔 34:23-24)

이스라엘 백성은 다윗 왕가에서 태어날 한 왕이 이스라엘을 위한 하나님의 궁극적인 목적을 성취할 것이라는 이러한 예언의 약속들을 붙잡고 살았습니다. 그래서 그들은 비록 다윗 왕가의 패망 이후로 겪어야 했던 험난한 시기에도 소망을 잃지 않고 회복의 때를 바라볼 수 있었습니다(암 9:11). 선지자들은 줄기차게 '새 다윗'(겔 34:23)에 대한 열망을 고취했고 시편 저자들도 영원한 왕국을 세우실 새로운 메시아 왕을 노래하였습니다. 이사야는 아하스 왕에게 다윗 가문에서 태어날 아기에 대해서 예언했는데 그 이름은 "임마누엘"이며 "평강의 왕"이라고 하였습니다(사 7:14; 9:6-7). 예레미야는 하나님이 다윗의 집에서 "한 공의로운 가지"가 나게 할 것이라고 외쳤습니다(렘 23:5-6; 33:14-17). 그럼 이 새 다윗은 누구입니까? 신약 저자들은 오시는 왕에 대한 예언들이 예수에게서 성취되었다고 증언하였습니다.

- 신약 성경의 첫 절은 예수님을 '다윗의 자손'(마 1:1)으로 소개합니다.
- 누가는 예수님이 다윗 가문에서 태어났다고 증언하였습니다(눅 1:2-27).
- 가브리엘 천사는 마리아에게 나타나서 그녀가 낳을 아들은 "지극히 높으신 이의 아들"이며 "주 하나님께서 그 조상 다윗의 왕위를 그에게 주신다"(눅 1:32-33)고 하였습니다.
- 세례 요한의 부친인 사가랴 제사장은 예수님의 탄생을 놓고 하

나님께서 구원의 뿔을 다윗의 집에 일으키신 일이라고 하였습니다(눅 1:69).

- 동방 박사들은 예루살렘에 도착하여 "유대인의 왕으로 나신이가 어디 계시냐"(마 2:2)고 물었습니다.
- 나다나엘은 예수님이 하나님의 아들이시며 이스라엘의 임금이라고 고백하였습니다(요 1:49).
- 베들레헴 목자들에게 나타났던 천사는 다윗의 동네에 구주이신 그리스도가 태어났다고 알렸습니다 (눅 2:11).
- 대제사장과 서기관들도 그리스도는 유대 땅 베들레헴에서 태어날 것이라는 미가서 5:2절을 인용하였습니다.
- 예수님은 메시아 시대의 특징인 성령 세례를 받으셨으며 그때 하늘에서 "이는 내 사랑하는 아들이요 내 기뻐하는 자라"(마 3:16-17)는 소리가 들렸습니다.
- 예수님 자신도 사람들이 그를 "다윗의 아들/자손"(막 10:47-48; 마 15:22)이라고 부르는 것을 금하시지 않았습니다.
- 바울도 예수님을 "육신으로는 다윗의 후손으로"(롬 1:3, 새번역) 태어나셨다고 하였고, "다윗의 씨"(딤후 2:8)로 죽은 자 가운데서 다시 살아나셨다고 증언하였습니다.

한편, 다윗 언약에 의하면 하나님은 다윗의 아들에게 영원한 왕조를 주시고 그의 왕위가 대대로 이어질 것이라고 맹세하셨습니다(삼하 7:13, 16; 시 89:3-4). 예수님은 다윗의 언약을 성취하기 위해서 세상에 오셨습니다. 그는 하나님의 영원한 나라를 세우기 위해 탄생하신 다윗의 자손입니다. 예수님은 원래 하나님께서 아브라함과 그의 후손에게 주셨던 영원한 왕국에 대한 약속을 실현하고 인류를 죄와 죽음으로부터 구출하는 메시아 왕이십니다.

하나님께서 예수 그리스도를 구주로 믿는 자들을 "흑암의 권세에서 건져내사 그의 사랑의 아들의 나라로 옮기셨다"(골 1: 13)는 말씀은 곧 다윗의 언약에서 약속된 하나님의 영원한 나라 속으로 우리를 넣어 주셨다는 의미입니다. 그렇다면 이것은 얼마나 큰 하나님의 은혜입니까? 더구나 아들의 나라로 옮겨지고 하나님의 자녀들이 된 것은 우리가 유업을 얻을 수 있는 위치에 놓인 것을 의미합니다. 그래서 바울은 하나님께 감사의 기도를 올렸습니다(12절).

"아들의 나라는 죄 사함을 받은 자들만 들어갑니다"(14절).

우리는 이전에는 '흑암의 권세' 아래 있었습니다. 우리는 "전에는 어둠"(엡 5:8)이었습니다. 영적이고 도덕적인 어둠에서 하나님을 거부하며 자신을 섬기면서 죄악 된 삶을 살았습니다. 우리는 죄의 삶을 사느라고 인생을 허비하였고, 어둠의 세력에게 붙잡혀 진리와 자유의 삶을 누리지 못하였습니다. 하나님께서는 이제 그리스도를 통하여 우리를 죄의 사슬과 "악한 자"(요일 5:19)의 손아귀에서 구해 내시고 어둠의 왕국에서 빛의 나라로 옮기셨습니다(13절; 살전 5:5; 벧전 2:9).

그런데 하나님께서 죄인들을 자기 아들의 나라 백성이 되게 하시는 근거는 무엇입니까? 예수 그리스도의 대속입니다. 예수님이 우리 대신 십자가에서 죄의 형벌을 받으셨습니다. 그리고 십자가 대속을 믿는 자들에게 모든 죄를 용서하시고 옛 세대에 속했던 속박과 죽음으로부터 영적 출애굽이 일어나게 하셨습니다. 애굽에서 종살이를 했던 이스라엘 백성은 양의 피를 문에 바르고 사망의 속박에서 구출되었습니다. 그러나 신약 시대의 새 이스라엘 백성인 우리는 하나님의 어린 양이신 예수 그리스도의 속죄의 피로써 구원을 받았습니다. 이것이 우리의 속량입니다. '속량'은 노예 시장에서 몸값을 지불하고 노예를 사오는 것을 말합니다.

인간은 쇠사슬에 묶인 채 마귀의 품 안에 안겨 있습니다(요일 5:19). 이것은 하나님의 자녀들에 대한 최악의 아동 학대(child abuse)입니다. 인류는 타락한 세상에서 사탄과 죄의 노예로 삽니다. 부패와 불의, 착취와 오용, 탐욕과 욕정 속에서 남을 희생시키거나 희생을 당하면서 살다가 마침내 짧은 인생을 죽음으로 마감합니다. 그리스도가 없는 인류에게는 아무런 희망이 없습니다. 흙에서 났으니 흙으로 돌아가라는 하나님의 저주의 심판을 돌이킬 수 있는 길은 우리의 능력으로는 불가능합니다. 영생의 유일한 소망은 하나님께서 우리의 대속주로 보내신 예수 그리스도뿐입니다. 그는 모든 죄인이 흑암의 권세에서 벗어나 하나님의 자녀로서 영생할 수 있는 유일한 길과 생명과 진리입니다.

교회를 오래 다니고 복음을 들었어도 죄 사함을 받지 못한 자들도 많습니다. 나는 어떻습니까? 예수 그리스도를 나의 구주로 영접한 적이 있습니까? 주 예수를 나의 구속주로 맞아들이면 하나님께서 능히 나를 어둠의 나라에서 빛의 나라로 옮겨 주십니다. 그러면 진리와 생명과 자유가 나의 것입니다. 바울은 아그립바 왕 앞에서 자신의 구원과 소명을 간증할 때 이렇게 말했습니다.

"그 눈을 뜨게 하여 어둠에서 빛으로, 사탄의 권세에서 하나님께로 돌아오게 하고 죄 사함과 나를 믿어 거룩하게 된 무리 가운데서 기업을 얻게 하리라 하더이다"(행 26:18).

이 말은 골로새서 1:12-14절의 본문과 내용상 동일합니다. 그리스도의 구원은 성도의 유업을 얻게 하고, 어둠의 나라에서 그리스도의 왕국으로 옮겨주며, 죄의 용서를 받게 합니다. 그리스도의 대속을 믿으면 즉각 자신의 위치와 신분에 급격한 변화가 옵니다.

그리스도를 통한 영적 소속의 변화는 영구적입니다.

그리스도를 자신의 구주로 믿으면 죄와 속박의 어둠에 소속되었다가 빛과 사랑의 나라로 소속이 바뀝니다. 본문에서 "그의 사랑의 아들의 나라로 옮기셨다"(13절)고 한 말은 뿌리째 뽑혀서 다른 곳으로 이식(移植)된 것을 뜻합니다. 어둠에 속하여 하나님의 진노의 대상이었던 자가 하나님의 사랑하는 아들의 나라로 완전히 옮겨진 것입니다. 이것을 바울은 사탄의 권세에서 하나님께로 돌아오게 된 것이라고 표현하였습니다. 사탄의 폭압적 통치로부터 그리스도의 사랑과 자유의 다스림 아래로 전입된 것은 확정적으로 발생한 사건입니다.

예수 그리스도의 십자가 대속을 믿고 받은 용서는 취소되지 않습니다. 하나님의 자녀가 되기 위해 받은 죄의 용서는 단번에 이루어진 십자가 희생에 근거한 것입니다. 그래서 철회되거나 임시적인 것이 아닌 영원한 현재입니다. "속량 곧 죄 사함을 얻었도다"(14절)는 직역하면 "우리가 죄의 용서, 곧 속량을 현재 가지고 있다"는 것입니다(In whom we have redemption, the forgiveness of sins=ESV, NIV). 예수님은 십자가에서 우리 죄에 대한 하나님의 진노의 잔을 다 마시셨습니다. 그리스도의 십자가가 일회로써 완취된 구속 사건이듯이, 주 예수를 믿고 받은 용서와 주의 자녀가 된 신분은 어떤 일이 있어도 변하지 않습니다.

하나님께서는 자기 아들을 십자가에 못 박는 측량할 수 없는 희생으로 사탄의 손아귀에서 우리를 풀어내시고 영원하고 번복될 수 없는 깊은 사랑으로 우리를 안으셨습니다. 하나님에게는 온 우주에서 예수님보다 더 사랑하시는 대상이 없습니다. 그런데 우리가 주의 왕국으로 옮겨지면 예수님에 대한 하나님의 사랑이 우리에게도 부어집니다. 우리가 그리스도와 한 몸으로 연합되었고 그 안에 들어가 있기 때문입니다. 하나님께서는 자신이 예수님을 사랑하시는 만큼 우리를 사랑하십니다.

> "곧 내가 그들 안에 있고 아버지께서 내 안에 계시어 그들로 온전함을 이루어 하나가 되게 하려 함은 아버지께서 나를 보내신 것과 또 나를 사랑하심 같이 그들도 사랑하신 것을 세상으로 알게 하려 함이로소이다"(요 17:23).

이러한 신자의 신분과 혜택은 영구적입니다. 바울은 죄인들이 그리스도의 빛의 나라 속으로 들어가기 위해서 노력을 해야 한다거나 혹은 선행을 많이 행해야 한다고 말하지 않았습니다. 그는 누구든지 복음을 듣고 믿으면 즉시 빛과 진리와 생명의 새 왕국으로 옮겨진다고 말하였습니다. "그가 우리를…옮기셨으니"(13절)라는 말은 이미 확정적으로 일어난 사건입니다. 이 사실을 확고하게 믿어야만 자신의 구원을 확신할 수 있습니다.

8장

창조주이신 구주 예수님
골로새서 1:15-20

인간은 자의식이 있는 존재입니다. 인간은 자신과 세상에 대해서 질문을 던집니다. 인간은 자신이 어디서 와서 어디로 가는지를 묻습니다. 인간은 자신을 포함하여 세상의 근원과 목적을 놓고 궁금해합니다. 나는 과연 누구일까요? 나는 왜 여기 있습니까? 이 세상은 어디서 왔으며 왜 존재하는 것일까요? 인류의 역사 이래로 지혜로운 자들이 이러한 질문들을 놓고 씨름해 왔습니다. 과학과 철학과 각종 종교가 인생의 근본적인 문제들을 해결해 보려고 애씁니다.

그럼 성경은 무엇이라고 대답할까요? 성경은 이 문제를 인간들이 결코 풀 수 없다고 말합니다. 성경은 인간의 존재를 하나님을 아는 지식에 따라 풀어야 한다고 말합니다. 그런데 하나님을 어떻게 알 수 있습니까? 인간 스스로 하나님을 알 수 없습니다. 하나님은 인간의 철학적인 논리나 과학적인 실험을 통해서 알 수 있는 존재가 아닙니다. 참 하나님은 인간의 머리에서 나온 인조신도 아닙니다. 하나님은 인간 속에 내재하신 분이 아니고 인간의 능력이나 영역 밖에 계신 분입니다. 그래서 그분이 스스로 우리에게 오셔서 자신을 나타내 보이지 않으면 아무도 그분의 존재와 목적과 속성과 뜻을 알 길이 없습니다. 그래서 기독교를 계시 종교라고 말합니다. '계시'란 하나님 편에서 자신을 드러내 보인다는 뜻입니다. 그럼 하나님은 어떻게 자신을 알리실까요? 두 가지 방법을 사용하십니다. 하나는 자연을 통해서 하나님의 존재를 알리는 것입니다. 로마서 1장에 보면 이런 진술이 나옵니다.

> "하나님을 알 만한 일이 사람에게 환히 드러나 있습니다. 하나님께서 그것을 환히 드러내 주셨습니다. 이 세상 창조 때로부터 하나님의 보이지 않는 속성, 곧 그분의 영원하신 능력과 신성은 사람이 그 지으신 만물을 보고서 깨닫게 되어 있습니다. 그러므로 사람들은 핑계를 댈 수가 없습니다. 사람들은 하나님을 알면서도 하나님을 하나님으로 영화롭게 해 드리거나 감사를 드리기는커녕, 오히려 생각이 허망해져서 그들의 지각 없는 마음이 어두워졌습니다."(롬 1:19-21, 새번역).

인간에게는 하나님에 대한 의식이 있습니다.

누구도 무신론자로서 태어나지 않습니다. 하나님이 없다고 하는 자들은 스스로 안 믿겠다고 하는 자들입니다. 그들은 마음이 어두워졌다고 했습니다. 인간은 태어날 때부터 하나님에 대한 의식을 가지고 있습니다. 그래서 만물을 보면 그것이 너무도 정교하여 감탄

하지 않을 수 없습니다. 우주는 아름답고 오묘하게 짜였을 뿐만 아니라 광대무변하여 그냥 '시간 플러스 우연'에 의해서 저절로 생겨난 것이 아님을 알 수 있습니다. 인간은 자연계를 보고서 충분히 하나님의 존재와 그의 신성을 감지하고 인정할 수 있다는 것이 성경의 주장입니다. 우주의 존재가 목적도 목표도 없이 저절로 돌아가는 무의미한 세계가 아니라는 것입니다. 다윗은 "주의 손가락으로 만드신 주의 하늘과 주께서 베풀어 두신 달과 별들을 내가 보오니"(시 8:3)라고 했습니다. 천체는 하나님의 광대하심과 영원하심과 무한한 능력을 드러냅니다. 그런데 인간들은 자연 만물을 보면서도 창조주를 부인하고 그분에게 영광을 돌리지 않습니다. 그래서 정죄를 받습니다. 다윗은 또 이렇게 읊었습니다.

"그들은 여호와께서 행하신 일과 손으로 지으신 것을 생각하지 아니하므로 여호와께서 그들을 파괴하고 건설하지 아니하시리이다"(시 28:5).

인간은 자연계를 날마다 보면서 삽니다. 시각 장애인까지도 자연을 만지고 듣고 냄새도 맡을 수 있습니다. 자연 속에서 하나님의 신성과 능력을 의식할 수 있는데도 그렇게 하지 않는 것은 정죄를 받을만합니다. 자연계는 웅장한 스케일로 조화와 질서를 유지합니다. 수많은 동식물이 지구에서 살아왔고, 헤아릴 수 없는 별들이 광활한 창공에서 쉬지 않고 운행합니다. 자연계는 미생물에서 거대한 동물에 이르기까지 놀랄 만큼 섬세한 구조로 짜여 있습니다. 식물계도 마찬가지입니다. 생명체는 그야말로 신비입니다. 의학이 아무리 발달했어도 아직 우리 몸에 대해서 모르는 것이 더 많습니다. 천문학이 발달할수록 더욱 놀라운 발견을 합니다. 시편 저자가 읊은 자연의 노래를 들어 보십시오.

"하늘이 하나님의 영광을 선포하고 궁창이 그의 손으로 하신 일을 나타내는도다 날은 날에게 말하고 밤은 밤에게 지식을 전하니 언어도 없고 말씀도 없으며 들리는 소리도 없으나 그의 소리가 온 땅에 통하고 그의 말씀이 세상 끝까지 이르도다 하나님이 해를 위하여 하늘에 장막을 베푸셨도다 해는 그의 신방에서 나오는 신랑과 같고 그의 길을 달리기 기뻐하는 장사 같아서 하늘 이 끝에서 나와서 하늘 저 끝까지 운행함이여 그의 열기에서 피할 자가 없도다"(시 19:1-6).

그런데 자연계는 그 자체로서 인간이 어떻게 구원을 받을 수 있는지를 말하지 않습니다. 자연계는 십자가의 구속을 설명하지 않습니다. 자연을 통해 하나님의 신성과 존재를 인정한다 하여도 그 자체로서 구원받기에는 충분하지 않습니다. 그래서 하나님께서는 두 번째 방법의 계시를 주셨습니다. 그것은 하나님이 선지자들을 통해서 자신을 알리는 것입니다. 선지자들은 성령의 감동을 받고서 하나님의 계획과 뜻과 성품을 알려 주는 일을 하는 사람들입니다. 하나님은 이스라엘의 역사를 중심으로 자신을 계시하셨습니다. 그러다가 마침내 예수님을 세상에 보내셨습니다. 하나님께서 그리스도를 보내신 것은 그분을 통해서 우리가 하나님을 인격적으로 알게 하기 위해서였습니다. 예수님은 하나님을 드러내는 최고의 계시입니다.

그는 하나님과 구원에 대한 계시의 총체이며 완성입니다. 그래서 히브리서는 이렇게 말합니다.

> "옛적에 선지자들을 통하여 여러 부분과 여러 모양으로 우리 조상들에게 말씀하신 하나님이 이 모든 날 마지막에는 아들을 통하여 우리에게 말씀하셨으니 이 아들을 만유의 상속자로 세우시고 또 그로 말미암아 모든 세계를 지으셨느니라. 이는 하나님의 영광의 광채시요 그 본체의 형상이시라 그의 능력의 말씀으로 만물을 붙드시며 죄를 정결케 하는 일을 하시고 높은 곳에 계신 지극히 크신 이의 우편에 앉으셨느니라"(히 1:1-3).

인간은 하나님을 직접 눈으로 보고 확인하거나 알 수 없습니다.

> "오직 그에게만 죽지 아니함이 있고 가까이 가지 못할 빛에 거하시고 어떤 사람도 보지 못하였고 또 볼 수 없는 이시니 그에게 존귀와 영원한 권능을 돌릴지어다 아멘"(딤전 6:15-16).

인간은 하나님의 본질 자체를 볼 수 없습니다. 그러나 하나님의 아들로서 육신의 몸을 입고 세상에 오신 예수님을 보고서 하나님이 어떤 분인지를 알 수 있습니다. 그래서 나 자신의 존재 이유와 목적과 근원에 대한 근본적인 질문은 예수 그리스도를 통해서 온전하게 풀립니다. 말을 바꾸면, 다음과 같습니다.

- 예수님을 알면, 나 자신을 알게 됩니다.
- 예수님을 알면, 이 세상의 목적과 근원을 알게 됩니다.
- 예수님을 알면, 우주에 대한 하나님의 계획과 뜻을 알 수 있습니다.
- 예수님을 알면, 하나님의 성품과 인격을 알 수 있습니다.
- 예수님을 알면, 죄와 죽음으로부터 어떻게 구출될 수 있는지를 압니다.
- 예수님을 알면, 내가 어디서 왔고, 왜 존재하며, 무엇을 위해 살고 죽어야 하는지를 압니다.
- 예수님을 알면, 나의 과거와 현재와 미래의 운명을 압니다. 내가 과거에 어디서 왔고, 현재 어디로 가고 있으며, 나의 사후가 어떻게 될 것인지를 압니다. 이것은 인류가 태초부터 알기를 원했던 신령한 지식입니다.

그래서 바울은 예수 그리스도를 아는 지식이 가장 고귀하므로 다른 모든 것을 기꺼이 내려놓고 배설물로 여긴다고 고백하였습니다(빌 3:8). 이제 우리는 왜 초대교회에서 예수 그리스도를 그처럼 높이고 귀히 여겼는지를 이해할 수 있습니다.

잠시 우리 자신들을 살펴보십시오. 우리는 예수님을 어떻게 알고 있습니까? 우리 삶의 질은 예수 그리스도를 아는 신령한 지식의 레벨에 비례합니다. 그런데 우리의 영적 지식은 반드시 우리 삶의 질에 정비례하지는 않습니다. 예를 들어, 하나님은 거룩하신 분이라는 것을 알았다고 해서 내가 금방 도덕적으로 거룩해지는 것은 아닙니다. 그러나 예수님에 대한 지식이 낮으면, 신앙생활의 폭이 좁아집니다. 예수님이 누구이신지를 분명하고 깊이 있게 알지 못하면, 영적 성장이 더디고 신앙생활에 활기가 없습니다. 예수님이 행하시는 일을 인지하지 못하면, 예수 믿는 것이 지루하고 영적 생활이 침체합니다. 예수님을 바르게 알지 못하고 그분에 대한 확신이 없으면, 어려움이 왔을 때 담대하지 못하고 성령의 활동과 음성이 감지되지 않습니다.

우리는 초대교회의 역사를 보면서 놀랄 때가 많습니다. 그들은 우리보다 훨씬 열악한 악조건에서 예수를 믿었습니다. 그런데도 더 나은 신앙생활을 했습니다. 물론 그들에게도 흠이 있었지만, 많은 면에서 우리보다 훨씬 높은 수준의 영적 삶을 살았습니다. 그들에게는 패배보다는 승리가 많았고, 영적 제자리걸음이나 후퇴보다는 전진과 극복이 더 많았습니다. 그들은 시편 저자의 말씀처럼 "하나님을 의지하고 용감하게 행"(시 60:12)하였습니다. 그들은 "내가 하나님을 의지하였은즉 두려워하지 아니하리니 사람이 내게 어찌하리이까"(시 56:11)라는 담대한 자세로 살았습니다. 그 비결이 무엇이었을까요? 그것은 주 예수 그리스도에 대한 드높은 기독론이었습니다. 그들이 얼마나 장엄한 기독론을 품고 살았는지를 골로새 본문에서 잘 살펴볼 수 있습니다. 이것은 예수님의 신분과 사역에 대한 초대교회의 고백입니다.

"그는 보이지 아니하는 하나님의 형상이시요 모든 피조물보다 먼저 나신 이시니 만물이 그에게서 창조되되 하늘과 땅에서 보이는 것들과 보이지 않는 것들과 혹은 왕권들이나 주권들이나 통치자들이나 권세들이나 만물이 다 그로 말미암고 그를 위하여 창조되었고 또한 그가 만물보다 먼저 계시고 만물이 그 안에 함께 섰느니라 그는 몸인 교회의 머리시라 그가 근본이시요 죽은 자들 가운데서 먼저 나신 이시니 이는 친히 만물의 으뜸이 되려 하심이요 아버지께서는 모든 충만으로 예수 안에 거하게 하시고 그의 십자가의 피로 화평을 이루사 만물 곧 땅에 있는 것들이나 하늘에 있는 것들이 그로 말미암아 자기와 화목하게 되기를 기뻐하심이라" (골로새서 1:15-20).

대부분의 학자는 이 본문이 아마도 초대교회에서 불렀던 일종의 찬송시였다고 봅니다. 우리는 예배 때마다 사도신경을 외웁니다. 사도신경은 당시에 필요했던 신앙고백문이었습니다. 물론 지금도 유익하지만, 성경 자체에 기록된 신앙고백을 하는 것이 더 유익하다고 봅니다. 본 찬송시는 신약에서 가장 심오한 예수님의 초상화입니다. 이 찬송시를 읽으면 예수님의 신분이 일반적으로 사람들이 알고 있는 것과 비교할 수 없이 다르다는 것을 금방 알 수 있습니다. 사람들은 예수님을 한 훌륭한 종교 지도자나 유대교에서 갈라져 나온 한 새로운 종파의 창시자라는 정도로 생각합니다. 그러나 본 시의 전반부는 예수님을 창조주로 기술하고, 후반부는 예수님을 구속주로 제시합니다. 이것은 매우 놀라운 선언입니다. 본 찬송시는 예수님을 창조주와 구속주로 선포하는 우주적인 기독론입니다.

[본 시의 핵심은 무엇일까요?]

하나님은 예수님을 통해서 자신을 드러내신다는 것입니다. 그 방법은 예수님을 통해서 세상도 창조하시고, 타락한 인류도 구원하시면서 하나님이 누구시며 어떤 분인지를 인간들에게 알리는 것입니다. 이것은 엄청난 계시입니다. 하나님이 계시로 알려주시기 전에는 아무도 예수님이 창조주 하나님이시라는 사실을 몰랐습니다. 인간들이 만약 예수님이 창조주라는 사실을 알고 믿는다면, 그분을 대하는 자세가 당장 달라질 것입니다. 어떤 면에서 크리스천들도 마찬가지입니다. 신자들은 예수님이 십자가에서 인간의 죄를 위해 속죄 제물이 되셨다는 것을 믿습니다. 그분이 우리 대신 죄의 형벌을 받으셨기에 우리가 하나님의 심판을 면제받았다는 사실을 압니다. 그리고 예수님을 나의 구주로 믿으면 구원을 받는다고 믿습니다.

그런데 상당수의 교인이 예수님을 창조주 하나님으로 확실히 알지 못하는 듯합니다. 이것은 교회에서 예수님을 창조주로서 가르치기보다는 구속주로서 더 많이 강조하기 때문일 것입니다. 그러나 예수님을 창조주와 구속주로서 아울러 가르쳐야 합니다. 예수님은 구속주가 되시기 이전에, 창조주 하나님으로 계셨습니다. 창조 다음에 인간의 구속이 있는 것이지, 구속 다음에 창조가 있는 것이 아닙니다. 그래서 성경은 창조주 하나님으로 시작합니다. 창세기는 태초에 하나님이 천지를 창조하셨다고 선언합니다.

만일 하나님의 존재와 창조를 믿을 수 있다면 복음을 반대할 이유가 없을 것입니다. 전능하신 하나님이시라면 창조도 하시고 재창조도 하실 수 있을 것이기 때문입니다. 자기 아들을 세상에 인간으로 보내시는 일이 전혀 불가능한 일이 아닐 것입니다. 동정녀 마리아의 몸에서 예수님이 수태된 것이 생물학적으로 말이 되지 않는다거나 그의 부활이 있을 수 없다는 말도 전지전능하신 창조주를 믿는다면 아무 문제가 되지 않을 것입니다. 무에서 유가 나올 수 없다거나 죽은 자가 다시 살아날 수 없다는 것은 인간의 이론과 관찰의 영역에서만 주장될 수 있습니다.

그런데 문제는 대부분의 사람이 창조주와 신의 존재를 믿는다고 하여도 예수님이 창조주라는 사실은 잘 받아들이지 않습니다. 그래서 오늘의 본문이 중요합니다. 예수님을 창조의 원인과 대행자로 제시하기 때문입니다. 사도 요한도 이렇게 예수님에 대해 증언하였습니다.

> "태초에 말씀이 계시니라 이 말씀이 하나님과 함께 계셨으니 이 말씀은 곧 하나님이시니라 그가 태초에 하나님과 함께 계셨고 만물이 그로 말미암아 지은 바 되었으니 하나도 그가 없이는 된 것이 없느니라"(요 1:1-3).

사도 요한은 예수님을 창조주로서 먼저 소개하고, 그다음 세례 요한의 말을 빌려서 예수님이 세상 죄를 지고 가는 하나님의 어린양이라고 선포합니다(요 1:29).

히브리서에서도 같은 순서를 따릅니다. 예수님을 대제사장으로 제시하기 전에, 하나님께서 그로 말미암아 모든 세계를 지었다고 진술합니다(히 1:2). 그래서 예수님은 하나님의 영광의 광채시며 그 본체의 형상이라고 먼저 선포하였습니다(히 1:3).

"예수님은 보이지 않는 하나님의 형상입니다"(15절).

예수님이 하나님의 형상이라는 말은 예수님의 얼굴이 하나님의 모습과 같다는 뜻이 아닙니다. 하나님은 물질이 아닙니다. 하나님은 보이지 않는 영이십니다(요 4:24). 하나님의 형상은 예수님의 인격체를 통해서 드러나는 말씀과 행위에서 찾아야 합니다. 예수님의 가르침과 여러 선행은 하나님의 인격을 드러내는 일이었습니다. 예수님은 굶주린 무리를 먹이시고 많은 병자를 고치셨습니다. 그는 천국 복음과 하나님 나라의 도래를 선포하셨습니다.

예수님은 자신이 사람들 앞에서 행하시는 일을 보면, 누구도 본적이 없는 하나님을 알 수 있다고 하셨습니다(요 10:25). 그런데 예수님의 가르침을 듣고 그의 선행을 보고서도 하나님을 보지 못한 자들이 많았습니다. 그들에게는 보이지 않는 하나님을 믿는 것이 보이는 하나님을 믿는 것보다 더 쉬웠던 모양입니다. 비(非)가시적인 하나님이 육신으로 오신 예수님을 통해 가시적으로 나타났지만, 사람들은 이러한 하나님의 자기 계시의 방법을 배척하였습니다. 하나님에 대한 인간의 요구는 변덕이 많고 일정하지 않습니다.

하나님께서 시내 산에 나타나셨을 때 천둥과 지진과 빽빽한 구름과 맹렬한 불이 일어났습니다. 그때 이스라엘 백성은 너무도 두려워서 죽을 것 같으니까 제발 하나님이 직접 말씀하시지 말고 모세를 통해서 말씀해 달라고 간절히 청하였습니다(출 20:18-19; 19:16, 18). 이제 예수님이 누구나 쉽게 접근하여 말하고 들을 수 있는 사람의 모습으로 오시니까 어떤 반응을 보였습니까? 하나님이 너무 시시하다고 배척하였습니다. 그런데 예수님은 "나를 본 자는 아버지를 보았다"고 하셨습니다(요 14:9). 예수님을 바라보면 하나님이 어떤 분인지를 알 수 있다는 것입니다.

- 예수님의 삶에서 하나님의 능력과 사랑을 볼 수 있습니다.
- 예수님의 삶에서 하나님이 거룩하시고 의로우시다는 것을 알 수 있습니다.
- 예수님을 보면 하나님이 죄인을 불쌍히 여기신다는 것을 알 수 있습니다.
- 예수님의 삶과 가르침에서 그분이 하나님께서 보내신 구속주라는 것과 하나님의 아들로 오신 하늘 아버지의 형상이라는 것을 알 수 있습니다.

성삼위 하나님은 본질이 같습니다. 삼위 하나님은 공통된 신성을 공유하십니다. 그리고 동일한 주권과 능력과 목적을 소유하시고 완전한 조화를 이루며 자기 뜻을 성취해 나가십니다. 예수님이 세상에 오신 것은 하나님이 어떤 분인지를 보여주기 위함이었습니다. 예수님은 자신의 가르침과 어진 행실로 하나님의 거룩한 품성과 구원의 능력을 증시하셨습니다. 그래서 예수님을 보면 하나님이 어떤 분인지를 알 수 있습니다. 예수님은 하나님의 완전한 형상으로 보내심을 받은 분이기 때문입니다(히 1:3; 요 14:7-9).

인간은 거룩하시고 엄위하시며 죄인과 멀리 떨어져 계신 하나님께 가까이 접근할 수 없습니다. 그러나 하나님께서는 인간으로 태어나신 예수님 안에서 우리에게 가까이 오셨습니다. 이것은 하나님의 놀라운 은혜입니다. 이것은 타락 이후로 인류가 하나님을 만나고 그분을 볼 수 있는 최대 최선의 방법이었습니다. 그런데 사람들은 하나님께서 자신의 형상으로 보내신 예수님을 멸시하고 배척하였습니다. 지금도 대부분의 사람은 예수님에게 관심이 없습니다. 자기들과 아무 상관이 없는 분으로 여깁니다. 그저 2천 년 전에 종교 지도자로서 살았고 십자가 처형을 받은 불행한 선지자 정도로 압니다. 그 이상은 알고 싶어 하지도 않습니다. 그러나 예수님은 지금도 여전히 하나님의 형상으로서 자신을 세상에 알리고 계십니다.

우리는 자신들을 알기 위해서도 예수님을 알아야 합니다.

우리는 하나님을 알기 위해서도 예수님을 알아야 하지만, 우리 자신의 존재를 알기 위해서도 예수님을 알아야 합니다. 예수님은 우리를 자신의 형상대로 지으셨습니다. 우리 존재의 원천인 예수님의 형상을 알아야 우리 자신들이 누구인지를 압니다. 예수님을 보지 못하면 나 자신을 볼 수 없습니다. 우리는 예수 그리스도를 떠나서는 내가 누구인지, 내가 어디서 와서 어디로 가는지를 알 수 없습니다. 예수님을 보고 그분을 믿지 않기 때문에 자신의 정체성을 깨닫지 못한 사람은 인생을 하나의 수수께끼로 마칠 수밖에 없습니다.

그러나 예수님을 보고 자신의 근원을 깨닫는 자들은 자신의 신분이 상상할 수 없을 정도로 급상승하는 것을 알게 됩니다. 예수님을 알면 나 자신의 참모습이 밝혀집니다.

- 나를 창조하신 분이 계신다는 것을 알면 나의 존재의 근원이 밝혀집니다.
- 위대하신 창조주 하나님이 나를 사랑하셔서 십자가에까지 가

신 것을 깨달으면 인생은 살 가치가 있음을 알게 됩니다. 자신을 사랑하는 자가 없으면 세상을 다 소유하여도 불행합니다. 그런데 나를 지극히 사랑하시는 분이 온 세상을 지으신 전능하시고 자비하신 창조주 하나님이심을 믿는다면 그분의 품에 편안히 안길 수 있습니다.

• 예수님이 내게 부활 생명을 주시고 나와 영원토록 함께 사실 나의 주님이심을 알고 믿는다면 나 자신의 존재 가치가 무한히 상승합니다.

세상에는 자존감이 낮은 사람들이 많습니다. 삶에 찌들어 기를 펴지 못하고 온갖 오용을 당한 사람들이 즐비합니다. 실패를 거듭하고 용기를 잃은 자들도 많습니다. 재난을 당하여 슬픔으로 나날을 보내거나, 경제적으로 너무 힘들거나, 질병에 걸려 고생하는 분들이 많습니다. 인정받지 못하고 무시당하고 사는 자들도 적지 않습니다. 다정한 우정을 나눌 친구도 없고 자기를 이해하는 사람들도 없이 외롭게 사는 분들도 있습니다. 태어날 때부터 불리한 여건과 신체적 결함으로 자존감이 내려간 사람들도 있습니다. 세상이 싫고 사는 것이 자신이 없어서 생을 포기하고 싶은 자들도 있습니다. 교회를 다니기는 하지만 마음이 약해진 자들이 있고, 남모르는 고통 때문에 우울하게 나날을 지내거나, 장래가 밝지 않아 초조한 마음으로 사는 분들도 있습니다.

이러한 인생고를 해결하기 위한 많은 연구가 진행되고 있습니다. 수많은 상담 전문가들과 관련 서적들이 줄지어 나옵니다. 그러나 예수 그리스도를 알지 못하면 다 헛될 뿐입니다. 시편 저자는 "사람의 구원은 헛되다"(시 60:11)고 하였습니다. 마치 인간 제사장처럼, 자신도 죄인이기 때문에 다른 사람을 위해 완전하고 흠 없는 제사를 하나님께 올릴 수 없습니다. 인간은 다른 인간의 근본적인 문제를 해결하지 못합니다. 근본적인 문제가 풀리지 않으면 아무것도 해결된 것이 아닙니다. 예를 들어, 의사가 여러 가지 질병을 낫게 해 준다고 해도 결국 죽음을 고치지 못하고 자신도 죽습니다.

근본적인 치유책은 단 한 가지입니다. 그것은 인간에게서 나오지 않습니다. 오직 하나님만이 우리를 완전하게 치유하십니다. 우리의 근원적인 문제가 해결되려면, 우리를 죄와 죽음의 현장에서 구출해야 합니다. 그런데 여기서 그치면 아무 소용이 없습니다. 죄와 죽음이 다시 엄습하기 때문입니다. 죽음이 제거되는 근본적인 해결책이 있어야 합니다. 죄와 죽음이 들어올 수 없는 길이 있을까요? 생명의 본체이신 예수님 자신의 존재 속으로 들어가면 됩니다. 우리 스스로 할 수 있는 일일까요? 아닙니다. 성령께서 우리를 하나님의 본체의 형상이신 예수님 안으로 옮겨주셔야 합니다. 그러면 우리는 주님의 자녀가 되고 죄와 사망의 영역에서 빛과 사랑의 나라로 전출되어 새 생명의 삶을 살 수 있습니다. 다시 말하면, 예수 그리스도 안에서 우리의 근원을 찾는 것입니다. 주 예수를 나의 창조주 하나님과 구주 하나님으로 믿는 것입니다. 이것이 비극적인 인간 존재에 대한 유일무이한 해결책입니다.

여러분, 자신의 존재 가치에 대해서 자신이 없고 삶에 생기가 없습니까? 사는 것이 사는 것 같지 않습니까? 날마다 마음고생을 하며 사십니까? 먹고 사는 문제로 마음에 여유가 없습니까? 한숨과 걱정과 두려움으로 사십니까? 죄책감에 시달리십니까? 혹은 그런 근심에서 벗어난 여유 있는 삶을 사십니까? 세상에는 사는 것이 즐겁고 행복하다고 자부하는 분들도 있습니다. 그러나 예수님 안에서 자신의 근원을 찾지 못하면 조만간 다 허무하게 끝나고 맙니다. 시편 저자는 말합니다.

"아침이 되어서 일어나면 악몽이 다 사라져 없어지듯이, 주님, 주님께서 깨어나실 때에, 그들은 한낱 꿈처럼, 자취도 없이 사라집니다"(시 73:20, 새번역).

그렇지만 내가 주님을 알고 믿음으로써 그분의 근원에 자신을 일치시키면, 이 모든 것을 극복하고 담대하게 살 수 있습니다. 예수님이 나와 온 세계를 지으신 창조주며, 나를 사랑하여 나를 위해 십자가 고난을 겪으셨다는 사실은 우리의 신분 상승을 위한 기쁜 소식입니다. 예수님을 그냥 대속주로 믿는 것과 그분을 창조주로 함께 믿는 것과는 천양지차입니다. 하나님께서 나사렛 예수를 인류의 한 대표자로 뽑으시고 그분에게 모든 죄를 씌워서 대속주가 되게 하셨다는 것과 창조주 자신이 죄인들을 위해 십자가에 못 박히셨다는 것을 비교해 보십시오. 어느 편이 더 큰 희생을 하였습니까? 누가 더 많은 사랑을 보였습니까? 어떤 분을 우리가 더 경배해야 하겠습니까?

6.25 동란 때에 아들을 전쟁에 내보내지 않기 위해서 주인이 머슴을 대신 보내는 일이 있었습니다. 그러나 자기 아들을 살리기 위해서 아버지 자신이 전쟁에 나갔다고 생각해 보십시오. 큰 차이가 있지 않습니까? 하나님께서 우리를 구원하기 위해서 보통 인간에 불

과한 '나사렛 예수'를 십자가에 보낸 것이 아닙니다. 십자가에 달리셨던 예수님은 창조주로서 대속의 피를 흘리셨습니다. 쉽게 말하면 아버지가 자식을 위해 목숨을 내놓은 것입니다. 창조주가 피조물을 위해 자신을 희생한 것입니다. 이런 이야기를 다른 종교에서 들어본 적이 있습니까? 이것은 인간의 머리에서 나온 아이디어가 아닙니다. 신(神)이 피조물을 위해서 죽는다는 것은 모순된 개념이기 때문에 사람의 논리가 될 수 없습니다.

신약 교인들은 예수님을 창조주 하나님으로 확지하고 살아야 합니다. 그래야 십자가에서 우리 대신 고난을 당하신 대속주의 사랑과 희생에 대한 인식이 깊어집니다. 이것은 신자 생활에 강력한 동기부여가 됩니다. 나를 사랑하여 십자가로 가신 분이 온 우주를 창조하신 위대한 창조주라는 사실을 깨달으면 그분 앞에, 한 번 숙였던 고개를 백 번이라도 더 숙이게 될 것입니다. 그리고 나에 대한 낮은 자존감이 급격히 회복되고, 세상의 어떤 일을 당하여도 절망하지 않게 될 것입니다. 그리스도 안에 있는 자신의 존재를 알도록 하십시오. 나의 대속주이신 예수님이 만물을 지으신 창조주라는 사실을 믿으면, 십자가의 의미가 더욱 깊어지고 자신을 보는 눈과 세상을 보는 눈이 달라질 것입니다. 그리고 주 예수를 더욱 의지하고 깊이 신뢰하며 사랑하게 될 것입니다.

9장

예수님은 피조물이신가?
골로새서 1:15

"그는 보이지 아니하는 하나님의 형상이시요 모든 피조물보
다 먼저 나신 이시니"(골 1:15)

"모든 피조물보다 먼저 나신 이'라는 말은 교회사적으로 많은 논
쟁을 일으켰습니다. 이 부분은 예수님의 신성에 관한 삼위일체 논쟁
의 한 쟁점이었습니다. 이 구절을 내세우고 이단들이 예수의 신성을
부인하며 그를 피조물이라고 주장합니다. 우리 가운데도 이 구절을
보고 예수님의 신성에 대해 의심이 가거나 혹은 마음이 불편한 경우
도 있을지 알 수 없습니다. 본 절에 관해 설명하기 전에 창조 때의
일을 먼저 생각해 보도록 하겠습니다.

창조 때에 삼위 하나님이 모두 관련되었습니다.

• 성부 하나님: 창조를 계획하셨습니다. (창 1:1; 시 102:25)

- 성자 하나님: 창조 사역을 실행하셨습니다. (요 1:3; 골 1:16; 히 1:2)
- 성령 하나님: 창조계에 생명을 불어넣으셨습니다. (창 1:2; 욥 33:4; 시 104:30)

창세기 1장의 창조 기사를 보면 성부께서 '말씀'이신 예수님을 통해서 세상을 창조하셨습니다(창 1:3; 요 1:1-3). 그리고 성령께서 수면 위에 운행하셨다고 했습니다. 또한, 하나님께서 인간 창조에 대해서 "우리"가 "우리 모양대로" 만들자고 하셨습니다(창 1:26). '우리'라는 복수는 성부, 성자, 성령이 모두 창조 사역에 관련되었음을 시사합니다. 이것은 예수님의 신성을 전제한 것입니다. 신성을 갖지 않은 피조물이 창조에 처음부터 관련되었다는 것은 말이 되지 않습니다. 그런데도 예수님의 신성을 믿지 않는 사람들이 많습니다. 그 이유는 두 가지로 나눌 수 있을 것입니다.

첫째, 일신교 사상의 영향 때문입니다.
일신교는 예수님의 신성을 인정할 수 없습니다. 그들은 초월자이신 하나님 한 분만 믿습니다.

[이슬람교]
알라신 이외에는 어떤 신도 제외됩니다. 알라 신만이 절대 주권자입니다. 그래서 이슬람교는 삼위일체 교리와 성육신을 배척합니다. 그들은 삼위일체라고 하면 세 명의 하나님이 각각 있다고 보므로 받아들일 수 없습니다. 알라 신 한분 밖에 없기 때문입니다. 더구나 예수가 신성을 가진 하나님으로서 성육했다는 것과 예수를 '하나

님의 아들'이라고 부르는 것을 혐오합니다. 이것은 육체적인 측면을 시사하기 때문입니다. 알라 신은 아들을 낳은 적이 없다는 것입니다. 알라 신은 피조계와 전적으로 떨어진 초월자신데 무슨 아내가 있으며 또한 있지도 않은 자기 아들을 물질계에 보낼 수 있느냐는 것입니다.

[여호와의 증인]
여호와 하나님만 신이라고 믿습니다. 예수는 물질계의 창조 이전에 미가엘 천사장으로서 제일 먼저 창조되었다고 말합니다.

둘째, 플라톤 사상의 영향 때문입니다.

신은 절대로 물질이 될 수 없다는 사상 때문에 예수의 신성을 인정하지 않습니다. 이러한 플라톤 사상의 영향이 초대교회 이후로 예수의 신성에 대한 반대를 일으켜 왔습니다. 플라톤 사상은 물질은 영에 비교하면 열등하다고 여겼습니다. 그리고 영이 물질인 인간의 몸에 갇혀 있다고 보았으므로 여기서 해방되어야 한다고 주장하였습니다. 그런데 기독교에서는 오히려 신(神)이 인간의 몸속에 들어왔다고 하니까 예수의 성육신을 수용할 수 없었습니다.

한편, 기독교는 물질을 악하거나 버려야 할 것으로 보지 않습니다. 하나님께서는 물질계를 창조하셨습니다. 우리는 물질계를 과소평가하지 말아야 합니다. 우리는 물론 피조물을 숭배하지는 않습니다. 그러나 모든 피조물은 하나님의 창조의 지혜와 능력을 과시하는 걸작품들입니다. 하나님을 개입시키지 않고서 창조계를 평가하려는 것은 하나님이 만물의 주권자이심을 싫어하고 그분의 지배 아래 들어가는 것을 반대한다는 의미입니다. 타락한 인간이 원하는 것은 이 세상에 주인이 없는 것입니다. 그래서 아무에게도 간섭받지 않고 내 마음대로 생각하고 내 방식대로 세상을 지배하면서 살고 싶은 것입니다.

기독교는 창조의 하나님을 믿습니다. 그래서 물질계를 무시하지 않습니다. 예수님은 인간의 몸을 가지신 분으로 세상에 오셨고, 육신의 부활을 하셨으며, 부활한 인간의 몸을 지니시고 승천하셨습니다. 기독교는 예수님이 몸으로 재림하실 것을 믿습니다. 또한 마지막 날에 주의 백성은 모두 새 몸을 받게 될 것입니다. 우리는 영원히 살게 될 이 세상이 다시 새롭게 될 것을 확신합니다. 그래서 새 하늘과 새 땅이라고 했습니다. 그런데 서양 기독교에 가장 큰 영향을 준 것은 플라톤 사상이라고 해도 과언이 아닙니다. 이것은 성경 해석에 적지 않은 영향을 주었습니다. 두 가지 실례를 들어 보겠습니다.

☞ 베드로후서 3:10-13

"그러나 주의 날이 도둑 같이 오리니 그 날에는 하늘이 큰 소리로 떠나가고 물질이 뜨거운 불에 풀어지고 땅과 그 중에 있는 모든 일이 드러나리로다 이 모든 일이 이렇게 풀어지리니 너희가 어떠한 사람이 되어야 마땅하냐 거룩한 행실과 경건함으로 하나님의 날이 임하기를 바라보고 간절히 사모하라 그 날에 하늘이 불에 타서 풀어지고 물질이 뜨거운 불에 녹아지려니와 우리는 그의 약속대로 의가 있는 곳인 새 하늘과 새 땅을 바라보도다"(벧후 3:11-13).

이 본문에 근거해서 우주 해체설이 나왔습니다. 새 하늘과 새 땅이 될 때 물질계에 큰 변화가 올 것은 분명합니다. 그러나 세상 자체가 다 해체되는 것은 아닙니다. 이 본문은 심판과 관련된 말씀입니다. 그런데 물질계가 심판을 받아 다 없어지는 것이 아닙니다. 악인들의 삶 속에 감추어진 모든 것들이 심판을 위해 드러난다는 말입니다. 그런데도 많은 신자가 온 세상이 다 녹아 없어질 것이라고 봅니다. 그래서 세상을 개선하는 일에 전혀 관심이 없고 비관적입니다. 이들은 일종의 염세주의로 일관하며 세상 한탄만 하면서 사후 천국에만 관심을 둡니다. 이러한 세계관은 기독교가 아니고 플라톤 사상입니다.

☞ 히브리서 9장에 보면 지상의 장막은 하늘 장막의 모형이라고 하였습니다. 11장에서는 더 나은 본향을 찾는다고 했습니다. 이것을 보고 플라톤의 이데아의 세계에 갖다붙입니다. 땅에 있는 것은 실체가 아니고 이데아의 세계라는 것입니다. 즉, 물질계를 떠난 저 피안의 세계가 원래 우리가 속한 실체라는 것입니다.

우리나라의 경우는 어떻습니까? 성경의 축복 사상을, 특히 구약에 나온 가시적이고 물질적인 축복을 기복 사상에 대입시킵니다. 그래서 복을 달라고 늘 구하지만, 항상 물질적이고 현세적인 것들입니다. 우리나라에 기독교가 들어온 지 100년이 훨씬 넘었고 많은 기독교 서적들이 출판되었으며 많은 신학자와 설교자를 배출하였습니다. 그럼에도 여전히 이런 식의 기복 신앙으로 성경을 보고 하나님을 대하는 일이 보편적입니다. 교회가 갱신되려면 이런 이교적이고 세속적인 사상부터 몰아내어야 합니다.

그런데 문제는 재래 종교의 사상과 꼭 맞는 것처럼 들리는 말씀들이 성경에 적지 않은 것입니다. 물질적 축복만이 아니고 예수님의 신성을 부인하는 사상들도 있어 보입니다. 오늘의 본문도 그런 케이스의 하나입니다. 그래서 이단들이 이런 본문들을 자기들의 교리에 편리하도록 왜곡해서 인용합니다. 이단이나 극단주의자들의 특징은 성경 말씀을 오용하는 것입니다. 억지 맞춤식으로 자기들의 이론에 맞게 각색하거나 아예 부정해 버립니다. 예를 들어 이슬람교의 모하멧은 유대인들과 기독교인들이 하나님의 원래의 계시를 부패시켰다고 하면서 자신이 이것을 최대의 마지막 선지자로서 회복시킨다고 주장하였습니다. 모르몬교에서도 초대교회 이후로 교회가 부패하여 창시자인 조셉 스미스가 하나님으로부터 교회 회복의 소명을 받았다고 주장합니다.

그런데 우리는 그들만 틀렸다고 할 것이 아니고 우리 자신들도 반성해야 합니다. 교회를 다니지만 대체로 성경에 대해 무지한 경우가 적지 않습니다. 그래서 요즘의 신천지 이단처럼 어떤 이단 종파가 생기면 사람들이 쉽게 유혹을 받고 몰려갑니다. 그런 이단 종파에 가담하는 대부분의 사람이 이미 기존 교회에 다니던 사람들입니다. 그 많은 사람이 이단에 쉽게 넘어가는 것을 보면 어처구니가 없을 정도입니다. 물론 그들 중에는 명칭만의 교인이었고 예수님을 자신의 구주 하나님으로 영접하지 않았던 자들도 있을 것입니다. 그러나 예수를 믿었던 자들이 유혹을 받고 넘어가기도 합니다. 이런 현상은 성경에 무지하여서 생깁니다. 이것은 목회자나 성도들이 다 함께 반성하고 바로잡아야 할 일입니다. 목회자는 성경을 바르게 잘 가르치는 것을 자신의 본분으로 여겨서 이 일에 신실해야 하고, 신자들은 성경을 바르게 깨닫는 일이 가장 중요하다는 것을 알고 삶의 우선순위로 삼아야 합니다. 성경의 진리에 무지하면 어려움을 당할 때 곱절로 힘들고 이단의 가르침에 쉽게 동요하게 됩니다. 반드시 이단이 아니더라도 비성경적인 조언이나 비복음적인 가이드를 분별 없이 받고 넘어질 수 있습니다.

우리는 주님이 누구이신지를 똑바로 알아야 합니다. 예수님이 나의 주시라고 고백했으면 어떻게 해서 나의 주가 되시며 그분과의 관계가 어떤 바탕과 근거 위에서 세워져야 하는지를 확지해야 합니다. 예수님의 신성이 그런 것 같기도 하고 안 그런 것 같기도 하면 곤란합니다. 혹은 예수가 신이면 어떻고 아니면 어떠하랴. 나는 세례를 받았고 교회 다니니까 죽으면 천국에 들어갈 텐데 이것저것 따지면서 믿을 필요가 무엇이 있는가? 하는 식이라면 문제입니다. 성경이 그렇게 가르치지 않기 때문입니다.

우리는 예수 믿는 것을 가장 싫어하는 사탄의 존재와 그에게 속한 악령들이 세상에 존재한다는 것을 기억해야 합니다. 초대교회 때부터 사탄의 조종을 받는 악의 세력들이 기독교 진리를 무너뜨리려고 공작하였습니다. 신약의 서신들은 거짓 가르침에 대해서 많이 경고합니다. 당시에는 플라톤 사상과 영지주의라는 이단과 율법주의가 교회에 침투하여 교인들을 유혹하였습니다. 특히 영지주의는 예수님이 육신으로 세상에 오시고 십자가에 못 박히신 것을 부인하였습니다. 예수님의 신성을 못 믿게 하면 기독교 종교가 무너지기 때문입니다.

다른 종교에서는 반드시 교조(敎祖)가 없어도 됩니다. 그들의 가르침만 있으면 종교가 존속됩니다. 예를 들어 힌두교는 단일 교조가 없습니다. 베다(Vedas)라는 경전만 있습니다. 그러나 수천 년 동안 세계 종교의 하나로서 존속하고 있습니다. 그런데 기독교에는 반드시 예수님이 있어야 합니다. 예수님이 하나님-인간(God-man)으로서, 십자가에서 대속의 죽음을 실제로 치름으로써 구원이 성립되었기 때문입니다. 그냥 보통 인간이 십자가로 갔다고 하면 그것은 아무도 구원하지 못합니다. 모든 인간은 자신의 죄 때문에 죽어야 합니다. 그래서 죄인은 수천 명이 십자가에 달려도 다른 죄인들을 단 한 명이라도 구원할 수 없습니다.

그러나 예수님은 하늘에 근원을 둔 인간으로 오셔서 흠 없는 자신을 대속물로 바쳤습니다. 따라서 예수님은 구원자로서 반드시 필요한 분입니다. 악의 세력은 이러한 기독교의 바탕을 제거하려고 합니다. 다시 말해서, 성육신으로 오신 예수 그리스도를 통해 '하나님이 우리와 함께 계신다'라는 '임마누엘'의 신앙적 근거를 삭제시키려는 것입니다. 그래서 여러 가지 근거 없는 소문들을 퍼뜨립니다. 즉, 예수는 요셉과 마리아 사이에서 난 보통 인간이었다거나, 선량해서 하나님이 양자로 삼으셨다는 것입니다. 혹은 예수는 실제로 존재한 인물이 아니었다고 부정합니다. 심지어 예수는 막달라 마리아와 모종의 관계를 맺었다고 합니다. 그 증거로써 초대 교회 시대보다 훨씬 후기에 만들어진 문서들을 들고나옵니다. 심지어 작가 자신이 소설로 쓴 글이라고 증언하는 다빈치 코드를 실제인 양 믿기도 합니다.

그런데 중요한 질문은 우리 자신은 예수님의 신성에 대한 성경 본문을 얼마나 잘 숙지하고 있느냐는 것입니다. 이러한 성경의 증언들을 자신의 믿음의 받침대로 삼지 않으면 복음에 대해서 확신할 수 없습니다. 무엇보다도 그리스도의 신분과 구속 사역에 대해서 확신하지 못합니다. 내가 하나님의 용서를 받았는지 알 수가 없습니다. 사후에 부활할 것인지도 믿을 수 없습니다. 우리는 예수님에 대한 성경의 증언을 면밀하게 검토하고 확신에 이르러야 합니다. 성경은 예수님이 하늘 아버지께서 직접 보내신 창조주며 구속주라고 선포합니다. 그 증거로서 예수님이 십자가 처형 후에 다시 살아나셨음을 사실대로 증언합니다. 그의 대속적 죽음은 유효한 것이었습니다. 그렇지 않았다면 하나님께서 그를 죽은 자들로부터 다시 일으키시지 않았을 것입니다.

"예수님은 모든 피조물보다 먼저 나신 분입니다"(15절).

이 말씀을 바로 이해하지 못하면 예수님의 신성을 의심하고 이단 교리에 빠지기 쉽습니다. '여호와의 증인'은 이 구절을 내세워 예수님이 첫 번째 지음을 받은 피조물이라고 주장합니다. 우리가 성경에 대한 아무런 배경 지식이 없이 본문을 읽으면 "모든 피조물보다 먼저 나신 이"라는 부분에서 걸리게 됩니다. 예수님이 다른 피조물에 비해서 먼저 창조되었다는 의미로 들리기 때문에 예수님도 피조물로 간주하게 됩니다. 그래서 예수님은 피조물이지만, 순위가 제일 높아서 하나님의 통치권을 위임받아 만물을 다스리는 분으로 생각하기 쉽습니다. 그러나 그런 의미가 아닙니다. 왜 그런 의미가 아닌지는 '먼저 났다'는 표현이 중동 문화권에서 사용된 독특한 배경을 가지고 있기 때문입니다. 우리가 이럴 때 던지고 싶은 질문이 있습니다.

「성경이 만인을 위해서 쓰인 경전이라면, 만인이 오해하지 않도록 쉽고 분명하게 써야 했지 않는가? 누구든지 성경을 읽으면 예수를 믿을 수 있다고 하길래 실제로 읽어 보니까 예수님이 피조물인 것처럼 적혀 있다. 그럼 신을 믿으라는 것이 아니고 피조물을 믿고 구원을 받으라는 말인가? "모든 피조물보다 먼저 나신 이"라고·하면 누가 읽어도 피조물 중에서 제일 먼저 만들어진 으뜸이라는 의미로밖에 볼 수 없지 않은가?」

이 같은 불평은 충분히 이해할 수 있습니다. 그러나 성경을 처음 읽고 금방 납득이 되지 않는 부분들이 있다고 해서 구원을 못 받는 것이 아닙니다. 아무런 사전 지식이 없이 복음서만 읽어도 구원에 대한 지식을 충분히 얻을 수 있습니다. 또한, 성령께서 도우시기 때문에 예수님과 구원에 대한 진리를 깨닫고 주 예수를 믿을 수 있습니다. 다만 전문적인 설명을 들어야 할 부분이 있고, 전문가라도 다 알 수 없는 부분이 있습니다. 성경은 시대와 문화가 다른 배경을 안고 있습니다. 성경은 수천 년의 역사를 거치면서 집필된 것이기에 당시의 문화와 언어 사용에 대한 이해가 필요합니다. 그래서 신학자들이 있고 이를 설명해 주는 목회자들과 성경 교사들이 있습니다.

그런데 구원을 받기 위해서 반드시 이런 전문 사역자들의 도움이 있어야 하는 것은 아닙니다. 있으면 도움이 되지만, 내가 혼자 읽어도 예수님이 누구이신지를 알 수 있습니다. 또 어떻게 해야 구원을 받는지에 대한 기본 지식도 쉽게 얻을 수 있습니다. 다만 오늘과 같은 본문이 나올 때는 유사한 본문이 나오는 다른 성경 본문들과 비교해 보면 도움이 됩니다. 그럼 왜 우리가 "모든 피조물보다 먼저 나신 이"라는 말을 예수님이 피조물이 아니라는 의미로 보아야 하는지를 역사적인 배경과 문맥에서 살피기로 하겠습니다.

'먼저 나신 이'란 출생의 순서가 먼저라는 것보다는 장자의 역할과 권한을 가리키는 관용적인 표현입니다. 고대 사회에서는, 지금도 그런 나라들이 있지만, 장자는 가장의 역할을 맡습니다. 우리나라의 경우에도 장남을 우대하는 관습이 있었습니다. 장남은 공부도 더 시켰고 더 좋은 음식을 먹였습니다. 그 대신 장남에게는 특권과 함께 책임이 지워졌습니다. 실제로 장남이 부모와 동생들을 돌보고 도와주는경우가 많습니다. 구약 시대에는 장자를 통해서 가족의 재산이 다음 세대로 전수되었고 재산 분배권이 장자에게 주어졌습니다(신 21:17). 그런데 먼저 난 자라고 해서 반드시 출생상으로 첫째라는 의미의 맏아들은 아닐 수 있습니다. 예를 들어, 시편 89:27절에 보면 다윗 왕을 '장자'(the firstborn)라고 불렀습니다. "내가 또 그를 장자로 삼고 세상 왕들에게 지존자가 되게 하며"

다윗 왕은 이새의 아들이었는데 이새에게는 다윗 말고도 일곱 명의 아들들이 있었고, 다윗은 막내였습니다(삼상 16:10, 11). 그는 분명 맏아들이 아니었습니다. 그럼에도 그를 장자라고 부른 것은 그가 이새의 가문에서 가장 출중한 아들이었고 하나님의 기름부음을 받은 자로서 메시아를 예표하는 중요한 인물이었기 때문입니다.

바울은 유대인이었으므로 이러한 구약 문화를 엎고서 당시에 사용되었던 장자에 대한 용법과 의미를 그대로 살려서 예수님에게 적용하였습니다. 그래서 예수님을 "먼저 나신 분"이라고 한 것은 피조계를 관장하는 머리라는 의미도 되고, 피조물의 주인이라는 뜻도 됩니다. 사실상 성경의 '장자' 개념은 우리나라의 전통적 개념과 비슷해서 어려울 것이 없습니다. 그래도 현대인들이 본 구절을 액면대로 읽으면 "모든 피조물보다 먼저 나신 이"라고 했으니까 다른 피조물과 연관된 표현으로 보고 예수님도 피조물이라고 생각하게 됩니다. 그러나 만약 예수님이 피조물이라면 문제가 매우 심각해집니다.

어떤 피조물도 인간을 죄와 사망으로부터 구원하지 못합니다. 예수님 자신이 생명의 근원이 아닌 피조물이라면, 다른 피조물에게 생명을 줄 수 없습니다. 예수님이 피조물이라면, 아무리 첫째가는 피조물이라도 구원의 보장이 될 수 없습니다. 예수님이 신성의 소유자가 아니라면, 죄를 용서할 수 없습니다. 예수님의 신성이 부인되면, 삼위일체 교리도 무너집니다. 예수님이 성자 하나님이 아니라면, 그를 경배하는 것은 우상숭배입니다. 그래서 우리는 예수님이 피조물이 아니라는 사실을 분명하게 알아야 합니다.

그런데 한 가지 좀 불편한 것이 있다면 번역 문제입니다. 성경은 원문에서 번역한 것이어서 불필요한 오해를 조장할 수 있습니다. 하지만 이런 부분은 원문으로 읽는다고 해서 더 나은 이해가 되는 것은 아닙니다. 이것은 언어 자체의 문제가 아니고 당시 사회의 관용적 표현의 개념이 현대 사회와 다르므로 생기는 문제입니다. 그래서 성경을 여러 번 계속해서 수정하고 보완하면서 개정판을 냅니다. 개정판이 반드시 더 낫다는 법은 없지만, 그래도 새로운 번역이 나오면 관심을 두고 살펴야 합니다. 부분적이나마 개선된 경우가 있기 때문입니다. 우리나라 성경 번역은 아직 역사도 짧고 종류도 많지 않지만, 영어 성경은 매우 다양하므로 참고하실 수 있으면 도움이 될 줄 압니다.

말 한마디가 뜻을 밝히는 데 큰 도움이 될 수 있습니다. 예를 들어, NIV 영역에서는 the firstborn of all creation을 the firstborn over all creation 이라고 의역하였습니다. 즉, '모든 피조물 중에서 장자'라는 말을 '모든 피조물을 다스리는 장자'라는 의미로 옮긴 것입니다. 이것은 직역은 아니지만, 올바른 의미를 살려서 전달한 좋은 번역입니다. 즉, 예수님이 다른 피조물보다 제일 먼저 나신 맏아들이 아니고, 다른 모든 피조물을 통치하는 분으로서 장자의 역할을 맡으신 분이라는 것입니다. 이것은 성부와 성자 사이에서 피조 세계를 누가 어떻게 맡아서 통제하고 돌보는가 하는 문제와 연결된 말씀입니다. 하나님은 창조를 계획하셨지만, 실제로 피조물을 일일이 다 만들고 하나하나 돌보며 유지하는 분은 예수님의 일이라는 것입니다. 그래서 예수님이 모든 창조를 맡아 다스리는 머리가 되신다는 의미에서 "모든 피조물보다 먼저 나신 이"(골 1:15)라고 하였습니다.

이것은 무엇을 의미합니까? 온 세상이 예수님의 손안에 들어 있다는 것입니다. 우리를 돌보시고 우리의 복지와 안전을 위해 책임을 지신 분이 주 예수님이라는 것입니다. 주님이 이 세상을 얼마나 사랑하실까요? 주께서 세상 죄인들을 대신하여 십자가에서 하나님의 진노의 형벌을 다 받으실 정도로 사랑하셨습니다.

주님이 십자가 이후로 세상 만물을 다스리며 돌보시는 것은 한층 더 큰 의미가 있습니다. 주님은 십자가에 못 박힌 피 묻은 손으로 온 우주를 붙들고 계십니다. 십자가의 복음으로 구속한 우리를 자신의 유업으로 보시고 이것을 최대의 기쁨과 보람으로 여기시며, 온 세상을 끝까지 돌보시기로 작정하셨습니다. 주님은 성부 하나님의 맹세로써 약속된 구원의 사랑 속에서 전능자의 능력으로 우리 각자의 삶을 인도하시며 섭리하십니다. 그리고 여전히 지금도 죽어 가는 죄인들을 불쌍히 여기시고 복음의 진리로 부르고 계십니다. 주 예수께서는 신성을 소유하신 하나님으로서 만물을 다스리고 돌보시는 장자의 직분을 지금도 신실하게 이행하고 계십니다. 주 예수는 우리를 창조하신 구주 하나님이십니다. 예수님은 십자가로 가셨던 그 큰 사랑으로 지금도 우리를 영광의 길로 인도하시는 중입니다.

때가 되면 모든 입이 주 예수를 주로 시인하고 그 앞에 무릎을 꿇는다고 하였습니다(빌 2:10). 그때에는 주 예수를 믿지 않는 자들의 무릎도 꿇어질 것입니다. 주님의 신적 권능 앞에서 감히 뻣뻣하게 서 있을 자가 없을 것입니다. "당신은 신이 아니요 창조주가 아니요, 만물을 지배하는 자가 아니요, 구주 하나님이 아니오. 당신은 피조물이요!"라고 소리칠 자가 아무도 없을 것입니다. 그때는 주 예수의 신령한 신분과 그분의 복음을 믿지 않는 모든 악인이 온 세상이 보는 앞에서 태양보다 더 밝게 드러날 그분의 하나님 되심과 그분의 권능과 위엄 앞에서 할 말을 잊을 것입니다. 그러나 그때는 너무 늦습니다. 그들은 영원한 심판을 받게 될 것입니다. 우리는 지금부터 이 땅에서 호흡이 있는 동안에 주 예수를 창조주 하나님과 구속주 하나님으로 믿어야 합니다. 우리는 성경이 증언하는 대로, 주 예수님이 만물을 지배하고 다스리는 장자의 권한을 가지신 창조주 하나님이심을 믿어야 합니다. 성령께서 우리 모두의 눈을 밝히사 주 예수가 누구이신지를 바르게 깨닫고 그분을 경배하기를 기원합니다.

10장

창조의 대행자이신 예수님
골로새서 1:16-17

"만물이 그에게서 창조되되 하늘과 땅에서 보이는 것들과 보이지 아니하는 것들과 혹은 왕권들이나 주권들이나 통치자들이나 권세들이나 만물이 다 그로 말미암고 그를 위하여 창조되었고 또한 그가 만물보다 먼저 계시고 만물이 그 안에 함께 섰느니라"(골 1:16-17)

우리는 1장 15절 강해에서 예수님이 "모든 피조물보다 먼저 나신 이"(골 1:15)라는 의미를 살폈습니다. 그것은 출생의 순서에 있어 가장 먼저라는 의미가 아니고, 다른 모든 피조물을 통치하는 분으로서 장자의 역할을 맡으신 분이라는 의미라고 배웠습니다. 그래도 여전히 예수님이 피조물이 아니고 창조주라는 것을 확고하게 입증하기에는 미흡한 점이 있습니다. 피조물이라도 다른 피조물을 다스릴 수 있기 때문입니다. 인간들도 피조물이지만 다른 동물들을 다스립니다. 그래서 피조물을 지배하고 통치하는 것을 넘어 그들을 창조까지

했다는 부분이 분명히 나와야 예수님이 '모든 피조물보다 먼저 나신 이'라는 말이 지닌 본뜻이 힘을 얻습니다.

이제 15절 이하에 이어서 나오는 구절들에서 이 점을 확인해 보도록 하겠습니다. 16절은 "만물이 그에게서 창조"되었다고 했습니다. 그런데 여기서도 약간의 번역 문제가 있습니다. 원문에는 16절이 '왜냐하면'(Because)이라는 말로 시작됩니다. 그러나 개역성경과 새번역 및 직역성경에서는 이 말이 생략되었습니다. 그렇지만 이것은 예수님이 피조물이 아니라는 것을 증명하는 대목이므로 원문에 따라 그대로 옮기는 것이 바람직합니다. 그래서 '왜냐하면, 그분으로 말미암아(안에서) 만물이 창조되었기 때문입니다'가 됩니다. 한글 킹제임스는 이 뜻을 살려서 '이는 만물이…그를 위하여 창조되었기 때문이라'고 옮겼습니다.

'왜냐하면'이라는 단어는 원문에서 의미 없이 넣은 것이 아니고, 15절에서 말한 내용을 지지하고 설명하기 위해서 사용된 말입니다. 즉, "모든 피조물보다 먼저 나신 이"가 어떻게 해서 장자의 신분과 역할을 맡게 되었는지를 해명하기 위한 것이었습니다. 다시 말해서, 만물이 예수님을 통해서 창조되었기 때문에, 만물을 주관하시는 분으로서의 '먼저 나신 이' 곧 장자의 신분과 특권을 가지셨다는 말입니다. 만약 예수님도 피조물이었다면, 그에 의해서 만물이 창조되고 지배된다는 말은 모순입니다.

16절은 예수님의 창조주 되심을 구체적으로 증언합니다.

"하늘에 있는 것들과 땅에 있는 것들, 보이는 것들과 보이지 않는 것들, 왕권이나 주권이나 권력이나 권세나 할 것 없이 모든 것이 그분으로 말미암아 창조되었고, 그분을 위하여 창조되었습니다"(1:16, 새번역).

만물이 예수님으로 말미암아 창조되었다고 했습니다. 예수님이 창조의 동인(動因)이며 에이전트(agent)라는 말입니다. 본점과 대리점을 생각해 보십시오. 대리점은 본점을 대표합니다. 본점이 자사 생산품을 대리점을 통해서 판매하듯이, 하나님과 예수님의 관계도 이와 비슷한 점이 있습니다. 하나님께서는 총대리점(the sole agent)에 해당하는 예수님에게 자신의 창조 사역을 맡기셨습니다. 하나님께서는 예수님을 통하지 않고는 아무 일도 하시지 않습니다. 삼위 하나님께서는 무슨 일이든지 단독으로 행하시지 않습니다. 기능적인 역할 담당이 삼위일체 하나님에게 각각 있지만, 어떤 일이든지 성부, 성자, 성령이 같은 목적과 능력으로 완전한 연합과 조화 속에서 일하십니다. 하나님께서는 창조의 뜻을 세우시고 이를 계획하셨고 예수님을 유일한 대리자로 삼으셨습니다.

창조계는 모두 예수님의 솜씨와 능력으로 된 것입니다. 세상 만물이 예수님에 의해서 만들어졌다고 생각해 보십시오. 개미 한 마리도, 한 송이 작은 꽃도, 바다의 고래도 멸종된 거대한 공룡들도, 하늘의 뭇 별들도 예수님의 작품입니다. 예수님은 우주의 대 설계자며 대 엔지니어며 대 디자이너며 대 건축가이십니다. 우리는 보통 예수님을 생각할 때 우리 죄를 위해 십자가로 가신 구속주를 먼저 떠올립니다. 그러나 예수님은 구속주가 되시기 이전에 만물을 지으신 창조주였습니다(요 1:1-3). 예수님이 창조하시지 않은 것은 우주에 존재하지 않습니다. 하늘과 땅과 바다에 있는 모든 것들이 예수님이 만드신 것입니다. 그리고 공간과 시간 자체도 예수님이 만드셨습니다.

16절 후반부는 예수님이 창조주이실 뿐만 아니라 창조의 목적이심을 밝혀 줍니다.

"만물이 다 그로 말미암고 그를 위하여 창조되었다"고 했습니다. 광대한 우주의 은하계를 비롯하여 땅과 공중과 바닷속에 있는 일체의 생물과 무생물을 예수님이 디자인하시고 창조하셨습니다. 그런데 누구를 위한 창조일까요? 만물이 "그를 위하여 창조되었다"고 했습니다. 존재하는 모든 것들은 예수 그리스도를 위한 것이며 그분에게 영광과 찬양을 올리기 위해서 창조되었습니다. 예수님이 만물의 존재 이유이며 목적입니다. 이것은 우리에게 큰 격려가 됩니다. 만물이 주 예수를 위해서 창조되었다면 우리와는 어떤 관계가 있을까요? 통속적인 표현을 쓴다면 대박이 터진 것입니다! 우리가 주 예수를 믿으면 주님과 연합됩니다. 주님의 백성이 되고, 주님의 몸이 되고, 주님의 아들딸이 됩니다. 그래서 주님에게 속한 자들이 되기에 우리는 주님의 로열 패밀리입니다. 원칙적으로 말해서, 아버지가 가진 것은 모두 자녀의 것입니다. 자녀의 안전과 소유와 권리가 모두 아버지 안에 있습니다.

그래서 만물이 예수님을 위해서 만들어졌다는 것은 우리에게도 해당하는 말씀입니다. 만물이 우리를 위해서 존재하게 된다는 것입니다. 이것은 놀라운 말씀입니다. 주 예수 안에 들어가 있는 신자들은 주 예수께 속한 것들을 함께 나눕니다. 바울은 고린도전서 3장 21절에서 "만물이 다 너희의 것임이라"고 했습니다. 그리스도 안에서 만물이 다 우리에게 속한 것이 됩니다.

창조는 주 예수의 능력일 뿐만 아니라 그의 속죄 사역으로 구속받은 신자들에게 어떤 선물이 기다리고 있는지를 말해 줍니다. 우리는 십자가가 내포한 사랑을 다 잴 수 없습니다. 너무도 크고 기대보다 넘치는 복들이기 때문입니다. 하나님께서 이 세상을 사랑하셔서 아들을 주셨다고 했습니다. 아들을 우리에게 주실 때는 우리에게 모든 복을 내리신 것입니다. 아들은 만복의 근원이시기 때문입니다. 그러므로 그분이 지으신 창조계도 우리의 것입니다. 우리가 주 예수 안에 있으면, 그분에게 속한 모든 것들이 우리가 상속받을 수 있는 복들입니다. 이런 의미에서 예수님이 창조주며 또한 모든 만물이 그를 위해서 지어졌다는 것은 우리로 하여금 엄청난 미래의 축복을 대망하게 합니다. 그리스도를 믿음으로써 오는 축복은 우리의 상상을 초월합니다. 그러나 우리가 예수님을 단순한 피조물로 본다면 이런 축복을 기대할 수 없습니다.

예수님을 피조물이라고 말하는 것은 17절과도 모순됩니다.

"또한 그가 만물보다 먼저 계시고 만물이 그 안에 함께 섰느니라".

예수님은 만물이 존재하기 이전에 계셨습니다. 그는 만물에 포함된 분이 아닙니다. 더구나 "만물이 그 안에 함께 섰느니라"고 했기에 예수님이 피조물이 될 수 없습니다. '섰느니라'라고 번역한 것은 다소 의미가 애매하지만, 원문상 '지속한다', '함께 붙든다'라는 뜻입니다. 즉, 예수님에 의해서 만물이 하나의 연합체로서 유지되고 보존된다는 의미입니다. 다시 말해서, 예수님에게서 나오는 생명력으로 온 세상이 조화와 질서를 견지하며 움직이고 있다는 것입니다(참조. 요 1:4; 히 1:3). 예수님이 피조물이라면 결코 만물을 붙들고 존속시키는 능력이 없을 것입니다. 예수님의 이 같은 보존 능력이 없다면 온 세상은 당장에라도 붕괴하고 해체됩니다. 예수님의 원천적인 생명력과 절대적인 보존력이 없으면, 만물은 한순간이라도 서 있을 수 없습니다. 히브리서 1:3절에서는 만물이 예수님의 능력의 말씀으로 보존된다고 하였습니다.

[유사 본문 실례]

성경의 어떤 구절에 의문이 생기거나 오해의 여지가 있으면 문맥이 비슷한 다른 성경 본문들을 참조해 보는 것이 좋습니다. 예수님이 '모든 피조물보다 먼저 나신 이'라고 한 것이 과연 그가 피조물이라는 뜻인지를 확인하기 위해서 다른 곳에서 언급된 기독론에 대한 본문 몇 가지를 잠시 찾아보겠습니다.

☞ 빌립보서 2:6, 11절에 나오는 기독론과 비교해 봅니다. 여기 보면 "그는 근본 하나님의 본체시나 하나님과 동등됨을 취할 것으로 여기지 아니하시고…모든 입으로 예수 그리스도를 주라 시인하여 하나님 아버지께 영광을 돌리게 하셨느니라"로 되어 있습니다. 예수

님이 피조물이라면 그를 하나님의 본체며 하나님과 동등하신 분이라고 감히 표현할 수 없었을 것입니다. 사실상 예수님은 자신이 아브라함이 태어나기 전부터 계신 분이라고 주장하심으로써 태초부터 계셨고, 하나님 아버지와 동등하신 분이라고 밝히셨습니다(요 8:56-58; 10:29. 비교. 요 5:18; 출 3:14; 사 41:4).

☞ 요한복음 1:3절에서도 예수님을 창조주로 증언하였습니다.

"만물이 그로 말미암아 지은 바 되었으니 지은 것이 하나도
그가 없이는 된 것이 없느니라".

세상 만물이 예외 없이 모두 예수님이 창조하셨다면, 또 다른 창조주가 없다는 뜻입니다. 예수님은 유일무이한 창조의 대행자로서 하늘 아버지의 창조 계획을 완전하게 실행하셨습니다.

☞ 히브리서에서도 '이 아들을 만유의 상속자로 세우시고 또 그로 말미암아 모든 세계를 지으셨느니라'(히 1:2)고 했습니다. 예수님이 아버지 하나님의 뜻대로 만물을 창조하셨다면, 아들로서 만물의 상속자가 되시는 것은 당연합니다.

☞ 시편 110:1절을 비롯하여 성경 여러 곳에서 예수님이 하나님의 보좌 우편에 앉으셨다고 증언합니다(엡 1:20; 히 12:2 벧전 3:22).

"여호와께서 내 주에게 말씀하시기를 내가 네 원수들로 네

발판이 되게 하기까지 너는 내 오른쪽에 앉아 있으라 하셨도
다"(시 101:1)

하나님 우편 보좌에 앉으신 분은 피조물일 수 없습니다. 우편 보
좌는 단순히 영예의 자리가 아니고, 하나님과 동등한 분이며 만물을
지배하는 권세를 가진 주권자의 자리라는 뜻입니다.

☞ 고린도전서 8:6절에는 성부와 성자가 동등한 창조주 하나님으
로 제시되었습니다.

"그러나 우리에게는 한 하나님 곧 아버지가 계시니 만물이
그에게서 났고 우리도 그를 위하여 있고 또한 한 주 예수 그
리스도께서 계시니 만물이 그로 말미암고 우리도 그로 말미
암아 있느니라."

☞ 골로새서 2:9절에서도 "그 안에는 신성의 모든 충만이 육체로
거"하신다고 했습니다. 예수님이 성부 하나님과 같은 신성을 충만하
게 가지셨다면, 창조의 대행자가 되시고 창조계를 보존할 능력을 갖
추신 분입니다. 그러므로 우리는 '먼저 나신 이'는 먼저 태어난 피조
물이라는 뜻이 아니라는 결론을 내릴 수 있습니다. 예수님은 성삼위
하나님의 신성을 가지신 분이십니다.

[재창조의 하나님]
예수님이 현 창조계를 지으신 분이라고만 알고 있으면, 예수님이

얼마나 위대하시고 우리의 구원이 얼마나 큰 은혜인지를 절반도 모르는 셈입니다. 하나님께서는 현재 예수님을 통해서 재창조도 하시는 중입니다. 재창조는 첫 창조에 이어진 것입니다. 재창조는 첫 창조가 잘못됐거나 실패작이므로 다시 만든다는 의미가 아닙니다. 하나님은 첫 창조 때에 심히 좋은 세상을 만드시고 만족해하셨습니다(창 1:31). 그러나 인간의 불순종으로 첫 창조계는 크게 오염되었습니다. 그 결과, 인간에게 허무와 죽음이 왔고 자연계에 고통이 왔습니다. "모든 피조물이 이제까지 함께 신음하며, 함께 해산의 고통을 겪고 있다는 것을 우리는 압니다"(롬 8:22, 새번역). 그러나 자비하신 하나님께서 이 부패한 세상을 구원하기 위해 예수 그리스도를 세상에 보내어 속죄의 피를 흘리게 하셨습니다. 이제 하나님께서는 주 예수의 대속의 피를 믿는 자들의 죄를 씻기시고 그들을 죽음으로부터 건져내십니다. 그리고 부패와 죽음의 왕인 사탄의 손에서 그들을 해방시켜 생명의 근원이신 주 예수의 왕국으로 들여보내는 중입니다. 자연계도 썩어짐의 종노릇으로부터 해방되어 하나님의 자녀가 누릴 영광된 자유를 얻게 될 것입니다(롬 8:21). 그래서 바울은 외칩니다. "그러므로 우리가 낙심하지 아니하노니 우리의 겉사람은 낡아지나 우리의 속사람은 날로 새로워지도다"(고후 4:16).

하나님은 창조의 하나님이십니다. 하나님은 한 번의 창조로 모든 일을 마치시고 손을 떼시는 분이 아닙니다. 원래 지극히 아름답던 하나님의 세계는 인간의 죄와 어리석음으로 부패와 사망의 질병 속에서 신음 중입니다. 그러나 전능하시고 자비하신 하나님께서 온 세상을 주 예수의 피로써 다시 새롭게 정화하고 죄와 죽음과 부패가 없는 새 하늘과 새 땅으로 재창조 중이십니다. 이 재창조 사역을 맡으신 분은 예수님입니다. 하나님께서는 인간의 죄로 오염되고 부패한 세상을 예수님을 통해서 새롭게 정화하는 중입니다. 그럼 예수님을 통한 하나님의 재창조 방법은 구체적으로 어떤 것일까요? 다름 아닌 예수님의 십자가와 부활을 통하여 우리 모두를 새로운 백성으로 지어가십니다. 하나님은 예수님의 십자가 피로써 죄인들을 용서하시고 성령의 능력으로 거듭나게 하십니다.

바울의 말대로 그리스도 안에 있으면 새로운 피조물입니다(고후 5:17). 하나님의 백성으로 구성된 교회는 하나님의 새로운 작품입니다. 하나님께서는 예수님을 대리자로 삼고 죄인을 의인으로 새로 빚으실 뿐만 아니라 온 우주까지 갱신하고 계십니다. 그래서 예수님은 제자들과의 이별을 앞두고 이렇게 말씀하셨습니다.

> "내 아버지 집에 거할 곳이 많도다 그렇지 않으면 너희에게 (그렇지 않다고) 일렀으리라. 내가 너희를 위하여 거처를 예비하러 가노니 가서 너희를 위하여 거처를 예비하면 내가 다시 와서 너희를 내게로 영접하여 나 있는 곳에 너희도 있게 하리라"(요 14:2-3).

예수님은 지금 현재 우리를 날마다 새롭게 하시고 온 우주를 쇄신시키는 중입니다. 주님의 재림 때에 재창조 작업이 완성되고 무한히 아름답고 경이로운 새 하늘과 새 땅이 드러나게 될 것입니다. 계시록 21장의 말씀을 들어 보십시오.

"또 내가 새 하늘과 새 땅을 보니 처음 하늘과 처음 땅이 없어졌고…내가 들으니 보좌에서 큰 음성이 나서 이르되 보라 하나님의 장막이 사람들과 함께 있으매 하나님이 그들과 함께 계시리니 그들은 하나님의 백성이 되고 하나님은 친히 그들과 함께 계셔서 모든 눈물을 그 눈에서 닦아 주시니 다시는 사망이 없고 애통하는 것이나 곡하는 것이나 아픈 것이 다시 있지 아니하리니 처음 것들이 다 지나갔음이러라… 보좌에 앉으신 이가 이르시되 보라 내가 만물을 새롭게 하노라 하시고 또 이르시되 이루었도다 나는 알파와 오메가요 처음과 마지막이요 시작과 마침이라 내가 생명수 샘물을 목마른 자에게 값없이 주리니 …나는 그의 하나님이 되고 그는 내 아들이 되리라"(계 21:1-7).

이것이 복음입니다. 창조의 하나님께서 한 번의 창조로 모든 것을 마치셨다면 우리에게 아무런 소망이 없었을 것입니다. 그러나 첫 창조의 하나님은 재창조의 하나님이십니다. 하나님께서는 인간의 죄로 인해 오염된 첫 창조의 모든 부패와 죽음을 거두어 내시고 만물을 새롭게 재창조하시는 분입니다. 재창조의 하나님을 믿으십시오. 그분은 목마른 자들에게 생명수 샘물을 값없이 주십니다. 목마른 자들은 다 예수께로 나아오십시오. 그리하면 이 사망의 몸이 새 생명의 몸으로 변화될 것입니다. 아직 주 예수를 자신의 구주로 모시지 않았다면, 당장에라도 그를 믿고 재창조의 하나님께서 주시는 새 생명수를 마시고 영생을 누리시기 바랍니다.

우리의 구원은 심히 복된 것입니다. 우리가 주 예수께 속한 자녀들이 되면, 모든 창조계가 우리를 위한 것이 됩니다. 그래서 원래 예수님께 속했던 특권과 혜택이 우리에게도 돌아옵니다. 우리는 주님의 자녀입니다. 그래서 주님과 함께 만물을 다스리면서 함께 영생할 것입니다. 이런 의미에서 우리가 새롭게 지음을 받은 목적은 하나님의 경이로운 재창조의 세계를 유업으로 받기 위한 것입니다(롬 8:17). 이것은 사후 천국에서 우리가 어떤 일을 할 것인지에 대한 암시가 됩니다.

사후에 천국에 가면 좀 지루할 것으로 염려하는 분들이 있습니다. 하나님을 찬양할 것은 알지만, 하루 이틀도 아니고 영원토록 날마다 예배만 보는 것은 그리 달갑게 느껴지지 않을지 모릅니다. 천사들을 보는 것도 매일 보면 별로 신기하지 않을 것이고, 아름다운 환경도 항상 사는 곳이 되면 처음의 기쁨과 감격이 줄어들 것처럼 생각됩니다. 또 천국에서는 모든 수고를 그친다고 했는데 아무 할 일이 없이 안식만 한다면 심심하지 않겠는가 하고 염려합니다. 이것저것 따져보면 천국에 서둘러 갈 필요가 없이 세상에서 좀 수고를 하더라도 여기서 오래 사는 것이 더 낫다고 볼 수 있을지 모릅니다.

이것은 재창조 세계에 대한 오해입니다. 새 하늘과 새 땅에서 우리는 찬송가만 부르지 않을 것입니다. 예수님과 함께 새로운 세계를 다스릴 일들이 기다리고 있습니다. 많은 것들을 배우고 진기한 체험을 하면서 자신이 받은 은사와 책임에 따라 각자 맡은 일을 하게 될 것입니다. 과학의 은사를 받은 자는 과학의 일을 하게 될 것이고, 예술의 은사가 있는 자는 예술 분야의 일을 하게 될 것입니다. 행정의 은사가 있는 자는 천국 행정을 볼 것이고, 세상에서 주께 충성했던 자들은 더 많은 책임을 맡게 될 것입니다. 천국 삶을 위해서 새로 받는 은사도 있을 것이고, 지상에서 이런저런 이유로 펼쳐보지 못했던 자신의 잠재 능력을 주님의 도우심으로 한껏 펼치게 될 것입니다.

우리는 하나님의 교회로서, 구속받은 참 이스라엘 백성으로서, 죄와 사망의 속박에서 해방된 거룩한 하늘 시민으로서 신비하고 경이로운 재창조의 세계에서 살 것입니다. 그때 우리는 주님의 세계를 관리하고 보존하며 원래 아담과 하와가 받았던 청지기의 역할을 온전히 수행하는 기쁨으로 세세토록 일할 것입니다. 재창조의 세계에서는 아무리 일을 해도 피곤하지 않고 오히려 더 많은 보람과 즐거움을 느낄 것입니다. 우리는 다른 성도들과 손을 잡고 주님과 함께 완전한 조화와 질서 속에서 하나님의 오묘한 재창조의 세계가 주는 온갖 혜택을 누리게 될 것입니다. 그런데 이런 행복과 특권을 주님께서 값없이 준다고 하셨습니다. 목마른 자들에게 생명수 샘물이 무료로 제공됩니다. 이것이 복음입니다. 하나님께서 어둠에 갇혔던 나를 구출하기 위해 주 예수를 보내신 것을 믿고 그분을 주님으로 영접하십시오. 그분이 내 죄를 지고 십자가로 가셔서 나 대신 처형을 당하신 사실과 장사한 지 사흘 만에 다시 살아나신 것을 믿으십시오.

그리스도 안에 있으면 새로운 피조물입니다. 그리스도 밖에서는 정죄와 죽음만이 기다리고 있습니다. 그러나 그리스도를 나의 구속주로 믿고 그분 안으로 들어가면 생명과 재창조의 축복이 넘쳐 흐릅니다. 죽음을 택하지 말고 영생을 택하십시오. 구원은 하나님이 거저 주시는 선물입니다. 우리에게 이 같은 복음을 전하시고 모든 죄인에게 살길을 열어 주신 주 하나님께 영광과 찬양을 올려야 하겠습니다.

11장
잃어버린 예수의 머리
골로새서 1:18

"그는 몸인 교회의 머리시라 그가 근본이시요 죽은 자들 가
운데서 먼저 나신 이시니 이는 친히 만물의 으뜸이 되려 하
심이요"(골 1:18)

본 찬송시의 전반부는 예수님과 창조계와의 관계를 다룬 것이었
습니다. 이제 후반부는 예수님과 교회와의 관계입니다. 전반부가 창
조에 대한 것이라면, 후반부는 재창조에 대한 것입니다. 이 재창조
의 내용은 교회를 세우는 것입니다. 교회당을 세우는 것이 아니고,
예수 그리스도를 믿는 하나님의 백성을 거듭나게 하는 것입니다.

그런데 본 찬송시에서 가장 실감이 가지 않는 대목이 '예수님이
교회의 머리시라'는 말이 아닌가 싶습니다. 오늘날의 교회 모습을
보십시오. 예수님이 머리로 계신 것 같습니까? 차라리 꼬리로 계신
다고 해야 더 맞을지 모릅니다. 교회의 머리는 목사와 장로들이고,
교회의 몸은 교회당 건물이며, 교회의 능력은 헌금이라고 말한다면

과언일 것입니다. 물론 이렇게 말하는 것은 교회의 현실을 일반화시킨 과장입니다. 그러나 현대 교회들의 실태와 그리 멀리 떨어진 말은 아닌 줄 압니다.

오늘날의 교회가 여러 면에서 반드시 갱신되어야 한다는 것은 재언의 여지가 없습니다. 그럼 교회 갱신을 위해서 무엇을 해야 하겠습니까? 오늘 본문이 그 해답입니다. 즉, 예수님이 자기 몸인 교회의 머리라는 사실입니다. 이 말씀의 의미를 붙잡고 적용한다면, 어떤 교회도 이상적인 교회가 될 수 있습니다. 예수님이 교회의 머리시라는 사실 앞에 우리의 머리를 조아릴 수 있다면, 교회 문제는 모두 해결됩니다. 말을 뒤집으면 교회가 예수님을 머리로 받들지 않으면 자기 머리들을 내밀기 때문에 문제투성이가 됩니다.

예수님이 교회의 머리라는 말은 무슨 뜻일까요?

- 교회를 세우신 분이 예수님이고,
- 교회의 주인이 예수님이고,
- 교회의 소유주가 예수님이고,
- 교회의 방향을 제시하시는 분이 예수님이고,
- 교회의 내용을 채우는 분이 예수님이고,
- 교회의 능력이 예수님이고,
- 교회를 운영하시는 분이 예수님이라는 뜻입니다.

교회에 대한 예수님의 이 같은 주권 앞에 우리의 머리를 조아리고 있으면 교회는 회생할 수 있습니다. 그러나 우리의 머리가 예수님의 머리 아래 있지 않고 올라오면 교회는 예수님의 교회가 되지 않고, 우리 교회가 되고 맙니다. 성경에는 예수님의 교회는 있어도, 우리 교회는 없습니다. 하나님의 교회는 있어도 내 교회는 없습니다. 하나님의 성도들은 있어도 내 교인들은 없습니다. 교회에 관한 한, 내가 소유하는 것은 아무것도 없습니다. 성경에는 주님이 시작한 주님의 교회만 있습니다. 내가 시작한 내 교회는 없습니다. 교회의 머리는 예수님이시기 때문입니다.

바울은 이방인의 사도로서 많은 교회를 세웠습니다. 그러나 그는 한 번도 '내 교회'라고 말하지 않았습니다. 그는 언제나 '하나님의 교회'라고 불렀습니다(고전 1:2; 고후 1:1). 비록 내가 교회를 개척하고 세웠다고 하여도 진정한 의미에서 그 교회는 내가 세운 것이 아니고, 주님이 세우신 것입니다. 나는 단지 주님의 일꾼으로 부름을 받았을 뿐입니다. 주님이 십자가의 사랑으로 자기 백성을 부르셨고, 성령으로 거듭나게 하셨고, 주님의 몸에 연합되게 하셨습니다.

예수님은 빌립보의 가이사랴에서 베드로에게 말씀하실 때 '내가 너의 교회를 세우리라'고 하시지 않았습니다. 혹은 '베드로가 주님의 교회를 세운다'고 하시지도 않았습니다. 예수님은 '내가 이 반석 위에 내 교회를 세우리라'(마 16:18)고 하셨습니다.

예수님이 세우시지 않은 교회는 자기 교회는 될지 몰라도, 예수님의 교회는 될 수 없습니다. 교회를 예수님이 세우시고, 예수님이 주관하시며, 예수님이 주인이시라는 사실을 철저하게 믿지 않으면, 목사가 교회를 자기 소유로 보거나 장로가 교회를 좌지우지하게 됩니다. 그리고 성도들도 교회를 존중하지 않습니다. 교회에서 일어나는 비성경적인 활동들의 원인은 한마디로 요약될 수 있습니다. 그것은 예수님을 교회의 머리로 모시지 않는 것입니다. 예수님을 교회의 머리로 받들지 않으면 매사에서 자기 머리로 처리합니다. 자기 머리는 세상에 속한 머리입니다. 그래서 자기 머리로 행하는 것은 세속적인 방법들입니다. 어떤 것들이겠습니까? 인간적인 프로그램으로 교회를 운영하고, 인간적인 표준으로 교인들을 차별하며, 인간적인 고려에서 직분을 주고, 심지어 장로의 직분을 놓고 큰 액수의 헌금을 기대하기도 합니다. 그래서 교회가 매관매직한다는 말이 나돌게 되었습니다.

왜 이런 일들이 일어납니까? 교회의 머리를 예수님으로 삼지 않기 때문입니다. 돈이 우상이 되어 하나님의 자리를 차지한 소치입니다. 교회는 일반적으로 말해서 맘몬신을 제거할 능력이 없습니다. 돈이 많은 것 자체가 잘못된 것은 아닙니다. 돈을 잘 사용하면 복의 통로가 됩니다. 대부분의 교회는 상당히 많은 액수의 헌금을 매주 받습니다. 웬만한 교회들은 라오디게아 교회처럼 "나는 부자라"(계 3:17)고 말할 수 있습니다. 그러나 성경이 말하는 청지기 직의 책임의식을 가지고 하나님의 영광을 위해 헌금을 사용할 수 있는 영적 능력이 없는 상태에서 부자가 되는 것은 재앙입니다. 현재 우리나라 교회는 이 재앙을 당하고 있습니다. 교회의 머리가 예수님이 아니면, 온갖 부작용이 일어나서 교회를 병들게 합니다. 어떤 일들일까요? 인간적인 방법으로 교회를 성장시키고, 인간적인 사상으로 설교하고, 인간적인 목적으로 교회당을 짓고, 인간적인 동기에서 목사가되고, 인간적인 판단에서 아무에게나 직분을 주고 세례를 주는 것입니다. 그 결과가 무엇일까요? 교회가 타락하는 것입니다. 어떻게 타락할까요? 초자연적인 원천을 둔 하나님의 교회가 세속적인 하급 종교로 변질하는 것입니다. 예수님으로부터 생명을 받지 않고 돈과 권력에 의존하는 것입니다. 교회에 대한 예수님의 가르침과 예수님의 방식과 예수님의 목표가 제쳐지는 것입니다. 예수님의 머리는 보이지 않고 사람들의 머리만 보이는 것입니다.

이런 교회들은 가시적인 효과를 내는 교회 전략에 온 힘을 쏟고, 예수님의 머리를 모셔야 할 곳에 성공주의와 엔터테인먼트의 깃발을 꽂습니다. 현대 교회는 그런 상업적인 마케팅과 경영 위주의 기업체가 되었다고 해도 과언이 아닙니다. 물론 교회가 다 그런 것은 아닙니다. 그러나 우리는 교회 문제를 이야기할 때 개 교회보다 전체 교회를 놓고 우리 자신을 포함해서 말해야 합니다. 우리가 한 몸이기 때문입니다.

현대 교회의 특징은 십자가의 표시는 있어도 십자가의 실체가 없고, 기독교의 간판은 붙었어도 예수님은 보이지 않습니다. 비근한 예로써, 오늘날 수도 없이 높이 세워진 십자가 표시는 교회를 오히려 혐오하게 합니다. 과거에는 종탑을 세우고 종을 쳤습니다. 그러나 밤새도록 종을 치는 교회는 없었습니다. 이제는 돈이 많아지니까 발광다이오드(LED) 조명을 눈이 부실 정도로 밤새도록 켜놓습니다. 성경은 무엇이라고 말합니까? 고린도전서 10:23−24절을 읽어 보십시오.

"모든 것이 가하나 모든 것이 유익한 것은 아니요 모든 것이
가하나 모든 것이 덕을 세우는 것은 아니니 누구든지 자기의
유익을 구하지 말고 남의 유익을 구하라"

합법이라고 다 유익하지 않다고 하였습니다. 허용된다고 다 덕이 아니라고 하였습니다. 누구든지 자기 유익을 구하지 말고 남의 유익을 구하라고 하였습니다. '세상의 빛'이 되라고 했지, 이웃이 이사해야 할 정도로 '빛 공해'가 되라고 하지 않았습니다. 내 교회 선전만 되면 이웃이야 상관이 없다는 식이라면 교회가 이웃 사랑을 가르치는 곳이라는 말을 하지 말아야 합니다.

성경을 펼쳐 놓은 강단에서는 사람의 소리만 들리고, 신자들이 모인 곳에서는 거룩한 성도의 모습은 찾기 어렵습니다. 찬양대를 향한 박수 소리는 요란하여도, 하나님의 보좌를 향한 박수 소리는 들리지 않습니다. 목사는 우대를 받아도 예수님은 천대를 받습니다. 활동은 많아도 사랑의 실천은 적고, 성경책은 많아도 성경의 지식은 천박합니다. 영성은 지나가는 유행어가 되었고, 헌신은 헌신발이 되었으며, 기독교는 다원 종교의 하나로 몰락되었습니다. 교회의 머리는 예수님이라고 하지만, 머리 없는 교회들이 더 득세하고 더 인기가 있습니다.

사람들은 교회란 내게 필요한 것을 공급하는 곳이어야 한다고 생각합니다. 예수님은 나의 필요를 주문받기 위해서 언제나 대기 중이어야 합니다. 교회의 존재 목적은 나를 위한 것입니다. 나의 필요만 채워지고 나면, 구태여 하나님이 교회에 안 계셔도 지장이 없습니다. 주일 날 교회에 왔다가 주님의 임재를 느끼지 못하고, 주님의 음성도 듣지 못하고, 또 성령의 능력도 체험하지 못하였다고 해서 서운해하고 괴로워하며 눈물을 흘리면서 가슴을 치고 하나님을 찾는 분들이 과연 얼마나 되겠습니까? 주님이 교회에서 어느 정도로 중요한 분이냐고 묻는다면, 어떻게 답하시겠습니까? 주님이 나의 삶에서 얼마나 존중되고 있는지를 묻는다면, 어떤 대답을 하시겠습니까? 주님이 머리가 되시든 꼬리가 되시든 별로 상관없다고 답할지도 모릅니다.

하나님은 세상 막대기로 교회를 단련하십니다.

혹시 자신의 소명이 무엇인지 몰라서 궁금해하십니까? 우리 모두에게 하나님이 주시는 한 가지 공통된 소명이 있습니다. 그것은 교회 갱신에 참여하는 것입니다. 이것이 우리 각자가 '이 시대'에 맡은 소명입니다. 왜 우리가 '이 시대'라는 말을 사용해야 할까요? '이 시대'에 세상이 교회를 맹렬히 비난하기 때문입니다. 세상이 교회를 비판하기 시작하는 것은 매우 심각한 일입니다. 단순히 반(反) 기독교 세력이라고 일소에 붙일 일이 아닙니다. 왜 그런지를 잠시 설명하겠습니다. 하나님께서는 자기 백성의 잘못을 바로잡으시는 독특한 방법이 있습니다. 이스라엘 백성의 역사를 생각해 보십시오. 그들이 우상숭배를 했을 때 하나님께서는 선지자들을 보내셨습니다. 선지자들은 하나님의 말씀을 대언하며 백성의 우상숭배를 질책하고 하나님께로 돌아오라고 호소하였습니다. 그런데 백성이 듣지 않고 선지자들을 홀대하였습니다. 이스라엘 백성은 점점 더 타락하여 여호와의 제단 곁에 바알 신의 제단을 세워놓고 바알 축제를 벌였습니다. 이런 현상을 혼합주의라고 부릅니다. 공적으로는 예수님을 믿는 교인이라고 하고서, 내용적으로는 바알 신을 경배하는 것입니다. 십자가를 걸어 놓은 교회들이 기복 신앙과 성공주의를 가르치는 것입니다.

하나님께서는 오래 참으십니다. 그러나 자기 백성이 선지자들의 말을 멸시하고 계속해서 우상숭배를 하면, 그다음 단계로 하나님께서 취하시는 방법이 있습니다. 그것은 이방인들을 사용하시는 것입니다. 주 예수를 믿지 않는 세상 사람들을 막대기로 사용하십니다. 이스라엘을 하나님께서 징계하실 때 이방나라인 앗수르와 바벨론을 사용하셔서 나라가 망하게 하셨습니다.

요나 선지자의 사건을 회상해 보십시오. 요나 선지자는 앗수르의 수도인 니느웨에 가서 하나님의 말씀을 선포하라는 명령을 따르지 않고 다시스로 도망쳤습니다. 그가 탄 배가 하나님이 일으키신 파도로 크게 요동치자 선원들이 폭풍의 재앙이 누구 때문인지를 알려고 제비를 뽑았습니다. 그랬더니 요나 선지자가 걸렸습니다. 이방인 선원들이 그때 요나 선지자를 보고 이렇게 물었습니다. "네가 어찌하여 그렇게 행하였느냐"(욘 1:10). 하나님께서는 자기 백성이 타락하면 처음에는 선지자들을 보내시고 그래도 안 들으면 불신자들의 입을 통해 자기 백성을 규탄하십니다.

오늘날 기독교가 개독교가 되고 온갖 입에 담지 못할 비난과 욕설을 듣는 것은 결코 일부 반기독교 세력들의 악담만은 아닙니다. 이들 뒤에는 물론 악의를 품은 야비한 세력도 있을 테지만, 하나님께서 그들을 막대기로 사용하시는지 모릅니다. 그렇다면 이것은 마지막 단계의 경고입니다. 하나님의 교회가 자체적으로 회개하고 우상을 내던질 뜻이 없으면, 하나님께서는 불신자들을 통해서 교회를 고발하십니다. 그다음 단계는 무서운 징계입니다. 그러므로 교회들은 개혁되어야 합니다. 때가 늦기 전에 마지막 경고를 들어야 합니다. 아마 복음적인 좋은 교회에 다니시는 분들은 위에서 언급한 문제들로부터 대부분 벗어났다고 할 것입니다. 그래도 교회가 더욱 올바르게 세워지도록 힘써야 합니다. 우리는 어떤 처지에 있든지 교회 갱신의 소명을 따라 하나님을 섬겨야 할 의무와 책임이 있습니다.

어떻게 교회가 갱신될 수 있을까요?

교회 갱신의 열쇠는 잃어버린 주 예수의 머리를 다시 찾는 것입니다. 실종된 복음을 회수하는 것입니다. 사라진 성도들을 다시 모으는 것입니다. 그런데 우리가 교회 갱신을 논할 때 한 가지 명심해야 할 것이 있습니다. 우리는 교회를 볼 때 현상만 보고 한탄만 하면 안 됩니다. 교회의 머리를 바라보아야 합니다. 주님은 자신의 교회를 자신의 계획과 능력으로 스스로 세우신다고 하셨습니다. 우리는 머리 되신 주님을 신뢰하고 그분의 길을 따라야 합니다. 그리고 훨씬 더 긴 안목으로 교회의 장래를 보아야 합니다. 예수님이 세우신 주님의 교회는 절대로 망하지 않습니다. 하나님께서는 타락한 첫 창조의 세계를 구원하기 위해 주 예수 그리스도를 머리로 삼는 교회를 세우시고 만유를 통일시킬 재창조의 계획을 세우셨습니다. 주님의 교회는 하나님의 영원한 재창조 계획에 따라 십자가의 희생으로 세워진 것이기에 지옥의 권세가 이기지 못합니다. 그래서 우리는 교회 현실이 아무리 어두워도 교회가 예수님의 몸이라는 사실을 기억해야 합니다. 예수님의 몸은 우리의 불순종으로 병들 때가 있어도, 절대로 죽지 않고 회복됩니다. 주께서 자기 몸을 온전하게 하려고 자신을 헌신하셨기 때문입니다. 우리가 예수님의 머리 되심을 인정하고 그분 앞에 머리를 조아린다면, 교회는 아무리 타락했어도 갱신될 수 있고 부흥될 수 있으며 주님의 참 교회가 될 수 있습니다.

교회는 하나님의 백성입니다. 교회당 건물이 주님의 몸이 아니고, 교회당 종탑이 예수님의 머리가 아닙니다. 교회를 단체 조직으로만 보면, 교회 이야기를 할 때 자신은 빠지게 됩니다. 교회가 갱신되어야 한다고 할 때, 갱신의 대상은 조직체로서의 교회라기보다는 그 안에 들어 있는 우리 자신이 우선입니다. 교회가 새로워져야 하고 머리 되신 주님의 지시와 뜻을 따라서 교회를 해야 한다는 것은 우리 자신들의 영적 개혁과 회개를 전제한 말입니다. 교회 갱신은 나 자신부터 먼저 출발해야 합니다. 주 예수를 내 삶의 모든 부분에서 머리로 모시고 그분을 향해 자라가야 합니다.

"오직 사랑 안에서 참된 것을 하여 범사에 그에게까지 자랄
지라 그는 머리니 곧 그리스도라"(엡 4:15).

'이 시대'에 우리 각자가 받은 소명이 있습니다. 그것은 부패한 교회와 우리 자신을 복음의 진리로 새롭게 갱신하는 것입니다. 이 일에 주께서 큰 은혜를 베푸셔서 교회 역사의 중요한 시점에 서 있는 우리가 주님의 교회를 위해 뜻 있는 기여를 하게 되기를 기원합니다.

12장
교회의 장래는 어두운가?
골로새서 1:18

"그는 몸인 교회의 머리시라 그가 근본이시요 죽은 자들 가운데서 먼저 나신 이시니 친히 만물의 으뜸이 되려 하심이요"(골 1:18)

요즘처럼 교회에 대한 매우 부정적인 뉴스와 세간의 비판 수위가 높아지고 있는 때에 교회의 장래는 퍽 어두워 보입니다. 그러나 우리는 현상만 보지 말고 성경이 무엇이라고 말하는지를 들어야 합니다. 그리고 교회 역사를 통해서 하나님께서 어떻게 자기 백성을 보호하셨는지를 살펴야 합니다.

성경과 교회사에 비추어 볼 때, 교회의 장래는 어둡지 않고 밝습니다. 물론 오늘날의 교회 형편을 보면 답답할 때가 많습니다. 교회가 너무도 교회답지 않습니다. 현대 교회의 풍조는 머리 되신 주님의 가르침을 따르지 않고, 사람의 지혜와 인간의 재능에 의존된 물질주의와 성공주의를 향해 치닫고 있습니다. 일부 교회 지도자들은 명예욕에 끌려 교회를 이용하거나 교회 세력을 업고 오만한 발언들을 일삼습니다. 소수파들이 교회 개혁을 외치고 갱신된 교회를 시도해 보지만, 거대한 대세의 물결에 밀려 좌절할 때가 많습니다. 하지만 주님의 속죄 피로써 구속된 교회는 주님의 몸이기 때문에 어떤 일이 있어도 죽지 않습니다. 물론 타락한 교회는 주께서 징계하시고 은혜와 능력을 거두기도 하십니다. 그러나 진정으로 주 예수께 속한 교회는 살아남습니다. 주 예수님이 살아 계시는 한, 주님의 교회는 죽지 않습니다. 골로새서의 기독론을 믿으십니까? 온 우주를 지으신 창조주 예수님이 교회의 머리로서 자기 백성을 붙들고 계신다는 사실을 믿는다면 비록 좌절을 겪으면서도 교회 갱신을 위해 더욱 힘을 내게 될 것입니다.

교회의 장래는 어둡지 않습니다.

예수님이 교회의 머리가 되신다는 말씀은 예수님의 손안에 교회에 대한 마스터 플랜이 쥐어져 있다는 뜻입니다. 예수님이 자신의 능력으로 자기 몸을 보존하며 방향을 통제하십니다. 교회의 주도권은 예수님의 손에 있습니다. 그런데 문제는 예수님의 인도의 손길을 뿌리치고 내가 가진 비전에 따라 주님의 몸인 교회를 치장하려고 하는 것입니다. 마치 호세아의 아내였던 고멜이 호세아의 남편 됨을 무시하고 가출을 일삼았던 것처럼 말입니다. 그런데 고멜이 먼저 호세아를 사랑하겠다고 나선 것이 아니고 호세아가 고멜을 아내로 맞았습니다. 교회가 먼저 예수님을 사랑하겠다고 나서지 않았습니다. 예수님이 교회 사랑을 결정하셨습니다.

그런데 예수님의 사랑은 불절의 사랑입니다. 주님은 자기 교회의 불의와 불순종에도 불구하고 자기 몸을 영영 버리시지 않습니다. 예수님께 속한 참 교회도 타락할 수 있습니다. 그래도 하나님께서는 자비하셔서 타락한 교회 속에서도 자기 백성을 부르시고 자기 몸을 돌보십니다. 그렇다면 우리는 다른 교회들과 신자들이 다 썩었고 나만 건재하다고 여기면 안 됩니다. 하나님의 백성에게 자기 의는 가장 경계해야 할 적입니다. 우리는 비록 부패한 교회일지라도 성령께서 역사하셔서 복음을 듣게 하시고 주 예수를 따르게 하는 은혜가 '남은 자'들에게 내리고 있음을 인정해야 합니다. 그러나 나쁜 부분은 나쁘다고 말할 수 있어야 하고 주님의 가르침에 따라 고칠 것은 함께 고쳐 나가야 합니다. 우리가 고칠 것을 보지 못하거나 그대로 내버려 두면 그것들이 가시가 되고 썩어서 우리 몸을 상하게 합니다. 비근한 예로써 몇 가지 실례를 들어 봅니다.

우리나라 교회는 수십 년간 소위 '성전 건축'이라는 미명하에 건축 붐을 일으켰습니다. 집회 장소로서 교회당이 필요한 것하고, 불필요하게 큰돈을 들여서 교회를 짓는 것은 별개의 문제입니다. 건물은 견고할지라도 교인들의 영혼이 허약하다면 무슨 소용이 있단 말입니까? 교회당은 폭풍과 장마와 혹한을 견딜지라도, 그 안에 앉아 있는 사람들에게 영적 쓰나미가 밀려올 때 너무도 쉽게 쓰러진다면, 교회당 잘 지었다고 해서 하나님께 무슨 영광이 되겠습니까? 교회 이름은 유명하고 목회자의 명성도 자자하지만, 교인들의 그릇된 삶이 세상 사람들의 멸시를 받는다면, 주님의 이름에 먹칠을 하는 셈이 될 것입니다. 교회를 사람이 짓고 사람이 성장시키려고 하면, 고작해야 많은 빚을 얻어 교회당 건물을 짓는 정도에 그칩니다. 그런 일은 세상 사람들도 잘합니다. 하나님의 백성을 세우는 일이 무엇입니까? 주님을 머리로 모시고 그분의 가르침에 기반을 둔 거룩한 승리의 삶을 살게 하는 것입니다. 그렇지 않으면 세우고 늘리고 성장시키는 일들이 모두 헛것이 됩니다. 슬프게도 오늘날 우리가 이 같은 현상을 증인으로서 보고 있습니다.

성경은 교회가 세속 사상과 이교적인 행습에서 떠나야 한다고 가르칩니다. 바울은 데살로니가 교인들을 보고 "우상을 버리고 하나님께로 돌아와서 살아 계시고 참되신 하나님을 섬기는"(살전 1:9) 자들이라고 하였습니다. 복음을 믿고 하나님을 섬기는 일은 한 마디로 우상으로부터 돌아서는 것을 의미합니다. 그러나 교회 안에 돈의 우상, 자녀의 우상, 외형주의의 우상, 기복의 우상, 이기주의의 우상, 권위주의의 우상, 인기 우상, 경쟁의 우상, 직분의 우상, 명예의 우상, 건축 우상 등이 즐비한 곳이 교회라면 얼마나 모순된 현상이겠습니까?

신자들은 교회에서 받은 복음의 사상과 가치관을 가지고 세상으로 나가는 것이 아니고, 세상으로부터 세속 사상을 가지고 교회로 들어옵니다. 그들은 기복 신앙과 물질주의, 엔터테인먼트 문화와 이기주의, 경쟁주의와 성공주의를 온몸에 걸치고 예배를 봅니다. 매주 이런 일이 반복된다고 생각해 보십시오. 또 매주 강단에서 그런 세속 사상을 업은 설교를 한다고 가정해 보십시오. 예수님을 높이지 않고 자기를 높이고, 자기 교회당을 찬양하며, 기독교의 물량적 세력을 자부한다고 생각해 보십시오. 교회가 본질에서 타락하는 것은 너무도 당연한 귀결일 것입니다. 이러한 세속 사상이 교회에 침투하여 이제는 하나의 교회 관례가 되다시피 한 것 중에 교인들에 대한 차별 대우를 들 수 있습니다. 교회는 누구나 동일한 예수 그리스도의 피로써 구속된 자들이 모인 곳입니다. 하나님 앞에서 누구나 같은 자녀들입니다(갈 3:28). 그런 의미에서 교회는 무계급 공동체입니다. 하지만 우리나라 교회에는 높낮이가 있고 차별이 있습니다. 교회는 사회적 지위와 학력과 금권의 유무에 따라 엄연한 선이 그어지는 계급사회가 되어버렸습니다. 하나님의 교회는 이런 것들로부터 완전히 떠나야 정상입니다.

우리의 교회 형편은 현재로서는 전혀 밝지 않습니다. 그러나 교회의 장래는 밝다고 말해야 옳습니다. 우리는 미디어에 보도되는 부정적인 교회 뉴스나 지역 교회의 형편을 보고 실망하고 좌절하기 쉽습니다. 예수님이 교회의 머리이십니다. 주님은 자신의 주권을 포기하시지 않습니다. 우리는 교회의 현재와 미래를 생각할 때 교회사적인 차원에서 주님이 어떻게 자신의 몸인 교회를 주권적으로 이끌어오셨는지를 훑어볼 필요가 있습니다. 18세기 이성주의가 활개를 칠 때 프랑스의 철학자 볼테르는 이렇게 호언장담하였습니다.

"기독교는 20년 이내에 지상에서 완전히 사라질 것이다. 나 자신의 손 하나로 열두 사도들이 건설한 기독교 체계를 파괴할 것이다"(Hebert Lockyer, Last Words of Saints and Sinners, Kregel, 1969, p. 133).

그런데 그의 사후에 어떤 일이 일어났는지 아십니까? 그의 무신론 서적들을 출판했던 곳은 제네바 성서 공회의 창고가 되었습니다. 21세기에도 기독교는 살아 있습니다. 예수의 이름은 누구나 기억하지만, 볼테르의 이름을 모르는 자는 많습니다.

교회 초창기에 예수님은 박해 시기를 통해 자기 교회를 인도하셨습니다.

오순절부터 AD 313년 콘스탄틴 대제가 밀라노 칙령을 선포하여 신앙의 자유를 허락하고 기독교를 국교로 삼을 때까지 로마 제국은 교회에 적대적이었습니다. 당시의 교인들은 많은 박해를 받았습니다. 그럼에도 불구하고 주 예수에 대한 사랑과 믿음을 지켰고 교회는 오히려 건강하게 성장했습니다. 그러나 기독교가 로마제국의 공식적인 국교가 된 이후로 어떤 현상이 일어났습니까? 교회는 갈수록 부패하고 급기야 생기가 없는 거짓되고 화석화된 전통으로 가득 채워졌습니다. 마리아 숭배, 성자들의 유물 숭배, 미신과 상업주의로 물든 성지 순례, 미사 제도, 교황들의 타락이 대표적인 실례입니다. 성경책은 평신도들이 구하기도 어려웠지만, 헬라어나 라틴어로 적혀 있어서 닫힌 책이었습니다. 처음에는 수도원이 자체 개혁을 시도했지만, 수도원마저 마침내 부패하였고 왕권과 손을 잡거나 교황청의 시종이 되거나 부유한 지주의 투자 대상이 되었습니다.

루터가 1517년 독일의 비텐베르크 교회 문에 로마 교황청에 대한 95개 조의 항의문을 붙였습니다. 이 사건이 종교개혁의 도화선이 되었습니다. 그때까지 중세기 교회는 거의 미신에 가까운 의식주의와 교권주의 속에서 영적 무기력에 깊이 빠져 있었습니다. 그런데도 주님은 자기 백성을 인도하셨습니다. 주님께 속한 의로운 성도들은 명칭만의 교회 안에서 영적 실체를 유지하려고 애썼고 혹은 지하 운동을 하며 보다 밝은 날을 위해 '남은 자'들로서 충성하였습니다. 예수님은 그들의 머리가 되시고 그들이 믿음의 절개를 지키도록 도우셨습니다.

1517년부터 18세기 말까지 유럽 교회에 대개혁이 있었고 부흥이 곳곳에서 일어났습니다. 마틴 루터와 존 칼빈과 같은 종교 개혁자들은 교회가 성경으로 돌아가야 한다고 외쳤습니다. 그 결과 유럽에서 '믿음에 의한 구원' 교리가 재발견되었고 많은 신자가 중세기 교회의 전통주의와 공로주의와 교황주의로부터 탈피하였습니다. 사람들은 교권에 대한 복종이나 선행이 아닌, 오직 주 예수에 대한 믿음으로 구원을 받는다는 복음을 듣게 되었습니다.

그러나 유럽 국가들이 16세기 종교 개혁 이후에 저마다 기독교를 국교화했을 때(state-churches) 여러 가지 비복음적인 일들이 정치적 이해관계와 맞물려 교회 속으로 들어왔습니다. 그때 이를 반대하고 떨어져 나가는 그룹들이 있었습니다. 이들은 정종 분리를 외쳤기 때문에 국교의 혜택을 받지 못했지만 박해 속에서도 교회의 순수성을 지키기 위해 목숨을 걸었습니다. 당시에는 기독교 국가에서 태어나기만 하면 누구에게나 유아 세례(infant baptism)를 주었고 구원받은 것으로 간주하였습니다. 비국교도들은 이에 반대하여 그리스도와 그의 복음을 '믿는' 자들에게만 세례를 실시하였습니다(believers' baptism). 그리고 유럽의 자국어로 성경이 활발하게 번역되어 성경이 누구에게나 열린 책이 되었습니다. 1730년대에는 성령 운동이 일어나면서 유럽과 미국 교회에 크게 퍼지기 시작했습니다. 1790년대부터 유럽 제국의 영토 확장과 식민지 정책에 편승해서 세계 선교가 일어났습니다(an age of expansion). 이때 대영제국이 주역을 맡았는데 인도, 아프리카, 남아메리카, 중국 등지로 복음이 전파되었습니다. 이 시기에 복음이 인류 역사상 처음으로 전 세계적인 범위로 퍼져 나갔습니다. 물론 19세기 영국의 식민지 팽창과 함께 기독교가 이식되는 과정에서 실책이 있었고 피선교지의 문화에 대한 부적절한 정책이 있었습니다. 그러나 대체로 복음 선교에서는 성공적이었습니다. 이제는 19세기 식민지 운동과 서구 제국주의에 의존했던 선교 운동은 막을 내렸습니다.

그러나 20세기에 들어와서 활력을 잃은 듯한 교회에 큰 변화가 왔습니다. 1960년대에 성령에 대한 새로운 강조가 생겼고 성령의 초자연적인 능력이 세계 교회에 강력한 영향을 주었습니다. 이것은 새로운 방식으로 교회가 갱신되고 있다는 뜻이었습니다. 그렇다면 21세기를 사는 우리에게도 주님의 강력한 주권적 개입으로 교회가 갱신될 수 있다고 믿고 주님의 머리 되심을 받들어야 할 것입니다.

예수님은 교회의 머리가 되셔서 지금도 우리를 꾸준히 인도하시는 중입니다. 우리는 16세기의 종교개혁 시대나 18세기의 부흥시대에 살지 않습니다. 하나님은 옛 방식에 의존하시지 않고 우리를 새로운 길로 인도하십니다. 우리가 머리 되신 주님의 지시와 능력에 의존하면서 교회 갱신의 소명을 믿음과 인내로 감당한다면 이 시대에도 새로운 부흥을 체험할 것입니다.

교회가 타락한 때 '남은 자'들로서 싸우는 것은 뜻 있는 일입니다. 주님은 그런 일꾼들과 교회들을 찾고 계십니다. 예수님은 자기 교회를 세상 끝날까지 인도하신다고 약속하셨습니다. 교회가 타락했다는 것은 더 이상 부정할 수 없습니다. 교회의 치부들이 연일 드러나고 있습니다. 옛날부터 교회가 썩었다는 말들을 해 왔지만, 이제는 무엇인가 행동으로 개혁하지 않으면 안 된다는 절실감이 고조되고 있습니다. 그래서 의식이 깨인 교인들은 더는 무력하고 지루한 전통교회나 겉으로만 번지르르하고 생명이 없는 교회들을 선호하지 않습니다. 지금은 우리가 교회 갱신을 할 좋은 기회입니다. 빛은 어둠의 세력이 팽배한 때일수록 더욱 드러납니다.

우리의 교회 현실은 전반적으로 보면 비관적이지만, 부분적이나마 새로워지고 있습니다. 성경의 가르침에 기초하여 교회를 갱신해야 한다는 몸짓을 여기저기서 발견할 수 있습니다. 요즘처럼 교회가 사회의 노골적인 비난을 받는 때는 참 복음의 진리를 따라 사는 교회와 교인들에게는 매우 좋은 기회입니다. '다른 복음'(갈 1:6-8)의 홍수가 교회의 구석까지 범람하는 시대입니다. 이런 악한 시대에 복음의 향기를 뿌리며 오염된 부분들을 청소할 수 있다면 우리의 소명이 성취되고 주님의 칭찬이 따를 것입니다.

각자의 신앙생활부터 먼저 갱신해야 합니다.

교회의 잘못을 지적하는 일은 쉽습니다. 그런데 입만 살아서는 아무 소용이 없습니다. 나부터 먼저 실제로 주님을 머리로 모시고 살아야 합니다. 주님의 가르침과 주님의 방식이 아닌 것들로부터 자신을 절단시켜야 합니다. 나 자신의 비복음적인 사고방식이나 가치관을 버리고 성경의 가르침과 배치되는 교회 생활을 중단해야 합니다. 그리고 구원의 복음에 귀를 기울이고 날마다 주 예수의 영이 나를 인도하게 해야 합니다. 교회 갱신이라는 말을 추상적인 어떤 운동으로 보지 말아야 합니다. 교회는 사람입니다. 우리 각자가 개혁되는 것이 먼저입니다. 잘못된 교회 제도도 고쳐야 하지만, 제도적인 개혁 이전에 각자의 그릇된 신앙생활에 대한 회개와 반성이 있어야 합니다.

하나님께서 가장 원하시는 것은 한 백성을 예수 그리스도의 기치 아래로 불러 모으는 것입니다. 예수님을 머리로 삼은 그리스도의 몸인 '교회'가 되게 하는 것이 하나님의 비전입니다. 교회는 건물이나 조직체가 아니고 예수 그리스도의 피로써 구원받고 거룩하게 된 성도들입니다. 여러분과 저는 이러한 하나님의 계획을 성취하기 위해서 부름을 받고 주 예수의 몸이 되었습니다. 하나님께서는 예수 그리스도를 통하여 이 세상에서 많은 것들을 창조하셨습니다. 그중에서 하나님이 가장 사랑하시는 것은 주님의 교회가 된 우리 자신들입니다. 솔직히 이 세상에는 맥 빠진 교회들이 많습니다. 복음을 제대로 전하지 않는 설교들도 많고, 주님의 뜻대로 교회를 하지 않는 사역자들도 많습니다. 구원을 받았다는 교인들이 불신자들보다 더 못한 수준으로 살기도 합니다. 그래도 예수님은 자신의 왕권과 능력으로 십자가로 구속한 자기 백성을 모으고 계십니다.

교회는 그리스도의 몸이라고 하였습니다. '몸'이란 말은 생명의 근원이 있음을 시사합니다. 이 생명의 근원은 예수님입니다. 예수님이 영적 에너지를 주십니다. 예수님이 우리 마음에 예배와 말씀에 대한 욕구를 심어 주십니다. 예수님은 우리로 하여금 심대한 하나님의 사랑과 경이로운 구원에 감동하게 하십니다. 예수님이 우리가 죄를 누르고 경건한 삶을 살도록 능력을 부어 주십니다. 예수님이 형제자매에 대한 참사랑을 일으키십니다. 예수님이 성령을 통하여 자신의 구원을 설명하시고 설득하시며 구원받게 하십니다. 이러한 생동력은 교회의 머리 되신 예수님에게서 흘러나와 몸으로 들어갑니다. 그래서 예수님을 교회의 머리로 분명하게 인식하고 그분의 머리 아래 나의 머리를 조아리지 않으면 예수님으로부터 자양분을 공급받지 못합니다.

우리는 머리 되신 주님과 한순간도 떨어질 수 없습니다. 머리의 지시를 받지 않고 내 마음대로 살면 육적 교인이 됩니다. 내 삶에서 머리 되신 예수님을 꼬리 취급을 하고 살면, 구원을 받았더라도 하나님의 나라를 위해 아무것도 기여하지 못합니다. 예수님의 가르침에 따라 하나님을 위해서 신실하게 행하는 것이 없으면, 아무런 상을 받지 못하고 오히려 징계의 대상이 됩니다. 그래도 듣지 않고 돌아오지 않으면 그냥 내가 살고 싶은 대로 내버려 두십니다. 이것은 구원받은 신자들에게 일어날 수 있는 가장 무서운 심판입니다.

이스라엘 백성은 여호와 하나님을 머리가 아닌 꼬리로 대하였습니다. 그들은 하나님이 계셔야 할 머리의 자리에 우상을 올려놓고, 여호와의 제단은 끝자리로 좌천시켰습니다. 그들이 끝까지 우상에서 돌아서지 않자, 하나님께서는 그들을 모두 바벨론으로 잡혀가게 하셨습니다. 바벨론은 이교국이었기에 이스라엘 백성이 좋아한 우상들이 종류별로 다 있었습니다. 그러나 그들은 자유와 조국을 상실한 채 적국의 포로가 되고서야 먼 이방 땅에서 예루살렘을 그리워하며 우상 숭배의 어리석음을 깨달았습니다.

그리스도의 피를 믿고 구원받은 신자가 교회에 다니면서 머리이신 예수님을 꼬리 취급을 하거나 백안시하는 삶을 살면 반드시 후회할 날이 옵니다. 머리 되신 주님 앞에 나의 머리를 조아리십시오. 그분을 내 인생의 사령관으로 모시고 순종하십시오. 주님은 우리를 사랑하십니다. 그러나 눈먼 사랑이 아니기에 우리의 삶을 감찰하시고, 주님을 무시하고 사는 성도들을 견책하십니다. 교회와 우리의 삶 속에서 예수님은 어떤 자리를 차지하고 계십니까? 머리로 계십니까 아니면 꼬리로 계십니까? 예수님이 마땅히 계셔야 할 곳에 계시지 않으면 교회도 각 신자도 불행해집니다.

현재 우리나라 교회의 대부분은 세속화되었습니다. 세속적인 교회들은 교회사가 증명하듯이, 얼마가지 않아 껍질만 남게 될 것입니다. 그들의 장래는 밝지 않습니다. 그러나 주님께 속한 거듭난 백성으로서의 참 교회는 영광스러운 미래를 향해 전진하고 있습니다. 진정으로 주님께 속한 교회는 주님의 신부입니다. 이 신부는 세속적인 기독교의 무리로부터 떠나서 그리스도의 사랑과 복음의 능력으로 아름답게 단장되고 있습니다. 하나님의 백성도 때로는 타락합니다. 그러나 예수님의 머릿밑에 우리의 머리를 조아리면 교회는 새로워지고, 하나님의 능력이 우리 각자의 삶 속에서 부흥의 불길을 일으킬 것입니다.

교회의 장래는 절대 어둡지 않습니다. 수천 년의 교회사를 통해 자기 몸을 지켜오신 전능하신 주님께서 거듭난 자녀들을 이 시대에도 보호하시고, 다음 세대에도 지켜주실 것입니다. 엘리야와 엘리사

시대를 생각해 보십시오. 당시에 바알에게 무릎을 꿇지 않은 칠천 명이 있었습니다. 이들은 엘리야처럼 일선에 나서서 바알 숭배자들을 대항하여 직접 싸우지는 못하였지만, 배후의 후원자들로서 남아 있으면서 하나님의 때를 기다렸습니다. 그러던 중 엘리사가 엘리야의 리더십을 인계받았을 때, 상당수가 선지자 학교로 몰려 들어 이스라엘의 영적 부흥을 위해 이바지하였습니다. 그들은 배도와 불신의 세상에서 숨겨진 자들이었습니다. 하나님께서는 그들을 보호하셨다가 때가 되었을 때, 나타나게 하시고 이스라엘의 개혁에 역군들이 되게 하셨습니다.

오늘날 우리나라 교회에도 하나님께서 숨겨 두시고 보호하시며 때를 기다리게 하는 종들이 분명 있을 것입니다. 그리고 그들 중에는 이미 나와서 주님이 주신 이 시대를 위한 소명을 성취하기 시작하는 분들도 있을 줄 압니다. 하나님께 속한 주님의 신부는 때때로 세속에 오염되고 악의 세력들로부터 박해를 받습니다. 그러나 주님께서 대속하신 교회는 반드시 전능하신 하나님의 뜻에 따라 보호되고 완성될 것입니다. 그러므로 주께서 다시 오실 때까지, 주님께 속한 성도들은 영광스러운 미래를 대망하며 담대하게 살아야 합니다. 주께서 우리 모두에게 이 같은 확신을 주시기를 기원합니다.

13장
만물의 으뜸이 되신 예수님
골로새서 1:18-20

"그는 몸인 교회의 머리시라 그가 근본이시요 죽은 자들 가운데서 먼저 나신 이시니 이는 친히 만물의 으뜸이 되려 하심이요"(골 1:18).

본 항목이 시작된 골로새서 1장 15절부터 17절까지는 예수님과 창조의 관계였습니다. 즉, 예수님이 세상 만물을 창조하신 분이라는 것입니다. 이제 18절부터는 예수님과 교회와의 관계입니다. 예수님이 교회의 머리시라는 것은 11장에서 다루었습니다. 여기서는 예수님이 만물의 으뜸이시며 부활 생명을 가지신 분이라는 부분을 다루겠습니다.

하나님과의 화해는 불화가 있었다는 것을 전제합니다.

하나님은 인간을 자신의 형상으로 지으셨습니다. 이것은 인간이 모든 피조물 중에서 하나님과 제일 친밀하고 각별한 사이임을 말합니다. 그런데 바울은 에베소서 2:3절에서 인간은 본질상 하나님의 진노의 자녀라고 말합니다. 이것은 성경에 나오는 가장 비극적인 진술의 하나입니다. 하나님의 형상을 닮은 인간들이 하나님의 진노의 대상이 된 것입니다. 하나님과의 불화의 원인은 두말할 나위 없이 우리의 죄악입니다. 죄를 지었던 인류의 조상은 낙원에서 쫓겨났습니다. 그 이후로 인류는 하나님의 진노의 자녀가 되었습니다. 죄는 모든 관계를 갈라놓습니다. 신자들일지라도 죄가 있으면 하나님과의 관계에 금이 생깁니다.

> "오직 너희 죄악이 너희와 너희 하나님 사이를 갈라 놓았고
> 너희 죄가 그의 얼굴을 가리어서 너희에게서 듣지 않으시게
> 함이니라"(사 59:2).

그런데 신자의 경우에는, 하나님과의 관계에 균열이 생겼다고 해서 한 번 받은 구원을 잃지는 않습니다. 죄는 신자의 삶에서 하나님의 축복이 흐르는 통로를 막지만, 하나님의 자녀로서의 신분에는 영향을 주지 않습니다. 그러나 불신자의 경우에는 하나님과 아무런 관계가 맺어지지 않았으므로 오직 하나님의 진노의 심판만 기다립니다. 예수를 믿지 않는 사람들의 상태를 성경은 영적으로 죽었다고 말합니다(엡 2:1). 인간은 본성 자체가 죄에 붙잡혀 있습니다(엡 2:3). 그래서 바울은 불신자들을 "불순종의 자녀들"(엡 2:2)이라고 불렀습니다. 인간의 본성 자체가 타락으로 손상을 입었기 때문에 인간은 자기 욕망의 노예가 되어 삽니다. 물론 종교적인 사람들도 많습니

다. 그러나 그들은 성경이 말하는 하나님을 섬기는 것이 아닙니다. 본성이 타락한 자연인이 추구하는 하나님의 실체는 모두 자기가 원하는 형태의 인조 신들입니다. 인간은 누구나 하나님을 대항하는 정신(Anti-God)을 가지고 태어납니다. 인간은 본성으로 죄와 이기심을 따라 살고 하나님을 사랑하지 않습니다.

인간은 스스로 자신을 구원하기에는 전적으로 무력합니다. 더구나 인간은 마귀의 조종을 받고 있습니다(엡 2:2; 요일 5:19). 에덴동산에서 하와를 유혹하고 아담까지 타락하게 했던 사탄은 아직도 이 세상에서 인간들에게 악한 영향을 끼치면서 하나님께로 돌아가는 길을 막으려고 방해합니다. 그래서 이런 궁지에 빠진 인간들을 하나님께서 어떻게 구출해 내시는지를 알리는 것이 복음입니다. 복음의 골자는 하나님께서 세상에 자기 아들을 보내시고 우리 대신 십자가 형벌을 받고 다시 살아나게 하셨다는 것입니다. 성경은 이것은 하나님의 '큰 사랑'(엡 2:4)이라고 말합니다. 하나님의 이 큰 사랑을 감사하며 주 예수를 믿는 자들은 누구나 죄와 죽음과 사탄으로부터 구출되고 하나님의 자녀가 됩니다. 그래서 구원은 전적으로 하나님의 은혜입니다. 인간의 구원은 인류의 첫 머리인 아담이 실패한 곳에서 예수님이 자신의 십자가 희생과 부활로 인류의 새 머리가 되시고 만물의 으뜸이 되신 사실에 근거합니다.

예수님을 죽은 자들 가운데서 다시 살아나게 하셨습니다.

"그는…죽은 자들 가운데서 먼저 나신 이시니…"(18절)

"먼저 나신 이"란 15절에서와 마찬가지로 순위가 먼저라는 의미가 아닙니다. 예수님이 다른 사람들보다 제일 먼저 부활하셨다는 것이 강조점이 아닙니다. 아버지의 재산권과 가문의 통치권은 장자에게 넘어갔습니다. 즉, 장자로서의 예수님에게 아버지에게서 받은 부활 생명의 분배권이 이양되었다는 뜻입니다. 이런 의미에서, 예수님은 자신이 "부활이요 생명"(요 11:15)이라고 하셨습니다. 예수님의 부활은 단순히 죽은 자가 육체적으로 다시 소생했다는 사실에 그치지 않습니다. 십자가를 통한 예수님의 대속 사역의 효과가 부활로 확증되었다는 의미가 더 큽니다. 그래서 그리스도의 십자가를 믿는 자들에게 죄가 용서되고 예수님의 부활 생명이 공급된다는 것입니다. 이러한 구원을 베푸는 일에서 예수님이 머리라는 말입니다. 예수님은 머리이시기에 자기 몸에 해당하는 성도들을 죽음에서 일으킬 충분한 능력을 갖춘 분입니다.

예수님의 부활이 지닌 또 다른 의미는 첫 열매라는 것입니다. 첫 열매가 달리는 것은 다음 열매들이 줄지어 나올 것을 의미합니다. 즉, 예수님의 부활은 믿음으로 예수께 연합된 모든 성도가 예수님처럼 장차 육체적인 부활을 할 것을 보증하는 사건입니다(고전 15:20-23; 계 1:12-18).

인류는 아담의 타락으로 죄와 죽음에서 헤어날 수 없었습니다. 인류의 머리인 아담이 타락했기 때문에 그에게 소속된 다른 모든 인간도 죄와 죽음의 운명을 벗어날 수 없었습니다. 그래서 하나님께서 예수님을 새로운 아담으로서 세상에 보내셨습니다. 예수님을 우리의 머리가 되게 하신 것입니다. 그래서 예수님이 다시 살아나신 것은 우리의 머리가 살아난 것이기에 그의 머리에 붙은 우리도 살아났습니다. 그래서 바울은 에베소서 2:5절에서 "허물로 죽은 우리를 그리스도와 함께 살리셨다"고 하였습니다. 하나님에 대하여 영적으로 죽은 우리를 새 생명으로 다시 살리신 것입니다.

예수님의 부활은 첫째 아담과 대조해 볼 때, 그 의미가 확연하게 드러납니다. 첫째 아담은 하나님의 말씀을 불순종하고 타락하였습니다. 그 결과 인류 전체가 죄와 죽음에 빠지게 되었습니다. 반면 예수님은 둘째 아담으로서 하나님을 전적으로 순종하여 십자가 죽음을 거쳐 부활에 이르는 완전한 승리를 하였습니다. 그래서 예수님의 십자가 대속을 믿고 예수님을 자신의 주님으로 영접하는 자들은 새 생명을 받고 죄와 죽음으로부터 해방됩니다(롬 6:3-11). 이것이 타락한 인류가 하나님과 화해되는 길입니다. 예수님은 첫째 아담에 속한 타락한 인종 대신에 둘째 아담이신 예수님 자신에게 속한 새로운 인종을 출발시켰습니다. 그 방법은 죽은 자들 가운데서 처음으로 다시 살아나시는 것이었습니다. 죄와 죽음의 대명사가 된 첫째 아담에 속한 옛 생명은 십자가로 끝장을 내고, 의에 속한 새 생명이 일어나서 하나님의 새로운 백성이 출발하게 된 것이 예수님의 부활입니다.

하나님께서는 예수님을 만물의 으뜸이 되게 하셨습니다.

"그가 근본이시요 죽은 자들 가운데서 먼저 나신 이시니 친히 만물의 으뜸이 되려 하심이요"(18절).

우리가 구원을 말할 때 간단하게 예수 그리스도의 십자가를 믿으면 된다고 합니다. 그러나 좀 더 포괄적으로 말하면, 예수님의 십자가를 믿을 뿐만 아니라 예수님의 부활도 반드시 믿어야 합니다. 예수님의 부활은 우리의 구원을 위해서 필수 불가결한 일입니다. 예수님의 부활이 없으면 죄가 용서되었다는 증거가 없습니다. 예수님이 만약 다시 살아나시지 않았다면, 우리 편에서 보면 우리를 위해 희생을 당하신 분은 될지 몰라도, 하나님 편에서 보면 속죄가 성립되지 않은 것입니다. 왜냐하면, 죄의 삯은 사망이라고 하였습니다. 예수님 자신의 무죄가 증명되려면 그가 다시 살아나야만 합니다. 그렇지 않으면 예수님도 자기 죄로 인해서 사망에서 벗어나지 못했다는 말이 될 것입니다. 또한, 예수님에게 죄가 한 점이라도 있어서 사망에 계속 머물러 있었다면, 한 죄인이 다른 죄인들을 위해서 속죄의 피를 흘린 셈이 되기 때문에 효력이 없습니다. 죄인은 자기 죄로 인해서 죽어야 하므로 다른 죄인들을 위한 속죄의 자격이 없습니다. 예수님의 죽음은 자신에게는 아무 죄가 없지만, 우리 죄를 씌워서 처형시킨 사건입니다(고후 5:21).

그래서 예수님의 부활 사건은 예수님 자신의 무죄뿐만 아니라 그를 믿는 우리의 죄도 용서가 되었다는 것을 증명합니다. 바울은 로마서 4:25절에서 "예수는 우리가 범죄한 것 때문에 내줌이 되고 또한 우리를 의롭다 하시기 위하여 살아나셨느니라"고 하였습니다.

그런데 예수님의 부활이 갖는 매우 중요한 목적이 있습니다. 그것은 예수님을 만물의 으뜸으로 삼는 것이었습니다. 그런데 이것이 왜 교회를 구속하는 문제와 맞물려 있는지가 궁금합니다. 우리는 늘 우리 자신들에게 마음이 쏠려서 삽니다. 그래서 이런 의문이 일어나면 다소 어리둥절해집니다. 왜냐하면, 우리의 우선적인 관심은 우리 자신들의 구원이기 때문입니다. 그래서 구원을 예수님이 만물의 으뜸이 되는 것과 연관해서 잘 생각하지 않습니다. 그러나 우리는 자신들의 구원이나 혹은 인류 전체를 향한 하나님의 구원 계획에 앞서, 하나님이 예수님에 대해서 가지신 궁극적인 계획이 무엇인지를 아는 것이 중요합니다.

성부 하나님은 성자 예수님에 의해서 만물이 생기게 하셨습니다 (골 1:16). 그런데 세상 창조뿐만이 아니라 교회를 창출하고 새 백성에게 부활 생명을 주는 일도 예수님에 의해서 이루어지게 하셨습니다. 그 목적은 모두 예수님께 영광을 돌리기 위한 것입니다. 예수님이 온 우주를 다스리는 일에서 으뜸이 되시고, 십자가와 부활로 구원을 성취하는 일에서 으뜸이 되시며, 교회의 머리로서 그의 백성에게 생명을 공급하고 능력을 주시며 자라게 하는 일에서 으뜸이 되십니다(엡 5:15-16). 이것은 하나님께서 아들을 영화롭게 하려고 작정하신 뜻이었습니다(골 1:20). 그래서 하나님은 아들을 부활시키고 하나님 우편 보좌에서 만물을 통치하는 으뜸이 되게 하셨습니다. 다시 말해서, 하나님께서는 자기 아들이 우주의 왕과 교회의 주가 됨으로써 영광을 받으시도록 작정하셨다는 것입니다. 이렇게 아들을 존귀한 자리에 앉게 하시려는 하나님의 뜻 속에 우리의 구원이 함께 포함되어 있습니다. 즉, 예수님의 왕권과 주되심이 우리의 구원과 매치가 된다는 말씀입니다.

이것은 우리에게 무엇을 의미할까요? 예수 그리스도를 통한 십자가 구원은 너무도 확실하다는 것입니다. 하늘 아버지께서는 예수님의 영광을 위해서 그를 교회의 머리로 삼으셨고 다시 살아나게 하셨습니다. 죽음을 이기고 부활하신 예수님은 만물을 지배하는 으뜸으로써 세움을 입었습니다. 이러한 예수님의 으뜸가심은 변치 않습니다. 그래서 우리의 구원도 변치 않습니다. 성부 하나님은 예수님을 으뜸으로 삼으시는 본래의 뜻을 바꾸시지 않습니다. 그래서 우리의 구원도 바뀌지 않습니다. 예수님의 존귀와 우리의 구원이 뗄 수 없는 관계 속에서 서로 맞물려 있다는 사실은 우리에게 큰 격려와 기쁨이 됩니다. 현재 예수님은 하늘 보좌에서 세상을 관장하고 계십니다. 우리의 구원은 예수님의 보좌만큼 안전하고 영광스럽습니다.

그런데 하나님의 보좌가 기도와 관련해서 오용되고 있는 점을 잠시 지적하지 않을 수 없습니다. '보좌를 흔드는 기도'라는 말은 우리나라 교회에서 아마 모르는 사람이 없을 것입니다. 그런데 어떻게 해서 이런 발상이 나왔는지 알 수 없지만, 성경에서 나오지 않은 것은 분명합니다. 매달리고 힘써 기도한다고 해서 흔들릴 수 있는 보좌라면 어떻게 영원한 구원의 보좌가 될 수 있겠습니까? 우리가 그렇게 허약한 보좌에 앉으신 분을 구주로 믿어야 한단 말입니까? 만약 보좌를 흔드는 기도가 응답을 받는 기도를 가리킨다면 매우 부적절한 표현입니다. 이런 표현은 삼가야 합니다. 이것은 의도적인 것은 아니라 하더라도 하나님의 엄위하고 거룩한 보좌를 모독하는 말입니다. 예수님의 보좌를 흔들려고 하지 말고 요동할 수 없는 주의 보좌가 나의 구원을 보장한다는 것을 기억하고 감사하십시다.

우리가 만일 성경에 나온 기독론을 잘 배워서 예수님이 과연 어떤 분이시며 현재 하나님의 보좌에 좌정해 계시면서 무슨 일을 하고 계시는지를 조금이라도 이해한다면, 그분의 보좌를 흔든다는 무엄한 망언을 감히 할 수 없을 것입니다. 우리는 예수 그리스도의 기독론을 결코 가벼운 주제로 여겨서는 안 됩니다. 예수님을 바르게 이해하는 것이 믿음 생활의 열쇠입니다. 예수님을 피상적으로 아는 것은 신앙생활에 오히려 해가 되기 쉽습니다. 우리가 예수님을 날로 더 알아간다면, 그분 앞에서 더욱 조심하게 되고 깊은 경외감과 주되심에 대한 확신으로 주님을 대하게 될 것입니다. 하나님께서는 그런 자녀들을 기뻐하십니다. 우리 모두 예수 그리스도의 기독론에 감동된 성도들이 되시기를 기원합니다.

14장
예수님의 충만
골로새서 1:19

"아버지께서는 모든 충만으로 예수 안에 거하게 하시고"(19 절)

본 항목의 기독론은 전반부에서는 창조주로서의 예수님을 진술하였습니다. 그리고 후반부에서는 구속주로서의 예수님을 설명합니다. 이러한 기독론의 순서는 매우 중요한 의미가 있습니다. 우리는 예수님을 말할 때 주로 '구주 예수님'을 생각합니다. 그리고 예수님이 나 개인의 구주라는 점을 강조합니다. 이것은 물론 틀린 것이 아닙니다. 그러나 성경에서 예수님을 말할 때는 구주 예수님보다 창조주 예수님을 먼저 언급합니다. 그 까닭이 무엇일까요? 그것은 어떤 분이 우리를 구속하셨는지를 알리기 위해서입니다. 과연 누가 우리 죄를 위하여 십자가에 달리셨는지를 강조하려는 것입니다.

예수님을 아는 것이 내 영혼의 능력입니다.

우리는 예수님이 하나님의 독생자라고 배웁니다. 이 말을 하나님의 둘도 없는 아들이라는 의미로 생각하고 매우 귀한 분으로 여깁니다. 그래서 그렇게 귀한 분이 하늘에서 내려와서 인간이 되시고 십자가 고난을 겪으셨다고 하는 정도로 생각합니다. 하지만 이렇게 보면 상당히 인간적인 레벨에서 예수님의 신분과 사역을 감상적으로 이해하는 것입니다. 예수님은 이보다 훨씬 더 위대하시고 훨씬 더 높으시고 훨씬 더 장엄하신 분입니다. 성경의 기독론은 예수님을 창조주 하나님으로 먼저 소개합니다. 온 우주를 지으신 창조주 하나님이 십자가에 달리셨다는 것입니다. 이렇게 되면 스케일이 완전히 달라집니다. 단순히 둘도 없는 하나님의 외아들이 십자가에 달렸다는 것하고, 우주의 왕이신 창조주 하나님 자신이 우리 죄를 위해서 십자가 수난을 대신 당하셨다는 것은 비교할 수 없이 다른 차원입니다. 그래서 빌립보서에 나오는 기독론에서도 예수님은 사람의 모양으로 이 세상에 오시기 이전에 '근본 하나님의 본체'시며 하나님과 동등하신 분이었다고 먼저 지적하였습니다(빌 2:6). 그런데 우리는 예수님을 너무 축소해서 보는 경향이 있습니다. 예를 들어, 찬송가에서 예수님을 우주의 주권자로서, 온 세상 만물을 창조하신 분으로 찬양하는 곡들이 얼마나 됩니까? 구주 예수님에 대한 것은 많지만, 창조주 예수님에 대한 것은 많지 않습니다.

우리가 예수님을 구주로 이해하는 점에서도 퍽 폭이 좁다고 말할 수 있습니다. 우리는 처음에는 극히 단순한 믿음으로 예수님을 주님으로 믿고 신자가 됩니다. 그러나 그다음부터는 예수님을 창조주와 구주로서 더욱더 깊이 있게 알아가야 합니다. 성경에 장엄 무비의 기독론이 곳곳에 나오고 또 여기에 근거한 많은 가르침이 있는 까닭이 무엇입니까? 예수님이 누구시며 어떤 분으로서 우리의 구원을 위해 십자가로 가셨는지를 가르치기 위한 것입니다. 우리가 과연 누구 앞에 머리를 숙이고 경배하는지를 깨닫게 하기 위한 것입니다. 우리가 과연 어떤 분의 이름으로 하늘 아버지께 기도하는지를 인식하도록 하기 위한 것입니다. 이 세상과 우주 만물이 누구의 손에서 창조되었는지를 믿게 하려는 것입니다. 그리고 그 창조주의 손에 십자가의 못이 박혔다는 경악할 사실의 의미를 알게 하려는 것입니다. 그래서 우리가 주 예수 그리스도의 위대한 신분과 그분이 십자가의 고난으로 이룬 구원이 얼마나 놀랍고 기이한 일인지를 깨달아서 하나님께 영광을 돌리게 하려는 것입니다.

기독교는 진정한 의미에서 신비 종교입니다. 어찌하여 지고하신 하나님이 일개 인간이 되실 수 있단 말입니까! 어찌하여 창조주 하나님이 피조물의 손에 잡혀 처형된단 말입니까! 어찌하여 나 같은 미미한 인간, 잠시 왔다 곧 사라질 유한한 인생을 위해 창조주 하나님께서 그처럼 크나큰 고초를 겪으셨단 말입니까! 어찌하여 우리 죄인들에게 온 우주와도 바꿀 수 없는 주 예수를 십자가에 희생시킨단 말입니까! 어찌하여 주 하나님이 죄악 된 세상에 다시 오셔서 만물을 회복하시고 우리와 함께 영원히 머무신단 말입니까!

우리가 믿는 주 예수 그리스도가 어떤 분인지를 성경에 기록된 기독론에서 깨달으면, 세상의 어떤 것에도 굴하지 않고 담대하게 살

수 있습니다. 기독론이 우리 영혼과 삶을 지배하게 하십시오. 기독론에 심취해 보십시오. 기독론을 날마다 경건한 마음으로 한 번씩 읽어 보십시오. 감격과 감사의 찬송이 솟아날 것입니다. 슬픔이 기쁨으로 변하고 교만이 겸비로 바뀔 것입니다. 마음이 강해지고 용기가 날 것입니다. 그래서 과연 성령께서 예수 그리스도의 진리로 내 영혼에 역사하신다는 것을 실감할 것입니다.

초대 교회에서는 기독론을 찬송시로 사용했다고 합니다. 오늘날 우리는 교회에서 주기도문을 외우고 사도신경을 낭송합니다. 그렇다면 기독론의 본문도 여기에 마땅히 포함되어야 한다고 봅니다. 크리스천들로서 심취해야 할 것이 있다면 무엇일까요? 예수님을 높이는 기독론보다 더 우리의 심혼을 울리는 것은 세상에 없습니다. 성령께서 가장 기뻐하시는 것이 무엇이겠습니까? 우리가 예수님이 누구이신지를 깊이 알아가며 그분의 진리 속에서 사는 것입니다. 성령은 진리의 영이십니다. 무슨 진리를 가리킵니까? 예수님의 신분과 성품과 그분의 복음에 대한 진리입니다. 이 진리를 우리에게 알리는 사역이 성령의 소명입니다.

성령은 하나님의 걸작인 십자가 구원의 진리를 날마다 우리에게 연주하십니다. 우리가 듣고 보고 깨닫고 깊이 감상하게 하려는 것입니다. 그렇다면 과연 나는 하나님의 역작인 기독론의 연주에 귀를 기울이며 사는지 자문해 보아야 하지 않겠습니까? 성령께서는 날마다 우리의 경청을 기다리십니다. 만약 우리가 기독론을 매일 마음에 담고 산다면 성령께서 어찌 큰 은혜로 임하시지 않겠습니까! 주님을 더 알고 깨닫기 위해서 힘쓰며 주님 안에서 살려고 할 때마다 성령께서 우리를 반기시고 안아 주십니다. 우리는 성령님을 이런 식으로 체험해야 합니다.

우리는 기본적인 구원의 도리를 안다고 해서 손을 놓아서는 안 됩니다. 예수님을 아는 일에서 게으르지 말아야 합니다. 예수님을 깊이 알지 못하면 내 신앙생활에 깊이가 없습니다. 그래서 조그만 일에도 흔들리고 세속적인 생활 방식에서 헤어나지 못한 채 그리스도가 주는 평강과 확신과 생동력이 없이 인생이 무의미하게 흘러갑니다. 우리가 예수님을 깊이 아는 것이 하나님의 뜻입니다. 그렇다면 예수님의 신분과 사역에 대한 기독론은 우리 머릿속에 깊이 담겨 있어야 하고 매일의 묵상이 되어야 할 것입니다. 초대교회가 그 심한 박해를 무슨 힘으로 견뎠겠습니까? 물론 하나님께서 능력을 주셨습니다. 그런데 그 능력이 어떻게 해서 전달되었습니까? 예수님이 누구이신지에 대한 기독론의 가르침을 통해서였습니다. 초대교인들이 힘든 생활고 속에서 어떻게 슬픔을 참고 인내하며 기쁨을 유지할 수 있었겠습니까? 예수님이 누구시며 그분의 구원이 어떤 것인지를 배웠기 때문입니다.

우리의 경우도 마찬가지입니다. 예수님이 누구시며 그분이 우리를 위해 과거에 어떤 일을 행하셨으며 또 현재 어떤 일을 행하고 계신지를 알아야 합니다. 그래서 우리의 삶이 인내와 기쁨과 담대함으로 채워지도록 하려는 것이 하나님의 선한 뜻입니다. 그렇게 하려면 히브리서의 권면처럼 예수를 깊이 생각해야 합니다(히 3:1). 바울이 예수를 깊이 생각하고 진술한 말은 "아버지께서는 모든 충만으로 예수 안에 거"(1:19)하신다는 것이었습니다. 예수님은 아버지의 모든 충만을 소유하신 분입니다(19절). 본 절은 원문에서 1:16절에서처럼 '왜냐하면'이라는 말로 시작됩니다. 이것은 앞의 말을 설명하고 지지하기 위한 것입니다. 즉, 하나님께서 예수님을 만물의 으뜸이 되게 하신 것은 그분 안에 모든 신성의 충만이 머물게 하셔서 그로 말미암아 세상이 하나님과 화해되도록 계획하셨기 때문이라는 말입니다.

예수님 안에 모든 축복이 충만합니다.

'충만'은 가득 찬다는 의미의 일반적인 말이지만, 바울 시대에는 철학적이고 종교적인 전문 술어였습니다. 이 말의 정확한 의미는 베일에 가려진 부분들이 있습니다. 그러나 당시의 골로새 지역의 거짓 교사들이 자신들의 신비 종교의 체험과 관련해서 사용한 말인 것은 확실한 듯합니다. 그들은 천사들에게도 신성이 있다고 보고 그러한 천사들과의 접촉이 있을 때 신적인 '충만'을 경험할 수 있다고 주장하였습니다. 그래서 바울은 이들의 말을 반박하기 위해서 예수님 안에 모든 신성이 충만하게 머문다고 하였습니다. 그러니까 주 예수를 믿는 신자들은 다른 어떤 피조물로부터도 신성의 충만을 기대하지 말아야 한다는 것이었습니다. 바울이 의미하는 '예수 안에 있는 충만'은 두 가지 측면에서 이해할 수 있습니다.

첫째, 예수님은 아버지와 동등한 모든 신성을 공유하시는 분이라는 것입니다(19절). 골로새서 2:9절에서는 "그 안에는 신성의 모든 충만이 육체로 거"한다고 하였습니다. 오직 그리스도만이 하나님의 신성을 완전하게 공유하십니다. 예수님은 하나님의 신적 본성을 하나도 빼놓지 않고 그대로 다 지니신 분입니다. 이 주장이 시사하는 것이 무엇입니까? 예수님 안에 하나님의 '모든' 신성이 충만히 거한다면, 다른 어떤 존재에게도 나누어 줄 신성이 남아 있지 않다는 말입니다. 바꾸어 말해서 예수님과 같이 하나님의 모든 속성을 소유한 다른 신이 없다는 것입니다. 예수님 자신이 성자 하나님이십니다. 그래서 우리는 예수님을 생각할 때마다 완전한 하나님의 속성을 소유하신 창조주와 구속주를 연상해야 합니다.

둘째, 예수님 안에서 하나님의 '구속 활동'이 충만하게 일어나고 있음을 말합니다. 하나님은 예수님 안에서 일체의 구원 활동을 하시므로 예수님만이 하나님의 충만하신 능력으로 죄인들을 구원하실 수 있다는 것입니다. 그러니까 예수님은 죄인들을 완전하게 구원하는 모든 신적 능력을 갖추신 유일한 구주라는 의미입니다.

과연 예수님처럼 완전하고 죄 없는 삶을 산 자가 누구입니까? 구원의 진리를 아버지로부터 직접 받아서 가르친 자가 누구입니까?(요 8:28). 고난과 수치의 십자가를 지고 죽기까지 아버지께 복종한 자가 누구입니까?(빌 2:8). 예수님처럼 죽음을 이기고 부활한 자가 누구입니까? 부활은 하나님의 신적 충만이 예수님 안에 거한다는 결정적이고 확정적인 증거가 아니고 무엇입니까? 이러한 예수님의 삶과 죽음과 부활은 전능하신 하나님의 충만한 능력이 그 안에 거하면서 신령한 능력으로 역사했기 때문에 가능하였습니다.

이제 예수님 안에 있는 충만의 의미를 좀 더 살피기 위해서 '거한다'는 말씀의 구약적 배경을 잠시 살피도록 하겠습니다. 하나님께서는 아브라함을 필두로 이삭과 야곱에게 가나안 땅을 주신다고 맹세하셨습니다(신 6:10). 그 목적은 이스라엘 백성이 가나안 땅에서 하나님을 섬기기 위한 것이었습니다. 하나님께서는 광야 세대에게 성막을 만들게 하시고 성소에 임재하셨습니다. 그다음 이스라엘 백성은 약속의 땅으로 들어가서 솔로몬 시대에 성전을 지었고 그 성전에서 백성이 하나님을 경배하였습니다.

> "또 성전으로 맹세하는 자는 성전과 그 안에 계신 이로 맹세
> 함이요"(마 23:21).

그러니까 하나님의 임재가 예루살렘 성전이라는 지리적인 장소에 집중되었습니다. 그런데 물체적인 성전에 계신 하나님의 임재는 임시적인 상징이었지, 영구적이고 충만한 실체는 아니었습니다. 그래서 하나님께서는 솔로몬 성전에 대해서 이렇게 말씀하셨습니다.

> "솔로몬이 그를 위하여 집을 지었느니라 그러나 지극히 높으
> 신 이는 손으로 지은 곳에 계시지 아니하시나니 선지자가 말
> 한 바 주께서 이르시되 하늘은 나의 보좌요 땅은 나의 발등
> 상이니 너희가 나를 위하여 무슨 집을 짓겠으며 나의 안식할
> 처소가 어디냐 이 모든 것이 다 내 손으로 지은 것이 아니냐
> 함과 같으니라"(행 7:47-50).

이스라엘의 물체적인 건물로서의 성전은 앞으로 오게 될 실체에 대한 임시적인 상징이었습니다. 그래서 그 상징적 성전이 바라보았던 하나님의 참 성전은 신약 시대에 와서 완성될 것이었습니다. 즉, 건물로서의 성전이 인격체인 예수님으로 대치되는 것입니다. 그래서 예수님은 자신을 가리켜 "이 성전을 헐라 내가 사흘 동안에 일으키리라"(요 2:19-22)고 하셨습니다. 하나님의 임재는 예루살렘 성전이라는 지리적 장소에서 하나님의 거룩하신 아들이신 예수님에게로 옮겨졌습니다.

다시 말해서 신약 시대는 하나님의 충만하심이 예수님 안에 거하십니다. 예수님은 새 언약 시대의 하나님 백성을 위한 참 성전입니다(요 2:19-21). 그러니까 예수님 안에 있으면 하나님의 충만하심이 주는 은혜를 누릴 수 있다는 말이 됩니다. 하나님께서는 예수님 이외에는 다른 어떤 존재도 자신의 충만으로 채우시지 않았습니다. 구약 시대의 성전이 하나님의 임재를 잠정적으로 상징했다면, 신약 시대에는 예수님이 하나님의 충만한 임재의 영원한 실체입니다.

우리가 주 예수를 믿으면 주님과 연합되고 주님 속으로 들어갑니다. 그래서 주님 안에 거함으로써 우리는 하나님의 충만한 임재와 그분의 넘치는 은혜의 영역 안에 머물게 됩니다. 우리는 '예수 안에서' 하나님의 충만을 개인적으로만이 아니고 교회적으로도 누립니다. 예수님은 자신의 몸인 교회 공동체 안에서 하나님의 충만한 은혜를 베풀어 주십니다.

이러한 가르침의 핵심이 무엇입니까? 한마디로 하나님의 충만은 예수님이 아닌, 다른 어떤 존재를 통해서도 올 수 없다는 것입니다.

골로새 지역의 거짓 교사들이 주장하는 천사들을 통한 영적 교류는 하나님의 충만이 아니라는 것입니다. 우리는 이런 종류의 거짓된 가르침에 속지 말아야 합니다.

[하나님께서 모든 충만으로 예수 안에 거하신다는 의미는 무엇일까요?]

첫째, 예수님이 하나님의 모든 신성을 공유하셨다는 것입니다. 예수님의 신성은 부분적인 것이 아니고 총체적입니다. 그래서 '모든 충만'이 예수 안에 거한다고 했습니다. 그렇다면 예수님 이외의 어떤 존재도 하나님의 충만한 신성을 소유할 수 없습니다.

둘째, 인간의 근본적인 문제들은 예수님 안에서만 풀린다는 의미입니다. 하나님의 충만은 모든 능력과 지혜와 사랑과 평강의 원천입니다. 하나님의 충만이 모든 축복의 근원이라면 인간의 일체의 부족은 예수님 안에서만 충족될 수 있습니다. 예수 그리스도의 충만을 떠나서는 인간의 문제가 풀리지 않고 인간의 부족이 채워질 수 없습니다.

셋째, 예수님의 충만은 온 세계가 완전한 세계가 될 것을 말합니다. 만물은 예수님의 충만함으로 채워질 때 본래 하나님께서 의도하셨던 대로의 온전한 존재가 됩니다. 예수님의 충만으로 채워지지 않은 것은 모두 불완전한 것들입니다.

"충만"(fullness)은 어떤 것을 완성케 하는 것을 뜻합니다. 타락 이후로 세상은 예수님의 발아래 복종하지 않았습니다(엡 2:22). 그러나 예수님의 충만하신 능력과 은혜로운 구원 활동을 통해서 만물이 완벽한 조화와 질서를 되찾고 예수님에게 전적으로 복종하는 세상으로 변화될 것입니다. 하나님과의 어긋난 관계는 믿음으로 예수 안에 들어가게 될 때만 해결됩니다. 하나님께서는 우리를 구원하기에 충만한 은혜와 능력을 예수님에게 넘치게 부어 주셨습니다. 하나님은 예수님의 십자가 피를 통해서 우리 죄를 용서하십니다. 또한 그리스도를 본받는 거룩한 삶을 통해서 우리를 갱신된 새 백성으로 회복시켜 주십니다. 죄인이 의인의 신분을 갖게 되고 하나님과 새로운 부자(父子) 관계로 들어가는 것은, 예수님의 구원에 조금도 부족함이 없기 때문입니다. 하나님과의 화해는 예수님의 충만한 신성과 은혜가 없으면 불가능합니다. 이런 의미에서 예수님만이 우리의 구원을 위한 유일한 길이며 진리며 생명입니다.

예수님 이외의 다른 신은 없습니다.

지금까지 우리가 살펴본 예수 그리스도의 독특성에 비추어서, 현대 사회의 종교적 압력과 도전을 잠시 짚어 볼 필요가 있습니다. 현대 사회에는 다원주의 사상이 유행합니다. 다원주의는 절대성을 부인합니다. 그래서 어느 한 종교가 절대적인 진리이며 유일한 길이라고 주장하는 것을 배척합니다. 예수님의 말씀 중에서 사람들이 제일 듣기 싫어하는 것이 하나 있습니다.

"내가 곧 길이요 진리요 생명이니 나로 말미암지 않고는 아버지께로 올 자가 없느니라"(요 14:6).

사람들의 신경을 거슬리는 말로서는 베드로의 다음과 같은 증언도 있습니다.

"다른 이로써는 구원을 받을 수 없나니 천하 사람 중에 구원을 받을 만한 다른 이름을 우리에게 주신 일이 없음이라"(행 4:12).

사람들은 기독교의 이런 주장들을 놓고 유아독존이니 배타적이니 비관용적이니 등등의 비난을 퍼붓습니다. 그러한 비난의 정당성이 어떠하든지 우리가 받아야 할 도전은 과연 우리 자신은 이러한 성경의 주장을 액면대로 믿느냐는 것입니다. 예수님이 말씀하신 것을 믿고, 사도들이 말한 것을 그대로 믿느냐는 것입니다. 성경은 이런 주장을 무턱대고 종교적인 독단으로 내세우지 않습니다. 신약의 상당 부분이 예수님과 기독교에 대한 오해와 비판에 대한 변증입니다. 하나님께서는 모든 사람이 무조건 주 예수를 유일한 구원자로 믿어야 한다고 하시지 않았습니다. 왜 예수 그리스도를 유일한 구원의 길로 믿어야 하는지를 자세히 설명하고 나서 믿으라고 하셨습니다. 그래서 우리가 지금까지 들어온 골로새서의 기독론도 예수 그리스도의 신분이 어떤 것이며 구원을 위한 그분의 역할이 무엇인지를 집중적으로 진술하였습니다.

우리는 성경이 주장하는 바의 예수 그리스도가 누구인지를 믿어야 합니다. 우리가 어떻게 기독교를 믿게 되었습니까? 어떻게 해서 예수님만이 유일한 구원자라고 믿게 되었습니까? 성경의 진술과 설명에 설득이 되었기 때문입니다. 우리는 예수님이 유일무이한 구주이심을 성경의 주장에 따라 알고 믿어야 합니다. 그다음 계속해서 주님을 더욱 알아가야 합니다. 그리스도에 대한 기독론이 분명하고 깊을수록 하나님과 우리 사이의 관계도 더 깊어지고 예수님에 대한 신뢰도 더 높아집니다.

이제 다음과 같은 질문에 스스로 응답해 보십시오.

예수님처럼 전적으로 죄가 없고 완전한 삶을 산 인간이 어디에 있습니까? 예수님처럼 인류의 죄를 지고 속죄양이 된 대속주가 누가 있습니까? 예수님처럼 확실하게 죽었다가 사흘 만에 다시 완전히 살아나시고 영원히 살아 계신 분이 어디에 있습니까? 자신이 십자가에 못 박혀 죽기까지 우리를 사랑한 신이 예수님 이외에 누가 또 있단 말입니까? 예수님처럼 하나님의 모든 신적 충만으로 채워진 분이 어디에 있습니까? 만약 예수님에 대한 기독론적 진술들이 사실이 아니라면, "나는 곧 길이요 진리요 생명이니 나로 말미암지 않고는 아버지께로 올 자가 없느니라"라는 말씀은 혼자 잘났다는 의미의 배타적인 독선적 도그마입니다. 그러나 기독론의 주장이 진실이라면, 이것은 영생에로의 초대이며 하나님의 놀라운 구원의 계시입니다.

하나님께서는 온 우주를 창조하신 자기 아들을 우리 대신 십자가에 내어 주시고 죽게 하신 후에 다시 살리셨습니다. 우리가 주 예수의 십자가와 부활을 믿으면 죄와 죽음과 하나님의 진노로부터 구원을 받습니다. 성경은 이것이 하나님께서 마련하신 유일한 최선의 구원책이라고 증언합니다. 하나님께서는 인류에게 예수 그리스도 이 외에는 다른 구원자의 이름을 준 적이 없습니다. 그렇다면 다른 구 원자를 찾거나 의존할 필요가 없지 않겠습니까? 교인들은 성경의 말 씀이 사람들의 귀를 거슬리게 하든지 않든지 하나님의 진리의 말씀 이라고 믿습니다. 하나님께서는 거짓말을 하실 수 없습니다. 에베소 서 1장에 나오는 바울의 증언을 들어 보십시오.

> "그의 능력이 그리스도 안에서 역사하사 죽은 자들 가운데
> 서 다시 살리시고 하늘에서 자기의 오른편에 앉히사 모든 통
> 치와 권세와 능력과 주권과 이 세상뿐 아니라 오는 세상에
> 일컫는 모든 이름 위에 뛰어나게 하시고 또 만물을 그의 발
> 아래에 복종하게 하시고 그를 만물 위에 교회의 머리로 삼으
> 셨느니라"(엡 1:20-22)

하나님께서는 모든 충만으로 예수 안에 거하게 하셨습니다(골 1:19). 이것은 기독교의 가장 중요한 선언입니다. 우리가 누구를 주 로 모시고 삽니까? 하나님과 동등하신 신분과 속성을 가지신 예수 그리스도입니까? 그렇다면 우리가 가진 예수 그리스도로서 충분합 니다. 예수님에 대한 기독론을 믿으십니까? 그렇다면 예수님 이외에 다른 신이 필요하지 않습니다.

우리는 진심으로 다른 모든 사람도 주 예수의 신분을 믿고 그분 의 십자가 사랑과 부활 능력을 체험하기를 원합니다. 이것은 하나님 의 소원이기도 합니다. 그러나 각자는 자신이 선택한 종교와 자신이

원하는 신(神)을 믿을 자유가 있습니다. 아무도 믿음을 강요할 수 없습니다. 그러나 우리는 주 예수 그리스도를 참 구주로 믿기로 작정한 자들입니다.

> "만일 여호와를 섬기는 것이 너희에게 좋지 않게 보이거든
> 너희 조상들이 강 저쪽에서 섬기던 신들이든지 또는 너희가
> 거주하는 땅에 있는 아모리 족속의 신들이든지 너희가 섬길
> 자를 오늘 택하라 오직 나와 내 집은 여호와를 섬기겠노라"
> (여호수아 24:15)

15장
하나님과의 화해
골로새서 1:20

"그의 십자가의 피로 화평을 이루사 만물 곧 땅에 있는 것들
이나 하늘에 있는 것들이 그로 말미암아 자기와 화목하게 되
기를 기뻐하심이라"(20절).

본문에 '화목'이라는 말이 나오는데 이것은 '화해'라는 말로 보는
것이 좋습니다. 화목이라고 하면 과거의 어떤 나쁜 관계가 있었다는
것을 반드시 전제하지는 않습니다. 그러나 화해란 과거의 관계가 나
빴었지만, 지금은 서로 풀렸다는 뜻입니다. 본문은 하나님과 인간들
사이가 적대관계였으므로 예수님을 통해서 화해가 필요했다는 것을
진술합니다.

기독교는 여호와 이레의 종교입니다.

20절에서 '그의 십자가의 피로 화평을 이루신다'고 했습니다. 이

것은 매우 중요한 진술입니다. 기독교는 다른 종교와 매우 다른 점이 있습니다. 타종교에서는 인간이 신의 진노를 달래기 위해서 인간 편에서 제사를 지냅니다. 인간이 신에게 무엇을 행해야 합니다. 그것이 선행이든지, 제물이든지, 무슨 특별한 일을 행해야 합니다. 물론 구약에서도 이스라엘 백성이 하나님께 줄곧 제사를 지냈습니다. 양도 잡고 소도 잡아 여호와의 제단에 바쳤습니다. 그래서 외면적으로 보면 당시의 타종교와 다를 것이 없어 보입니다. 그러나 구약의 이스라엘 백성이 하나님께 바쳤던 제물은 상징에 불과한 것이었습니다. 제단에 바치는 제물의 피는 장차 단 일회로 끝나게 될 그리스도의 영원한 속죄에 대한 상징이었습니다. 물론 상징물로서의 동물의 피가 죄를 씻는 것은 아닙니다. 그래서 히브리서에서 말하기를 "이 제사들에는 해마다 죄를 기억하게 하는 것이 있나니 이는 황소와 염소의 피가 능히 죄를 없이 하지 못함이라"(히 10:4)고 하였습니다.

그럼 왜 제사를 드렸을까요? 제사를 드린 것은 그런 제사를 영원히 종식할 날을 바라보게 하려는 것이었습니다. 즉, 상징의 실체인 그리스도께서 오셔서 자신의 몸으로 속죄 제물이 되는 날을 믿음으로 기다리게 한 것이었습니다. 그런데 예수님이 어디서 오신 분입니까? 하늘 아버지로부터 보내심을 받고 오신 분입니다. 예수님의 원천은 이 땅이 아니고 하늘입니다. 예수님은 하나님의 아들로서 이 세상에 인간의 몸으로 오신 분입니다. 그 목적은 우리를 대신하여 십자가에서 속죄 제물이 되는 것이었습니다. 이것은 하나님의 진노를 막기 위해서 올리는 피의 제물이 하나님 자신에게서 공급되었다는 뜻입니다. 바로 이 점이 기독교가 타종교와 전적으로 다른 측면입니다.

　기독교의 하나님은 자신의 노여움을 풀기 위해서나 혹은 죄를 용서해 주기 위해서 인간들에게 아무것도 요구하시지 않습니다. 왜냐하면 하나님이 요구하시는 것을 하나님 자신이 자기 아들을 통해서 다 준비하셨기 때문입니다. 이것은 아브라함의 스토리에서 가장 분명하게 예시되었습니다.

　아브라함이 자기 아들인 이삭을 번제로 하나님께 바치려고 칼을 들었습니다. 그때 하나님의 천사가 말렸습니다. 그러자 뿔이 수풀에 걸려 있는 숫양이 보였습니다. 아브라함은 그 숫양을 번제로 대신드렸습니다"(창 22:13). 그래서 아브라함이 그 땅 이름을 '여호와 이레'라고 지었습니다. 즉, '여호와께서 준비하신다'는 뜻입니다. 하나님께서 자기 아들인 예수 그리스도를 우리 죄를 위한 속죄양으로 준비하셨습니다. 이것이 '여호와 이레'의 의미입니다. 기독교는 '여호와 이레' 종교입니다. 이것은 몇 가지 의미를 내포하고 있습니다.

　첫째, 인간의 죄는 너무도 커서 인간 스스로는 전혀 감당할 수 없는 짐이라는 것입니다. 인간은 거룩하신 하나님의 수준에 이를 수 없습니다. 인간은 타락한 존재입니다. 타락한 자신을 하나님께 드릴 수 없습니다. 자기 죄를 갚을 수 있다면 오직 죽음의 심판을 받는 것뿐입니다.

　둘째, 하나님의 사랑입니다. 하나님은 자기를 배반하고 타락한 속절없는 인간들을 깊이 동정하셨습니다. 그래서 세상에 자기 아들을 대속주로 보내주셨습니다.

셋째, 하나님께서는 절대로 죄를 그냥 넘어가시지 않는다는 것입니다. 자기 아들까지 희생시켜야 할 일이라면 눈 한번 감아주시면 되지 않았을까요? 하나님 생각은 그렇지 않았습니다. 자기 독생자를 희생시켜서라도 죄의 값을 지불하게 해야 했습니다. 이것이 하나님의 거룩한 본성입니다. 하나님께서는 절대로 거룩하지 않은 것을 용납하시지 않습니다. 하나님은 자신의 거룩한 본성에 어긋나는 일을 행하시지 않습니다. 놀라운 것은 하나님께서 우리를 구원하기 위해서 거룩하신 자기 아들을 희생시켜 십자가에서 죽게 하셨다는 사실입니다.

이것은 무엇을 의미합니까? 죄가 없는 하나님의 아들은 죽임을 당하고, 죄가 많은 우리는 살게 된 것입니다. 이것은 어떤 종교에서도 찾아볼 수 없는 일입니다. 신이 죽을 수 있습니까? 그것도 자기를 섬겨야 할 경배자들을 위해서 자기 목숨을 내놓을 수 있단 말입니까? 절대로 있을 수 없는 일이 아니겠습니까? 그러나 기독교의 신은 인간의 몸으로 세상에 오셔서 죽을 수 있는 분입니다. 그리고 다시 살아나셔서 우리를 영원히 살리시고 하나님의 진노로부터 완전히 해방시켜 하나님의 영원한 자녀로 복귀하게 하십니다.

본 절은 만인 구원론을 가르치는 것일까요?

"그의 십자가의 피로 화평을 이루사 만물 곧 땅에 있는 것들이나 하늘에 있는 것들이 그로 말미암아 자기와 화목하게 되기를 기뻐하심이라"(20절).

이 말씀은 모든 사람이 다 구원을 받는다는 만인 구원론처럼 들립니다. 그러나 골로새서 1:15-17절은 예수님과 창조계와의 관계를 기술한 것이고, 18절 이하는 예수님과 새 창조에 속하는 교회와의 관계를 진술한 것입니다. 그래서 본 항목 전체가 창조와 재창조라는 문맥을 안고 있음을 고려해야 합니다. 재창조의 혜택을 받는 자들이 누구입니까? 세상 모든 사람이 아니고 예수 그리스도의 십자가를 믿는 신자들입니다. 십자가를 믿는다는 말은 그의 십자가 피를 믿는다는 뜻입니다.

우리는 예수님이 우리 대신 흘려주신 대속의 피에 의지하여 하나님께 나아갑니다. 그리스도의 피가 내 죄를 속죄하고 내 양심을 정결케 합니다. 그리스도의 피에 의해서 우리는 거룩하신 하나님과 화해가 되고 정상적인 관계를 갖습니다. 십자가의 피가 하나님께서 마련하신 유일한 구속의 방편이라는 사실을 믿고 주 예수를 영접하는 자들에게만 하나님과의 화해가 제공됩니다(고후 5:17-19; 요 3:16). 따라서 누구나 다 구원을 받게 된다는 '만인 구원론'은 본 절의 의미가 아닙니다. "평강의 왕"(사 9:6)이신 예수 그리스도께서 제공하는 십자가의 구원을 믿지 않는 불신자들에게는 하나님과의 평강과 화해의 길이 닫혀 있습니다. 아무리 교회를 잘 다니는 사람이라도 주 예수를 자신의 대속주로서 확실하게 영접하지 않았으면 하나님과 화해된 것이 아닙니다. 그런 사람은 여전히 하나님의 진노 아래 있습니다.

그런데 우리가 '십자가 보혈'이라는 말을 사용할 때 오해할 수 있는 여지가 하나 있습니다. '예수님의 피' 자체가 보혈이 아닙니다. 예수님의 피는 보통 사람들과 같은 인간의 피입니다. 예수님의 피라고 해서 그 속에 무슨 신비한 성분이 들어 있지 않습니다. 그렇게 보는 것은 미신입니다. 중세기 때에 유물 숭배가 심하였습니다. 성자들의 유골이나 피가 묻은 물품을 성물로써 전시해 놓으면 순례자들이 그 앞에 절하고 입 맞추었습니다. 또 그렇게 했더니 병이 나았더라는 소문이 퍼져서 성물 숭배가 더욱 유행하였습니다. 그래서 성자들의 유물이 많은 성당이나 사원은 수입이 좋았습니다. 그러면 어떻게 될까요? 성자들의 유물이랍시고 족보도 출처도 알 수 없는 온갖 뼈와 물품들을 다투어 전시하며 순례자들의 발걸음을 재촉하게 하였습니다. 교회가 맘몬신의 유혹을 받고 타락한 것은 현대 교회들만이 아닙니다. 지금도 중세기 사원이나 오래된 교회에 가보면 그런 유물들을 전시해 놓고 있습니다.

'예수님의 피를 믿는다'는 말은 예수님이 우리를 위해서 흘리신 대속의 죽음과 그 결과로 오는 영원한 생명을 믿는다는 뜻입니다. 피는 생명을 가리킵니다. 우리를 위해 십자가에서 피를 흘리셨다는 것은 우리 대신 자신의 생명을 내주셨다는 말입니다. 예수님은 자신의 핏값을 주고 우리를 죽음의 형벌에서 건져 내시고 살게 해 주셨습니다. 그래서 예수님의 죽음은 우리에게는 생명의 길입니다.

한편, 예수님의 죽음에 대한 구속적인 의미를 당연시하는 경향이 있습니다. 우리가 예수님의 죽음을 우리 죄를 속죄하기 위한 대속의 희생으로 믿고 그대로 받아들이는 것은 좋은 일입니다. 그러나 너무 간단하게 보면, 예수님의 십자가에 대한 성경의 많은 설명을 피상적으로 이해하게 됩니다. 예수님의 죽음은 사실상 기독교와 유대교 사이의 갈등의 주원인입니다. 이것은 신약 시대에도 그랬었고 지금도 마찬가지입니다. 바울은 하나님께서 메시아인 예수님의 죽음을 통해서 우리를 죄와 사망으로부터 구원하고 하나님과의 화해를 이룬다고 말합니다. 유대교의 가르침은 우선 예수님을 메시아(구원자)로 믿지 않습니다. 메시아는 십자가에서 죽임을 당할 수 없다고 보기 때문입니다. 유대교는 고통을 당하고 순교자의 죽음까지 치르는 것은 메시아가 아니고, 신실한 이스라엘 백성이라고 주장합니다. 메시아는 비참한 죽임을 당하는 자가 아니라, 오히려 이스라엘을 고통으로부터 구출하고 그들을 하나님의 원수들인 이방 민족들로부터 해방하는 자라는 것입니다. 그러나 나사렛 예수는 이방 로마인들의 손에서 범법자로 처형되었으니까 하나님이 보내시지 않은 거짓 그리스도라고 반박합니다.

이러한 배경에서 볼 때, 바울을 비롯한 신약 저자들이 예수님의 피와 찢진 몸이 속죄의 희생이며 구약에서 약속된 구원의 성취라고 주장한 것은 매우 논쟁적인 일이었습니다. 그래서 유대인들로부터 엄청난 반발과 반대를 당하지 않을 수 없었습니다. 이러한 당시의 상황에서는 흉악범들을 처형하는 십자가에 매달렸던 예수의 피가 하나님과 화평을 이룬다는 주장은 황당무계한 것이었습니다. 그런데도 초대교회는 강성하게 자랐습니다. 이것이 복음의 능력입니다. 인간의 관점에서 보면, 복음은 말이 되지 않습니다. 신이 사람이 되고, 신이 인간들에게 잡혀서 십자가에서 고통을 당하고, 신이 죽는다는 것은 어불성설입니다. 메시아가 죽는다는 것은 상상에서도 허용될 수 없습니다. 그러나 신이 죽었기 때문에 우리가 살게 되었다는 것이 복음의 역설입니다.

흘려진 피는 죽음을 가리키지만, 메시아의 흘린 피는 생명을 일으킵니다. 구약 제사에서 동물의 피는 영원한 생명의 상징이었습니다. 하나님께서는 제단의 피를 통하여 죄가 용서되고 영생이 주어질 것을 내다 보게 하셨습니다. 이제 예수 그리스도의 십자가 제단에서 흘려진 피가 이러한 구원을 성취하는 길이 되었습니다. 그리스도의 흘려진 피는 구약 제사가 바라보았던 모든 소망과 약속을 성취하고 하나님과의 화해의 길을 열었습니다. 바로 이러한 하나님의 대속을 통한 구원이 하나님께서 우리를 살리시는 길임을 믿고 감사하며 예수님을 나의 대속주로 영접하면 구원을 받습니다. 그 결과 나에 대한 하나님의 진노가 풀리고 하나님과 원수가 되었던 나는 하나님에 대한 모든 적대감을 내려놓고 하나님과 정상적인 관계로 회복됩니다. 이것을 하나님과 화해가 되었다고 말합니다.

하나님께서 우리를 위해 행하신 일을 생각해 보십시오. 하나님께서는 부패와 죽음의 세상에 "생명의 주"(행 3:15)를 보내시고 십자가에 달리게 하심으로써 우리 죄를 용서하셨습니다. 우리가 주 예수를 믿으면 모든 죄가 십자가에서 말끔하게 처리되고 다시 기억되지 않습니다. 하나님께서는 주 예수를 죽은 자 가운데서 살리셨습니다. 그 결과 주님을 믿는 모든 죄인에게 부활의 새 생명이 들어가게 하셨습니다(행 3:15; 롬 6:4). 이로써 예수 그리스도의 생명으로 거듭난 자들이 하나님의 새로운 피조물이 되어 하나님과 화해되고 영생을 누리게 됩니다(고후 5:17-18).

하나님의 화해는 온 우주를 포함합니다.

왜 인간이 아닌 자연계까지도 하나님과 화해가 된다고 했을까요? 인간의 죄로 인해서 자연환경까지도 오염되었기 때문입니다. 그래서 바울은 로마서 8장에서 피조물도 부패로부터 해방될 날을 탄식과 고통 속에서 고대한다고 하였습니다(롬 8:22). 죄로 인해 하나님과 인간 사이가 소외되었고, 인간과 인간 사이가 뒤틀렸으며, 인간과 자연과의 관계도 어그러졌습니다. 인간의 죄는 자신뿐만이 아니라 환경까지도 오염시키고 마침내 모든 것을 죽음으로 끝냅니다. 그러나 예수님의 죽음과 부활이 부패와 죽음의 세상을 바로잡고 하나님의 새 생명으로 거듭날 수 있는 길을 열었습니다. 그런데 이 길은 믿음의 길입니다. 그래서 악한 천사들이나 그리스도를 배척한 사람들은 하나님과 화해될 수 없습니다. 십자가를 믿는 자들만 하나님과 화해되고(요 3:16; 롬 5:9-11), 복음을 불신하는 자들은 악한 천사들과 함께 멸망할 것입니다(골 2:15).

예수님을 통해서 세상이 처음에 창조되었듯이, 재창조도 예수님을 통해서 이루어집니다. 예수님은 첫창조와 재창조의 주인이십니다. 이 세상은 아직도 부패와 죽음의 행진을 계속합니다. 그러나 부활하신 주님은 지금 온 세상을 새롭게 창조하고 계십니다. 주님은 악의 마수에 사로잡힌 온 우주의 구석구석까지 남김없이 다 구속하실 것입니다(행 3:21; 골 1:19-20; 엡 1:9-10). '만물'의 화해에는 무생물도 포함된다고 보아야 합니다.

예수님이 십자가로 가시는 재창조의 길목에서 제자들이 그를 기뻐하며 큰 소리로 찬양했을 때 바리새인들이 반대하였습니다. 그때 예수님은 그들이 침묵하면 '돌들이 소리지르리라'(눅 19:40)고 하셨습니다. 이것은 하나님과의 화해가 전우주적인 것이며 무생물까지도 어떤 놀라운 방식으로 하나님의 영광을 찬양하는 일에 참여할 것을 암시합니다. 계시록에는 각종 보석이 새 예루살렘 성을 치장하여 하나님의 영광을 드러내고 있습니다(계 21:11, 19-21). 하나님의 구원은 타락한 인간들을 구속하는 것에서 시작되었지만, 이 놀라운 하나님의 은혜는 나머지 창조계에까지 그 혜택을 파급시킵니다. 아브라함 카이퍼라는 신학자는 이렇게 말했습니다. "만물의 주권자이신 그리스도께서 우리 존재의 전 영역에서 '내 것'이라고 외칠 수 없는 것은 일 인치도 없다." 예수님은 과연 만유의 주로서 온 우주를 재창조하시고 모든 것을 주의 것이라고 선포하십니다.

지금까지 우리는 기독론의 본문을 통해서 예수님이 누구시라는 것을 배웠습니다. 기독론은 우리 신앙의 터전입니다. 터는 다질수록 더욱 단단해집니다. 우리는 계속해서 예수님이 누구이신지를 더 배워 나가야 합니다. 우리가 성경을 볼 때마다 주님이 영광과 존귀와 찬송과 경배를 받으시기에 더욱 합당하신 분으로 다가와야 합니다(계 5:12). 아무리 신앙생활을 오래 했어도, 예수님에 대해서는 이미 알만큼 다 안다고 생각하지 마십시오. 우리가 아는 기독론은 극히 일부에 불과합니다. 예수님은 우리가 알고 있는 것보다 훨씬 더 광대하신 분입니다. 주님을 더 알게 해 달라고 항상 기도하고 주님을 더욱 신뢰하며 경외와 소망으로 주님의 보좌를 우러러보는 것을 경건의 목표로 삼으시기 바랍니다.

기독론은 평생의 기도와 묵상의 주제입니다. 주 예수를 아는 지식과 체험이 우리 삶에 능력이 되고 우리의 인격과 성품에 강력한 변화를 일으킵니다. 만물을 충만케 하시는 우리 주 예수 그리스도의 은혜가 우리 각자의 삶 속에서 날로 풍성해지기를 기원합니다.

16장

화해의 목적

골로새서 1:21-23

"전에 악한 행실로 멀리 떠나 마음으로 원수가 되었던 너희
를 이제는 그의 육체의 죽음으로 말미암아 화목하게 하사 너
희를 거룩하고 흠 없고 책망할 것이 없는 자로 그 앞에 세우
고자 하셨으니"(21절).

본문은 우리의 과거와 현재와 미래가 그리스도의 십자가 죽음에
의해서 어떤 영향을 받게 되었는지를 서술합니다.
    1) 과거의 우리는 소외된 자들이었습니다.
    2) 현재의 우리는 하나님과 화해되었습니다.
    3) 미래의 우리는 하나님 앞에 서게 될 것입니다.

과거의 우리는 소외된 자들이었습니다.

"전에 악한 행실로 멀리 떠나 마음으로 원수가 되었던 너희

를…"(21절).

인간은 원래 에덴동산에서 하나님과 함께 살기 위해 지음을 받았습니다. 그러나 하나님의 말씀을 거역하고 사탄의 거짓된 꼬임에 넘어가 타락하였습니다. 에덴동산에서 쫓겨난 인간들은 지금까지 창조주 하나님의 주인 되심을 부정하고 하나님 없이 자기들 마음대로 살려는 홀로서기를 고집하고 있습니다. 인류는 스스로 하나님으로부터 등을 돌림으로써 몸과 마음과 정신이 모두 부패하였습니다. 그래서 비참한 운명을 벗어나지 못합니다. 몸은 조만간 죽음에 이르고, 마음은 항상 방황하며, 정신은 하나님의 형상으로 지음을 받은 사실을 부인하고 자신을 하나의 진화된 고등 동물로 여깁니다. 이것이 하나님으로부터 소외된 인간의 특징입니다. 하나님을 혹 안다고 하여도 멀리서 희미하고 막연하게 알뿐입니다. 그나마 왜곡되고 추상적인 신관에 불과합니다(롬 1:21-25).

세상은 하나님과 멀리 떨어져서 죄와 죽음의 수레바퀴를 날마다 돌리며 무덤을 향해 끝없는 행진을 되풀이합니다. 하나님으로부터 등을 돌린 인간들은 왜 인생이 무의미한지를 알지 못합니다. 인간은 홀로서기를 위해 창조된 존재가 아닙니다. 하나님과 함께 서 있어야 넘어지지 않습니다.

인간은 처음부터 하나님과 함께 살도록 의도된 피조물이었습니다. 하나님과의 가족 관계를 유지하며 하나님으로부터 어떻게 사는 것인지를 배우면서 살아가야 했습니다. 인간은 하나님의 대리자로서 세계를 다스리며 그분의 생명 안에서 머무는 존재로 지음을 받았습니다. 그러나 인간은 스스로 자신의 운명을 손에 쥐고 하나님 없는 사회와 문화를 이루려고 합니다. 바울은 이것을 "악한 행실"(골 1:21)이라고 부릅니다. 악한 행실은 인간 생활의 모든 영역에 침투되어 있습니다. 인간과 하나님 사이가 소외되면 인간과 인간 사이에도 소외 현상이 생깁니다. 인간들 사이에서 일어나는 불의, 살해, 갈등, 오해, 악감, 질투, 경쟁, 착취, 억압, 악용, 파괴 등의 악행은 인간 사회의 불치병들입니다. 우리는 구태여 뉴스를 듣지 않아도 세상이 죽음에 이르는 죄의 질병에 걸린 것을 압니다.

하나님을 떠난 인간은 예외 없이 '소외된 자'라는 뺏지를 붙이고 삽니다. 하나님이 없으면 인간의 영혼은 공허합니다. 인간의 영혼은 원래 하나님을 찾도록 디자인된 존재입니다. 그러나 타락한 인간은 하나님을 밀어내기에 자신의 공허한 삶을 하나님이 아닌 대치물로 채우기에 급급합니다. 하나님이 아닌 대치물은 어떤 것들일까요? 이기적 탐심의 충족이며, 일시적인 만족이나, 거짓된 사상들입니다. 이것들은 인간의 소외를 더욱 심화시킬 뿐입니다. 악한 행실은 인간에 대한 창조주의 선한 뜻에 대한 모독입니다. 이것은 결국 하나님을 싫어하는 마음의 발로입니다. 타락한 인간의 마음속에는 하나님에 대한 원망과 증오심이 깔려 있습니다. 하나님을 싫어한다고 피켓을 들고 다니는 사람은 없을지 몰라도 하나님의 주인 되심을 싫어하는 마음은 모든 인간의 내면에 깔렸습니다.

불신자들에게 창조주 하나님의 주권을 언급하고 인간을 향한 그분의 계획을 말하면 대부분 부정적인 반응을 보입니다. 겉으로는 예의를 지키고 신사적으로 대해 준다 하여도, 내면으로는 하나님에 대한 불만과 불신이 깊이 뿌리 박혀 있습니다. 그래서 바울은 그리스도를 믿기 전에는 우리가 하나님과 "마음으로 원수"가 되었다고 하였습니다(골 1:21).

소외는 만물을 위한 하나님의 선한 목적들로부터 이탈되고 떨어진 것입니다. 마음으로 원수가 된 것은 복음의 진리와 가치에 대해서 이성적으로 반대 결정을 내린 것입니다. 그래서 그리스도의 죽음을 어리석고 수치스러운 일로 간주합니다(고전 1:18-2:5). 복음은 자기와 아무 상관이 없다고 봅니다. 또한, 자신이 특별히 하나님과 화해될 것이 없다고 생각합니다. 그래서 마치 하나님이 존재하지 않는 것처럼 여기고 삽니다(약 4:13-17).

> "그들의 총명이 어두워지고 그들 가운데 있는 무지함과 그들
> 의 마음이 굳어짐으로 말미암아 하나님의 생명에서 떠나 있
> 도다"(엡 4:18).

그 결과는 무엇입니까? 모든 인간이 자기 욕심으로 행하는 것입니다(엡 4:19). 하나님에 대한 적개심은 날마다 인간의 행실에 독을 뿌리고 죽음을 수확하는 중입니다. 하나님의 생명에서 떠나 있는 소외된 인간의 운명은 죄와 죽음입니다. 하나님의 반응은 무엇입니까? 진노입니다.

> "하나님의 진노가 불의로 진리를 막는 사람들의 모든 경건하
> 지 않음과 불의에 대하여 하늘로부터 나타나나니"(롬 1:18).

"우리도 모두 전에는 그들 가운데에서 육신의 정욕대로 살고, 육신과 마음이 원하는 대로 행했으며 나머지 사람들과 마찬가지로 날 때부터 진노의 자식이었습니다."(엡 2:3).

하나님의 진노는 하나님을 불순종하고 자신의 욕심대로 살려고 했던 아담과 하와에게 내렸고, 지금도 모든 인류에게 계속해서 내리고 있습니다. 그럼 하나님의 진노는 거두어질 수 없는 것일까요?

현재의 우리는 하나님과 화해되었습니다.

"전에 악한 행실로 멀리 떠나 마음으로 원수가 되었던 너희를 이제는…화목하게 하사…"(골 1:21-22)

죄에 대한 하나님의 진노는 영원하지 않습니다. 죄와 죽음에 속했던 "전에"(21절) 이후에, 용서와 생명이 시작되는 "이제"(22절)가 있습니다. "그때"(엡 2:1)와 지금은 다를 때입니다. "전에는"(엡 2:3) 진노의 자녀였지만, '이제'는 은혜의 자녀입니다. 바울은 에베소서 2:3절에서 우리가 모두 진노의 자녀였다고 하고서 서신을 끝내지 않았습니다. 그랬었다면 복음이 될 수 없었을 것입니다. 바울은 다음 문장을 "그러나"로 시작합니다. 앞 절에서 말한 내용과 다른 상황이 발생했기 때문입니다. 우리의 소망은 이 "그러나"에 담겨 있습니다.

"그러나 하나님은 자비가 넘치는 분이셔서, 우리를 사랑하신 그 크신 사랑으로 말미암아 범죄로 죽은 우리를 그리스도와 함께 살려 주셨습니다. 여러분은 은혜로 구원을 얻었습니다."(엡 2:4-5. 새번역).

이것은 무엇을 말합니까? 하나님의 진노가 거두어지는 화해의 사건이 생겼다는 것입니다. 그런데 이것은 우리 편에서 행한 것이 아닙니다. 하나님의 전적인 사랑의 행위입니다. 진노는 하나님의 속성이 아닙니다. 진노는 죄에 대한 하나님의 본능적 반응입니다. 그러나, 사랑은 하나님의 속성입니다. 하나님께서는 범죄한 인간들이 파경에서 헤매는 것을 깊이 동정하십니다. 하나님의 동정은 우리의 죄를 용인하시는 것이 아니고, 죄로부터 우리를 해방하여 원래의 의도대로 살게 하려는 불타는 긍휼입니다. 하나님의 맹렬한 진노를 끄는 것은 죄인들에 대한 하나님의 타오르는 긍휼입니다(호 11:8-9). 그러나 하나님의 진노는 죄에 대한 대가를 요구합니다. 이 죄의 삯은 죽음입니다. 죄인들을 살릴 방법은 무엇입니까? 정죄와 심판으로 모든 인류를 다 멸망시킨다면, 하나님의 진노는 풀어질지라도 죄인들을 다시 살릴 수는 없을 것입니다.

그래서 하나님께서는 인류를 대신하여 자기 아들을 십자가로 보내기로 작정하셨습니다. 하나님은 진노의 대상인 죄인들을 자기 아들에게로 옮기셨습니다(롬 5:10; 고후 5:18-21). 이것은 매우 놀랍고 충격적인 사건입니다. 어떻게 해서 아무 죄가 없는 거룩한 아들에게 인간의 온갖 더러운 죄악들을 다 덮어씌운단 말입니까? 그래서 어떤 이들은 이것이 하나님의 공의가 될 수 없다고 말합니다. 그러나 우리는 인간의 제한된 공의의 개념을 하나님의 선한 뜻에 적용해서 판단할 수 없습니다. 하나님이 누구의 아들을 십자가에 보냈습니까?

내 아들이 아니고 하나님 자신의 독생자입니다. 우리는 모두 죽어야 마땅하지만, 하나님께서는 자기 아들 한 사람에게 모든 사람의 죄를 씌우고 처형시켰습니다. 그리고 그러한 하나님의 구원의 길을 믿는 자들이 모두 죄와 사망의 형벌에서 면죄되게 하셨습니다. 이것은 기계적인 공의의 개념을 넘어서는 하나님의 크신 사랑과 희생입니다. 그래서 하나님은 진노를 거두시고 우리를 받아 주셨습니다.

하나님의 공의는 사실상 가장 엄격하게 집행된 셈입니다. 자기 아들에게 십자가에서 자비가 없는 철저한 죄의 삯을 지불하게 하셨기 때문입니다. 예수님은 십자가에서 하나님께 "어찌하여 나를 버리시나이까"라고 부르짖었습니다. 죄가 없는 하나님의 아들은 버림을 당하였습니다. 그러나 마땅히 죽었어야 할 우리는 환영을 받았습니다. 이것은 죄인들에 대한 하나님의 무궁한 사랑을 드러낸 것입니다.

이 세상의 많은 불행과 불의를 보고 하나님의 공의가 어디에 있느냐고 불평하지 마십시오. 인간의 모든 불의는 예수 그리스도 위에서 자비가 없는 형벌을 받았습니다. 이 세상이 너무도 불행하고 나 자신의 삶도 힘들어 죽겠는데 왜 하나님이 나를 사랑하시지 않느냐고 불평하지 마십시오. 십자가에 매달린 예수님을 바라보십시오. 하나님께서 누구를 그토록 사랑하셨기에 자기 아들에게 나의 모든 죄를 씌어 십자가의 처참한 수난을 당하게 하셨단 말입니까? 시편 저자는 "사랑과 진실이 만나고, 정의는 평화와 입을 맞춘다"(시 85:10)고 하였습니다. 십자가 위에서 죄에 대한 하나님의 공의와 죄인들에 대한 하나님의 사랑이 서로 입 맞추었습니다. 십자가에서 보이신 하나님의 사랑을 깨달으면, 세상의 온갖 불의와 고통에 대해서 하나님을 원망하지 않게 됩니다.

"자기 아들을 아끼지 아니하시고 우리 모든 사람을 위하여 내주신 이가 어찌 그 아들과 함께 모든 것을 우리에게 주시지 아니하겠느냐"(롬 8:32).

우리의 과거는 하나님의 진노 아래 있던 때였고, 우리의 현재는 하나님과 화목하게 된 은혜의 때 아래 있습니다. 복음의 골자는 예수님이 하나님과 인간 사이의 적대 관계를 자신의 대속적 죽음으로 화해시키는 분이라는 것입니다. 자기 아들을 우리 대신 희생시킬 정도로 우리에게 큰 긍휼을 베푸신 하나님의 사랑을 받아들이는 자들은 하나님의 진노에서 벗어나고 그분의 아들의 나라로 들어갑니다. 이것은 우리 편에서 행한 것이 아닙니다. 하나님으로부터 소외된 우리를 원수가 아닌, 자녀로 다시 회복시키는 화해는 하나님께서 스스로 먼저 행하셨습니다. 그리고 이 목적 달성을 위해 필요한 모든 것을 제공하셨습니다. 그래서 우리의 구원은 하나님의 은혜로 된 것입니다.

미래의 우리는 하나님 앞에 서게 될 것입니다.

"이제는 그의 육체의 죽음으로 말미암아 화목하게 하사 너희를 거룩하고 흠 없고 책망할 것이 없는 자로 그 앞에 세우고자 하셨으니"(22절).

하나님과의 화해의 수단은 그의 아들의 '육체의 죽음'입니다. 이 사건 때문에 과거의 상태에 결정적인 변화가 왔습니다. '이제'는 화해가 그리스도의 죽음으로 확정적으로 일어났음을 전제합니다. 그래서 그때와 지금은 완전히 다릅니다. 화해가 이미 이루어졌기 때문입니다. "육체의 죽음"이라는 표현도 화해가 확실하게 성취된 것을 가리킵니다. 하나님의 아들의 죽음은 추상적이거나 가상적인 것이 아니고 피와 살을 가진 인간 예수의 죽음이었습니다.

예수님은 인성을 가진 하나님의 아들로서 하나님께서 인간들에게 원하셨던 전적 순종의 삶을 사셨습니다(딤전 2:5; 히 5:7-10). 예수님은 우리의 대표자로서 십자가의 심판을 받았습니다(롬 5:8; 고후 5:21). 예수님은 인류의 죄를 대신 지고 정죄를 받았으며, 죄인들이 하나님과 화해되도록 자신을 하나님으로부터 소외시켰습니다(롬 5:10-11).

그럼 하나님과의 화해는 목적을 성취한 것일까요? 그렇지 않습니다. 화해의 목적은 하나님과의 적대 관계가 해소되는 것에서 그치지 않고, 용서받은 죄인들의 갱신된 새 삶에 있습니다. 이 새 삶은 화해를 받은 순간부터 시작됩니다. 그리고 마지막 날에 하나님 앞에 온전한 주의 백성으로 세우는 것이 화해의 목표입니다. 다시 말해서, 거룩하고 흠 없고 책망할 것이 없는 자가 되게 하는 것입니다. 이것은 무슨 의미일까요? 그리스도의 속죄를 믿는 자들이 받는 칭의가 아닙니다. 복음을 믿고 이미 주의 백성으로 받아진 자들에게(골 1:6) 주는 새 삶의 목표에 대한 것입니다. 그래서 칭의를 말하는 것이기보다는(참조. 새번역. 골 1:22), 칭의의 연장선에 있는 거룩한 삶, 곧 성화에 대한 것입니다. 이것은 성전 제사의 배경을 가진 표현입니다. 구약 시대에 제사장은 희생 제물이 율법에 명시된 제물로서 적합한지를 검사한 후에 합격이 되면 하나님께 제물로 바쳤습니다.

'거룩하다'라는 말은 성도의 삶의 성격을 가리키고, '흠 없는 것'은 하나님께 드리는 제물의 온전함을 말하며, '책망할 것이 없는 것'은 제사장의 표준에 닿은 것을 의미합니다. 그래서 본문의 요점은 하나님과 화해가 된 자들은 과거의 악한 행실에서 벗어나야 한다는 것입니다. 바꿔 말하면, 이제는 새 시대에 속한 하나님의 자녀로서 그리스도의 가르침에 따라 거룩하고 온전한 새 삶을 살아야 한다는 권면입니다. 이것은 "그 앞에 거룩하고 흠이 없게 하시려고"(엡 1:4) 우리를 창세 전에 그리스도 안에서 선택하셨다는 말과 거의 같습니다.

바울은 디도서에서도 구원받은 자들로 하여금 거룩한 삶과 선한 일에 열심을 내는 백성이 되게 하는 것이라고 밝혔습니다(딛 2:12-14). 로마서에서도 "너희 몸을 하나님이 기뻐하시는 거룩한 산 제물로 드리라 이는 너희가 드릴 영적 예배니라"(롬 12:1)고 하였습니다. 구원의 목적이 거룩한 삶을 살게 하는 것임을 이러한 말씀들에서도 확인할 수 있습니다(참조. 살전 4:7; 벧전 1:14-15). 따라서 "너희를 거룩하고 흠 없고 책망할 것이 없는 자로 그 앞에 세우고자 하셨다"(22절)는 말씀은 칭의를 설명하는 것이 아니라 "전"과 "이제"로 대조되는 두 시대의 삶이 어떻게 달라지는지를 진술한 것입니다. 다시 말해서 "전에"는 하나님과 소외된 악한 행실을 일삼았고, 마음으로 하나님과 원수가 된 상태에서 살았습니다. 그러나 "이제"는 십자가에 의한 화해의 결과로 변화된 새 삶, 곧 하나님께 복종하며 그분의 주권을 인정하고 성령 안에서 사랑과 거룩한 삶을 살게 되었다는 것입니다 (1:8).

한편, 23절의 "만일"이라는 말을 새번역에서처럼 "그러므로"로 옮기면 의미가 달라집니다. 즉, 하나님께서 우리를 거룩하고 흠이 없고 책망할 것이 없는 사람으로 자기 앞에 내세우셨으므로, 믿음에 굳게 서서 복음의 소망을 이탈하지 말아야 한다는 의미가 됩니다. 그러나 우리를 하나님 앞에 완전한 자로 세우는 것은 현재 완료가 아니고 미래에 성취될 구체적인 목표입니다. 물론 그리스도 안에 있는 자들은 이미 하나님의 자녀로 받아졌고 복음의 소망이 주는 축복들을 부분적으로나마 현세에서 경험하기 시작합니다. 그러나 하나님의 화해는 목표 지향적입니다. 바울이 여기서 말하는 것은 신자들의 온전한 칭의의 신분이 아니고, 믿음의 공동체가 바라보는 미래적인 성화의 완성입니다. 그래서 목적을 의미하는 "세우고자 하셨으니"라고 말하였습니다. 이것은 하나님 앞에 세워지는 마지막 프리젠테이션(the final presentation)을 가리킵니다. 바울의 강조점은 우리가 이미 하나님 앞에 흠 없는 자들로 세워졌기 때문에 믿음을 지키며 소망의 끈을 놓지 말아야 한다는 것이 아닙니다. 오히려 믿음에 머물며 소망으로 인내해야만 온전한 자로 자신을 하나님 앞에 드러낼 수 있다는 것입니다(28절). 그래서 우리는 예수 그리스도의 십자가 피로써 하나님과 화해가 되었다는 사실에 머물 것이 아니고, 화해의 목적인 거룩한 성도의 삶을 살기 위해 힘써야 합니다.

17장

하나님 앞에 세워질 사람들

골로새서 1:22-23

"만일 너희가 믿음에 거하고 터 위에 굳게 서서 너희 들은 바 복음의 소망에서 흔들리지 아니하면 그리하리라 이 복음은 천하 만민에게 전파된 바요 나 바울은 이 복음의 일꾼이 되었노라"(23절).

우리의 구원은 하나님과의 화해로 확보되었습니다. 화해의 수단은 예수 그리스도의 십자가 피입니다(골 1:20). 성전에서 제사장은 동물 희생의 피를 레위기의 제사 의식에 따라 성일에 발랐습니다. 이 것은 그리스도의 십자가 사역을 통해 받게 될 영생의 상징이었습니다. 이 피는 하나님께서 이스라엘과 맺은 언약의 약속이었습니다. 이제 바울은 이 언약이 바라보았던 그리스도의 속죄 피가 주 예수의 대속을 믿는 자들에게 영원한 구원을 약속한다고 말합니다(참조. 히 9-10장).

그럼 이 구원의 목적은 무엇일까요? 단순히 예수 그리스도의 십자가를 믿고 죄의 용서와 의롭다는 선언을 받는 것으로 구원의 목적이 성취되는 것일까요? 혹은 사후에 천국에 들어가는 것이 구원의 목적입니까? 물론 사후 천국이 구원의 궁극적인 목적이라고 할 수 있습니다. 그러나 성경의 관심은 현 세상에서 신자들이 갖는 구원의 실제적인 목적에 초점을 둡니다. 그것은 신자들을 흠 없는 거룩한 백성으로서 하나님 앞에 세우는 것입니다. 그렇다면 어떻게 이 목적을 달성할 수 있을까요? 본문은 이에 대한 구체적인 해답을 줍니다.

새 삶은 신자가 되었다고 해서 자동으로 이루어지지 않습니다.

바울은 새 삶의 조건을 내세웠습니다. 본 절은 "만일"(If)이라는 말로 시작됨을 주목하십시오(비교. 롬 8:17. 새번역). 우리가 온전한 자로서 흠이 없이 마지막 날에 하나님 앞에 세워지려면 주 예수를 믿는 날부터 거룩한 삶이 시작되어야 하고 매일의 영적 삶에 진보가 있어야 합니다. 하나님과 화해가 된 후에는 과거처럼 살 수 없습니다. 우리의 화해는 단순히 죄인으로 있다가 의인의 신분으로 바뀌는 법적 변화에 그치는 것이 아닙니다. "이제는"(1:22; 비교. 3:8) 악을 버리고 선을 따르며 "전에"(1:21) 악한 행실로 마모된 우리의 일그러진 모습이 하나님의 형상으로 회복되어야 합니다(골 3:10). 우리는 이제 자신이 아닌 하나님을 기쁘게 해 드리는 삶으로 방향이 잡혀야 합니다. 우리의 새 삶은 예수님의 십자가 희생의 속죄에 비추어 하나님께서 기뻐 받으시는 흠 없는 제물이 되어야 합니다.

이러한 새 삶은 자동으로 오는 것이 아니고 꾸준한 실천이 있어야만 됩니다(롬 12:1-2). 이를 위해 우리 편에서 해야 할 일은 무엇입니까? 바울은 골로새 교인들에게 무슨 특별한 조치가 있어야 한다고 말하지 않았습니다. 그는 이미 그들이 듣고 아는 일을 상기시켰을 뿐입니다.

첫째, 믿음에 거(居)하면서 터 위에 굳게 서 있어야 합니다.

믿음에 거하는 것은 한 마디로 신뢰와 인내라고 할 수 있습니다. 믿음은 바라는 것이 있습니다. 그래서 믿음은 본질상 신뢰와 기다림이 없으면 성립될 수 없습니다. 믿음은 예수 그리스도의 신분과 인격이 어떤 분인지를 알고 그분의 구원 사역을 신뢰하면서 복음의 진리를 굳게 붙잡는 것입니다. 골로새 교회는 이단적인 가르침에 노출되어 있었습니다. 그들은 신비주의와 타종교의 유효성을 주장하는 다원주의 사회에서 살았습니다. 그들은 예수 그리스도를 유일한 구원자로 여기지 않는 다원주의 종교 사상이 편만한 세상에서 유일신관을 고수해야 했습니다. 그런데 이것은 생각보다 그리 쉽지 않습니다.

우리도 골로새 교인들처럼 복음을 듣고 은혜 구원을 깨달은 후에라도 이런 비복음적인 문화와 세속적인 종교 사상의 영향을 받을 수 있습니다. 그래서 복음을 더욱 명료하게 이해하고 이를 굳게 붙잡아야 합니다. 복음의 진리를 더 깨닫기 위해서 힘쓰는 것보다 교회 활동이나 형식적인 예배나 친교로 신앙생활이 짜이면 복음 자체는 소홀히 여기게 됩니다. 활동과 봉사도 중요하지만 복음을 더 깊이 깨닫는 일이 우선입니다. 이단들의 가르침에 넘어가는 자들은 교회에서 열심히 봉사하지 않아서가 아니고 대부분의 경우 십자가 복음의 핵심적 의미를 바르게 깨닫지 못했기 때문입니다.

바울은 우리가 "믿음에 거"해야 한다고 강조하였습니다. 이 믿음은 꾸준한 믿음을 말합니다. 믿음은 꾸준성이 없으면 왔다 갔다 하므로 안정성이 없습니다. 그러나 복음의 진리를 확실히 파악하고 주 예수를 주님으로 굳게 신뢰하는 믿음은 쉽게 흔들리지 않습니다. 히브리서에서는 우리가 게으르면 꾸준한 믿음을 유지할 수 없다고 하였습니다(히 6:11-12). 우리의 믿음의 터는 예수 그리스도며 그분의 복음입니다(골 1:5-6; 고전 3:11). 우리는 이 터 위에 굳건히 서기 위해서 꾸준한 믿음으로 게으르지 말고 주 예수를 더욱 알아가야 합니다.

복음은 단순히 예수의 십자가 대속을 믿는다고 해서 개인 생활에 실제적인 변화를 자동으로 일으키게 하지 않습니다. 구원을 받은 각 신자에게는 믿음 안에 머물면서 새로운 삶을 살아야 할 책임이 있습니다. 터 위에 굳게 서서 세속 사상과 거짓 종교에 흔들리지 않으려면 꾸준히 하나님을 신뢰하고 이웃을 사랑하며 소망 속에서 나날의 삶을 일궈내야 합니다(골 1:4-5). 이러한 믿음과 사랑과 소망의 삶에 대한 실제적인 실천이 따르지 않으면 그릇된 가르침에 쉽게 끌려듭니다. 그리고 자신이 그리스도 안에서 거듭난 새로운 피조물이라는 사실조차 흐려지며 자신의 구원조차 확신할 수 없게 됩니다.

둘째, 복음의 소망에서 흔들리지 않는 것입니다.

골로새는 AD 60년과 61년에 대지진을 겪었습니다. 아마 이 사건을 염두에 두고 바울은 복음의 소망에서 흔들리지 말라고 했을지 모릅니다. 거짓 가르침에 현혹되지 말고 복음의 반석 위에 굳게 서는 것이 영적 지진의 대비책입니다(마 7:24-27). 그럼 '복음의 소망'이란 무엇입니까? 바울은 앞에서 "복음 진리의 말씀"이 "너희를 위하여 하늘에 쌓아 둔 소망"(골 1:5)이라고 하였습니다. 이 소망은 예수 그리스도 안에서 성도들이 받게 될 새 하늘과 새 땅에서의 복을 가리킵니다. 이 소망에는 신자들이 받을 유업의 상과 부활을 포함하여 그리스도와 함께 온 세상을 다스리는 특권과 주의 영광을 나누는 일들이 다 들어 있습니다(골 1:12; 3:4; 벧전 1:3-4; 히 11:26; 롬 4:13; 8:17). 그래서 바울은 "그 기업의 영광의 풍성함"(엡 1:18)이라고 하였고, 히브리서에서는 "소망의 풍성함"(히 6:11)으로 표현하였습니다.

바울이 골로새 교인들에게 주지시킨 것은 하나님 앞에서 온전하게 서려면 이 풍요로운 복음의 소망을 끝까지 붙잡고 있어야 한다는 것이었습니다. 거룩한 삶을 위해서 신자들은 어려움을 견디고 손해를 보며 억울한 일도 당합니다. 그러나 복음의 소망은 하나님의 최후 승리가 온 천하에 드러나고 우리가 주 예수의 영광에 참여할 날을 바라보게 합니다. 새 하늘과 새 땅에 대한 소망은 성도의 삶을 전진시키는 크나큰 동기부여입니다.

셋째, 십자가 복음의 절대성을 믿어야 합니다.

인간의 구원을 위해 부족함이 없는 풍성한 축복을 담은 복음은 세상의 유일한 소망입니다. 그래서 바울은 "이 복음은 천하 만민에게 전파된 바"(23절)라고 했습니다. 천하 만민은 바울이 세상의 모든 사람에게 복음을 다 전했다는 뜻이 아니고, 유대인과 이방인을 포함하여 차별 없이 복음을 전파했다는 의미입니다. 그리스도의 복음은 인종이나 지역을 가리지 않습니다. 어디에서든지 누구나 믿고 구원을 받을 수 있습니다. 제2의 구세주는 있지도 않지만 필요하지도 않습니다. 하나님께서는 모든 충만으로 예수 안에 거하시기 때문입니다(골 1:19). 그래서 그리스도를 통한 속죄와 구원은 온 인류를 대상으로 합니다. 십자가 구원은 누구에게든지 인종과 문화를 초월하여 충만하게 제공됩니다. 복음 안에서 누구든지 영생의 소망을 가질 수 있습니다.

이러한 구원은 세상 종교가 줄 수 없습니다. 인류의 구속을 위해 십자가로 간 하나님의 독생자는 한 분뿐입니다. 예수 그리스도의 복음 이외에 다른 복음은 없습니다(갈 1:7). 그래서 바울은 온 세상에 다니면서 복음을 전하였습니다. 우리도 다원주의 사회에서 복음의 유일성과 독특성을 알려야 합니다. 하나님의 아들이신 예수 그리스도는 많은 메시아 중의 하나가 아닙니다. 기독교는 배타적이라는 비판을 받습니다. 그러나 인류를 구하기 위해서 자신을 십자가에 내어준 신(神)은 예수님 이외에 아무도 없습니다. 세상에는 여러 종류의 다른 종교와 그들의 신(神)들이 있지만, 죄에 빠진 인류를 구원하기 위해서 못 박힘을 당하고 창에 찔린 대속주가 없습니다. 죄인들을 위해서 고난의 죽음을 체험하지 못한 신(神)은 죄인들을 죽도록 사랑하는 신(神)이 아닙니다. 기독교 이외의 다른 어떤 종교에서도 인간의 몸으로 세상에 태어나서 십자가와 같은 고난을 받고 죽임을 당한 후에 다시 살아난 신은 없습니다. 아무도 과거에 죽음으로 내려갔다가 다시 영원히 살아난 자가 없습니다. 따라서 십자가 복음의 절대성을 주장하지 않을 수 없습니다.

복음이 '천하 만민에게'(23절) 전파되었다는 바울의 진술은 인류의 장래에 대한 대변화가 온 것을 의미합니다. 복음은 어두운 죄의 세상에 새창조의 빛으로 비쳐 나갑니다. 예수 그리스도가 십자가 피로써 하나님과 소외된 인간들에게 화해의 길을 열었기 때문입니다. 예수님은 죽은 자 가운데서 다시 살아나셔서 새생명의 첫 출발이 되고 새창조를 시작하셨습니다(골 1:18).

이 세상은 겉으로 보면 아무런 변화가 없는 듯합니다. 세상은 항상 자기 방식대로 돌아갑니다. 그러나 사실은 예수 그리스도의 부활 생명으로 전에는 상상하지 못했던 대변화가 일어나고 있습니다. 사도 바울이 온 세상에 전했던 그리스도의 복음을 듣고 믿으면 죄와 사망의 그늘에 갇혔던 자에게 새생명의 빛이 들어옵니다. 복음은 재창조의 능력입니다. 복음으로 온 세상이 새로워집니다. 바울이 전했던 그리스도의 복음 진리는 지금도 세상을 비추고 새생명의 창조를 일으키는 인류의 유일한 소망입니다.

바울이 조건부로 제시한 "만일"의 의미는 무엇입니까?

"만일…아니하면.."(23절)이라는 조건부 표현은 우리의 구원과 관련된 몇 가지 질문을 일으킵니다. 다음 세 가지 유형의 입장을 간단히 소개합니다.

1) 알미니안주의 해석
진정으로 중생한 사람도 이 조건 충족에 실패하면, 하나님 앞에 거룩하고 흠 없고 책망할 것이 없는 자로 세움을 받지 못한다. 계속된 믿음과 복음의 소망으로 성도의 거룩한 삶을 살지 못하면 구원도 상실된다.

2) 칼빈주의 해석

인내가 없이 도중에 하차하는 믿음은 진정으로 예수 그리스도를 믿지 않았다는 증거이다. 참으로 회심한 신자는 끝까지 그리스도께 신실하므로 복음의 소망으로부터 흔들리지 않는다.

3) 유업주의 해석

본 절은 구원의 상실 여하를 시사하는 말씀이 아니고, 복음의 소망 속에 담긴 유업의 상속을 받도록 독려하는 말씀이다. 하나님과의 화해는 예수 그리스도의 십자가 피로써 이루어졌다. 하나님께서는 자기 아들에게 우리를 대신하여 정죄를 받게 하시고 죽음의 심판을 내리셨다. 이로써 죄의 삯은 지불되었다. 복음을 듣고 믿는 자들은 하나님의 용서를 받고 한순간에 하나님과 화해된다. 그런데 예수님은 우리의 구속을 위해서 십자가로 가셨을 뿐만 아니라 부활하셔서 자신의 새생명의 삶을 우리에게 날마다 부어주기를 원하신다. 주님은 우리의 삶 속에서 재창조의 생명으로 역사하셔서 우리가 거룩한 백성이 되게 하신 후에 하나님께 우리를 바치기를 원하신다. 이것이 우리의 미래에 대한 예수님의 계획이다.

본인의 강해는 이 세 번째 해석을 따른 것입니다. 예수님은 하나님께서 우리를 질책하실 것이 없는 온전한 수준으로 올리기 위해 말씀과 성령으로 주의 형상을 닮도록 빚어 가십니다. 그래서 우리의 삶에 남아 있는 여러 결함을 제거하셔야 합니다. 그러니까 '만일'(if)이라는 조건은 궁극적인 구원 여부를 가리는 잣대가 아니라는 말씀입니다. 이것은 복음의 소망에 속하는 하늘에 쌓아 둔 유업(골 1:5, 12)

을 얻기에 합당한 삶을 어떻게 살아야 하는지에 대한 지침입니다.

바울은 골로새 교인들이 복음을 깨닫고 믿었지만, 완전한 수준에 이르지 않으면 구원을 상실한다고 경고한 것이 아닙니다. 만약 '거룩하고 흠 없고 책망할 것이 없는 자'가 되지 않으면 하나님 앞에 설 수 없다는 말이 최종적인 구원을 가리킨 것이라면, 아무도 구원받을 자가 없을 것입니다. 사실상 믿음과 사랑과 소망을 가졌던 당시의 골로새 교인 중에서도 이러한 수준에 이른 자가 없었습니다. 바울도 전혀 흠이 없는 완전한 성도가 아니었습니다. 그렇다면 바울 자신을 포함하여 당시의 골로새 교인들은 자신들의 구원을 확신할 수 없었다는 말이 됩니다. 그러나 바울이 그들을 그렇게 보았다는 증거가 없습니다. 바울은 골로새 교인들이 복음을 믿고 하나님의 자녀들이 된 것을 의심하지 않았습니다.

바울은 여기서 첫 구원이나 마지막 구원을 말하는 것이 아닙니다. 그는 본문에서 믿음으로 의롭게 되어 하나님 앞에 흠 없는 자로 간주하는 칭의나, 또는 죽을 때 성도들이 완전하게 되어 하나님 앞에 서게 된다는 것을 설명하는 것이 아닙니다. 칭의는 그리스도를 믿은 순간에 이미 발생한 확정적인 사건입니다. 하나님께서는 내가 그리스도의 대속을 믿었을 때 나에 대한 진노를 완전히 푸시고 화해하셨습니다. 바울이 여기서 다루는 것은 우리를 장차 하나님 앞에 세우는 일입니다. 즉, 구원의 여부가 아닌, 마지막 날의 유업과 우리 삶에 대한 하나님의 평가에 대한 것입니다.

유업의 상은 자동으로 누구나 동일하게 받지 않습니다. 그래서 본 절에서 '만약'이라는 조건 충족을 제시하였습니다. 이를테면, 우리가 "그리스도의 장성한 분량이 충만한 데까지"(엡 4:13) 이르려면 꾸준한 믿음으로 그리스도 안에서 받게 될 유업의 복들을 소망하며 흔들림이 없이 주를 섬겨야 한다는 것입니다(골 3:24). 이것은 우리가 하나님 앞에 서게 될 때 하나님과 주 예수께 영광이 돌아가게 하려는 것입니다. 주님께서는 우리를 데리고 하나님 앞으로 나아가실 것입니다. 그 목적은 우리의 삶을 평가받고 그에 따른 유업의 상을 받게 하기 위한 것입니다. 그때 주님은 하나님께서 온 우주 앞에서 우리를 향해 이렇게 평가하기를 원하십니다.

「내 자녀들을 보라. 내 아들이 그들을 위해 행한 희생과 사랑의 역사를 보라. 그들에게 아무런 심각한 결함이 없다. 그들은 복음의 진리에 투신하였고 그리스도의 형상을 닮기 위해 거룩하고 높은 수준의 크리스천 삶을 살았다. 나는 그들로 인해 만족하고 기뻐한다. 잘하였도다 착하고 충성스러운 종들아 이제 네 주인의 즐거움에 참여할지어다.」

결국, 우리가 그리스도를 닮는 거룩한 삶은 하나님과 예수님뿐만 아니고 우리 자신들에게도 영광이 됩니다. 우리가 심판 날에 하나님 앞에서 칭찬을 듣게 하려는 것이 우리를 향한 주님의 목표입니다. 이를 위해 부활하신 새생명의 주께서 도우신다고 약속하셨습니다. 그래서 우리는 복음의 진리에 걸맞도록 모든 선한 일에 열매를 맺으며 하나님을 더욱 알아가는 일에서 자라야 하겠습니다(골 1:10).

주님은 우리의 새생명이 아름답게 전시되기를 원하십니다. 우리의 삶은 하나님 앞에서 전시(展示)될 때 평가를 받을 것입니다. 그런데 이 시점에서 신자들은 실패할 수 있습니다. 어떤 이들은 유업의 상을 잃을 것입니다(고전 3:15). 하나님께서는 모든 신자에게 동일하게 '잘하였도다'라고 칭찬하시지 않습니다. 그래서 바울이 '만약'이라는 말을 사용하였습니다. 그런데 주님이 원하시는 것은 누구나 그리스도의 장성한 표준에 이르러 하나님 앞에 온전히 세워지는 것입니다.

"자기 앞에 영광스러운 교회로 세우사 티나 주름 잡힌 것이나 이런 것들이 없이 거룩하고 흠이 없게 하려 하심이라"(엡 5:27).

우리는 신분적인 측면에서 보면, 믿음으로 의롭게 되어 하나님 앞에 죄인이 아닌 의인으로 서 있습니다(롬 3:26-30; 5:3; 8: 33). 이것은 확정적이며 불변입니다. 신자는 이미 죄 사함을 받고 속량을 받아 하나님 아들의 나라로 옮겨졌습니다(골 1:13-14). 그러나 하나님 앞에 거룩한 자로서 책망할 것이 없는 자녀로 세워지는 것은 조건부임을 기억해야 합니다. 다시 말해서, 마지막 날에 책망할 것이 없는 흠 없는 자녀로서 하나님 앞에 세워지는 것은 조건 충족이 될 때만 가능합니다. 칭의는 성화를 무조건 보장하지 않습니다. 그리스도를 믿음으로 말미암아 신분이 의롭게 된 자들은 그리스도의 성품으로 변화되는 거룩한 삶으로 이어져야 한다는 것이 하나님께서 의도하신 구원의 서정입니다(엡 1:4; 2:10).

하나님의 칭찬을 받을 수 있는 거룩한 자녀로 변화되려면 견고하고 꾸준한 믿음이 있어야 합니다. 그래서 "만일" 믿음과 복음의 소망에서 흔들리지 "아니하면, 그리하리라"(골 1:22-23)고 하였습니다.

예수 그리스도를 통해서 하나님과 화해된 자들은(골 1:20, 22) 하나님과 거룩한 관계를 지속함으로써 구원의 목적이 성취되게 해야 합니다(딛 2:11-14). 바울이 말하는 것은 우리가 선행으로 천국에 들어간다는 뜻이 아닙니다. 그러나 마지막 날에 하나님의 칭찬과 인정을 받고 주와 함께 새 하늘과 새 땅의 충만한 유업을 상속받는 일은 처음 구원을 받을 때의 단순한 믿음으로 결정되지 않는다는 것입니다. 유업은 복음의 진리에 따라 사는 헌신 된 꾸준한 믿음 생활의 지속을 조건으로 달고 있습니다.

이제 본 메시지의 내용과 관련해서 에베소서의 말씀을 적용해 보도록 하겠습니다.

"그러나 하나님은 자비가 넘치는 분이셔서 우리를 사랑하신 그 크신 사랑으로 말미암아 범죄로 죽은 우리를 그리스도와 함께 살려 주셨습니다. 여러분은 은혜로 구원을 얻었습니다" (엡 2:4-5, 새번역).

"여러분이 전에는 하나님에게서 멀리 떨어져 있었는데 이제는 그리스도 예수 안에서 그분의 피로 하나님께 가까워졌습니다" (엡 2:13, 새번역)

'전'과 '이제'의 차이를 주목하십시오. 전에는 우리가 하나님과의 관계에서 영적으로 어떤 사람이었으며 어떤 신분을 가졌습니까? 영적으로 죽었고 하나님의 진노의 대상이었습니다. 주 예수를 믿은 후에는 어떻게 달라졌습니까? 하나님의 자녀가 되었고 영적으로 살아났습니다. 죄인으로 있다가 의인으로 신분이 바뀌었습니다. 그럼에도 우리가 자주 실패할 때는 자신의 과거와 현재의 신분적 차이를 대조해 보고 다음 단계로서 어떻게 살아야 하는지를 자신에게 설득시켜야 합니다.

- 나는 비록 현재의 모습이 매우 부족하지만, 이미 그리스도의 피로써 깨끗하게 되었고 새생명을 소유하고 있다는 사실을 자신에게 항상 상기시켜야 합니다.
- 내 양심이 실패와 죄로 찔릴 때는 '그러나 이제는'(But now) 나의 위치와 신분이 바뀌었다는 사실을 스스로 주지시키십시오. 새 삶을 위한 각오가 새로워질 것입니다.
- 과거의 죄악과 장래의 두려움으로 마음이 내려앉고 영적 마비가 올 때 '이제는' 내가 그리스도에 의해서 하나님과 화해된 자임을 의식적으로 기억하십시오. 그러면 성령의 감동을 받게 되고 새롭게 살아야 한다는 내적 열망이 생길 것입니다.
- 주님이 나를 위해서 어떤 희생을 하셨고 하늘 아버지께서 얼마나 나를 오래 참으시며 사랑을 베푸시는지를 생각해 보십시오. 그러면 회개하게 될 것입니다. 그리고 주 하나님을 더욱 신뢰하며 믿음과 인내로 하나님 앞에 온전한 모습으로 서려고 한층 더 노력할 것입니다.

우리 모두 '전과' '이제의' 모습이 다르고, 어둠에 갇혔던 '과거'와 빛의 나라에 들어온 '현재'의 성격이 완연한 차이가 나는 새 삶을 살게 되기를 기원합니다.

18장
그리스도의 남은 고난
골로새서 1:23-24

"…이 복음은 천하 만민에게 전파된 바요 나 바울은 이 복음
의 일꾼이 되었노라 나는 이제 너희를 위하여…그리스도의
남은 고난을 그의 몸된 교회를 위하여 내 육체에 채우노라"
(골 1:23-24).

고난의 주제는 다루기가 쉽지 않습니다. '고난'은 인생 문제 중에
서 가장 풀기 어려운 숙제 중의 하나입니다. 이 세상에는 우리가 인
과응보로 설명할 수 있는 고난도 있고, 욥의 경우처럼 전혀 이해할
수 없는 고난도 있습니다. 성경에서도 많은 사람이 고난 문제로 하
나님께 물었습니다.

"여호와여 도우소서 경건한 자가 끊어지며 충실한 자들이 인
생 중에 끊어지나이다"(시 12:1).
"여호와여 내가 부르짖어도 주께서 듣지 아니하시니 어느 때

까지리이까 내가 강포로 말미암아 외쳐도 주께서 구원하지
아니하시나이다 어찌하여 내게 죄악을 보게 하시며 패역을
눈으로 보게 하시나이까 겁탈과 강포가 내 앞에 있고 변론과
분쟁이 일어났나이다"(합 1:2-3).

사람들은 만약 사랑의 하나님이 존재한다면 왜 이 세상에 고난이
계속되느냐고 묻습니다. 그들은 고난의 문제 때문에 하나님을 믿을
수 없다고 말합니다. 우리는 물론 고난이 근본적으로 인간의 죄 때
문이라는 것을 압니다. 또 하나님께서 죄를 심판하시고 모든 고난을
종식시킬 날이 올 것도 믿습니다. 그런데 세상에는 개인의 죄와 직
접적인 상관이 없는 고난도 있습니다. 이러한 고난 중에 '그리스도를
위한 성도의 고난'이 포함됩니다. 바울은 본문에서 자신이 복음의
일꾼이 되었다고 했습니다. 그리고 곧이어 자신의 고난을 언급합니
다. 복음과 고난 사이에는 어떤 연관성이 있다는 시사입니다.

바울이 체험하는 '그리스도의 남은 고난'이란 무엇입니까?

바울은 자신이 복음의 일꾼이 되었다고 했습니다. 그런데 복음의
일꾼이 된 것을 고난의 문맥에서 언급하였습니다. 이것은 우리가 복
음의 성격을 이해하는데 퍽 중요한 사항입니다. 복음은 문자 그대로
'좋은 소식'입니다. 그렇다면 복음과 고난은 어울리지 않습니다. 고
난이 어떻게 '좋은 소식'이 될 수 있겠습니까?

우리가 복음을 어떻게 이해하고 있는지 생각해 보십시오. 예수를

믿으면, 구원을 받고 하나님의 사랑을 받다가 사후에는 천국에 간다고 믿습니다. 맞는 말입니다. 그러나 이것이 복음의 전부가 아닙니다. 바울은 복음을 예수님이 가신 길과 하나님께서 구원을 성취하시려고 택하신 방법을 따라 진술해야 했습니다. 그래서 "그리스도의 남은 고난"을 복음에서 빼놓을 수 없었습니다. 바울은 예수만 믿으면 복 받고 천국 간다고 하지 않고, 예수를 믿으면 고난도 함께 받는다고 하였습니다.

> "그리스도를 위하여 너희에게 은혜를 주신 것은 다만 그를 믿을 뿐 아니라 또한 그를 위하여 고난도 받게 하려 하심이라"(빌 1:29).

우리가 구원을 받은 중요한 목적의 하나는 "그리스도를 위하여 고난"을 받는 것입니다. 이것은 복음이 지닌 역설입니다. 이 측면을 잘 이해하지 않으면 기독교를 세속적 물질주의로 전락시킵니다. 요즘 교회들에서는 예수를 믿으면 세상일이 잘 된다고 가르칩니다. 돈도 많이 벌고 출세한다고 말합니다. 그러나 과거에는 반대로 가르쳤습니다. 이 세상은 괴로운 곳이기 때문에 예수 믿고 천당 가야 한다고 외쳤습니다. 우리는 복음을 성경의 진술에 따라 균형 있게 이해해야 합니다. 복음과 고난의 관계를 이해하지 못하면, 신자 생활을 하면서 실망하거나 갈등을 느끼기 쉽습니다. 어려운 일이 생기고 잘 풀리지 않는 일이 있을 때 사람들은 하나님을 원망하거나 자신이 복을 받지 못했다고 한탄합니다. 시편 저자들도 이렇게 물었습니다.

"주여 어느 때까지 관망하시려 하나이까…"(시 35:14-17)

"여호와여 어느 때까지니이까 나를 영원히 잊으시나이까 주
의 얼굴을 나에게서 어느 때까지 숨기시겠나이까?"(시 13:1).

인간은 본능적으로 고난을 싫어합니다. 누가 고생하는 것을 좋아
하고 기뻐하겠습니까? 그러나 그리스도 안에서 받는 고난은 하나님
의 선한 목적을 가진 것임을 알면, 고난을 대하는 우리의 자세가 달
라집니다. 그리스도를 위해서 받는 고난은 하나님께서 반드시 갚아
주십니다. 하나님께서는 우리의 고난을 관망만 하시지 않습니다. 반
드시 '착하고 충성스러운 종아 잘하였도다'라고 칭찬하실 때가 옵니
다. 그리스도와 그의 나라를 위해 받는 고난은 보장된 축복의 통로
입니다.

"그리스도의 남은 고난"이라는 말은 오해하기 쉽습니다.

첫째, 예수님의 십자가 고난이 우리를 구속하기에 부족하다는 뜻
이 아닙니다. 예수님은 인류의 죄를 위해서 십자가에서 하나님의 형
벌을 다 받으셨습니다. 죄인들을 구속하기 위해서 자신을 희생 제물
로 바친 예수님의 십자가 고난은 종결된 사건입니다. 주님은 십자
가에서 운명하실 때 "다 이루었다"(요 19:30)라고 하셨습니다. 성경은
예수님이 구속주로서 모든 일을 마쳤다고 증언합니다.

골로새서에서 창조주와 구속주로서의 그리스도의 충족성은 수차
례 지적하였습니다(골 1:12-14, 19-20; 2:13-15). 히브리서에서도 예수
님의 십자가 죽음은 일회로 완전하고 충분한 구속을 영원히 확보하

였다고 반복하여 강조합니다(히 1:3; 9:12, 26; 10:10-14). 그래서 바울이 사용한 '예수님의 남은 고난'은 예수님의 속죄 희생에서 채우지 못한 부족한 부분이 있었다는 의미가 아닙니다. 만약 그렇지 않다면 바울이 예수님의 나머지 속죄 사역을 채웠다는 뜻이 되므로 바울 자신도 예수님과 공동 구속주가 되어야 할 것입니다.

바울은 우리를 위해서 속죄양이 되지 않았습니다. 아브라함이 자기 아들인 이삭 대신에 바쳤던 속죄양은 한 마리였습니다. 세상 죄를 지고 가는 하나님의 어린 양도 한 마리뿐입니다. 하나님께서 인류에게 대속주로서 십자가를 지고 가게 하신 분은 오직 예수님 한 분밖에 없습니다. 그래서 예수님은 "나로 말미암지 않고는 아버지께로 올 자가 없느니라"(요 14:6)고 하셨습니다.

"하나님은 한 분이시요 또 하나님과 사람 사이에 중보자도
한 분이시니 곧 사람이신 그리스도 예수라"(딤전 2:5).

여러 명의 중보자가 있어서 하나님께로 가는 통로가 여러 개라고 말하지 않았습니다. 하나님과 인간 사이의 교량 역할을 하는 분은 예수님 한 분뿐입니다. '내가 곧 길'이라는 이 '길'은 유일한 길을 가리킵니다.

둘째, '그리스도의 남은 고난'은 바울이 유대인으로서 말하고 있다는 점을 고려해서 이해해야 합니다. 유대교의 전통에서는 기름 부음을 받은 메시아가 도래하기 전에 세상에 고난이 있을 것이라고 하였습니다. 현재의 악한 시대가 메시아의 오심으로 황금시대가 되는

전환기에는 산고와 같은 환난이 있다고 보았습니다. 바울도 이러한 배경에서 메시아 시대와 고난과의 관계를 밀착시켰습니다(롬 8:18-27). 메시아이신 예수 그리스도께서 고난을 받으셨기에 고대하던 '오는 세대'가 개막되었습니다. 그러나 이 새 시대인 '오는 세대'는 악한 '현세대'와 갈등 관계에 있습니다. 그래서 새 시대의 완성을 위해 현세대가 주는 고난의 계곡을 온전히 통과해야 하는 일이 사도 바울을 포함해서 주의 백성이 받을 고난의 몫으로 남아 있다는 것입니다.

여기에는 유대인들의 연합체 사상이 깔려 있습니다. 유대인들은 개인과 공동체를 정확하게 구분하지 않고 하나의 유기체로 보았습니다. 그래서 바울도 예수님 개인에게 일어난 일은 그의 몸인 교회 구성원 전체에게 일어난 일로 간주하였습니다. 이것은 예수님 자신의 사상이었습니다. 예수님은 교회가 받는 고난을 자신이 받는 고난으로 간주하셨습니다(행 9:1-5).

바울은 예수께서 출범시킨 새 시대의 일꾼으로서 부름을 받았습니다(25절). 이것은 무엇을 의미합니까? 고난을 의미합니다. 왜 고난입니까? 십자가 복음은 세상눈으로 보면 어리석고 흉한 것입니다. 어떻게 신이 세상에 아기로 태어날 수 있으며, 인간의 손에 의해서 십자가의 끔찍한 처형을 받고 죽을 수 있단 말입니까? 더구나 사지에 못이 박히고 창에 찔려 피를 흘리고 죽은 사람이 다시 살아났다는 말은 누가 들어도 말이 되지 않습니다.

"유대인은 표적을 구하고 헬라인은 지혜를 찾으나 우리는 십
자가에 못 박힌 그리스도를 전하니 유대인에게는 거리끼는

것이요 이방인에게는 미련한 것이로되"(고전 1:23).

바울은 고난받은 메시아를 구원자로 전했습니다. 그는 이방인들에게 다른 신들을 버리고 주 예수를 믿어야 구원을 받는다고 전파했습니다(롬 15:15-19). 그는 이 예수가 창조주 하나님이라고까지 주장하였습니다. 이런 말을 누가 믿겠습니까? 사람들은 다른 신들을 인정하지 않고 오직 예수만을 구주로 내세우는 바울을 그냥 둘 수 없었습니다. 그래서 그를 박해하였습니다. 지금도 마찬가지입니다. 다원 종교 시대에 복음을 있는 그대로 전하면 비웃음과 멸시를 당합니다. 속이 좁고 배타적이라는 말을 듣습니다. 그러나 희석된 복음을 전하면 아무도 박해하지 않습니다. 반대로 예수님이 전한 복음과 바울이 전한 복음을 그대로 전하면 환영하지 않습니다. 그래서 복음은 부르심을 받은 자들에게만 "하나님의 능력이요 하나님의 지혜"(고전 1:24; 비교. 롬 1:16)입니다.

예수님이 시작하신 메시아 시대는 현재 진행 중입니다. 그래서 교회와 각 구성원에게 자신들이 채워야 할 고난의 몫이 남겨져 있습니다. 예수님이 출범시킨 '오는 세대'는 세상에 속한 악한 '현세대'와 충돌을 일으킵니다. 이 두 세대 사이의 대결에서 성도들이 고난을 받습니다. 이러한 고난은 우리 편에서 보면 없으면 좋을지 모릅니다. 그러나 그러한 고난은 하나님의 구원 계획의 일부입니다. 그래서 바울은 자신이 이 하나님의 구원 계획에 따라 복음을 전할 때 불가피하게 고난이 포함되었다고 진술하였습니다(빌 1:29). 그는 자신이 받아야 하는 고난을 예수님의 고난과 일치시켰습니다. 이것은 예수님의 고난이 부족해서 나머지 부분을 채우는 것이 아니라, 예수님의 몸의 일부로서 받는 고난의 연장입니다. 다시 말해서 예수님은 자신의 몸인 교회의 머리로서 모든 부분에 연결되었습니다. 그래서 그리스도의 남은 고난을 채운다는 말은 주님이 세상에 사셨을 때 받은 고난을 그의 몸 된 지체들도 체험한다는 의미입니다.

복음의 꽃은 고난의 길을 따라 피어납니다.

예수를 믿는다는 것은 예수님의 십자가만 믿으면 다 끝난다는 뜻이 아닙니다. 우리가 주 예수를 믿는다는 것은 하나님으로부터 받은 영원한 구원의 실체를 우리 각자의 삶 속에서 드러내는 것입니다. 이것은 예수님이 가신 고난의 길을 나도 따라간다는 것을 전제합니다. 복음을 바르게 믿고 주님을 따르면 고난이 오게 되어 있습니다. 그래서 "무릇 그리스도 예수 안에서 경건하게 살고자 하는 자는 박해를 받으리라"(딤후 3:12)고 했습니다. 조금 더 실제적으로 설명해 보겠습니다.

구속받지 못한 이 세상은 현재 예수님이 아닌, 사탄을 왕과 신으로 받들고 있습니다(고후 4:4; 엡 2:2). 사람들이 의식하든 않든 현재 "이 세상의 임금"(요 14:30)은 사탄입니다. 그래서 사도 요한은 요한일서 5:19절에서 말하기를 "온 세상은 악마의 세력 아래 놓여 있다"(요일 5:19, 새번역)고 했습니다. 사탄이 누구의 왕국을 지키려고 하겠습니까? 당연히 어둠의 왕국입니다. 물론 예수님은 사탄의 나라를 십자가로 대파하고 부활 생명으로 하나님의 나라를 이 세상에 세우셨습니다. 그런데 하나님의 나라는 단번에 완성된 것이 아니고, 현재 예수 그리스도의 굳건한 터 위에서 지어져 가는 중입니다. 사탄은 예수님의 십자가와 부활로 패배했지만, 아직도 살아서 활동 중입니다. 사탄은 여력을 다해 하나님의 나라와 주의 백성을 허물려고 날마다 기를 쓰고 있습니다.

우리는 사탄의 실체에 대해서 올바른 지식을 가져야 하고, 사탄의 실력에 대해서 올바른 평가를 해야 합니다. 그의 존재를 부정해서도 안 되고, 그를 얕보아서도 안 됩니다. 그를 과소평가해서도 안 되고 과대평가해서도 안 됩니다. 우리는 사탄이 예수님의 십자가와 부활로 패배했다는 사실도 잊지 말아야 하고, 그가 아직 살아 있다는 사실도 기억해야 합니다. 그를 지나치게 두려워해서도 안 되지만, 너무 얕보아서도 안 됩니다. 어떤 신자들은 그냥 말로써 '사탄아 물러가라'고 외치기만 하면 사탄이 물러설 줄로 생각합니다. 사탄은 소리를 지른다고 해서 겁을 먹는 존재가 아닙니다. 그리스도에 대한 믿음도 없고 성령의 감동도 받지 않은 사람이 입으로만 성경 구절을 인용하여 '예수의 이름으로 명하노니 사탄아 물러가라'고 고함지른다고 해서 사탄이 자기 일을 중단하지 않습니다. 사탄이 오히려 그런 자들을 압도합니다. 사탄은 지력이 높고 속임수에 능합니다. 사탄은 인간보다 훨씬 더 강한 존재입니다. 주님의 재림과 마지막 심판이 있기 전까지 사탄은 무시할 수 없는 능력으로 하나님의 나라를 방해하고 공격합니다. 그래서 우리는 복음이 전파되는 곳마다 사탄의 활동이 맹렬할 것을 예상해야 합니다. 사도행전을 읽어 보십시오. 초대 교회와 사도들이 복음을 전하면서 얼마나 많은 반대와 방해를 받았습니까? 교회가 부흥하면 사탄도 부흥합니다.

왜 바울이 감옥에 갇히고 구타를 당하며 갖은 고초를 겪었습니까? 그리스도의 복음을 전했기 때문입니다. 복음은 사탄에게 속한 자들을 빼냅니다. 그래서 사탄이 분을 품고 달려듭니다. 바울이 갇힌 곳은 로마 제국의 감옥이었고 그를 박해한 자들은 주로 유대인들이었지만, 그들 뒤에는 사탄이 있었습니다. 예수님을 공격하고 유혹하며 박해한 자도 사탄이었습니다. 물론 기독교 신자들을 대항하고 넘어지게 하려고 획책하는 것도 사탄입니다. 그러나 우리는 부정적인 일들을 모두 사탄의 책임으로 돌릴 수는 없습니다. 우리가 육신에 속한 생각으로 하나님의 일을 방해하는 일들이 얼마든지 있습니다. 그래서 바울은 육체의 소욕을 따르지 말고 성령의 열매를 맺으라고 권면하였습니다(갈 5:16-26). 이 세상의 물질과 명예와 자랑과 즐거움들도 우리의 복음 생활에 커다란 유혹으로 작용합니다. 그래서 사도 요한도 세상이나 세상에 있는 것들을 사랑하지 말라고 했습니다(요일 2:15). "세상에 있는 모든 것이 육신의 정욕과 안목의 정욕과 이생의 자랑이니 다 아버지께로부터 온 것이 아니요 세상으로부터 온 것이라"(요일 2:16). 그러나 궁극적으로 보면, 사탄이 인류를 유혹하여 넘어지게 한 이후로 지금까지 사탄이 배후에서 하나님의 나라와 그 백성을 무너뜨리려고 공작 중입니다.

사탄은 예수님의 방식대로 십자가를 지고 주님을 따라가는 삶을 증오합니다. 오늘날 상당수의 신자는 자기 십자가를 지는 삶을 불필요하게 여기거나 무관심하게 대하는 경향이 있습니다. 축복 신앙과 성공주의에 물들었기 때문입니다. 예수 믿고 일이 잘 풀려야 복 받는 삶이라고 봅니다. 예수를 잘 믿었더니 고난이 다 없어졌다고 말하는 것은 비성경적인 발언입니다. 이 세상에서는 복음을 위해서 바르게 행하려고 하면 오히려 손해를 봅니다. 그리스도를 위해 선한 삶을 살려고 시도해 보십시오. 방해를 받게 마련입니다. 사실상 타락한 세상은 둘째치고 교회 내에서도 그런 반대를 받기 쉽습니다. 교회가 그만큼 부패했다는 증거입니다. 그리스도와 그의 복음을 따라 살려고 하기 때문에 받는 고난이 무엇인지를 모르면 신자 생활을 제대로 하는 것이 아닙니다. 바울은 고난이 진정한 크리스천 삶의 표지라고 자주 말했습니다.

자기 십자가를 지지 않고 예수님을 따라가려는 자들은 예수의 제자라기보다는 관광객입니다. 예수님의 남은 고난에 자신을 연결할 수 없으면 복음 사역을 통해서 세상을 구원하시려는 하나님의 뜻에서 벗어난 것입니다. 그런 교인은 복음을 자신의 이기적인 목적을 위한 도구로 여깁니다. 교회를 다녀도 자기 잘 되는 일에만 신경을 씁니다. 기도해도 늘 자기중심의 유익과 세상적인 복을 받기 위한 것에만 집중합니다. 그러나 진정으로 복 받은 자는 자기 십자가를 지고 주님을 따르는 자들입니다. 그런 성도들은 죄와 죽음으로부터 죄인들을 구속하기를 열망하시는 주님의 마음을 세상에 전하기 위해 고통과 손실과 반대를 무릅쓰고 삽니다. 이런 삶은 인간이 가질 수 있는 가장 값지고 행복한 삶입니다. 하나님께서 그런 삶을 선하고 의롭다고 인정해 주시기 때문입니다.

바울은 자신이 그리스도의 남은 고난을 채운다고 하였습니다. 이것은 예수님의 주권에 복종하며 그분의 삶의 방식에 따라 산다는 뜻입니다. 예수님은 하나님의 뜻에 복종하기 위해 자기 십자가를 지고 죽기까지 자신을 낮추며 희생하셨습니다. 부활의 영광은 십자가의 가시 면류관을 쓴 다음에 왔습니다. 우리 각자에게 채워야 할 고난의 몫이 있습니다. 성도들이 바울처럼 복음을 전하며 주 예수만이 유일한 구원자임을 증거할 때 받는 고난은 주님의 재림 때까지 절대 그치지 않을 것입니다. 신실한 증인이 되는 것의 대가는 우리에게도 옵니다.

"세상이 너희를 미워하거든, 세상이 너희보다 먼저 나를 미워하였다는 것을 알아라. 너희가 세상에 속하여 있다면, 세상이 너희를 자기 것으로 여겨 사랑할 것이다. 그러나 너희는 세상에 속하지 않았고 오히려 내가 너희를 세상에서 가려 뽑아냈으므로, 세상이 너희를 미워하는 것이다. 내가 너희에게 종이 그의 주인보다 높지 않다고 한 말을 기억하여라. 사람들이 나를 박해했으면 너희도 박해할 것이요, 또 그들이 내 말을 지켰으면 너희의 말도 지킬 것이다. 그들은 너희가 내 이름을 믿는다고 해서, 이런 모든 일을 너희에게 할 것이다. 그것은 그들이 나를 보내신 분을 알지 못하기 때문이다." (요 15:18-21, 새번역).

우리는 그리스도의 고난으로 구원을 받았습니다. 그러나 받은 구원을 그리스도를 본받는 거룩한 삶으로 드러내어야 하고, 그리스도와 그의 복음을 증거하기 위해서는 자기 십자가를 져야 합니다. 우리는 복음을 전하라는 주님의 명령을 받았습니다. 그런데 복음을 액면대로 전하면 환영을 받기보다는 반감과 미움을 사기 쉽습니다. 예를 들어, 구원받은 신자들도 그리스도의 심판대 앞에 서게 된다고 말하면 어떤 반응을 보일까요? 싫어합니다. 그냥 예수만 믿으면 다 천국에 들어가고 심판이 없다고 해야 좋아합니다. "우리가 다 그리스도의 심판대 앞에 서리라"는 말씀이 성경에 분명히 있어도(고후 5:10; 롬 14:10) 그것은 불신자들에게 해당한다고 해야 좋아합니다. 또 불신자들에게 예수를 믿지 않으면 하나님의 진노를 받고 지옥에 들어간다고 말해 보십시오. 매우 불쾌하게 여기고 예수만 신이냐고 반발합니다. 인기 있는 목사가 되려면 그런 말들을 피하고 감미로운 애기나 흥미로운 예화로 귀를 즐겁게 하는 설교를 해야 합니다. 그런 설교의 결과가 무엇입니까? 복음의 본질로부터 멀어지는 것입니다. 그래서 자신은 복음을 믿는다고 생각할지 몰라도, 인본주의 사상으로 물든 희석된 복음을 예수 그리스도의 복음인 것처럼 오해합니다. 이것은 근원적으로 보면, 교회 강단이 세속적인 사상으로 먼저 물이 들었기 때문입니다.

일반적으로 말해서 지옥에 대한 가르침이 강단에서 사라진 지가 이미 오래되었습니다. 과거에는 지옥불 설교를 많이 했습니다. 그래서 서양에서는 '지옥불 설교자'(hell fire preacher)라는 말이 나올 정도였습니다. 물론 지옥만 있는 듯이, 날마다 지옥을 운운하면 균형을 잃은 것입니다. 그러나 지옥이 마치 없는 듯이, 입을 다물고 있어서도 안 됩니다. 사실상 지옥에 대해서 가장 많이 가르치신 분은 예수님 자신이었습니다. 그러나 예수님은 천국도 함께 가르치셨습니다.

요즘은 회개에 대한 설교도 많지 않습니다. 과거에는 기도회를 하면 회개하는 사람이 많았습니다. 성경을 제대로 선포하는 부흥회에서는 자기 죄 때문에 가슴을 치며 괴로워하였습니다. 요즘에는 그런 기도회나 부흥회는 적고 그 대신 '내 복 주십시오' 하는 모임이 더 많습니다. 물론 하나님께 복을 비는 것이 어찌 보면 당연한 일입니다. 하나님은 복의 근원이십니다. 하나님께서는 우리가 복 받기를 원하십니다. 그러나 우리는 우리 편에서 하나님께 원하는 것을 먼저 아뢰기 전에, 하나님 편에서 우리에게 원하시는 것이 무엇인지 알아야 합니다. 신자라면 복 달라고 하기 전에 자신을 살피고 회개하는 것이 먼저라야 합니다. 자신에게 특별히 회개할 것이 없다고 여길지 모릅니다. 그럼 산상설교의 가르침에 비추어 자신의 삶을 반성해 보십시오. 그러면 회개할 것이 별로 없다고 생각하지 않을 것입니다. 오히려 내가 예수님의 가르침으로부터 얼마나 멀리 떨어져 살았는지를 절감할 것입니다.

원수를 사랑하려고 해 보십시오. 원수가 감사하다고 선물을 들고 와서 즉시 화해하자고 자원하지 않습니다. 사랑의 삶을 실천할 때마다 내 속에서 갈등과 유혹이 일어납니다. 원수를 사랑하려고 시도하면 나에 대해서 실망합니다. 내가 자존심이 강하고 사랑이 없다는 것을 확인하게 되기 때문입니다. 미운 사람을 사랑하려면 인내와 희생이 필요합니다. 자존심을 내려놓아야 합니다. 이런 것들이 우리가 지고 가야 할 작은 십자가들입니다. 하나님께서는 이러한 십자가의 삶을 통해서 우리를 그리스도의 형상으로 비져가십니다. 온갖 비리가 많은 세상에서 타협하지 않고 바르게 살려고 해 보십시오. 혼자 의로운 척한다는 핀잔을 받습니다. 예수님은 당시의 부패한 성전과 종교 지도자들을 비판하셨기에 증오의 대상이 되었습니다. 세상의 불의 때문에 롯처럼 의로운 심령을 상해 보아야만 주님의 남은 고난을 내 육체에 채울 수 있습니다.

신자의 고난은 그리스도의 형상을 닮고 주님의 고난에 참여하는 특권을 부여합니다. 하나님의 나라를 위해서 당하는 고난은 주님의 고난에 자신을 일치시키는 영광된 일입니다. 바울은 이 같은 특권과 영광의 의미를 알았습니다. 그래서 그는 주의 백성을 위해서 받는 고난을 오히려 기뻐한다고 하였습니다. 우리도 바울처럼 그리스도의 남은 고난을 우리 몸에 채워야 합니다. 우리 몸에 주님을 위한 고난이 얼마나 쌓였는지를 주께서 보실 날이 올 것입니다. 나는 그리스도의 남은 고난을 채우면서 살고 있습니까? 만약 그리스도를 위한 고난이 내게 별로 없다면, 그 이유가 무엇인지 반성해 보아야 합니다. 주님과 나 자신을 고난의 측면에서 조금이라도 일치시킬 수 있는 부분이 없다면, 신자로서 가장 중요한 특권과 축복의 통로를 가로막고 사는 것입니다. 그리스도의 남은 고난이 우리 각자의 삶에서 체험되어야만 정상적인 크리스천 삶입니다.

우리는 아마 나름대로 고통과 괴로움에 시달리며 힘든 나날을 보내고 있을지 모릅니다. 만약 그 고난이 그리스도의 남은 고난을 채우는 것이라면, 바울처럼 기뻐하십시오. 주님이 먼저 가신 길이기 때문입니다. 그리고 주님이 직접 체험하셨기에 우리를 동정하시고 능히 도우실 수 있습니다. 주 예수를 위하여 고난받는 성도들에게는 하나님의 위로와 격려가 있습니다. 우리 모두 이러한 고난의 의미를 알고 하나님의 격려를 체험하면서 주를 섬겨야 하겠습니다.

19장

복음과 고난
골로새서 1:24

"나는 이제 너희를 위하여 받는 괴로움을 기뻐하고 그리스도
의 남은 고난을 그의 몸된 교회를 위하여 내 육체에 채우노
라"(골 1:24)

우리나라 속담에 "젊었을 때 고생은 사서도 한다"는 말이 있습니
다. 늙어서 고생하는 것은 별 의미가 없지만, 젊었을 때 고생하면서
자라면 여러 가지로 좋은 인생 경험이 되어 나중에 유익하다는 뜻입
니다. 그러나 이것은 요즘 세상에서는 옛말이 되었지 않나 싶습니
다. 젊었을 때부터 잘 나가야 한다고 보기 때문입니다. 물론 고난은
나이와 상관없이 누구나 다 피하려고 합니다. 지금은 대체로 과거에
비하면, 사람들이 잘사는 편입니다. 일반적으로 말해서 자녀들이 자
라면서 적어도 경제적인 면에서는 크게 고생하지 않습니다. 이제 세
대가 달라져서 어른들이 생생하게 기억하는 과거의 생존 문제 자체
에 대한 고생은 젊은 층에서는 잘 이해하지 못합니다.

고난은 아무도 좋아하지 않습니다. 그러나 고난은 우리 삶의 현실입니다. 부정한다고 해서 없어지는 것도 아니고 피한다고 해서 다 피할 수도 없습니다. 고난은 타락한 세상의 뚜렷한 특징입니다. 세상에 태어나는 자마다 죽음을 안고 나오듯이, 모든 인간은 고난의 세상에 노출되어 있습니다. 고난의 근본 원인은 인간의 죄악입니다. 죄가 없었다면 고난도 없었을 것입니다. 그러나 개인적인 측면에서 왜 언제 무엇 때문에 고난이 와야 하는지는 다 설명할 수 없습니다. 다른 사람들과 비교해서 고난의 유무와 과다를 판단하거나 해명하기도 쉽지 않습니다. 우리는 성경이 계시하고 가르치는 범위 내에서만 고난을 이해할 수 있습니다. 그러나 성경 자체에서도 고난을 일일이 다 설명하지는 않습니다. 설명을 다 듣는다고 해도, 타락에 의한 우리의 제한된 이해력 때문에 만족할 만큼 다 알 수가 없습니다.

바울은 본문에서 고난에 대한 자신의 입장을 피력하는데 퍽 놀랍고 납득하기 어려운 말을 합니다. 그는 "괴로움을 기뻐"(24절)한다고 하였습니다. 불신자들 가운데도 자신들의 시련을 굳은 의지로 잘 극복하는 사람들이 있습니다. 그러나 바울은 극기의 정신을 넘어 환난을 겪으면서도 기뻐한다고 말합니다. 바울이 자기 학대증에 걸린 것일까요? 그럴 리가 없습니다. 바울은 지금 고난에 대한 자신의 자세를 말하지만, 사실은 모든 기독교인의 상황을 대변하고 있습니다. 그럼 기독교의 고난관은 어떤 것일까요? 이 질문에 답하려면 예수님 자신의 가르침으로 돌아가야 합니다.

예수님은 자신을 고난받는 메시아로 드러내셨습니다.

예수님 당시의 유대인들은 예수님이 군사적이고 정치적인 메시아가 되기를 원했습니다. 그러나 예수님은 메시아의 영광을 내세우기 전에 메시아의 고난을 먼저 언급하셨습니다(참조. 사 53장). 예수님은 자신을 가리켜 인자가 고난을 '반드시' 받아야 한다고 분명하게 여러 번 강조하셨습니다.

> "그리고 예수께서는 인자가 반드시 많은 고난을 받고, 장로들과 대제사장들과 율법학자들에게 배척을 받아, 죽임을 당하고 나서, 사흘 후에 살아나야 한다는 것을 그들에게 가르치기 시작하셨다(마 16:21 새번역).

예수님은 큰 영광으로 다시 오실 때가 있을 것입니다(단 7:13). 그러나 영광이 오기 전에 먼저 반드시 고난을 받으셔야 했습니다(마 16:21). 예수님이 고난을 즐기셨기 때문이 아닙니다. 메시아로 오신 예수님의 고난은 타락한 인류를 죄에서 구속하기 위해 '반드시' 필요한 일이었습니다. 십자가가 없이는 아무도 하나님의 용서를 받을 수 없기 때문입니다. 그런데 십자가 고난으로 이룬 구원의 길을 믿고 따르는 자들에게도 고난이 옵니다. 속죄의 고난은 예수님이 다 받으셨습니다. 그래서 우리에게 형벌이 없습니다. 그러나 하나님의 자녀가 된 자들은 예수님이 가신 희생과 자기 부정의 길을 거쳐 십자가 이후의 영광에 이르게 됩니다. 십자가 길을 따르는 자들은 마침내 높임을 받을 것입니다. 예수님의 생애에서 이 점을 분명하게 확인할 수 있습니다. 예수님의 낮아지심이 먼저 있었고 그다음 영광이 왔습니다. 우리는 이 순서를 다 싫어합니다. 우리는 영광을 먼저 원합니다. 베드로는 예수님이 고난을 거치지 않고 영광을 받으시기를 원했습니다.

그러나 여기 중요한 교훈이 있습니다. 베드로가 예수께서 고난으로 낮아지시기 전에 영광 받기를 원했을 때 어떤 일이 일어났습니까? 베드로는 사탄의 앞잡이가 되었습니다. 사탄의 영향권에 들어가서 예수님의 구속사역을 가로막는 엉뚱한 일을 저질렀습니다. 그래서 예수님이 그에게 "사탄아 내 뒤로 물러가라"(마 16:23)고 꾸짖으셨습니다. 베드로가 사탄이라는 말씀이 아닙니다. 사탄의 사상과 방식을 따라 하나님의 일이 아닌, 사람의 일을 생각한다는 말씀이었습니다.

우리는 예수님이 우리를 위해서 모든 일을 행하셨으므로 우리는 예수님의 공로만 믿으면 된다고 생각합니다. 우리가 구원을 받으려면 물론 그렇게 해야 합니다. 누구도 자기 공로나 선행에 의지해서 구원받지 못합니다. 그러나 모든 신자는 예수님이 가신 고난의 길을 따라가도록 하나님께서 뜻하셨습니다. 그래서 바울은 디모데에게 "오직 하나님의 능력을 따라 복음과 함께 고난을 받으라"(딤후 1:8; 딤후 2:3)고 하였고, 베드로는 "선을 행함으로 고난 받는 것이 하나님의 뜻"(벧전 3:17)이라고 말했습니다. 예수님에게 일어난 일은 우리에게도 그대로 적용됩니다.

구원의 관점에서 보면, 예수님이 행하신 모든 선행이 다 우리의 구원을 위한 것입니다. 예수님의 십자가 사역의 덕분으로 우리는 구원을 받습니다. 그런데 우리가 구원을 받고 나서 하나님의 자녀로서 살아가는 방식이 있습니다. 구원을 받은 자는 구원 이전의 방식대로 살아서는 안 됩니다. 그럼 하나님께서 신자들이 어떤 방식으로 살기를 원하실까요? 그것은 율법의 계명을 따라 사는 것이 아니고, 예수님이 사신 방식을 따라서 사는 것입니다. 예수님의 삶은 우리의 모델입니다.

> "이를 위하여 너희가 부르심을 받았으니 그리스도도 너희를 위하여 고난을 받으사 너희에게 본을 끼쳐 그 자취를 따라오게 하려 하셨느니라"(벧전 2:21).

> "이제 인내와 위로의 하나님이 너희로 그리스도 예수를 본받아 서로 뜻이 같게 하여 주사 한마음과 한 입으로 하나님 곧 우리 주 예수 그리스도의 아버지께 영광을 돌리게 하려 하노라"(롬 15:5-6).

예수님이 제자들에게 어떻게 살아야 한다고 가르치셨습니까? "누구든지 나를 따라오려거든 (If anyone wishes to come after me) 자기를 부인하고 자기 십자가를 지고 나를 따를 것이니라"(마 16:24)고 하셨습니다. 예수님에게 사실인 것은 모든 제자에게도 사실로 적용되어야 합니다. 예수님이 우리를 위해 모든 고난을 받으셨으니까 우리에게는 받을 고난이 없다고 생각하는 것은 하나만 보고 둘은 보지 못하는 것입니다. 예수님은 우리의 구속을 위해서 대신 고난을 겪으셨습니다. 그런데 그것은 모든 하나님의 백성이 비록 주님보다 낮은 레벨이기는 하지만, 반드시 따라야 할 삶의 방식입니다. 그래서 우리도 주님처럼 자기를 부인하고 겸비와 인내와 순종으로 하나님을 섬겨야 합니다.

한편, 우리가 받는 고난은 큰 유익을 낳습니다. 이것이 고난에 대해서 하나님이 주시는 동기부여입니다. 하나님께서는 우리에게 복이 되지 않는 것을 행하라고 하시지 않습니다. 우리는 고난을 두려워하거나 피하려고만 할 것이 아니고 고난이 주는 유익을 잘 숙지할 필요가 있습니다.

베드로도 주님의 가르침에 근거해서(마 5:12) 말합니다.

"오히려 너희가 그리스도의 고난에 참여하는 것으로 즐거워하라 이는 그의 영광을 나타내실 때에 너희로 즐거워하고 기뻐하게 하려 함이라"(벧전 4:13).

바울도 같은 교훈을 주었습니다.

"자녀이면 또한 상속자 곧 하나님의 상속자요 그리스도와 함께 영광을 받기 위하여 고난도 함께 받아야 할 것이니라"(롬 8:17).

크리스천은 하나님의 영광에 동참할 자들입니다(골 3:4). 현재의 고통은 장차 얻을 몸의 부활과 새 하늘과 새 땅의 영광에 비하면 극히 작은 것입니다(롬 8:18-23; 고후 4:17). 크리스천의 삶에 고난이 있는 것은 주 예수의 이름을 위해 살기 때문입니다. 부활의 영광은 십자가의 가시 면류관을 거쳐서 옵니다(행 14:22). 바울이 왜 "무릇 그리스도 예수 안에서 경건하게 살고자 하는 자는 박해를 받으리라"(딤후

3:12)고 말했겠습니까? '예수 안에서' 산다는 것은 예수님의 주권에 복종하며 그분의 삶의 방식에 따라 산다는 뜻입니다. 그래서 베드로와 요한처럼 사람의 말보다 하나님에게 복종해야 하고(행 4:19-20) 예수님이 세상의 유일한 구주라는 사실을 확신하고 살아야 합니다. 로마의 시저가 주가 아니고 예수 그리스도가 주라고 고백해야 합니다. 이런 삶에는 고난이 따라옵니다. 예를 들어, 스데반은 돌에 맞아 죽었습니다. 신자가 대적하는 자들로부터 고난을 받는 것은 하나님이 허락하신 일입니다. 그러나 하나님이 해결의 열쇠를 쥐고 계시므로 환난 중에 소망을 가져야 합니다. 선지자들은 고난의 풀무 속에서 하나님을 더욱 신뢰하며 미래의 소망을 잃지 않았습니다.

> "형제들아 주의 이름으로 말한 선지자들을 고난과 오래 참음의 본으로 삼으라 보라 인내하는 자를 우리가 복되다 하나니 너희가 욥의 인내를 들었고 주께서 주신 결말을 보았거니와 주는 가장 자비하시고 긍휼히 여기시는 이시니라"(약 5:10-11).

고난을 대하는 최선의 길은 무엇일까요?

고난에 왕도가 없습니다. 오직 성경 말씀에 비추어 고난이 지닌 보다 긍정적인 의미와 그 유익을 겸손히 받아들여 축복의 통로가 되게 하는 것이 최선의 길입니다.

• 고난은 순종을 배우게 합니다.

히브리서 5장에서는 예수님은 "아들이시면서도 받으신 고난으로 순종함을 배워서 온전하게 되셨다"(히 5:8-9)고 했습니다. 고난은 예수님에게도 필요하였습니다. 그렇다면 우리도 모두 고난의 학교에 입학해서 소명을 이루기 위한 훈련을 받아야 합니다. 고난이 순종을 배우기 위한 자료로 사용된다는 것은 고난이 지닌 긍정적인 측면입니다.

• 고난은 영광의 자리로 인도합니다.
주님께서 자기를 낮추시고 죽기까지 복종하셨을 때 어떤 결과가 왔습니까?

"이러므로 하나님이 그를 지극히 높여 모든 이름 위에 뛰어난 이름을 주사 하늘에 있는 자들과 땅에 있는 자들과 땅 아래에 있는 자들로 모든 무릎을 예수의 이름에 꿇게 하시고 모든 입으로 예수 그리스도를 주라 시인하여 하나님 아버지께 영광을 돌리게 하셨느니라"(빌 2:9)

우리는 예수님이 원래 하나님의 아들이시니까 하나님께서 그의 이름과 주권을 최고로 높이셨다고 당연시할지 모릅니다. 그러나 전혀 그런 것이 아니었습니다. 빌립보서 2:9절이 어떻게 시작되었는지를 주목하십시오. "이러므로"로 시작되었습니다. 그럼 '이러므로'의 내용이 있을 것입니다. 그것이 곧 예수님을 높이신 이유입니다.

"그는 근본 하나님의 본체시나 하나님과 동등됨을 취할 것으

로 여기지 아니하시고 오히려 자기를 비워 종의 형체를 가지
사 사람들과 같이 되셨고 사람의 모양으로 나타나사 자기를
낮추시고 죽기까지 복종하셨으니 곧 십자가에 죽으심이라"(
빌 2:6-8)

예수님이 극치의 영광을 받으신 이유가 무엇입니까? 예수님이
고난 속에서도 죽기까지 아버지께 순종하신 것입니다. 고난을 잘 견
디면 하나님께서 우리를 높여주십니다. 고난을 받는 동안에는 자신
이 비참하게 느껴질지 몰라도 고난을 잘 통과한 후에는 하나님의 칭
찬과 인정이 기다리고 있습니다. 하나님께서 주님을 위한 우리의 모
든 고난을 후히 갚아 주신다는 것을 어떻게 알 수 있을까요? 하나님
이 예수님을 어떻게 높여주셨는지를 보면 됩니다. 예수님은 고난을
무릅쓴 순종의 삶 후에 영광의 자리에 오르셨습니다. 하나님께서는
우리에게도 같은 방식으로 은혜를 내리십니다.

• 고난은 성도의 무릎을 낮추게 합니다(약 5:13).
시련이 오면 성도들은 하나님께 호소하며 간절히 도움을 청합니
다. 그리스도와 그의 복음을 위한 삶을 살려다가 세상의 반대와 손
해를 당하면 하나님 이외에는 도움을 청할 곳이 없습니다. 신자의
고난은 하나님만 의지하게 합니다(고후 1:8-9). 환난은 하나님을 의존
케 하는 가장 좋은 도구입니다. 그래서 하나님의 강한 손의 능력으
로 구출되기를 갈망하며 엎드립니다.

• 고난은 성도가 가진 참믿음의 깊이를 드러냅니다.

바울과 실라는 복음으로 인해 빌립보 감옥에 갇혔을 때 많은 매를 맞았지만, 하나님을 찬송하였습니다(행 16:23-25). 예루살렘에 있던 사도들도 투옥되었지만, 자신들이 예수의 이름 때문에 고난을 받기에 합당한 자들로 인정된 것을 오히려 기뻐하였습니다(행 5:40-41). 고난이 없으면 나 자신의 믿음이 어느 정도로 깊은지를 알 수 없습니다. 하지만 고난이 오면 내 믿음의 실체가 드러납니다. 힘든 문제로 크게 당황하거나 하나님을 신뢰하지 못하는 자신을 보면 믿음이 전혀 없다는 생각마저 듭니다. 그래서 고난은 우리를 시험하고 우리의 믿음을 점검하는 정확한 검침입니다.

• 고난은 성도의 성숙에 큰 도움이 됩니다.

우리는 고난의 유익들을 숙지하고 긍정적인 자세로 수용하면 인내심을 기를 수 있습니다(약 1:3-4). 인내는 "단련된 인격"(롬 5:4 새번역)을 낳고 이것은 다시 하나님에 대한 굳은 신뢰를 다지게 합니다. 고난을 통한 하나님의 뜻을 잘 이해하면 믿음이 깊어질 뿐만 아니라 그리스도의 성품을 닮게 됩니다. 이것은 다른 방법으로는 얻기 힘든 영적 축복입니다. 그래서 환난 중에도 기뻐할 수 있다고 하였습니다(롬 5:3-4).

• 하나님께서는 우리가 고난을 잘 참고 견디도록 상을 약속하셨습니다.

"시험을 참는 자는 복이 있나니 이는 시련을 견디어 낸 자가 주께서 자기를 사랑하는 자들에게 약속하신 생명의 면류관을 얻을 것이기 때문이라"(약 1:12).

이 말씀은 시련을 견디면 구원을 받고 천국에 들어간다는 뜻이 아닙니다. 구원은 믿음으로 거저 받는 선물입니다. 여기서 말하는 '생명의 면류관'은 상을 말합니다. 면류관은 왕권을 상징합니다. 시련을 잘 통과하면 주님과 함께 다스리는 특권을 누린다는 약속입니다.

> "그러므로 너희 담대함을 버리지 말라 이것이 큰 상을 얻게 하느니라 너희에게 인내가 필요함은 너희가 하나님의 뜻을 행한 후에 약속하신 것을 받기 위함이라"(히 10:35-36).

여기서도 구원을 말하는 것이 아닙니다. 구원은 우리의 인내나 선행의 대가로 받는 것이 아닙니다. 히브리 교인들에게는 예수 그리스도를 신뢰하는 믿음이 있었습니다. 그러나 그들은 고난을 받았습니다. 그런데도 그들이 과거에 행한 것처럼, 서로에게 후한 사랑을 베풀고 그리스도에 대한 믿음을 저버리지 않는다면 약속된 유업의 상을 받을 것이라는 격려를 받았습니다. 그래서 "하나님께 나아가는 자는 반드시 그가 계신 것과 또한 그가 자기를 찾는 자들에게 상 주시는 이심을 믿어야 한다"(히 11:6)고 했습니다.

박해는 상을 가져오는 전령입니다. 주의 이름을 위해서 받는 고난에는 하늘의 상이 크다고 하였습니다.

"기뻐하고 즐거워하라 하늘에서 너희의 상이 큼이라 너희 전
에 있던 선지자들도 이같이 박해하였느니라"(마 5:12).

우리가 그리스도를 위해 모욕을 당하고 박해를 받으면 우리 상이
클 것을 기대하고 기뻐해야 합니다(마 5:11-12). 하나님은 각 사람이
행한 대로 선한 것이든 악한 것이든 갚아 주시는 분입니다(마 16:27).
주님은 우리에게 무조건 순종하고 무조건 인내하고 무조건 자신을
낮추라고 하시지 않습니다. 주 예수를 따라가기 위해 자기 십자가를
지고 가는 제자들에게는 상이 약속되었습니다.

"인자가 아버지의 영광으로 그(의) 천사들과 함께 오리니 그
때에 각 사람이 행한 대로 갚으리라"(마 16:27).

이 갚음의 상은 개인적이고 개별적입니다. 그래서 "누구든지 제
목숨을 구원하고자 하면 잃을 것이요 누구든지 나를 위하여 목숨을
잃으면 찾으리라"(마 16:25)고 하였습니다. 여기서 "누구든지"는 개인
을 가리킵니다. 우리 각자가 상에 해당하는 것을 잃거나 받게 될 것
입니다. 그러므로 주 예수를 따르기 위해 겪는 고난이 없다면 받을
상도 없을 것입니다.

"보라 내가 속히 오리니 내가 줄 상이 내게 있어 각 사람에게
그가 행한 대로 갚아 주리라"(계 22:12; 비교. 계 2:23).

갚아 주시는 하나님은 격려가 되지만 경고도 됩니다.

그리스도를 위해서 고난을 받는 자들에게는 하늘에 쌓이는 상이 있습니다. 그들에게는 주님의 재림 때 기쁨과 즐거움의 상이 기다리고 있을 것입니다. 우리는 주님이 오실 때는 모든 신자가 다 기뻐할 것으로 생각합니다. 물론 그럴 테지만, 주 예수를 위해서 고난을 겪지 않고 자기중심적으로 편안하게만 산 신자들은 부끄러움도 함께 체험할 것입니다. 자신의 공로가 풀과 지푸라기처럼 다 타버릴 자들은 그리스도의 심판대 앞에서 깊은 후회와 수치를 느낄 것입니다(고전 3:15). 그들도 물론 주 예수의 대속을 믿었기에 천국에 들어갑니다. 그러나 주님을 위해서 고난을 받은 성도들에게 주어질 특별한 기쁨은 없을 것입니다. 주를 위해서 살지 않으면 반드시 잃는 것이 있습니다. 이것이 성경이 가르치는 상에 대한 교훈입니다. 예를 들어, 주 예수의 나라와 그의 복음을 위해서 살지 않으므로 아무런 환난이 없다면, 환난 중에 베푸시는 하나님의 위로를 체험하지 못합니다.

> "우리의 모든 환난 중에서 우리를 위로하사 우리로 하여금 하나님께 받는 위로로써 모든 환난 중에 있는 자들을 능히 위로하게 하시는 이시로다"(고후 1:4).

바울은 우리의 모든 환난 중에서 하나님으로부터 받는 위로가 있다고 하였습니다. 이것은 그리스도를 위해서 고난을 받지 않는 신자들은 체험하지 못합니다. 그런 신자는 하나님의 임재와 환난 중에 우리를 위로하시는 하나님의 능력을 알 수 없습니다(벧전 4:14; 고후 1:4-5).

그리스도를 믿고 구원을 받은 자들이 주님을 위하여 고난도 받게 하는 것이 하나님의 뜻입니다(빌 1:28-30; 마 10:22). 고난을 통해서 하나님의 선한 뜻이 이루어진다는 것은 하나의 역설이면서 신비입니다. 왜 그래야 하는지 일일이 다 설명할 수 없습니다. 고난 뒤에 가려진 하나님의 깊은 뜻을 우리가 다 알 수 없기 때문입니다. 다만 신자의 고난은 그리스도의 고난에 참여하는 특권이며 주님의 고난에 자신을 일치시키는 영광된 일임은 분명합니다. 그래서 즐거워하라고 했습니다.

그럼 나는 어떻습니까? 주 예수와 그분의 복음을 위해서 살기 때문에 받는 고난이 있습니까? 우리가 속한 교회는 그런 고난을 경험하면서 자라고 있습니까? 신자들은 일반적으로 고난 문제를 놓고 매우 힘들어 합니다. 그런데 우리의 고난은 대부분의 경우, 주 예수의 이름 때문에 오는 것이라기보다는 자신의 잘못된 판단이나 죄의 결과가 아니면 누구나 겪을 수 있는 인생살이의 어려움입니다. 바꾸어 말하면, 예수 믿는 것과 아무 상관이 없습니다. 바울이 본문에서 말하는 고난은 그런 일반적인 세상살이의 고난이 아니고, 주님의 가르침과 그분의 모본을 따라 살려고 하므로 받는 고난입니다. 이러한 고난 속에서 하나님이 주시는 기쁨을 누려야 한다는 것이 고난에 대한 가르침입니다. 물론 하나님께서는 우리의 보편적인 고통에 대해서도 동정하시고 은혜의 통로로 삼으실 수 있습니다. 우리 자신들의 죄악으로 빚어진 환난 속에서도 주님께 호소하면 자비를 체험할 수 있습니다. 이스라엘 백성은 하나님을 거역하고 불순종한 결과로 이방 나라에 포로로 잡혀가서 많은 고통을 당하였습니다. 그런데도 그들이 하나님께 부르짖었을 때 하나님께서는 그들을 구출해 주셨습니다.

"미련한 자들은 그들의 죄악의 길을 따르고 그들의 악을 범하기 때문에 고난을 받아 …사망의 문에 이르렀도다 이에 그들이 그들의 고통 때문에 여호와께 부르짖으매 그가 그들의 고통에서 그들을 구원하시되 그가 그의 말씀을 보내어 그들을 고치시고 위험한 지경에서 건지시는도다"(시 107:17-20).

그러나 신약에서 집중적으로 다루는 문제는 그리스도의 이름으로 인해서 당하는 고난입니다. 이러한 고난의 의미와 유익을 잘 알아야 큰 환난 속에서도 "죽으면 죽으리이다"(에스더4:16)라는 담대함이 생기게 될 것입니다. 그런데 실제로 보면, 주 예수를 위해서 고난당하는 분들은 대체로 잘 감당하는 편입니다. 그들은 하나님의 위로를 발견하고 기뻐할 줄 압니다. 그렇지만 우리가 저질은 자승자박의 고난을 놓고 주님이 주신 십자가 고난이라고 미화시키거나 영성화시키지 말아야 합니다. 그런 고난에 대해서는 오히려 회개하고 하나님의 자비를 구해야 합니다. 우리에게는 내 이름이 아닌, 주 예수의 이름과 내 나라가 아닌, 주님의 나라를 위해서 받는 고난이 있어야 합니다. 우리는 그러한 고난 속에서 하나님의 위로를 체험하고, 하나님의 자녀로서 합당한 자로 인정을 받아야 합니다. 이런 교인들로 채워지는 곳이라야 주님이 기뻐하시는 교회입니다.

교회의 능력은 목회자의 학위나 교회당 건물이나 많은 교인 수나 거액의 헌금에 달린 것이 아닙니다. 교회의 참 능력은 그리스도의 고난에 참여하는 자들로부터 풍기는 주 예수의 향기로운 모습입니다. 고난은 우리를 그리스도의 형상으로 빚어가는 데 필요한 재료입니다. 그리스도의 남은 고난에 자신을 연결하고 사는 신자들은 고난을 통해서 하나님의 선한 뜻이 이루어진다는 것을 알게 됩니다.

바울은 자신이 감옥에 있는 것이 골로새 교인들을 위한 것이라고 하면서 기뻐하였습니다(골 1:24; 4:10). 내가 받는 고난으로 다른 사람들에게 유익이 가야 합니다. 고린도후서 1:3-11절을 읽어 보십시오. 바울이 당한 고난이 고린도 교인들에게 위로가 되었습니다. 그들은 바울의 고난을 보고 자신들의 고난도 견딜 수 있었습니다(고후 1:6). 그리고 서로를 위해서 기도하게 되었습니다. 바울은 자신의 고난을 통해서 하나님을 더욱더 신뢰하게 되었다고 했습니다. 우리에게도 이런 고난이 있어야 영적 성장이 있고 성도끼리의 사랑도 굳건해집니다.

고난을 좋아할 사람은 아무도 없습니다. 그래서 우리는 주 예수를 위하여 받는 고난의 의미를 알아야 합니다. 하나님께서 우리에게 주기를 원하시는 영광이 고난으로 온다는 것을 보지 못하면, 고난을 겪을 때 기쁨보다는 마음에 쓴 뿌리가 생깁니다. 고난을 장기적인 안목으로 영원한 결과에 비추어 보지 않으면(고후 4:14-16) 주님이 가신 길을 따라가는 삶은 너무도 고달픕니다.

우리는 환난을 어떤 자세로 맞이합니까? 환난이 없어지기만을 위해 기도하지는 않습니까? 당황과 두려움 속에서 주여, 주여 하면서 한숨과 울음으로 어두운 나날을 보내지는 않습니까? 이런 자세로 고난을 대하면 고난을 통해서 하나님께서 주시려는 복을 받지 못합니다. 이 세상에서 성도는 환난을 피할 수 없습니다. 환난을 겪으면서 주님을 새롭게 만나야 합니다. 환난 가운데서 하나님의 위로와 능력을 체험하고 고난 속에서 기쁨을 누릴 수 있다는 것이 성경의 가르침입니다. 물론 고난 속에 눈물도 있고 아픔도 있습니다. 그러나 고난 속에서 하나님의 영이 우리와 함께하시고, 우리의 환난 속에서 주님이 같이 고통을 나누십니다(행 9:4). 하나님은 고통이나 어려움 자체를 즐거워하라고 우리에게 요구하시지 않습니다. 복음 생활은 환난 자체를 즐거워하는 것이 아닙니다. 환난이 있음에도 불구하고 이를 달갑게 여기며 기뻐할 수 있어야 한다는 것입니다. 그럼 크리스천이 환난 중에서도 즐거워하는 까닭이 무엇입니까? 하나님께서 우리를 자기 아들의 형상을 닮도록 시련을 사용하시고, 고난을 통해 복음의 빛이 세상에 비쳐나가게 하신다는 것을 알기 때문입니다(롬 5:3-4; 8:29; 고후 4:6-12).

바울은 자신의 투옥을 예수님처럼 고난의 종으로서 하나님이 주신 사명을 이루는 일로 보고 기뻐하였습니다(행 9:15-16). 그의 선교 사역은 힘들었어도, 이방인의 충만한 수효가 채워지고 온 이스라엘이 구원을 받는 일로서(롬 11:25-26) 그만큼 주 예수의 재림이 앞당겨졌음을 의미하였습니다. 우리도 주님의 종들로서 고난을 받는 일은 하나님의 나라를 전진시키는 뜻깊은 희생이기에 기뻐할 일입니다. 유행하는 축복 신앙과 성공 신화의 간증에 넘어가지 마십시오. 하나님께서는 창조 때 모든 피조물에 복을 내리셨습니다. 그러나 타락한 이 세상에 살면서 갈보리로 가는 길을 피하고 복을 받아야 한다는 생각은 복음이 아닌 재래 종교의 축복 사상입니다. 우리는 온 세상이 그리스도의 부활 생명으로 회복되는 때에 만복을 체험할 것입니다. 그러나 그때까지 우리는 성도의 고난을 통해서 이 세상에 전달되는 구원의 복과 그러한 시련을 거쳐서 오는 하늘에 속한 신령한 기쁨의 복을 사모해야 합니다. 그리스도의 남은 고난은 바울과 같은 사람만 채우는 것이 아닙니다. 그것은 주의 나라와 의를 위해 경건하게 살려는 모든 신자의 몫이기도 합니다.

말할 나위 없이 인생살이에는 이해할 수 없는 고난들도 많습니다. 그러나 우리가 알 수 없는 고난일지라도, 주님이 모르시는 고난은 없습니다. 주님은 어떤 불행도, 그것이 나의 잘못이건 타인의 잘못이건 혹은 전혀 누구의 잘못도 아니건 그 모든 시련을 우리의 유익을 위해 사용하실 수 있습니다. 우리는 화가 복이 될 때까지 역사하시는 주님을 믿어야 합니다(신 23:5; 느 13:2). 고난 가운데서 기뻐하는 것은 하나님께서 우리에게 내리기를 원하시는 신령한 복입니다. 우리가 이런 부류의 기쁨을 많이 체험하면서 주를 섬긴 후에 하늘의 상과 영광을 받게 하는 것이 하나님의 뜻입니다(빌 1:29; 마 10:22; 롬 8:17).

문제는 내가 이런 환난에서 오는 기쁨을 체험적으로 얼마나 알면서 신앙생활을 하고 있느냐는 것입니다(롬 5:4절). 자기 십자가를 지고 가는 삶은 고통스럽습니다. 그러나 세상에서 가장 의미 있는 고통입니다. 십자가의 삶을 피하는 것은 축복의 길을 이탈하는 것입니다. 주님을 따라가는 갈보리 길은 가시와 자갈로 덮였을지라도, 주님의 임재와 성령의 위로가 있는 승리의 가도이며 "영광의 소망"(골 1:27)

을 품고 가는 복된 길입니다. 그리스도의 이름으로 받는 고난은 성령의 임재를 보장합니다. 복음과 그리스도의 이름 때문에 고난을 받는 자들 위에는 하나님의 영광의 영이 함께 하신다고 하였습니다(벧전 4:14; 약 5:11). 하나님께서 성령으로 함께 하시는 시련은 성도에게 복이 됩니다.

현대교회는 물질주의와 성공주의와 개인 축복을 강조하는 세속적 가치관에 편중되어 있습니다. 고난의 메시지는 고난을 미화하거나 찬양하는 것이 아닙니다. 복음이 고난의 측면에서 이해되지 않으면 십자가를 오해하고 성도의 삶에 성숙이 더디며 피상적인 교회 생활로 안주하게 됩니다. 우리는 복음을 균형 있게 제시해야 하고 복음의 핵심에 해당하는 가르침을 주저 없이 수용할 수 있어야 합니다. 만일 우리가 하나님께서 세워주신 영적 목표가 대부분 고난으로 성취된다는 것을 보지 못하면, 어려운 일을 당할 때마다 견디기 싫어하고 하나님에 대한 원망과 섭섭한 마음이 일어납니다. 고난에 담긴 하나님의 선한 의도를 신뢰하지 못하면, 하나님은 무정하신 분으로 보이고 나의 삶은 무력하며 무의미하게 비칠 뿐입니다. 누군들 고난 없이 살기를 원하지 않겠습니까? 고난의 유익이 많다고 아무리 열거해도 고난을 실제로 받는 것은 누구도 원치 않습니다. 이것은 우리가 그만큼 본질적인 복음으로부터 멀리 떨어져서 살고 있다는 한 증거입니다.

그러기에 우리는 더욱더 고난에 대한 하나님의 말씀에 귀를 기울여야 합니다. 하나님께서는 고난 중에 있는 성도들을 잊으신 것이 아닙니다. 뼈저린 눈물을 흘려도 주님이 닦아 주시면 슬픔을 참을 수 있습니다. 고통 중에 신음하여도 주님의 임재가 있으면 견디기 쉽습니다. 주님이 허락하신 고난이라면 그 이유를 몰라도 주의 이름을 부르며 호소할 수 있습니다. 자비의 하나님께서는 불필요한 고난을 십자가로 구속한 자녀들에게 일초도 더 늘리시지 않습니다. 이 세상에서 우리는 고난의 의미를 다 알 수 없습니다. 그러나 형극의 십자가를 지고 골고다로 가셨던 주님을 만나게 될 때, 우리가 겪었던 그 모든 고난의 연유를 깨닫게 될 것입니다. 다음 말씀을 천천히 읽으면서 마음속에 담아 두도록 하십시오.

"사랑하는 자들아 너희를 연단하려고 오는 불 시험을 이상한 일당하는 것 같이 이상히 여기지 말고 오히려 너희가 그리스도의 고난에 참여하는 것으로 즐거워하라 이는 그의 영광을 나타내실 때에 너희로 즐거워하고 기뻐하게 하려 함이라

너희가 그리스도의 이름으로 치욕을 당하면 복 있는 자로다 영광의 영 곧 하나님의 영이 너희 위에 계심이라 너희 중에 누구든지 살인이나 도둑질이나 악행이나 남의 일을 간섭하는 자로 고난을 받지 말려니와 만일 그리스도인으로 고난을 받으면 부끄러워하지 말고 도리어 그 이름으로 하나님께 영광을 돌리라" (베드로전서 4:12-16).

20장

바울의 소명
골로새서 1:25-26

"내가 교회의 일꾼 된 것은 하나님이 너희를 위하여 내게 주
신 직분을 따라 하나님의 말씀을 이루려 함이니라 이 비밀은
만세와 만대로부터 감추어졌던 것인데 이제는 그의 성도들
에게 나타났고"(골 1:25-26).

바울은 자신이 이방인들에게 복음을 전하기 위하여 고난을 받는
것을 기뻐한다고 하였습니다(1:24). 이제 그는 골로새 교회의 이방인
신자들에게 자신이 받은 소명이 어떤 것인지를 설명합니다. 여기서
우리는 바울이 어떤 자세로 교회를 섬겼는지를 알 수 있습니다.

바울은 교회의 종이 되는 소명을 받았습니다.

"내가 교회의 일꾼 된 것은 하나님이 너희를 위하여 내게 주
신 직분을 따라 하나님의 말씀을 이루려 함이니라"(25절).

바울은 23절에서 자신을 '복음의 일꾼'이라고 하였는데 여기서는 자신을 '교회의 일꾼'이라고 부릅니다. 복음과 교회는 불가분리의 관계입니다. 복음이 전파되는 곳에 교회가 생기고, 교회가 있는 곳에 성도들이 모입니다. 바울은 복음을 전하고 나서 그 결과로 생긴 교회를 섬겼습니다. 골로새 교회는 바울이 세운 교회가 아니었지만, 모든 교회가 그리스도의 몸이기 때문에 자신이 사도로서 돌볼 책임이 있다고 보았습니다. 초대 교회들은 현대 교회들처럼 자기 교단 교회가 아니면 교제를 제한하거나 혹은 다른 교회들을 경쟁의 대상으로 보고 경계하며 접촉을 별로 하지 않는 배타적인 교회들이 아니었습니다.

초대 교회의 사도들은 교파나 교단을 세우지 않았습니다. 그들은 모든 교인이 하나님을 어디서 섬기든지 자신들을 그리스도의 지체로 일치시킬 수 있는 교회들을 세웠습니다. 바울은 주 예수를 믿는 교회라면 어디에서라도 함께 교제를 나눌 수 있다고 보았습니다. 교인들도 마찬가지였습니다. 그들은 각 곳에 있는 알지 못하는 교회들에도 서로 문안하고 그리스도의 이름으로 소식을 주고 받았습니다.

현대 사회의 개교회주의는 그리스도의 지체 의식이 빈약하다는 뜻입니다. 범교단적이고 초교파적인 교류가 적은 것은 그리스도가 그의 "몸인 교회의 머리시라"(골 1:18)는 사실을 바르게 반영하는 것이 아닙니다. 우리는 다른 교회들의 교리나 전통의 차이에도 불구하고 그들의 주가 또한 우리의 주가 되심을 알고 전 세계적인 교회 연합과 교제의 길을 열어 두어야 합니다.

바울은 18절에서 예수님은 교회의 머리시며 교회는 예수님의 몸이라고 하였습니다. 이제 그는 골로새 교회를 위해 고난을 달게 받는다고 하였고 자신이 교회의 일꾼이 되었다고 말합니다(24-25절). 바울은 에베소서에서 그리스도께서 교회를 사랑하시고 그 교회를 위해 자신을 주셨다고 했습니다(엡 5:25). 그러니까 예수님과 교회는 절대로 떨어질 수 없는 불가분리의 관계입니다. 예수님은 교회를 위해서 자신을 희생하셨고 교회를 자신의 몸으로 삼으셨습니다. 이것은 작은 골로새 교회에게까지 그대로 적용되는 놀라운 사실입니다. 바울이 1장 15절에서 18절까지 예수님이 어떤 분인지를 진술한 대목을 상기해 보십시오.

- 만물이 예수님에게서 창조되었습니다.
- 예수님이 죽은 자들 가운데서 먼저 부활하셨습니다.
- 예수님이 만물의 으뜸이 되신 구주 하나님이십니다.

이러한 예수님이 미약한 골로새 교회를 위해서 자신을 내어주시고 사도 바울을 교회의 일꾼으로 부르셨습니다. 바울은 주님의 이런 뜻에 따라 소명을 받은 자였습니다. 그는 골로새와 같은 소수의 교인이 모인 작은 교회라고 해서 무시하거나 싫어하지 않았습니다. 그는 자신이 받는 고난을 그들을 위한 것으로 보고 기뻐하였습니다(24절).

이러한 자세는 현대 교회의 사역자들과 큰 대조가 됩니다. 큰 교회 위주로 사역해야만 주의 큰 종이 되는 것처럼 생각한다든지, 작은 교회들은 하나님께서도 별 관심이 없으신 것처럼 여기는 것은 세상적인 가치 판단에서 나온 것입니다. 바울은 대사도였지만 소수가 모이는 골로새 교인들과 자신을 일치시키고 주님이 그들을 위해서 자신에게 소명을 주셨다고 말하였습니다. 그 결과 수천 년이 지난 지금까지 바울이 집필한 골로새서가 수많은 크리스천에게 하나님의 말씀으로 읽히고 있습니다.

하나님께서는 바울 사도에게 대형 교회를 주시고 명설교를 하시게 한 것이 아닙니다. 소수의 이방인이 모인 교회들을 위해 소명을 주시고 귀중한 서신을 쓰게 하여 성경의 일부가 되게 하셨습니다. 우리는 대 우주를 창조하신 하나님의 거대한 스케일도 알아야 하지만, 세상이 알아주지 않는 극히 미미한 것들을 통해서도 크고 귀한 것들을 창출해 내시는 하나님의 능력도 알아야 합니다. 우리 각자가 받은 소명은 어쩌면 그리 대단한 것은 아닐지 모릅니다. 그러나 하나님은 속이 깊으신 분입니다. 우리의 적은 손길의 섬김을 통해서도 그의 몸 된 교회에 귀히 사용될 것들을 얼마든지 만들어내실 수 있습니다. 그렇다고 해서 적은 일에 충성하라는 주님의 가르침은 큰일에는 관심을 두지 말라는 말씀이 아닙니다. 적은 일을 통해서도 많은 일을 할 수 있는 하나님의 능력과 지혜를 신뢰하고 맡은 일에 충성을 다하라는 것입니다. 사람들은 큰일을 잘하는 사람은 적은 일도 잘할 것으로 여깁니다. 그러나 하나님의 나라에서는 적은 일을 잘해야만 큰일도 잘할 수 있고 많은 일을 감당할 수 있습니다. 적은 일에 신실한 자는 사람들을 의식하거나 자신을 내세우지 않고 오직 하나님만 바라봅니다. 그래서 주님은 적은 일에 충성하는 자에게 많은 일을 맡기신다고 하셨습니다(마 25:21, 23).

바울은 청지기의 소명을 받았습니다.

바울이 25절에서 사용한 '직분'(25절)이라는 말은 '사명'(새번역)이라고도 옮길 수 있습니다. 원문은 '오이코노미아'인데 여기서 영어의 '이코노미'(economy)라는 말이 나왔습니다. 이코노미는 살림살이에 대한 것입니다. 가정 살림이든 비즈니스든 효율적으로 낭비가 없이 잘 운영하는 것을 말합니다. 바울은 자신의 선교 사역이 하나님의 가족 살림을 맡아서 잘 꾸려나가는 것으로 보았습니다(엡 2:19-20). 그러나 그는 주인이 아닌, 주인의 종으로서 청지기 직분을 받았습니다. 그래서 "내게 주신 직분을 따라"(25절) 말씀 사역을 한다고 했습니다. 이것은 중요한 고백입니다.

사역자는 청지기에 불과합니다. 청지기는 자신의 신분을 스스로 높일 수 없습니다. 주인이 아니기 때문입니다. 그는 주인의 지시와 뜻에 따라서 움직여야 합니다. 청지기 직분이 언급된 것은 타이틀을 말하려는 것이 아니고 청지기의 책임을 강조하기 위한 것입니다. 청지기는 가족의 필요를 공급하는 책임을 진 사람입니다. 그러므로 목사를 비롯하여 장로, 집사, 기타 제직들이 자신들의 타이틀을 내세워 마치 주인이나 되는 것처럼 교회를 좌지우지하는 것은 하나님의 권위를 무시하는 월권입니다.

일반 신자들도 마찬가지입니다. 하나님이 맡기신 일은 무엇이든지 주인이 아닌, 청지기로서 행해야 합니다. 반드시 교회 일만이 아닙니다. 자신의 책임 영역에 속하는 모든 일이 포함됩니다. 우리는 각자 청지기직의 책임에 대한 평가를 받기 위해 하나님 앞에 설 날이 올 것을 기억해야 합니다(고전 3:12-13; 고후 5:10; 롬 14:10). 그리스도의 몸을 섬기는 소명을 수행하는 올바른 자세는 어떤 것일까요? 하나님을 주인으로 항상 의식하며 신실하고 지혜로운 청지기가 되는 것입니다. 그런 성도들에게 하나님께서 복을 내리신다고 약속하셨습니다.

> "충성되고 지혜 있는 종이 되어 주인에게 그 집 사람들을 맡아 때를 따라 양식을 나눠 줄 자가 누구냐 주인이 올 때에 그 종이 이렇게 하는 것을 보면 그 종이 복이 있으리로다 내가 진실로 너희에게 이르노니 주인이 그의 모든 소유를 그에게 맡기리라"(마 24:45-47).

이것은 모든 성도에게 차별 없이 복이 내린다는 말씀이 아닙니다. 하나님의 축복을 받는 자들은 자신의 청지기직을 잘 수행하는 자들로 한정되어 있음을 주목하십시오. 모든 성도가 동일하게 신실한 청지기직을 이행하지 않습니다. 어떤 성도는 충성스럽고 지혜가 있지만, 어떤 성도는 불충성하고 지혜가 없습니다. 어떤 성도는 부지런하고, 어떤 성도는 게으릅니다. 어떤 성도는 주님의 머리 되심을 항상 의식하며 조심하지만, 어떤 성도는 자기 마음대로 행합니다. 주님을 섬기는 질과 레벨에는 각자 차이가 있습니다. 따라서 청지기직에 대한 상급에는 마태복음 24:45-47절이 시사하듯이, 차등이 있다고 보아야 합니다. 또한, 충성스럽고 지혜 있는 종에게 복이 있다는 것은 그렇지 못한 자들에게는 화가 있다는 말입니다(마 24:48-51). 모든 성도가 같은 레벨의 복을 받지 않습니다. 주님이 주실 복이나 화는 하나님을 충성과 지혜로 섬기는 분량과 질에 달린 것입니다. 바울은 자신의 청지기직과 관련해서 이렇게 말했습니다.

"형제들아 나는 아직 내가 잡은 줄로 여기지 아니하고 오직 한 일 즉 뒤에 있는 것은 잊어버리고 앞에 있는 것을 잡으려고 푯대를 향하여 그리스도 예수 안에서 하나님이 위에서 부르신 부름의 상을 위하여 달려가노라"(빌 3:13-14).

바울은 여러 번 "나를 본받으라"(빌 3:17; 고전 4:16)고 하였습니다. 바울은 우리의 훌륭한 모범입니다. '나를 본받으라'는 말은 자신이 잘났다는 자랑이 아닙니다. 바울이 이렇게 말하는 까닭은 자신의 청지기 삶을 통해서 예수님의 삶을 뚜렷하게 볼 수 있기 때문입니다. 그의 삶은 신약 성경에 자세히 나와 있기에 우리가 쉽게 보고 본받을 수 있는 실질적인 표본입니다. 바울은 물론 초대 교회의 기초를 놓은 대표적인 사도로서 하나님의 구원의 섭리를 깊게 설명하고 거짓 가르침에 대항하여 기독교를 변호한 대 신학자였습니다. 그래서 바울 신학을 연구하는 학자들이 많습니다. 그런데 바울의 신실한 청지기의 삶도 함께 배우고 본받아야 합니다. 우리는 그의 발자취를 따라갈 때 그의 삶 속에서 흘렀던 하나님의 생수의 강물이 지닌 능력을 실감할 수 있습니다. 하나님께서는 충성스러운 청지기들에게 언제나 가까이 가셔서 신령한 능력을 맛보게 하시고 후세대의 본보기로 세워주십니다. 다른 사람들이 우리 자신들의 삶 속에서 비쳐나오는 신실한 청지기의 모습을 볼 수 있다면, 그것은 하나님께서 바울 사도를 통해서 드러내셨던 충성스러운 종의 모본을 부분적이나마 재현시키는 셈이 됩니다. 우리는 바울의 모본을 본받아 우리 자신들도 주 예수를 드러내는 적은 모범이 될 수 있어야 하겠습니다.

바울은 복음의 비밀을 전하는 소명을 받았습니다.

"이 비밀은 만세와 만대로부터 감추어졌던 것인데 이제는 그
의 성도들에게 나타났고"(26절).

바울은 23절에서 복음이 모든 피조물에 전파되었다고 했습니다.
이것은 예사로 한 말이 아닙니다. 본 절에서 바울은 전 세계로 전파
되는 복음을 하나님의 구원 계획에 따른 새 시대의 개막으로 보았
습니다. 이 새 시대는 열린 시대입니다. 구원의 복음이 인종과 문화
의 담을 넘어서 온 인류에게 차별 없이 전해지는 새 언약 시대입니
다. 인류를 위한 하나님의 구출 계획이 완전히 드러나서 누구나 영
원한 구원을 받고 하나님의 자녀가 될 수 있는 소망의 새 시대가 열
렸습니다. 이 새 시대는 그리스도를 믿는 사람들에게 예수 그리스도
의 부활 생명이 부여되는 구원의 때입니다. 예수님은 자신의 십자가
와 부활로써 새 시대의 문을 여셨습니다. 그래서 그를 구주로 믿는
자는 누구나 새 생명의 문으로 들어갈 수 있습니다.

그런데 한 가지 중요한 사항이 있습니다. 예수님은 십자가에서
모든 죄인을 위한 대속적인 죽음을 치르시고 부활하신 후 승천하셨
습니다. 그리고 하나님 우편 보좌에 좌정하시고 하늘 아버지로부터
만유의 통치권을 받으셨습니다(마 28:18). 이것은 예수님이 영원한 영
광을 누리는 새로운 차원의 삶으로 들어가신 것을 의미합니다. 따라
서 예수 그리스도를 구주로 믿는 신자들도 그리스도와 연합되었기
때문에 신분상으로 보면 전혀 차원이 다른 영원한 생명 속으로 들어
간 것입니다. 물론 우리는 아직도 이 세상에서 살고 있습니다. 그러

나 우리는 그리스도의 부활 생명으로 영원히 살아났으며 그리스도를 구주로 믿은 순간부터 계속해서 하늘에 근원을 둔 새 생명 안에 머물러 있습니다.

> "허물로 죽은 우리를 그리스도와 함께 살리셨고(너희는 은혜로 구원을 받은 것이라) 또 함께 일으키사 그리스도 예수 안에서 함께 하늘에 앉히시니 이는 그리스도 예수 안에서 우리에게 자비하심으로써 그 은혜의 지극히 풍성함을 오는 여러 세대에 나타내려 하심이라"(엡 2:5-7)

바울은 이 복음이 지금까지 비밀로 가려져 있었다고 말합니다. 비밀이란 아무도 모르는 것을 말합니다. 헬라어로는 '무수테리온'인데 영어의 '미스터리'(mystery)라는 말이 여기서 나왔습니다. '비밀'은 감추어진 진리를 뜻하는데 '신비'라는 의미도 곁들여 있습니다. 바울은 자신이 전파하는 복음을 신비한 '그리스도의 비밀'이라고 했습니다(골 4:3). 그는 이 비밀을 알리도록 부름을 받은 사도였습니다.

왜 복음이 그동안 신비한 비밀로 감추어졌을까요?

이것은 유대인과 이방인에 대한 하나님의 구원 프로그램과 관계된 것입니다. 하나님께서는 단번에 모든 죄인을 구원하시지 않았습니다. 죄와 사망의 구렁텅이에 빠진 인간들을 구출하는 하나님의 구원 계획은 인류의 역사와 함께 단계적으로 진행되었습니다. 가장 두드러진 구원의 이벤트는 아브라함을 택하신 것입니다. 하나님께서는 아브라함이 먼저 구원을 받게 하시고 그의 후손인 유대인들을 통해서 하나님의 구원이 온 세상에 알려지도록 계획하셨습니다. 그리고 궁극적으로 예수 그리스도가 아브라함의 후손으로 세상에 오셔서 온 인류의 구주가 되게 하실 것이었습니다(창 12:1-3; 갈 3:16).

그럼 구약 시대에는 하나님의 구원 계획이 가려진 것이었을까요? 엄밀한 의미에서 가려진 것이 아니고 이스라엘 백성이 바르게 깨닫지 못한 것입니다. 물론 하나님의 구원 계획이 어떤 방식으로 실현될 것인지에 대한 구체적인 부분은 선명히 계시되지 않았습니다. 그러나 이방인들도 장차 구원을 받게 될 것이라고 구약에서 여러 번 언급하였습니다. 예를 들어, 이사야서에 나오는 '종의 노래'(The servant songs)에는 이스라엘이 "이방의 빛"(사 42:6)이 된다고 하였습니다. 유감스럽게도 이스라엘은 제사장 나라로서 여호와를 이방 나라들에 알리고 여호와께로 인도하는 소명을 감당하지 못하였습니다(출 19:6). 그들은 오히려 우상숭배에 빠져 하나님의 심판을 받고 이방 나라에 포로로 잡혀갔습니다. 이것은 우리에게 주는 역사적 교훈입니다. 우리가 새 언약 백성으로서 받은 소명을 게을리하면 하나님의 징계대상이 됩니다.

그런데 불신실의 원인은 각자가 처한 여건에 따라 여러 가지로 제시될 수 있을 것입니다. 복음을 오해했거나 생각과 마음이 비뚤어졌거나 신앙 자세가 불성실하거나 혹은 교회 관계가 나쁘거나 아니면 대인 관계에 문제가 있기 때문인지 모릅니다. 그럼 이스라엘 백성은 무슨 문제로 하나님의 징계를 받게 되었을까요? 그들은 두 가지 점에서 자신들의 선교 역할을 크게 오해하고 유대인과 이방인 사이에 높은 벽을 쌓아 올렸습니다.

첫째, 자신들이 하나님의 택함을 받았다는 선민의식으로 교만해졌습니다. 이스라엘은 모세 율법을 하나님으로부터 받았다는 사실로 인해서 이방 민족들보다 월등한 도덕 수준을 가졌다고 자부하였습니다. 그들은 우상신이 아닌 유일신을 섬기는 거룩한 민족이라고 자처하며 이방인들을 멸시하였습니다.

둘째, 구약에서 열방의 회심은 이방 나라들이 예루살렘으로 나아오는 것으로 묘사되었습니다.

"여호와의 이름을 시온에서, 그 영예를 예루살렘에서 선포하게 하려 하심이라 그 때에 민족들과 나라들이 함께 모여 여호와를 섬기리로다"(시 102:21-22)

"말일에 여호와의 전의 산이 모든 산 꼭대기에 굳게 설 것이요 모든 작은 산 위에 뛰어나리니 만방이 그리로 모여들 것이라 많은 백성이 가며 이르기를 오라 우리가 여호와의 산에 오르며 야곱의 하나님의 전에 이르자 그가 그의 길을 우리에게 가르치실 것이라 우리가 그 길로 행하리라 하리니 이는 율법이 시온에서부터 나올 것이요 여호와의 말씀이 예루살렘에서부터 나올 것임이니라"(사 2:2-3).

이스라엘은 이방인들이 구원을 받기 위해 그들을 문자적으로 찾아오는 것으로 이해하였습니다(사 18:7; 25:6; 60:14). 이러한 입장은 유대인 우월주의와 함께 이방인 배척주의를 낳았습니다. 그래서 이방인들이 여호와 하나님을 믿으려면 유대인처럼 살아야 하고 그러기 위해서는 모세 율법을 지켜야 한다고 강조하였습니다. 그들은 여호와 종교로 개종하는 자들에게 언약 백성의 표징인 할례를 반드시 받아야 한다고 하였고, 안식일과 같은 율법의 규정도 준수할 것을 요구하였습니다.

그러나 이스라엘이 율법을 지켜야 하는 중요한 목적의 하나는 이방 나라들처럼 우상숭배에 빠져서 하나님을 아는 진리의 지식이 오염되지 않게 하려는 것이었습니다. 그런데도 그들은 율법을 민족적 우월주의의 근거로 삼았고 인종차별적인 고자세를 취하면서 이방인들을 경멸하였습니다. 이것은 하나님께서 그들에게 율법을 주신 의도에서 크게 벗어나는 일이었습니다.

하나님의 구원의 진리는 이방인들을 배척하거나 그들에 대한 우월감을 느끼게 하는 것이 아니라, 이방인들도 같은 자격으로 이스라엘이 받은 아브라함의 언약에 포함되게 하는 것이었습니다. 그러나 당시의 유대인들에게는 자신들이 이방인들과 함께 대등한 레벨에서 하나님의 백성이 된다는 것은 상상할 수 없는 일이었습니다. 그들은 아브라함의 자손이며 모세 율법을 받은 언약 백성이므로 이방인들이 그들의 특권을 아무런 차등이 없이 소유할 수 없다고 믿었습니다. 그래서 이방인들이 여호와 종교로 개종하여도 일종의 이등 국민으로 취급되었습니다.

이러한 민족적 선민의식은 사도 시대까지 편만하였습니다. 예를 들어, 이방인 고넬료가 그의 권속들과 함께 베드로로부터 복음을 듣고 구원을 받았을 때 유대인 크리스천들까지도 이를 환영하지 않고 베드로의 파행적인 행위에 대해 유감을 드러내었습니다(행 11:1-18).
유대인들은 바울이 이방인 선교를 하는 것도 극구 반대하였습니다.
그 주된 원인은 바울이 이방인들도 예수 그리스도를 믿으면, 유대인
들과 같은 구원을 받고 떳떳한 하나님의 백성이 된다고 가르쳤기 때
문이었습니다(롬 3:22; 갈 3:22, 28-29). 바울이 말하는 '비밀'의 의미는
이제 예수님의 십자가 사역을 통하여 이방인들에게 아무런 차별 없
이 구원의 복음이 제공된다는 것이었습니다. 즉, 예수 그리스도를
자신의 구주로 믿으면 유대인과 이방인 사이의 높은 분리의 담이 헐
리고 한 성령 안에서 같은 하나님의 백성이 된다는 말이었습니다(참
조. 엡 2:11-22).

> "하나님은 다만 유대인의 하나님이시냐 또한 이방인의 하
> 나님은 아니시냐 진실로 이방인의 하나님도 되시느니라"(롬
> 3:29).

> "너희는 유대인이나 헬라인이나 종이나 자유인이나 예수 안
> 에서 하나이니라"(갈 3:28).

이것은 당시의 유대인들에게는 혁명적인 사상이었습니다. 하나
님의 구원 계획은 서로 적대 관계에 있던 유대인과 이방인을 그리스
도 안에서 함께 새로운 주의 백성으로 연합시키는 것이었습니다. 그
런데 더욱 놀라운 것은 이방인들이 모세 율법을 지킴으로써 유대인
이 되는 것이 아니라는 것이었습니다. 단지 주 예수를 믿음으로써
유대인과 이방인들이 같은 자격으로 예수 그리스도에 의해서 출범

된 새 언약 교회의 멤버가 된다는 것입니다. 결국 구약 시대에 하나님께서 이스라엘 백성에게 주셨던 이방인 선교의 사명은 예수님의 십자가 사역으로 결정적인 전환점을 맞이하였고 유대인 사도들에 의해 마침내 온 세상으로 퍼져나가게 되었습니다. 그 결과 이방인에게 언약 백성에게 부여되는 동일한 특권이 주어졌습니다.

> "이는 이방인들이 복음으로 말미암아 그리스도 예수 안에서
> 함께 상속자가 되고 함께 지체가 되고 함께 약속에 참여하는
> 자가 됨이라"(엡 3:6).

이것은 신비한 비밀입니다. 전혀 예상할 수 없었던 그리스도의 십자가를 믿는 방식으로 이방인의 구원이 이루어지면서 유대인들과 한 백성이 되기 때문입니다. 복음의 비밀은 예수님이 오실 때까지는 아무도 정확하게 알 수 없었습니다. 하나님의 비밀은 보고도 못 보는 것이 특징입니다.

예를 들어, 이사야 선지자는 일찍이 처녀가 잉태하여 아들을 낳을 것이며 그 이름을 임마누엘('하나님이 우리와 함께 계심')이라고 할 것이라고 예언하였습니다(사 7:14). 그뿐만 아니라 한 아기가 태어날 터인데 그의 이름이 전능하신 하나님이며 평강의 왕이라고 하였고 그의 왕권이 무궁할 것이라고 했습니다(사 9:6-7). 그럼에도 베들레헴에 실제로 메시아가 태어나셨을 때 이스라엘은 그의 존재를 믿거나 그를 맞이할 준비가 전혀 되어 있지 않았습니다. 그런 식으로 메시아가 오실 것을 아무도 기대하지 않았기 때문입니다. 그러나 주의 백성이 하나님의 계시로 이 사건의 의미를 깨달았을 때 비로소 임마누

엘에 대한 이사야 선지자의 예언이 예수님에게 적용되었습니다(마 1:22-23).

또 다른 예를 든다면, 모세 시대로부터 시행되었던 제사 제도가 언젠가 하나님의 아들에 의해서 단번에 폐지될 것을 누가 상상했겠습니까? 하나님은 독생자를 보내시고 그 아들로 하여금 십자가에서 자신을 바치게 하셨습니다. 원래 성전에서는 제사장이 희생 제물을 하나님께 바쳤습니다. 제사장이 자기 자신을 희생 제물로 바친 일은 전무후무한 일이었습니다. 그러나 하나님이 보내신 대제사장이신 예수님은 자신을 하나님의 어린 양으로 바쳤습니다. 그래서 제사장과 희생 제물이 동시에 되셨고 모든 제사 제도의 궁극적인 목적이 성취되었습니다. 이런 일은 하나님의 계시가 주어지기 전에는 분명히 깨달을 수 없었습니다. 또한 예수 그리스도의 대속적 죽음으로 수천 년 동안 내려온 유대인과 이방인 사이의 장벽이 허물어지고 하나의 새로운 인류로 재창조되는 일은 아무도 믿지 못했습니다(엡 2:14-15).

바울은 이러한 비밀이 이제는 "그의 성도들에게" 나타났다고 했습니다(골 1:26). '그의 성도들'은 모든 신자를 가리킵니다. 지금도 전 세계에 복음의 비밀이 알려짐으로써 많은 사람이 새 언약 백성이 되고 있습니다. 사실상 우리 자신들도 이 비밀의 혜택을 입은 증인들입니다. 우리 민족이 언제 이러한 구원의 비밀을 알 수 있었겠습니까? 그리스도의 복음이 이방인인 우리에게 전해졌기 때문에 우리가 주 예수를 믿게 되었습니다. 비밀로 닫혀 있었던 복음은 이런 식으로 온 세상에 전파되는 중입니다. 그리하여 마침내 "각 나라와 족속과 백성과 방언에서 아무도 셀 수 없는 큰 무리"(계 7:9)가 하나님과 어린 양 앞에서 구원의 은혜를 찬양할 것입니다.

우리는 구원의 역사가 어떻게 진행됐는지를 숙지할 필요가 있습니다. 우리는 하나님께서 만세 전에 작정하신 신비한 구원의 뜻이 예수 그리스도를 통해서 모든 장애물을 제치며 목표를 향해 전진하고 있음을 알아야 합니다. 내가 주 예수를 믿고 영원한 구원을 받은 것은 생각할수록 대단한 일입니다. 나의 구원은 심오하고 은혜로운 하나님의 계획 속에 포함된 사건이었습니다. 이 놀라운 사실 앞에 깊이 감사하고 감격하지 않을 수 없습니다. 그렇다면 하나님께서 주신 각자의 소명을 귀히 여기고 신실한 자세로 하나님을 섬겨야 할 것입니다.

바울은 자신이 제시하는 메시지가 이미 하나님께서 작정하시고 계시한 것임을 확신하였습니다. 그의 소명은 그동안 비밀로 가려졌던 복음의 계시를 충분히 설명하는 것이었습니다. 골로새 교인들은 이미 복음을 믿었지만, 당시에 유행하던 신비 종교의 유혹을 받고 있었습니다(2:18). 신비 종교의 특징은 비밀 교리와 비밀 의식으로 외부 사람들을 차단하는 것입니다. 그러나 크리스천이 믿는 복음의 비밀은 처음부터 알리기 위한 것이었습니다. 이 비밀은 첫 단계에서는 유대인들에게 전해졌고, 그다음 단계에서는 예수님이 오심으로써 온 세상에 공개적으로 알려졌습니다. 복음의 비밀은 신비 종교에서처럼 멤버들 사이에서만 통하는 것이 아니고 누구나 듣고 믿을 수 있도록 다 알려진 비밀입니다.

복음은 공개된 진리입니다. 귀한 복음을 믿으면서 이를 알리지 않고 혼자 잘 믿으면 된다고 생각하는 것은 복음의 목적과 의도에 어긋납니다. 복음은 모든 사람을 위한 것입니다. 그런데 하나님께서는 신자들을 통해서 복음이 알려지도록 계획하셨습니다. 그리스도의 복음을 전하는 것은 우리 각 신자의 책임이며 소중한 소명입니다.

"그 종(the Servant)의 미션은 예수를 따르는 자들의 소임이기도 하다. 이스라엘의 소명은 실패했지만, 예수님에게 넘겨졌고 이제는 새로운 이스라엘이 된 그의 백성들에게 이양되었다."
(Howard Marshall, Acts. Tyndale NT commentaries).

전도나 선교는 바울 같은 사도만 하는 일이 아니고 모든 제자의 사명입니다(마 28:19-20). 신자들은 메시아의 공동체이기 때문에 메시아의 사역에 참여해야 합니다. 이것도 예수님을 닮고 바울을 닮는 일의 일부입니다.

"주께서 이같이 우리에게 명하시되 내가 너를 이방의 빛으로 삼아 너로 땅 끝까지 구원하게 하리라"(행 13:47).

"그러므로 너희는 가서 모든 민족을 제자로 삼아 아버지와 아들과 성령의 이름으로 세례를 베풀고 내가 너희에게 분부한 모든 것을 가르쳐 지키게 하라 볼지어다 내가 세상 끝날까지 너희와 항상 함께 있으리라 하시니라"(마 28:19-20).

21장

영광의 소망
골로새서 1:27

"하나님이 그들로 하여금 이 비밀의 영광이 이방인 가운데
얼마나 풍성하지를 알게 하려 하심이라 이 비밀은 너희 안에
계신 그리스도시니 곧 영광의 소망이니라"(27절).

하나님께서 감추신 비밀은 하나님의 계시가 없으면 아무도 알 수
없습니다. 이방인에게 복음이 전해진다는 것은 오랜 세대 동안 감추
어졌던 비밀이었습니다. 물론 구약에서 구원의 복음이 이스라엘의
회복을 통해서 열방에게 전달될 것이라고 예고하였습니다. 바울 시
대에도 헬라파 유대교에 속한 유대인들은 이방인들의 개종을 위해
힘썼습니다. 그러나 그들은 이방인들과 유대인들이 동일하게 주 예
수를 믿는 믿음으로 새 이스라엘 백성이 될 것을 알지 못했습니다.
그래서 바울은 이 비밀의 영광이 이방인 가운데 얼마나 풍성한지를
알게 하는 것이 하나님의 뜻이라고 말했습니다.

복음의 비밀이 지닌 영광은 얼마나 풍성한 것일까요?

첫째, 이방인이 구원받기 위해서 유대인이 될 필요가 없습니다.

예수님은 역사적으로 보면 유대인으로서 이스라엘의 메시아로 오신 분이었습니다. 그러나 구원의 길은 유대인뿐만 아니라 이방인도 위한 것입니다. 예수 그리스도를 통한 구원의 길은 두 가지가 아니고 한 가지입니다. 유대인들이 받는 구원이 따로 있고, 이방인들이 받는 구원이 별도로 있는 것이 아닙니다. 누구나 같은 방법으로 구원을 받게 하는 것이 하나님의 뜻입니다. 그래서 이방인은 유대인처럼 모세의 율법을 지키지 않고서도 아브라함의 자손이 될 수 있었습니다. 그들은 단지 예수 그리스도를 구주로 믿기만 하면, 유대인이 가진 풍성한 믿음의 유산을 받을 수 있었고 하나님의 가족이 될 수 있었습니다. 이것이 복음이 지닌 풍성한 영광입니다.

하나님께서는 이스라엘을 택하시고 그들과 언약을 맺으셨습니다. 반면, 이스라엘의 언약 공동체에 들어가지 못한 이방인은 언약의 여러 축복을 누릴 수 없었습니다. 그들에게는 구원의 하나님에 대한 지식이 없었습니다. 그들은 무지한 가운데 우상 신들을 섬겼습니다. 그들은 하나님을 떠난 자들이었고 영적으로 죽었으며 "흑암의 권세"(골 1:13)에 사로잡혀 있었습니다. 그들에게는 아무런 소망이 없었습니다(엡 2:12-13). 그러나 이방인도 주 예수를 믿음으로써 "속량 곧 죄 사함을"(골 1:14) 받고 언약 백성이 될 수 있는 새 시대가 왔습니다. 이방인의 구원은 할례를 받고 안식일을 지키며 음식 규례에 따라 사는 유대교의 종교 문화에 자신의 삶을 일치시켜야 받는 것이 아니었습니다. 그들은 유대교가 요구하는 갖가지 개종 조건을 충족시키지 않고서도, 오직 단순한 믿음으로 주 예수를 구원자로 받아들이면 아브라함의 후손이 되고 새 이스라엘 백성이 되며 새 언약의 모든 축복을 차별 없이 누릴 수 있었습니다.

둘째, 예수님의 내주를 받습니다.

하나님께서 이방인을 구원하는 수단은 예수 그리스도의 십자가며, 구원의 소망은 그들 속에 계신 그리스도입니다. 예수님은 부활하신 후에 승천하셨지만, 지금은 성령을 통해서 신자들 속에 내주하십니다. 이방인이 언약 백성과 동일한 구원을 받았다는 것을 어떻게 알 수 있습니까? 바울의 대답은 이방인 가운데 내주하는 그리스도라고 말합니다. 바울은 본 서신의 서두에서 골로새 성도들이 "그리스도 안에" 있다고 말했습니다(1:2). 이제 그는 뒤집어서 "그들 안에" 그리스도가 계신다고 말합니다(27절). 이것은 그리스도와 신자 사이의 밀착된 연합을 가리킵니다. 예수님이 성도들 안에 계시고, 성도들이 예수님 안에 머물면 구원의 모든 혜택을 누리게 됩니다.

셋째, 이방인 신자들도 택함을 받았습니다.

바울은 만대로부터 감추어졌던 복음의 비밀이 그리스도의 오심으로 드러나서 이방인들이 메시아공동체에 들어오게 되었다고 말합니다. 이것은 유대인에게는 매우 거슬리는 말이었습니다. 유대인은 하나님께서 유독 자기들만 언약 백성으로 택하셨다고 믿었습니다. 이 사상은 이방인을 내려다보게 하였습니다. 그러나 이스라엘의 선택 목적은 배타주의를 갖게 하는 것이 아니고, 이방인을 여호와께로 인도하기 위한 것이었습니다. 그래서 하나님께서는 아브라함을 택하셨을 때 땅에 사는 모든 민족이 그로 말미암아 복을 받을 것이라고 하셨습니다(창 12:3). 또한, 그의 후손이 출애굽 한 후 시내 산에 이르렀을 때 그들이 언약을 지키면 제사장 나라가 되고 거룩한 백성이 될 것이라고 하셨습니다(출 19:5-6). 그들의 선택 목적은 거룩한 백성이 될 뿐만 아니라, 다른 나라들을 위한 복의 통로가 되는 것이었습니다. 결국, 유대인과 이방인이 다 함께 구원을 받는 것이 하나님의 구원 계획이었습니다. 그렇다면 구원을 위해서 선택된 백성은 이스라엘만이 아니고 이방인도 포함되었다고 보아야 합니다.

"곧 창세 전에 그리스도 안에서 우리를 택하사…그 기쁘신 뜻대로 우리를 예정하사 예수 그리스도로 말미암아 자기의 아들들이 되게 하셨으니…우리는 그리스도 안에서 그의 은혜의 풍성함을 따라 그의 피로 말미암아 속량 곧 죄 사함을 받았느니라"(엡 1:4-7).

바울의 요점은 이방인도 유대인 못지않게 동등한 자격으로 하나님 앞으로 나갈 수 있다는 것이었습니다. 구원을 위해 만세 전에 선택받은 자들은 유대인만이 아니고 이방인도 포함되었기 때문입니다. 바울은 이방인이 실제로 하나님의 당당한 백성이 될 수 있는 근거로서 유대인이 세웠던 이방인에 대한 인종적이고 민족적이며 종교 문화적인 장벽이 예수님의 대속적 죽음으로 허물어졌다고 말했습니다(엡 2:13-19). 그렇다면 유대인이라고 해서 자랑할 것도 없고 이방인이라고 해서 눌릴 것도 없습니다. 하나님께서는 그리스도를 믿는 유대인과 이방인을 한 백성으로 택하시고, 아브라함에게 약속된 언약의 축복을 차별 없이 주셨습니다.

그런데도 일부 초대 교회의 보수주의 유대인 크리스천들은 이방인 교인들도 모세법을 지켜야 한다고 주장하였습니다(행 15장). 이러한 주장 뒤에는 유대인의 선민의식이 자리 잡고 있었습니다. 그들은 하나님의 특별한 선택을 받은 민족으로서 유대교의 전통을 고수한다는 것이었습니다. 다시 말해서, 기독교도 결국 유대교 안에서 나왔고 예수님도 유대인으로 오셨으므로 이방인 신자는 유대인의 종교적 전통에 따라 살아야 한다는 논리였습니다. 이러한 유대인의 선택 교리는 단지 이방인이라는 이유로 같은그리스도를 믿어도 우열과 등급을 매기는 차별주의를 낳았습니다. 이것은 그리스도 안에서 하나가 되는 것이 아니고 둘이 되는 것이므로 하나님의 구원이 지닌 동등성을 부인하는 일이었습니다. 그래서 바울은 골로새 교인들에게 "너희는 하나님이 택하사 거룩하고 사랑 받는 자처럼"(골 3:12) 살아야 한다고 권면하였습니다.

현대 교회는 초대교회가 직면했던 유대인과 이방인 사이의 차별 문제로 분쟁을 일으키지는 않습니다. 현대 교회에서는 유대인 크리스천들을 만나보기도 힘듭니다. 그러나 초대교회의 차별주의는 현대 교회에도 있습니다. 동일한 이슈는 아닐지라도, 있는 자와 없는 자 사이의 차별이 있고, 교회와 교회 사이의 차별이 있으며, 학력과 지위의 차별이 있습니다. 문화적 전통 가치관과 성경적 가치관 사이의 갈등도 있습니다. 그러나 우리가 알아야 할 것은 교회란 무계급 공동체며 오직 예수 그리스도 안에서 모두 하나가 되었다는 사실입니다. 하나님 앞에서 누구나 평등하다는 것은 기독교 사상입니다.

신자들은 같은 하나님을 믿으며 같은 십자가로 구원을 받고 같은 성
령을 받습니다.

"우리가 유대인이나 헬라인이나 종이나 자유인이나 다 한 성
령으로 세례를 받아 한 몸이 되었고 또 다 한 성령을 마시게
하셨느니라"(고전 12:13).

교회는 그리스도를 머리로 삼고 하나님의 사랑을 차별 없이 주고
받으면서 서로 섬기는 곳입니다. 우리 각자의 배경이나 현재의 신분
이나 재산의 유무나 능력의 차이가 다른 형제자매에 대한 우월감이
나 혹은 열등감을 느끼게 해서는 안 됩니다. 우리는 그리스도 안에
서 모두 하나님의 참 백성인 아브라함의 자손입니다.

"너희는 유대인이나 헬라인이나 종이나 자유인이나 남자나
여자나 다 그리스도 예수 안에서 하나이니라 너희가 그리스
도의 것이면 곧 아브라함의 자손이요 약속대로 유업을 이을
자니라"(갈 3:28-29)

그리스도는 영광의 소망입니다.

1:27절에 나오는 우리 속에 계신 그리스도가 곧 영광의 소망이라
는 말은 구체적으로 무엇을 염두에 둔 표현이었을까요? 한 마디로
우리 속에 성령으로 내주하는 예수님이 우리의 확실한 소망이라는
말입니다. 그런데 이 소망이 영광스러우므로 '영광의 소망'이라고 했

습니다. 이 소망은 믿는 것이 있습니다.

- 하나님의 구원 계획이 완성될 것을 믿습니다. "하나님의 구원 계획은 때가 차면 하늘과 땅에 있는 모든 것을 그리스도 안에서 통일시키는 것입니다"(엡 1:10, 새번역).
- 하나님께서 온 세상을 새롭게 갱신하고 회복시킬 것을 믿습니다(사 65:17; 계 21:1, 2, 5).
- 성도들이 예수님의 재림 때에 부활의 새 몸을 받고(살전 4:14-17) 주님과 함께 새 하늘과 새 땅을 상속받을 것을 믿습니다(롬 4:13; 8:17).

'영광의 소망'은 이러한 구원의 목적들이 완전히 성취될 것을 바라보는 것입니다. 그런데 이 구원의 목표는 모두 그리스도 안에서 달성될 것이기에 우리 속에 부활의 새 생명으로 계신 예수님이 우리의 영광스런 소망입니다.

예수님이 우리 안에 계신 것은 우리가 더는 죄악 된 육적 성향에 의해 지배되지 않고 예수님의 새 생명으로 산다는 뜻입니다. 그래서 바울은 "그런즉 이제는 내가 사는 것이 아니요 오직 내 안에 그리스도께서 사시는 것이라"(갈 2:20)고 했습니다. 물론 우리가 세상에서 육신을 지니고 사는 동안 죄가 없는 완전한 삶은 불가능합니다. 그래도 우리는 낙심할 필요가 없습니다. 우리의 겉 사람은 늙어지고 병들어도 우리의 속사람은 날로 새로워지며 영원한 영광이 사후에 우리를 기다리고 있기 때문입니다(고후 4:1-18; 골 3:4).

그리스도의 내주를 받고 사는 삶은 주님의 온전한 새 생명의 삶을 향해 날마다 나아갑니다. 이 세상에서 우리는 아직 완전한 거룩에 도달하지 못했지만, 이미 완전을 향한 성도의 삶을 시작하였습니다. 그리고 마침내 주님의 재림 때에 새 하늘과 새 땅에서 죄와 상관없이 영원히 살 수 있는 새 몸을 받게 될 것입니다. 이런 의미에서 예수님은 우리의 참 생명이며 영광된 소망입니다(골 1:27; 3:4). 주 예수를 믿는 이방인의 구원은 확실합니다. 예수님이 그들 가운데 살아 계시기 때문입니다. 이것은 미래에 체험될 하나님의 마지막 영광의 보증입니다.

그런데 우리는 이 세상에서부터 예수님의 내주를 통해 마지막 영광을 미리 맛보며 살 수 있습니다. 예수님의 부활 생명이 "내 속에서 능력으로 역사"(29절)하기 때문입니다. 바울도 이 새 생명의 능력으로 주님을 힘껏 섬길 수 있었습니다. 우리는 가만히 앉아서 예수님의 재림 영광만을 바랄 것이 아닙니다. 우리는 그 찬란한 영광의 시식을 이 세상에서 구원받은 날부터 누리기 시작해야 합니다. 우리가 주 예수를 믿으면 그 순간부터 주의 성령이 우리 마음속에 들어와서 머무십니다. 그래서 주님과 날마다 교제하며 성령의 에너지로 하나님을 섬기면서 죄의 유혹을 이기는 사랑의 삶이 가능하게 됩니다. 우리 안에 계신 주님은 우리가 주의 모습을 닮도록 성령의 가르침과 인도를 통해 활동하십니다. 이러한 주님의 은혜를 받으면서 사는 것은 주의 재림 때 완성될 하나님 나라의 능력과 영광을 부분적으로 이 땅에서 미리 체험하는 것입니다.

'영광의 소망'은 우리 안에 계신 그리스도와 연합되는 순간부터 비쳐 나올 수 있어야 합니다. 이 소망은 성숙을 향해 나아가는 우리의 변화된 새 모습에 의해서 날마다 확인되어야 합니다. 즉, 내주하는 그리스도의 능력으로 성품이 변해야 하고, 복음의 증인이 되는 것입니다. 그리스도가 우리 속에 계시면 그 자체로서 끝나는 것이 아닙니다. 내주하시는 주님은 우리가 새 생명의 능력으로 주님을 닮을 뿐만 아니라, 하나님 나라를 위해서 이바지하기를 원하십니다. 우리가 그렇게 할 때, 언젠가 주님으로부터 '잘하였도다' 라는 칭찬을 받게 될 것입니다. 주님의 내주는 우리로 하여금 이러한 영광의 소망을 갖게 합니다.

그런데 '영광의 소망' 은 단순히 사후 천국에 들어가는 소망을 말하는 것이 아닙니다. 우리는 영광의 소망이 담고 있는 구체적인 내용을 숙지할 필요가 있습니다. 그렇지 않으면 추상적으로 되어 마음에 와 닿지 않습니다. 성령은 복음의 진리를 깨닫게 하여 우리를 영광으로 데리고 가는 역할을 맡으셨습니다. 영광의 소망은 현재 이 땅에 살면서 주님의 양육을 받고 하늘에 보물을 쌓는 열매 맺는 성도의 삶에 관한 것입니다(골 1:5-6). 이러한 삶의 목표는 각 성도가 그리스도 안에서 완전한 자로 세움을 받기 위한 것입니다(골 1:22, 28). 이렇게 세워지는 성도들은 하늘의 상을 받습니다. 그때 '잘하였도다' 라는 예수님의 칭찬을 받고 명예와 영광을 체험할 것입니다. 그리스도가 "영광의 소망" 으로 우리 속에 계시면 우리는 영광의 길로 인도됩니다. 그 길은 온전한 삶과 유업의 상을 위한 경건과 성숙의 길입니다. 이를 위해 바울도 자기 속에서 역사하는 하나님의 초자연적인 능력에 따라 힘을 다하여 수고하였습니다. 우리도 바울처럼 같은 하나님의 능력을 받고 무엇인가 주님과 그의 복음을 위해 최선을 다하는 삶의 열매가 있어야 합니다.

한편, 이방인들이 예수님의 내주를 받는다는 것은 참으로 풍성한 영광입니다. 구약 시대부터 이스라엘 백성에게는 임마누엘 사상이 있었습니다. 하나님께서 이스라엘과 언약을 맺으신 것은 하나님이 그들과 함께하신다는 보증이었습니다. 하나님이 함께하신다는 것은 자기 백성을 보호하고 인도하며 가르치신다는 뜻입니다. 이것은 하나님의 임재를 상징하는 언약궤가 안치된 성전으로 구체화하였습니다. 그래서 하나님의 임재는 택함을 받은 이스라엘 백성의 특권이었습니다. 그러나 바울은 이제 하나님의 임재가 이방인에게도 있다고 가르쳤습니다. 이것은 이방인도 유대인과 마찬가지로 언약에서 약속된 영광스러운 유업의 풍요를 함께 누리는 공동 상속자들이 되었다는 뜻이었습니다(갈 3:8-9, 29). 더구나 하나님의 임재의 방식은 과거처럼 물체적인 성전이 아니고, 그리스도를 믿는 교회와 신자들이 하나님께서 거주하시는 산 성전입니다(고전 3:16; 6:19). 이것은 이스라엘 백성들에게는 매우 충격적인 가르침이었습니다. 하나님께서 선택받은 유대인 가운데 머무시는 것은 당연하지만, 이방인에게도 같은 특권이 부여된다는 것은 있을 수 없는 일로 간주하였기 때문입니다.

그러나 이방인 가운데 그리스도께서 성령으로 내주하신다는 것은 복음의 비밀이 지닌 풍족한 축복입니다. 바울 당시의 유대인은 자신들에 대해서 매우 자만하였습니다. 그들은 이방인을 사악한 자들로 여기고 멸시하였습니다. 그런데도 바울은 "이 비밀의 영광이 이방인 가운데 얼마나 풍성한지를"(27절) 강조하기 위해 그리스도께서 이방인 신자들 가운데 내주하신다고 말했습니다.

바울 시대의 유대인들은 아브라함과 다윗의 후손으로 오신 메시아가 이방인도 복음으로 부르셨다는 바울의 메시지를 싫어하였습니다. 더구나 주님이 이방인 가운데 실제로 임재하시면서 아브라함에게 주셨던 언약의 약속들과 축복들을 이스라엘 백성과 다름없이 부여하셨다는 것은 상상할 수도 없었습니다.

우리는 단순히 예수 그리스도를 믿고 구원을 받았다는 사실로 안심하고 끝날 것이 아닙니다. 우리는 모두 이방인이었습니다. 우리는 예수님을 믿기 전까지는 하나님께서 이스라엘 백성에게 약속하셨던 영광의 소망인 그리스도와 아무 상관이 없었습니다(엡 2:11-12). 그러나 지금은 아브라함의 후손이 되었고, 예수 그리스도의 지체가 되었으며, 주님께서 머무시는 성전이 되었습니다. 우리는 복음의 비밀이 지닌 이러한 풍성한 은혜를 자주 묵상하며 하나님께 감사와 찬양을 돌려야 합니다. 우리가 이방인으로서 받은 구원의 풍성한 축복의 의미를 깊이 알수록 우리의 심령은 기쁨과 감격으로 더욱 넘치게 될 것입니다.

22장

복음 사역은 무엇인가?

골로새서 1:28-29

"우리가 그를 전파하여 각 사람을 권하고 모든 지혜로 각 사람을 가르침은 각 사람을 그리스도 안에서 완전한 자로 세우려 함이니 이를 위하여 나도 내 속에서 능력으로 역사하시는 이의 역사를 따라 힘을 다하여 수고하노라"(28-29절).

본 절은 바울이 어떻게 복음을 전하고 무엇을 가르쳤는지를 알수 있는 매우 중요한 자료입니다. 이 말씀은 설교자들에게만 필요한것이 아니고 회중들도 반드시 알아야 할 내용을 담고 있습니다. 오늘날 우리나라 교회는 결코 건강하다고 볼 수 없는 여러 증상을 드러내고 있습니다. 세상도 교회를 심히 멸시하고 교인 중에서도 작금의 교회 상태를 한탄하는 분들이 적지 않습니다. 그러나 대부분의신자는 아직도 교회에 대해서 별다른 생각 없이 그냥 다니는 중입니다. 그러나 이제는 교회를 보다 진지한 태도로 자체 점검을 해 보아야 할 때가 되고도 남았습니다. 그런데 우리에게 표준 잣대가 있어야 합니다. 교회를 점검하고 평가하는 잣대는 물론 성경 말씀입니다. 이런 의미에서 오늘의 본문을 잘 살필 필요가 있습니다.

바울은 철저하게 가르쳤습니다.

바울은 그리스도를 전파하고, 각 사람을 권하며, 모든 지혜로 각 사람을 가르쳤다고 했습니다. 그는 1장 25절에서도 자신이 받은 소명이 복음을 충분하고 철저하게 전하는 것이라고 말하였습니다.

"나는 하나님께서 여러분을 위하여 하나님의 말씀을 남김없이 전파하게 하시려고 내게 맡기신 사명을 따라 교회의 일꾼이 되었습니다."(골 1:25, 새번역).

바울은 에베소의 두란노 서원에서 날마다 2년 동안 쉬지 않고 가르쳤습니다(행 19:9-10). 그래서 그는 에베소 장로들에게 준 고별 메시지에서 이렇게 증언했습니다.

"유익한 것은 무엇이든지 공중 앞에서나 각 집에서나 거리낌이 없이 여러분에게 전하여 가르치고 유대인과 헬라인들에게 하나님께 대한 회개와 우리 주 예수 그리스도께 대한 믿음을 증언한 것이라…보라 내가 여러분 중에 왕래하며 하나님의 나라를 전파하였으나 이제는 여러분이 다 내 얼굴을 다시 보지 못할 줄을 아노라 그러므로 오늘 여러분에게 증언하거니와 모든 사람의 피에 대하여 내가 깨끗하니 이는 내가

꺼리지 않고 하나님의 뜻을 다 여러분에게 전하였음이라"(

행 20:20-21, 25-27).

이러한 바울의 고백에서 우리는 어떤 인상을 받습니까? 바울은 자신이 선교사와 목회자와 교사로서 받은 소명에 철두철미했다는 것입니다. 그는 자신의 소명에 목숨을 걸었습니다. 단순히 복음을 위해서 혹은 주를 위해서 죽을 각오가 되어 있다는 말이 아닙니다. 바울은 훨씬 더 구체적으로 자신의 소명을 위해 복음을 설교하고 가르치는 일에서 심혈을 쏟았다고 진술합니다. 그는 선교의 결과로 일단 교회가 세워지면 설교와 가르침에 최대의 우선권을 두었습니다.

오늘날의 교회는 어떻습니까? 크게 성장했다고 말합니다. 어떻게 성장한 것일까요? 바울의 우선권에 충실했기 때문입니까? 만일 그랬었다면 오늘날의 우리 교회들은 훨씬 더 건강하고 성숙한 모습을 드러내었을 것입니다. 우리나라 교회는 지난 수십 년 동안 양적으로는 세계 최대의 성장을 한 대표적인 실례입니다. 그러나 물량적인 성장에 비하면 영적 성장은 크게 뒤떨어집니다. '말씀 중심'이라야 한다는 말을 해 온 지가 수십 년도 더 지났습니다. 이것은 원칙적인 말이기보다는 교회들이 말씀 중심으로 하지 않기 때문에 나온 말일 것입니다. 어쩌면 모든 교회가 다 '말씀 중심'이고 '말씀 우선'이라고 주장할지 모릅니다.

물론 매주 강단에서 성경을 읽고 설교하지 않는 교회는 없을 것입니다. 그러나 설교를 한다고 해서 반드시 말씀 우선은 아닙니다. 설교가 없는 것이 문제가 아니고, 엉터리 설교들이 주류를 이루고 있기 때문에 문제입니다. 복음을 전하지 않기 때문에 문제가 되는 것이 아니고, '다른 복음'(갈 1:6-8)을 전하기 때문에 문제입니다. 예수를 전하지 않기 때문에 문제가 되는 것이 아니고, '다른 예수'(고후 11:4)를 전하기 때문에 문제입니다. 성경을 가르치지 않기 때문에 문제가 되는 것이 아니고, 성경을 제대로 가르치지 않기 때문에 문제입니다.

오늘날의 교회들은 말씀이 중요하다고 하면서도 말씀을 싫어합니다. 설교는 점점 짧아지고 성경공부는 거의 형식적입니다. 성경책은 종류별로 쏟아져 나오고 기독교 서적들은 홍수를 이루지만, 일반 신자들의 성경 지식은 놀랄 정도로 얕습니다. 교회 다니는 일 자체가 하나의 장식품이 되었다고 해도 그리 틀린 말이 아닐 것입니다. 왜 이런 현상이 일어나고 있을까요? 처음부터 복음을 잘 가르치지 않고 잘 배우지 않았기 때문입니다. 일반적으로 말해서 설교자나 신자들이 성경을 가르치거나 배우기 위해서 투자하는 시간이나 관심은 그리 크지 않습니다. 신자들은 특별한 이벤트에는 많이 참석하지만 평소의 말씀 공부에는 대체로 소수만 관심을 둡니다. 개인적으로 성경을 꾸준히 읽고 공부하는 신자들은 더욱 적습니다. 다들 바빠서 성경을 가까이할 시간이 없다고 말합니다. 그러면서도 밥은 먹어야 산다는 것을 압니다. 그럼 구원을 받은 교인이 영혼의 양식을 먹어야 산다는 것을 모른다는 말일까요? 시간이 없어도 밥은 먹고 사는 법인데 영혼의 양식은 시간이 없어 못 먹는다는 것은 핑계입니다.

머리만 커지면 무엇하느냐는 말로 성경을 배우는 일을 경시하기도 합니다. 그럼 배만 커지면 괜찮을까요? 배도 채워야 하지만 머리도 채워야 합니다. 배는 적게 채워도 되지만 머리는 커질수록 좋습니다. 지식만 있으면 교만해진다거나 아는 체한다고 흉볼 일이 아닙니다. 물론 그릇된 지식도 있고 메마른 지식도 있습니다. 조금 안다고 잘난 체하는 사람들도 있습니다. 그러나 여기서는 그런 말을 하려는 것이 아닙니다. 초대 교회에서 바울이 성경을 어떻게 가르쳤는지를 말하려는 것입니다.

바울은 하나님의 말씀을 전체적으로 충실하고 철저하게 쉬지 않고 밤낮으로 가르쳤습니다(행 19:9-10; 20:31). 이것은 무엇을 의미합니까? 사람들이 주야로 바울의 가르침을 받을 만큼 시간을 내어 날마다 말씀을 듣고 배웠다는 뜻입니다. 우리는 성경을 너무 많이 알아서 문제가 되는 것이 아닙니다. 성경에서 너무도 배울 것이 많은데 열심히 배우려고 하지 않는 것이 문제입니다. 우리는 흔히 지식이 중요한 것이 아니고 순종이 중요하다고 말합니다. 그러나 잘 알지 못하고 순종하는 것은 신앙생활에 유익하지 않습니다. 순종이 물론 중요하지만, 순종에 앞서 먼저 하나님과 복음을 바르게 배우고 알아야 합니다. 사람들은 흥미 있는 프로그램과 좋은 시설을 갖춘 교회라야 다닐 만하다고 생각합니다. 우리는 현대 문화와 높아진 생활 수준의 영향으로 너무 편하게 예수를 믿으려고 하는 경향이 있습니다. 그럼, 바울 시대에는 아무 시설도 없고 불편한 것 투성이었는데 어떻게 하나님의 말씀이 그처럼 강력한 능력을 드러내었을까요? 중요하고 꼭 필요한 것은 복음을 철저하게 가르치고 철저하게 배우는 것입니다. 이 일이 제대로 진행되지 않으면 교회든 개인이든 영적으로 자랄 수 없고 강건할 수 없습니다.

바울은 하나님의 구속의 계획과 복음의 의미를 남김없이 전하려고 생명을 걸었습니다. 그는 복음을 적당히 가르치거나 사람들이 듣기 좋아하는 이야기들을 골라서 설교하지 않았습니다. 그의 사역 방식은 현대 교회의 사역자들에게 큰 도전이 됩니다. 사전에 별다른 준비도 없이 무성의한 설교를 하거나 소화되지 않은 내용을 여기저기서 옮겨 와서 가르치는 것은 부끄러운 일입니다. 복음 사역자들에게는 하나님의 구원의 경이를 성령의 능력으로 심도 깊게 전하고 가르칠 책임이 있습니다. 어려운 신학 이론을 나열하거나 복잡한 해설을 하라는 말이 아닙니다. 복음은 사실상 단순한 진리입니다. 복잡하고 어렵게 말하는 것은 복음을 잘 전하는 것이 아닙니다.

복음 설교자는 항상 성경 말씀을 꾸준히 공부하면서 성도들을 먹일 생각을 해야 합니다. 말씀으로 잘 먹이지 않는 교회는 아무리 겉으로 훌륭해 보이고 목회자가 성공한 듯하여도 하나님의 뜻을 따르는 것이 아닙니다. 하나님의 뜻에 따라 말씀에 최대 우선권을 두고 살지 않는 교회는 하나님께서 기뻐하시지 않습니다.

말씀을 배우는 성도들에게도 책임이 있습니다. 오늘날 교회 다니는 신자들은 많습니다. 그러나 복음을 바르게 배우고 분명하게 깨달은 성도들은 의외로 적은 편입니다. 교회 활동에 참여하는 신자들은 많지만, 비성경적인 생각과 가치관에서 벗어나지 못한 성도들도 수두룩합니다. 그래서 무슨 일이 생기면 성경의 원리와 가르침에 따라 행하는 일에 익숙하지 않습니다. 대체로 불필요한 고통을 받거나 비성경적인 방식을 택하는 것을 쉽게 봅니다. 그 원인이 어디에 있을까요?

일차적으로 교회에서 가르치는 분들이 복음의 진리와 사상이 확실하게 숙지 되는 성경 교육을 하지 않기 때문입니다. 신자들은 직분을 맡기 전에 복음을 먼저 바르게 깨달아야 하고, 목회자들은 성도들에게 성경의 사상이 머리에 자리를 잡도록 꾸준히 가르쳐야 합니다. 그렇지 않으면 영적으로 미숙한 상태에 머물러 있으므로 개인의 신앙생활이나 교회 일을 세상적인 사고방식으로 처리해 버립니다. 그래서 가르침을 맡은 교회 지도자들은 그리스도의 복음이 선명하고 충분하게 전달되도록 사활을 걸어야 합니다.

우리는 교회를 건성으로 다녀서는 안 됩니다. 교회를 다니는 신자라면, 그리스도의 복음이 어떤 것인지를 똑바로 알고 믿어야 하고 꾸준히 배워야 합니다. 하나님의 말씀에 무지하면 미신적인 신앙으로 쏠립니다. 복음과 미신을 구별하지 못하는 신앙 행위는 위험합니다. 골로새 교인들은 그리스도를 믿는 신자들이었습니다. 그러나 그들이 거짓 교사들의 사이비 종교와 미신적인 사상에 넘어가지 않기 위해서는 바울이 전하는 복음을 더 깊이 있게 들어야 했습니다.

우리도 마찬가지입니다. 복음을 제대로 배우지 못하면 하나님의 뜻이나 하나님 나라의 성격을 알 수 없습니다. 그렇게 되면 복음에 합당한 삶이 무엇인지 모릅니다. 신자라고 하지만 세상 사는 방식에서 불신자들과 별다른 차이가 없습니다. 그냥 보통 사람들 사는 대로 살면서 교회는 별도의 종교 활동 정도로 간주합니다. 따라서 성숙한 성도의 삶이 이루어질 수 없고 하나님께서 그리스도 안에서 주시는 신령한 축복들을 체험하지 못합니다. 바울은 골로새 교인들이 그렇게 되지 않도록 기도하였습니다(9-12절).

바울의 교육 목적은 성도들을 그리스도 안에서 완전한 자로 세우는 것이었습니다.

　'완전한 자'(28절)로 세운다는 말은 죄가 없는 절대적인 의미의 완전이 아니고 온전한 성숙을 가리킵니다. 원래의 의미는 제자나 조수가 스승으로부터 철저한 훈련을 받는 것을 가리켰습니다. 바울은 복음을 전하고 가르칠 때 한 가지 늘 마음에 새겨 둔 것이 있었습니다. 그것은 자신을 포함하여 마지막 날에 모든 성도가 그리스도의 심판대에 서게 된다는 것이었습니다. 그는 이날을 바라보며 사역하였습니다(고후 5:10; 롬 14:10). 만일 우리도 바울처럼 각자가 그리스도의 심판대 앞에 서게 될 것을 염두에 두고 주를 섬긴다면, 모든 일에서 훨씬 더 진지한 태도를 보이게 될 것입니다.

　바울이 성도들을 자신의 생명을 걸고 가르치며 권면하는 까닭이 무엇입니까? 주님 앞에 성도들이 완전한 자로 서야 하기 때문입니다. 이것은 엄숙한 목표입니다. 그러므로 말씀을 가르치는 자나 배우는 자는 다 함께 그리스도의 심판대 앞에서 부끄러움을 당하지 않도록 심혈을 기울여야 합니다. 주 예수를 믿는 신자라면, 그리스도의 심판대에서 지옥으로 가는 판정은 받지 않습니다. 하지만, 세상에서 어떤 삶을 살았는지에 대한 평가를 받습니다. 우리 각자는 복음을 어떻게 배우고 어떻게 주를 위해 살았는지를 우리의 표준이 아닌, 주님 자신의 표준으로 평가받게 될 것입니다. 우리가 어떻게 교회를 운영하며 어떤 식으로 교회 생활을 했는지에 대해서도 일일이 다 주님 앞에서 바른대로 말하게 될 것입니다.

　유감스럽게도 현대 목회는 교인 수와 교회당 크기와 목회자의 개인적 인기로 사역의 성공을 측정합니다. 그럼 하나님께서도 그런 표준으로 평가하실까요? 절대로 그렇지 않습니다. 하나님이 보시는 것은 건물이나 회중의 크기나 혹은 교회 시설과 프로그램이나 목사의 말재간이나 유흥 설교가 아닙니다. 회중 각 사람에 대한 평가도 복음에 근거한 영적 양식을 먹으면서 온전한 성숙에 이르렀는지 아닌지가 판정될 것입니다. 바울이 왜 "각 사람을 그리스도 안에서 완전한 자로 세우려 함"(28절)이 자기 사역의 목표라고 했을까요? 그것이 바로 하나님의 구속의 목표이기 때문입니다. 1장 22절의 말씀을 상기해 보십시오.

> "이제는 그의 육체의 죽음으로 말미암아 화목하게 하사 너희
> 를 거룩하고 흠 없고 책망할 것이 없는 자로 그 앞에 세우고
> 자 하셨으니"

모든 사역의 강조점과 궁극적인 목표가 하나님의 구속의 목표와 일치되지 않으면 하나님의 뜻에 어긋난 것입니다. 인간적인 욕망과 아이디어로 교회를 하면서 하나님을 기쁘게 해 드린다고 생각한다면 착각입니다. 교인 수가 적고 목회자가 알려지지 않았다고 해서 교회가 약하다고 생각하는 것도 오판입니다. 목회 성공의 잣대가 그런 식으로 세워져 있으면 성도들이 그리스도 안에서 완전한 자로 세워지지 않습니다. 그럼 어떻게 될까요? 다 헛것이 됩니다. 왜 그럴까요? 복음에서 나온 생각과 활동이 아니기 때문입니다. 하나님께서 인정하시지 않는 것들로 주님의 몸을 세우고 꾸미려고 하면 사람들의 눈에는 멋지게 보일지라도 하나님의 눈에는 가시덤불로 비쳐서 결국 다 뽑히고 불태워집니다(고전 3:12-15).

하나님의 백성은 먼저 내 속에서 활동하는 성령의 감동에 의해서 "힘을 다하여 준비"(대상 29:2)하고 "힘을 다하여 수고"(골 1:29)해야 합니다. 이것은 반드시 지켜야 할 순서입니다. 복음의 가르침에서 떠나 있고, 성령의 감동이나 인도가 없이 행하는 것은 자기 왕국 건설을 위한 육신의 소욕입니다. 물론 하나님께서는 우리에게 많은 자유를 허용하십니다. 그래서 특별한 인도가 없이도 건전한 상식으로 판단해서 행해야 할 일들이 많습니다. 그래도 우리의 동기와 목적과 방법은 언제나 성령께서 인정하시는 원칙이어야 하고 복음 정신과 사상에 젖은 것이어야 합니다. 결국, 우리 행위의 근간과 출처는 하나님에게서 나와야 한다는 말씀입니다. 너무도 당연한 말이기에 신자라면 다 동의할 것입니다. 그런데도 이렇게 믿는 것과 실제로 행하는 것 사이의 괴리는 언제나 볼 수 있는 보편적인 현상입니다.

복음의 가르침을 따르지 않으면 반드시 그 대가를 치러야 합니다. 예를 들어, 유대인들은 하나님께 열심이 충일하였습니다. 그러나 그들은 자기식으로 하나님을 섬겼습니다. 그들은 올바른 복음의 지식을 따르지 않았기에 "자기 의를 세우려고 힘써 하나님의 의에 복종하지 아니"(롬 10:2-3)하는 결과를 낳았습니다.

성도의 삶에서 얼마나 많은 그릇된 일들이 하나님의 영광과 교회를 위한다는 구실로 미화되고 정당화되는지 모릅니다. 그러나 자신의 영달과 인기 유지와 자기 뜻과 자기 자랑으로 하는 모든 일은 생명력이 없습니다. 그릇된 동기와 인간의 야심으로 하나님을 섬기려고 하면 반드시 부패합니다. 오늘날의 교회들은 세상에서 가장 무력한 단체의 하나입니다. 세상의 방법을 빌려 하나님의 교회를 하기 때문입니다. 하나님께서는 우리가 그런 지혜로 교회를 하거나 신앙생활을 하기보다는 차라리 세상눈에 어리석은 자가 되라고 하십니다.

> "아무도 자신을 속이지 말라 너희 중에 누구든지 이 세상에
> 서 지혜 있는 줄로 생각하거든 어리석은 자가 되라 그리하여
> 야 지혜로운 자가 되리라"(고전 3:18).

세상적으로 지혜로우면 성숙한 하나님의 자녀로 세워지지 못합니다. 차라리 어리석은 자가 되는 것이 주 안에서 바르게 세워지고 주님을 기쁘게 해 드리는 성숙의 길입니다. 골로새의 거짓 교사들은 자신들이 추구하는 신앙생활과 가르침이 지혜롭고 영적이라고 내세웠습니다. 그러나 예수님의 재림 때에 어떤 부류의 신자들이 어느만큼 그리스도의 성품을 닮고, 어느 정도로 복음의 신비를 깨달았으며, 어떤 삶으로 주님을 섬겼는지가 고스란히 밝혀질 것입니다. 그때 우리의 사역의 질과 각자의 실상이 만천하에 드러나고 우리 각자는 주님의 칭찬이 아니면 부끄러움을 당하게 될 것입니다.

우리는 복음을 어떻게 가르치고 어떻게 배우고 있습니까? 우리는 주님을 섬겨야 합니다. 그런데 중요한 것은 주님께서 하나님을 섬기셨던 것처럼 섬겨야 합니다. 주님이 하나님을 섬긴 방식대로 섬겨야 인정을 받습니다. 우리의 신앙생활의 목표는 주 앞에 흠 없이 서는 것입니다. 그렇다면 우리가 과연 어떻게 교회를 하며 어떤 자세로 주를 섬기고 있는지를 깊이 반성하면서 우리의 엄숙한 목표를 향해 새로워져야 할 것입니다.

바울은 성도의 성숙을 위해 전심으로 노력하였습니다.

"이를 위하여 나도 내 속에서 능력으로 역사하시는 이의 역
사를 따라 힘을 다하여 수고하노라"(29절).

바울의 사역 목표는 각 성도를 그리스도 안에서 성숙시키는 것
이었습니다. 그런데 이 목표를 달성하기 위해서 바울은 최선의 노력
을 쏟아야 했습니다. 그러나 그의 수고는 자신의 힘으로 일으키는
것이 아니라 자기 속에서 강력하게 작용하는 주님의 능력에 근원을
둔 것이었습니다. 성도를 그리스도 안에서 완전한 자로 세우는 사역
은 인간의 힘으로는 불가능합니다. 하나님을 섬기는 모든 일에는 성
령의 능력으로 분출되는 영적 에너지가 있어야 합니다. 바울은 위대
한 사도였지만 날마다 성령의 능력에 의지하며 수고하였습니다. 우
리도 동일한 자세로 주를 섬겨야 합니다. 우리는 매일 여러 종류의
정신적 육체적 스트레스를 받고 삽니다. 신자들은 갈수록 악이 더
욱 넘치는 세상에서 마귀의 끊임 없는 유혹과 방해로 지치기 쉽습니
다. 이를 극복하는 길은 무엇일까요? 그리스도의 심판대를 바라보며
우리 속에서 역사하는 하나님의 힘에 의존하는 것입니다. 이 능력은
예수님을 죽은 자들 가운데서 다시 일으킨 초자연적인 권능입니다(
엡 1:20). 바울은 이 부활 생명의 능력에 힘입어 주를 섬겼습니다(고전
15:10). 다윗도 성전 건축 준비를 위해 힘을 다하여 준비하였다고 했
는데(대상 29:2) 그의 준비는 자력이 아니고 성령의 감동에 의한 것이
었습니다(대상 28:12, 19).

그럼, 한 가지 질문이 있습니다. 하나님의 능력이 그처럼 강력하

게 우리 속에서 작용한다면 우리가 구태여 수고할 필요가 무엇입니까? 두 가지 측면으로 생각해 볼 수 있습니다.

첫째, 우리 속에서 활동하는 하나님의 활력은 우리의 수고를 제외하는 것이 아니고, 우리를 수고할 수 있게 해 줍니다. 바울이 빌립보서에서 한 말을 들어 보십시오.

"너희 안에서 행하시는 이는 하나님이시니 자기의 기쁘신 뜻을 위하여 너희에게 소원을 두고 행하게 하시나니"(빌 2:13).

하나님께서는 우리 마음에서 주님을 기쁘게 해 드리고 싶은 염원이 일어나게 하시고 실천에 옮기도록 도우십니다. 그래서 바울은 "내게 능력 주시는 자 안에서 내가 모든 것을 할 수 있느니라"(빌 4:13)고 했습니다. 하나님의 주권적인 능력은 인간의 활동을 밀어내지 않고 이를 고취합니다. 크리스천 삶은 이러한 노력과 성장의 문제입니다.

"…너희가 마땅히 어떻게 행하며 하나님을 기쁘시게 할 수 있는지를 우리에게 배웠으니 곧 너희가 힘쓰는 바라 더욱 많이 힘쓰라"(살전 4:1).

"더욱 많이 힘쓰라."는 말은 신약 교인들의 거룩한 삶의 방식을 대변하는 매우 적절한 표현입니다(비교. 살전 3:12; 4:10; 5:15-18, 21). 이것이 율법 생활과 복음 생활의 차이입니다. 율법에서는 규정대로 행하면 그것으로 끝입니다. 규정에 맞게 행했으면 그 이상 행할 필요가 없습니다. 율법은 문자로 규정된 범위 이상을 요구하지 않습니다. 그러나 성령의 인도를 받는 신약 성도의 복음 생활은 사랑에 넘치는 풍성한 생동력을 드러냅니다. 그래서 율법이 요구하는 수준 이상으로 넘어갑니다. "내 속에서 능력으로 역사하시는 이의 역사를 따라 힘을 다하여 수고"(골 1:29; 비교 히 4:11)하고 힘쓰는 삶이 새 언약 백성의 거룩한 삶의 방식입니다(참조. 벧후 1:5). 그래서 기도만 하거나 혹은 기적만 바랄 것이 아니고 더욱 힘써 행해야 합니다. 그리스도 안에서 받는 성령의 능력으로 '더욱 많이' 힘쓰는 삶은 율법의 수준을 넘어가는 신약 성도의 특징입니다. 나에게는 이런 특징이 드러나고 있습니까?

둘째, 하나님의 능력은 우리가 주를 신뢰하고 힘쓸 때 방출됩니다. 다시 말해서 우리가 주님의 신령한 에너지에 의존해서 노력할 때 우리 자신의 힘으로는 성취할 수 없는 것을 이룹니다.

"성령이 우리 속에서 역사하는 정상적인 방법은 우리의 사고와 의지의 작용을 통해서다. 성령은 우리가 움직여야 할 이유를 보게 하심으로써 행동하도록 우리를 움직이십니다. 그래서 우리의 의식과 이성이 사라지는 것이 아니고 강화된다. 우리는 하나님께서 주의 선한 기쁨을 위해서 우리의 의지를 일으키고 힘쓰게 하신다는 것을 알고 순종을 결단함으로써 우리의 구원을 이룬다."(Jim Packer).

일찍이 모세도 말하였습니다.

"너희가 요단을 건너…여호와께서 그 땅을 차지하려 하나니
반드시 그것을 차지하여 거기 거주할지라." (신 11:31).

여호수아도 같은 말을 하였습니다.

"여호와께서 너희에게 주사 차지하게 하시는 땅을 차지하기
위하여 들어갈 것임이니라" (수 1:11)

우리는 하나님의 주권을 강조합니다. 그래서 하나님께서 하시도
록 하고 내가 나서면 안 된다고 말합니다. 그러나 가만히 앉아 있는
것이 좋은 믿음이 아닙니다. 하나님의 명령에 따라 내 발로 일어나
서, 내 발로 강을 건너고, 내 발로 가나안으로 들어가야 합니다. 하
나님의 주권이 내 발과 내 손을 통해서 드러나게 하는 것이 하나님
의 작정된 뜻이기 때문입니다(참조. 골 1:29). 하나님의 주권과 관련해
서 자주 인용되는 구절이 있습니다.

"너의 행사를 여호와께 맡기라 그리하면 네가 경영하는 것이
이루어지리라" (잠 16: 3).

하나님께 다 맡긴다는 말은 나는 손을 떼고 가만히 앉아 있어야
한다는 의미가 아닙니다. 본 절은 인간의 경영하는 일 자체를 부정
하는 말이 아니고, 그 경영의 결과가 하나님의 응답에 달렸다는 것

을 강조한 말씀입니다. 즉, 사람이 경영해야 하지만, 자신의 경영을 과신해서는 안 된다는 것입니다. 경영은 우리 편에서 해야 합니다. 계획을 세우고 일을 행하는 것은 우리의 책임입니다. "그리하면 네가 경영하는 것이 이루어지리라'(잠 16:3)고 하였습니다. 우리가 경영하지 않는 것이 이루어지는 것이 아니고, 우리가 경영하는 일이 성취된다고 하였습니다. 그러니까 내가 행하는 그 경영을 하나님께서 축복하셔서 이루어지게 하시므로 겸비와 신뢰의 자세로 하나님을 바라보라는 말씀입니다. 이러한 이유에서 하나님께서는 마음이 교만한 자를 미워하신다고 하였고(잠 16: 5, 18, 20) "사람이 마음으로 자기의 길을 계획할지라도 그의 걸음을 인도하시는 이는 여호와시니라"(잠 16:9)고 하였습니다. 그리고 결론으로 "제비는 사람이 뽑으나 모든 일을 작정하기는 여호와께 있느니라"(잠 16:33)고 하였습니다.

하나님의 주권과 인간의 책임에 대한 또 다른 예를 든다면, 여호수아가 정탐꾼들을 여리고 성으로 침투시킨 것입니다. 이것은 사람의 경영이었습니다. 그들은 라합의 집으로 인도되었는데 결코 우연한 일이 아니었습니다. 하나님께서 이 사건 뒤에서 섭리하셨기 때문입니다. 여호수아는 하나님께서 가나안 땅을 유업으로 주셨다는 것을 알았습니다. 그러나 가나안 복지가 이스라엘 백성의 손에 저절로 굴러 들어올 때까지 기다리지 않았습니다. 그가 하나님을 신뢰하면서 정탐들을 보내는 경영을 했으므로 하나님께서는 그의 경영의 목표를 넘어서는 축복을 하셨습니다. 어떤 축복들이었습니까?

• 하나님께서는 정탐들의 안전을 도우셨을 뿐만 아니라 그들의 걸음을 인도하여 라합을 만나게 하셨습니다. 그 결과 악한 이

방인들의 성안에서 여호와를 믿는 새 신자를 처음으로 만나게 되었습니다(수 2:11).

- 라합을 통해 아군의 사기를 높이는 결정적인 정보를 얻었습니다(수 2:9-11, 24).
- 탈출 경로에 대한 지혜로운 전략도 받았습니다(수 2:16).

만약 여호수아가 정탐을 보내지 않았다면 라합을 만나지 못했을 것입니다. 우리는 하나님 나라의 일을 위해서 경영을 해야 합니다. 하나님께서는 우리의 경영을 사용하여 하나님의 크신 목적이 성취되게 하십니다. 하나님은 독자적으로 일하시지 않고 인간의 노력과 수고의 수단을 통해서 활동하시기로 작정하셨습니다. 물론 하나님의 무한한 에너지가 세상을 보존하며 돌아가게 합니다(골 1:17). 그러나 하나님의 구원과 신자들의 영적 성숙은 하나님의 주권적인 활동과 함께 신자들의 적극적인 청지기 직을 통해서 이루어집니다.

회심과 온전한 성도의 삶은 하나님의 능력이 없으면 일어날 수 없습니다. 그러나 이 일은 복음을 전하고 가르치며 권고하는 우리의 참여가 있을 때만 가능합니다. 왜 그럴까요? 하나님의 구원의 능력이 우리를 통해서 나가기 때문입니다. 하나님께서는 바울 안에서 능력으로 활동하셨고, 바울은 그 힘으로 수고하였습니다. 우리 속에서 성령의 능력으로 작용하시는 그리스도는 우리의 헌신적 협력을 통해서 위대한 구속을 이루어가십니다. 이 말은 하나님의 구원이 우리의 협력에 달렸다는 뜻은 아닙니다. 우리는 하나님의 포도원에서 일하는 일꾼들입니다. 하나님과 대등하거나 절반씩 맡아서 동업한다는 의미는 아닙니다. 하나님은 주인이시며 우리는 하나님께 속한 일꾼들입니다. 그래서 하나님의 일꾼들로서 우리가 마땅히 행해야 할 소임을 다 함으로써 하나님의 뜻과 계획에 자신들을 일치시켜야 합니다. 이런 의미에서 우리는 '하나님의 동역자들'(고전 3:9)입니다.

[주님이 우리 속에서 역사하신다는 것을 어떻게 알 수 있습니까?]

하나님의 능력이 우리 속에서 강력하게 활동할 때는 내 힘으로 해낼 수 없는 놀라운 일들을 감당할 수 있습니다. 우리는 바울의 간증에서 이 사실을 확인할 수 있습니다. 예를 들어, 바울은 무고한 비방을 받고도 흥분하지 않고 좋은 말로 응답할 수 있었습니다(고전 4:13). 박해를 당해도 인내하였고(행 20:19), 모욕을 당하고도 상대방을 오히려 축복할 수 있는 영적 여유가 생겼습니다(고전 4:12). 극도의 곤경에 빠져도 좌절하지 않고 주님을 신뢰하는 것을 배웠습니다(고전 1:8-10; 고후 4:8-9). 자기변명을 하더라도 본심은 상대방의 유익을 위한 것이었습니다(고후 12:19). 근심거리가 많아도 기쁨을 잃지 않고, 가난해도 물욕에 빠지지 않으며(행 20:33) 오히려 다른 사람에게 후하게 주고(고후 8:2; 12:15) 하나님의 부요로 만족할 수 있었습니다(고후 6:10; 고전 3:21-23; 골 2:3). 그는 가진 것이 없어도 모든 것이 있고 풍부하다고 여겼습니다(빌 4:18). 그는 복음과 하나님의 나라를 위해 그리스도의 고난에 기꺼이 참여하며 주 예수를 더 알고 그분의 부활 생명을 더욱 체험하기 위해 푯대를 향해 달렸습니다(빌 3:8-14).

바울은 이러한 복음과 믿음 생활에 따르는 하나님의 풍성한 유업의 상을 다른 사람들에게 알리려고 사랑과 헌신의 삶을 살았습니다. 이것은 바울이 회심하기 이전에는 불가능한 일이었습니다. 그러나 그가 주님을 만난 이후로는 모든 것이 달라졌습니다. 그의 삶 속에서 복음의 능력이 강한 빛을 발하며 비쳐 나왔습니다.

이렇게 바울처럼 악을 선으로 대하고 육적 충동을 십자가에 못박으며 인간의 지혜가 아닌, 주 예수의 지혜로 복음의 말씀을 따라 살려는 강력한 영적 에너지가 발산될 때는 내 속에서 하나님의 능력이 역사한다는 것을 확신할 수 있습니다. 이것이 하나님께서 우리에게 원하시는 방식의 삶입니다. 바울 속에서 강력하게 활동하신 주님은 우리에게도 충분한 성화와 헌신의 능력을 제공해 주실 수 있습니다. 우리 각자의 입에서도 바울처럼 내 속에서 능력으로 역사하는 이의 역사를 따라 힘을 다하여 수고한다는 고백이 있어야 하겠습니다. 우리 속에서 역사하시는 하나님이 게으르십니까? 온 세상을 붙들고 계신 하나님이 졸고 계십니까? 하나님은 절대로 누울 자리만 찾는 분이 아닙니다. 그렇다면 하나님의 자녀 된 우리도 하나님의 근면과 열심을 본받아 두렵고 떨림으로 우리의 구원을 날마다 이루어가야 하겠습니다(빌 2:12).

23장

바울의 교회관
골로새서 2:1-8

"내가 너희와 라오디게아에 있는 자들과 무릇 내 육신의 얼굴을 보지 못한 자들을 위하여 얼마나 힘쓰는지를 너희가 알기를 원하노니"(골 2:1).

이 구절은 1장 마지막 절에 붙어야 할 말씀인데 2장 첫 절로 구분되어 있습니다. 바울은 1:29절에서 "이를 위하여 나도 내 속에서 능력으로 역사하시는 이의 역사를 따라 힘을 다하여 수고하노라"고 했습니다. 이제 바울은 자신의 수고의 목적과 목표가 무엇인지를 본 항목에서 구체적으로 진술합니다(2, 4절).

바울이 수고하는 대상은 알지 못하는 사람들이었습니다.

바울은 각 사람을 그리스도 안에서 흠도 없고 책망할 것이 없는 완전한 자로 세우기 위해서 힘을 다하여 수고한다고 고백하였습니다(1:22, 28-29). 그런데 이 같은 수고는 누구를 위한 것이었습니까? 모든 사람을 위한 것이었습니다. 그중에는 바울의 얼굴을 알지도 못하는 사람들도 포함되었습니다. 바울은 "복음의 일꾼"(1:23)으로서 "천하 만민"(1:23)에게 복음을 전하였습니다. 물론 그가 선교사로서 복음을 전했을 때는 그를 알지 못하는 이방인들이 주된 대상이었습니다. 그러나 그가 "교회의 일꾼"(1:25)으로서 복음을 전할 때는 그리스도를 믿는 신자들이었지만, 그들도 대부분 바울을 개인적으로 만난 적이 없었습니다. 골로새 교회와 라오디게아 교회는 바울이 세우지도 않았습니다. 그런데도 자신의 모든 것을 쏟아 수고하였습니다. 어떻게 그럴 수 있었을까요? 우리는 보통 다른 교회들에 대해서 별다른 관심이 없습니다. 관심을 둘 때는 자기 교회에 위협이 된다고 느낄 때입니다. 그래서 경계하고 싫어합니다. 이것은 우리의 교회관이 잘못됐기 때문입니다. 그럼 바울은 어떤 교회관을 가졌었기에 자기 얼굴도 모르는 교회 교인들을 위해 "힘을 다하여 수고"(1:29)하였을까요?

바울의 교회관은 개교회주의가 아니었습니다. 개교회를 인정하였지만, 그는 교회를 훨씬 넓은 의미로 보았습니다. 성경에 나오는 교회라는 말의 용법은 두 가지뿐입니다. 즉, 범세계적인 교회와 지역 교회입니다. 예수님은 지역 교회를 언급하시기 전에 하나님의 범세계적인 교회를 먼저 언급하셨습니다. 이것은 중요한 순서입니다. 지역교회에서 출발하면 교회의 폭이 좁아져서 하나님과의 관계를 순전히 자기가 소속된 지역교회에 국한하여 생각하게 됩니다. 자기 교회가 하나님의 축복을 받아서 부흥되기는 바라지만, 다른 교회들도 같은 축복을 받는 데에는 별 관심을 두지 않습니다. 오히려 가까운 곳의 다른 교회가 부흥하면 시기하고 라이벌 의식을 갖습니다. 옆 교회가 잘되고 있으니까 감사 기도를 올리자고 하거나 그 교회에 축하를 보내는 일이 있습니까? 오히려 옆 교회가 잘되면 부러워하면서 경쟁심과 위기감을 느낍니다. 이런 일은 초대 교회에서는 생소한 일이었습니다. 그들은 교회를 하나로 보았기 때문입니다.

우리가 지역 교회를 출발점으로 삼으면 개인주의적인 교회관에서 벗어날 수 없습니다. 그러나 세계 교회를 먼저 생각하면 하나님의 교회를 내가 관계된 특정 교회에 제한시키지 않기 때문에 다른 교회들에 대해서 건전한 자세를 가질 수 있습니다. 그래서 다른 곳의 교회에 좋은 일이 생기면 하나님의 교회가 축복을 받았다고 생각합니다. 바울은 말합니다.

"만일 한 지체가 고통을 받으면 모든 지체가 함께 고통을 받고 한 지체가 영광을 얻으면 모든 지체가 함께 즐거워하느니라"(고전 12:26).

그러니까 내 교회와 관련해서 생각하지 않고 하나님의 세계적 교회라는 큰 틀 안에서 보면, 다른 교회가 복을 받아도 함께 기뻐하고 하나님을 찬양하게 됩니다. 예수님은 자신의 십자가로 세워질 범세계적인 교회를 우리가 먼저 생각하기를 원하셨습니다. "내가 이 반석 위에 내 교회를 세우리니 음부의 권세가 이기지 못하리라"(마 16:18)고 하셨을 때의 '내 교회'는 세계적인 전체 교회를 가리킨 것이었습니다.

바울은 지역 교회를 세우기도 했지만, 항상 세계 교회의 범주 안에서 보았습니다. 원칙적으로 말해서 예수님의 교회는 모두 하나의 교회입니다. 그래서 바울은 교회에 대한 그림을 가족이나 지체로 보았습니다. 교회는 같은 아버지를 모시고 사는 가족이며 한 몸의 지체들입니다.

"너희는 그리스도의 몸이요 지체의 각 부분이라"(고전 12:27).

만약 지역 교회가 독자적으로 아버지와 관계를 갖는다면 다른 형제자매들과는 무관하게 됩니다. 가족 관계는 혈연적이므로 서로의 사이를 부정할 수 없습니다. 지체도 서로 유기적인 연합으로 몸을 이루기에 별도로 놀 수 없습니다. 비록 목회자와 성도가 지역 교회에 소속되어 있을지라도 모든 교회는 예수님의 몸이기에 서로 존중하고 교제해야 당연합니다. 신약에서 교회를 몸, 신부, 성전 등과 같은 그림 용어로 표현할 때의 의미는 대부분 지역 교회보다 세계 교회를 가리킵니다.

지역 교회가 모여져서 세계 교회가 되는 것이 사실이지만, 성경의 교회 개념은 전체 교회인 그리스도의 몸으로 시작됩니다. 그래서 우리도 교회라고 하면 우선 내가 소속된 지역 교회를 먼저 떠올릴 것이 아니고, 세계적인 전체 교회를 먼저 염두에 두는 습관을 길러야 합니다. 이것이 신약의 순서입니다. 바울은 이러한 교회관에 투철했습니다. 그래서 자신이 개척하지도 않고 알지도 못하는 교인들을 위해 헌신할 수 있었습니다. 이것은 모든 교회와 신자들이 가져야 할 성경적 교회관입니다.

어떻게 하는 것이 성경적 교회관을 실천하는 것일까요?

바울의 모범을 따르면 됩니다. 우선 교회를 지역 교회의 테두리에서만 보지 말고 전 세계에 세워진 하나님의 교회 전체를 주님의 몸으로 보고 관심을 가지는 것입니다. 하나님께서 이웃 교회나 다른 나라의 교회들에서 하시는 일들을 관찰하면서 기도해 보십시오. 그다음 물질적인 필요가 있는 다른 교회들을 조금씩이라도 돕는 것입니다. 바울은 본 서신을 감옥에서 썼습니다. 그는 물론 골로새 교회나 라오디게아 교회를 물질적으로 도울 수 없었습니다. 그러나 그는 늘 그랬듯이 쉬지 않고 그들을 위해 기도하며 감사했습니다(1:3; 빌 1:3-4).

만약 바울이 자기가 세운 교회들에만 관심을 두었다면 그의 기도는 제한적이었을 것입니다. 그가 "힘을 다하여 수고"(1:29)한 대상에는 주 예수의 복음을 전하는 그리스도의 몸 된 교회는(1:24) 다 포함되었습니다. 이것이 바울의 기도가 펼쳐지는 영역이었습니다. 우리가 만일 내 교회만을 위해서 기도하거나 어쩌다가 한 번씩 다른 나라 교회들을 위해 기도한다면, 교회를 여전히 지역 교회 중심으로 본다는 뜻입니다. 바울은 그런 식으로 생각하지 않았습니다. 그렇다면 우리도 편협한 '개교회주의'의 틀을 벗어나야 합니다. 그래야만 그리스도 안에서 모든 지체가 하나로 연합되었음을 실감할 수 있습니다.

우리는 다른 교회들을 위해서 긍정적인 기여를 할 수 있어야 합니다. 우선 누구나 할 수 있는 중부기도부터 시작하는 것이 좋습니다. 그다음, 사도 바울처럼 자신이 처한 역경 속에서도 자신이 받은 은혜를 나눌 수 있는 길을 찾아야 합니다. 바울은 어둡고 불편하기 짝이 없는 감옥에 있었지만, 골로새서를 써서 보냈습니다. 이것이 그가 "힘을 다하여 수고"(1:29)한 일에 포함되었습니다. 우리는 어떤 교회에 속해 있든지 '힘을 다하여' 주님의 몸 된 세계적 교회를 세우는 일에 일조가 되어야 합니다. 예수님은 오직 하나의 교회만 가지고 계십니다. 하나님의 영은 전 세계적으로 활동하시면서 주님의 교회를 일궈나가십니다. 그래서 세계적인 범위에서 행하시는 하나님의 활동을 주목하면서 지역 교회에서의 역할을 담당해야 합니다. 개교회주의나 교단주의는 초대 교회의 교회관으로부터 이탈된 현상입니다.

신약 교회는 개교회주의도 아니고 기구적이고 교파적인 피라미드 체제도 아니었습니다. 신약 교회에서는 예루살렘을 본부로 삼으려는 시도가 없었습니다. 각 교회는 극히 기본적인 최소한의 조직만 있었으며 그나마 일률적인 법규로 일원화되지도 않았습니다. 각 교회는 성령의 인도를 받으면서 자신들에게 맞는 적절한 운영을 하였습니다. 이들은 다른 곳에서 일어나는 성령의 활동에 관심을 가졌고 가능한 한, 다른 교회들과 연락하며 한 몸과 한 가족으로서의 교제를 유지하려고 힘썼습니다. 그래서 서로 서신을 주고받았고 방문을 즐겼습니다.

당시의 교회들은 그리스도 안에서 영적 연합이 되어 있었으므로 서로 시기하거나 경쟁의 대상으로 보지 않았습니다. 그들은 예수님이 계시하시는 내용은 모든 교회에 적실하며 유익하다고 인정했기에 사도들의 가르침을 공유하였고 서신들을 나누어 보았습니다. 이러한 연합과 다양성의 균형은 교회가 그리스도의 몸이며 한 가족이라는 개념이 확실해야만 가능합니다.

사역의 성공 기준은 무엇입니까?

신자들치고 사도 바울을 존경하지 않을 사람이 없고 사역자들치고 사도 바울과 같은 하나님의 일꾼이 되고 싶지 않은 자가 없을 것입니다. 그런데 사도 바울의 삶과 사역을 살펴보면, 우리의 신앙생활과 교회 사역에서 반성할 점이 두드러지게 나타납니다. 그중의 하나가 사도 바울이 가졌던 사역의 목표입니다. 만일 현대 교회에 바울 사도가 있었다면 어떤 형태의 사역을 했을까요? 그가 세계 최대의 대형 교회들을 곳곳에 세우고 세계적인 선교 사역을 위해 엄청난 조직을 하며 막대한 재정을 확보하고 마음껏 사용했을까요? 바울의 관심은 그런 데 있지 않았습니다. 바울은 그런 기구적이고 인간적인 조직체나 금력을 사용하여 교회를 세우거나 선교를 하지 않았습니다. 그는 자주 감옥에 갇히면서 서신으로 교회를 가르쳤고, 몸으로 가서 복음을 전하기 위해 주야로 수고하였습니다. 그가 목표로 한 것은 오직 사람들이 주님을 깊이 깨닫고 성령의 능력으로 거룩한 새 삶을 살게 하는 것이었습니다. 하나님께서는 목회의 성공을 신자들의 숫자나 설교자의 말솜씨나 교회당 건축의 크기나 예산의 과소에 따라 측정하시지 않습니다. 그럼 하나님께서 보시고 인정하시는 사역의 목표는 어떤 것일까요?

첫째, 성도들을 격려하는 것이었습니다.

복음은 좋은 소식입니다. 좋은 소식은 격려의 메시지입니다. 복음을 믿는 신자들은 세상의 유혹과 박해와 실족으로 인해 고통을 받습니다. 그래서 구원의 복음을 더 깊이 펼쳐 보이면서 하나님의 능력과 보호하심을 강조할 필요가 있습니다. 골로새 교인들은 영지주의 이단과 유대교적인 전통 의식에 대한 압력 때문에 시달렸습니다. 그들은 예수 그리스도로서 충족하다는 사실을 거듭 깨달아야 했습니다. 그들은 세상이 아무리 압력을 가하여도 예수님만 확실히 붙들고 살면 안심할 수 있다는 격려의 메시지를 받을 필요가 있었습니다. 복음에는 물론 경고도 있고 권면과 책망의 말씀도 있습니다. 그러나 '기쁜 소식'에 격려가 되고 힘이 되는 내용이 없다면 결코 '복음'이 될 수 없습니다. 그래서 "마음에 위안"(2절)을 받게 한다고 했습니다. 복음에는 흔들리기 쉬운 우리의 불안한 마음을 진정시키는 위로의 메시지가 담겨있습니다.

둘째, 사랑 안에서 연합하게 하는 것입니다.

세상에는 연합체가 많습니다. 이념이나 목표 및 이해관계가 같으면 연합체를 이룰 수 있습니다. 그러나 교회 연합체는 예수님을 머리로 한 사랑의 연합체입니다. 그래서 원칙적으로 해체되거나 변경되지 않습니다. 십자가의 사랑으로 구속받은 하나님의 자녀들은 하나님의 사랑으로 엮어진 하늘나라의 구성원들입니다. 바울은 사랑의 연합을 통해서 "하나님의 비밀인 그리스도를 깨닫게"(2절) 하는 목적으로 사역하였습니다.

바울의 목회 사역의 목표는 성도들이 복음으로 위로를 받고, 사

랑으로 연합되며, 그리스도를 더욱 잘 깨달아 거짓 가르침으로부터
속지 않게 하는 것이었습니다(4절). 그래서 만일 교회가 복음이 주는
격려와 위로를 받지 못해서 생기가 없거나, 사랑으로 연합되지 않고
싸움과 분파를 일으키거나, 거짓 가르침에 넘어간다면 성공한 것이
아닙니다. 아무리 외형적인 성장을 하고 멋진 설교를 해도 실패한
것입니다.

　목회의 가장 중요한 측면은 성도들을 그리스도 앞에서 흠 없고
온전한 자로 세우는 것입니다(1:28). 그래서 목회자나 교인들은 그리
스도를 더욱 깊이 깨닫고 하나님 앞에서 온전히 설 수 있는 것을 신
앙생활의 목표로 삼아야 합니다. 이 일에 우선권을 두고 전력투구하
지 않으면 다른 모든 것들이 다 갖추어졌다 하여도 하나님 보시기에
는 매우 부끄러운 모습입니다. 이것은 우리 각자가 곰곰이 반성해
보아야 합니다.

예수님은 지혜와 지식의 보고입니다.

"내가 이것을 말함은 아무도 교묘한 말로 너희를 속이지 못
하게 하려 함이니"(4절).

　바울은 1장의 기독론에서 예수님은 창조의 대행자며 십자가의 피
로써 하나님과의 화평을 이루는 분이라고 하였습니다(1:15-20). 이제
바울은 예수님 안에 모든 지혜와 지식의 보화가 감추어져 있다고 말
합니다(2:3). 여기서 감추어졌다는 것은 아무도 발견할 수 없이 숨겨
졌다는 의미가 아닙니다. 그리스도의 비밀은 그를 믿는 성도들에게

는 나타난 것이지만(1:26) 불신자들에게는 가려져 있습니다. 마치 광맥처럼 파 들어갈수록 보화를 더 많이 발견하듯이, 예수님 안에 측량할 수 없는 은혜와 넘치는 영생이 있습니다. 예수님 안에서 우리가 찾을 수 없는 영적 지혜나 지식은 없습니다. 그리스도 안에 모든 충만한 기쁨과 평화와 능력과 부요가 있습니다. 그분 안에 산 소망이 있고 하늘에 간직된 유업의 약속이 있습니다(벧전 1:3-4).

그런데도 우리는 예수님 이외의 것들이 우리를 만족하게 해 줄 것으로 생각합니다. 하지만 모든 것을 가졌어도 예수님을 가지지 않았으면 다 헛것입니다. 예수님을 가졌으면 모든 것을 가지지 못해도 다 가진 것입니다. 예수님 안에 모든 귀한 것들이 다 있기 때문입니다. 아무리 그 자체로서 좋아도 영원하지 않은 것은 우리의 영원한 행복이 될 수 없습니다. 오직 예수님만이 영원한 복을 우리에게 주실 수 있습니다. '예수님 플러스(+)'로 살려고 하면 항상 부족합니다. 예수님 이외에 이것도 있어야 하고 저것도 있어야 한다고 생각하지 마십시오. 예수님으로 충분하지 않으면 아무것으로도 충분하지 않습니다. 예수님 이외의 것들에 매이지 않아야 세상이 줄 수 없는 차원의 삶을 즐길 수 있습니다. 예수님의 지혜와 예수님의 평안과 예수님의 사랑과 예수님의 능력과 예수님의 안전과 예수님의 기쁨으로 살면 이미 영생의 복을 누리고 사는 것입니다.

바울은 1장의 기독론 본문에서도 "아버지께서는 모든 충만으로 예수 안에 거하게"(1:19) 하셨다고 했습니다. 그렇다면 '교묘한 말로' 우리를 유혹하고 설득하려고 하는 이단들의 가르침이나 사이비 기독교 사상에 넘어갈 이유가 없습니다. 예수님이 아버지께로 가는 길이요 진리요 생명이시며 구원에 필요한 모든 지식과 지혜의 총본산이라면 왜 다른 유사 종교나 세상 지혜에 시선을 줄 필요가 있겠습니까?

골로새 교인들은 그리스도의 비교할 수 없는 우월성을 굳게 믿었습니다. 그래서 그들이 복음으로 심령의 위로를 얻고 격려를 받으면서 사랑의 공동체로 단단히 결속되어 있으면 그리스도를 더욱 깨닫게 될 것이었습니다. 그러면 그들은 거짓된 가르침에 넘어가지 않을 것이기에 바울은 기쁘다고 하였습니다(5절). 그런데 중요한 것은 출발점입니다. 출발이 제대로 되지 않았다면 아무것도 시작된 것이 아닙니다. 출발이 미완성이라면 거짓 신앙에 오도되기 쉽습니다(4절). 6절과 7절은 4절의 경고에 대한 확대 설명입니다.

첫째, 구원의 출발은 하나님의 선물을 받는 것으로 옵니다.

"그러므로 너희가 그리스도 예수를 주로 받았으니 그 안에서 행하되"(6절).

구원은 우리 편에서 하나님께 무엇을 행하는 것이 아니고, 하나님 편에서 우리를 위해 행하신 것을 받는 것입니다(고전 15:1). 이것이 구원의 출발점입니다. 하나님의 구원의 선물은 "그리스도 예수'입니다. 기독교의 특징은 하나님의 아들이신 예수 그리스도의 인격체에 집중합니다. 예수님으로부터 시작해서 예수님으로 끝나는 것이 기독교입니다. 우리는 그리스도께 우리의 삶을 바치라고 흔히 말합니다. 그러나 우리를 바치기 전에 먼저 받아야 할 것이 있습니다. 우리는 하나님의 아들을 구원의 선물로 먼저 받아야 합니다. 예수 그리스도를 자신의 주님으로 완전히 받지 않은 상태에서 하나님께 자신을 드리려고 하는 것은 무익한 노고입니다.

하나님께서는 자기 아들에서부터 출발하지 않은 헌신은 인정하지 않습니다. 골로새 교인들은 예수님을 메시아로 받아들였다고 했습니다. 그들은 올바른 출발을 하였습니다. 그러기 때문에 "그 안에서 행"하라고 했습니다(6절). 행하는 것이 먼저가 아니고 그리스도를 주님으로 받아들이는 것이 먼저입니다. 예수님은 자신을 우리에게 선물로 기꺼이 주기를 원하십니다(딛 2:14). 예수님을 하나님이 주시는 구원의 선물로 받으면 즉시 하나님의 자녀가 됩니다.

[그리스도를 '주'(Lord)로 받는다는 것은 무슨 의미일까요?]

- 구약에서 '주(主)'라고 했을 때는 하나님을 가리킵니다. 신약에서는 이 '주'를 예수님에게 적용하였습니다. 그래서 그리스도를 '주'로 받는다는 말은 예수님을 신적인 하나님의 아들로 믿고 받아들이는 것을 말합니다.
- 예수 그리스도를 창조와 구원의 주로서 믿는 것입니다.
- 예수 그리스도가 우리의 왕이시며 주권자이심을 믿는 것입니다.
- 예수님이 성령으로 우리를 거듭나게 하시며 자신의 흠 없는 의를 입혀주시는 분으로 받아들이는 것입니다.
- 우리를 대신하여 십자가 형벌을 받으시고 부활하셔서 우리에게 새 생명을 주시는 분으로 믿는 것입니다.

- 우리가 하나님께로 갈 수 있는 모든 필요한 것들을 공급하시는 분으로 믿고 받아들이는 것입니다(고전 1:30).
- 예수님이 우리를 자신의 십자가와 부활에 연합시켜 우리가 주님의 의를 넘겨받게 하는 분으로 믿는 것입니다.

현대 사회는 다원주의가 다시 고개를 들고 활개를 칩니다. 종교적 다원주의는 고대 사회에서도 있었습니다. 서양의 기독교 국가에서는 타종교가 이슈가 되지 않았다가 이민 문화와 국제 무역을 통해 타문화가 들어오면서 타종교를 인정해야 한다는 목소리가 높아졌습니다. 우리나라도 점차 다원주의 사상이 퍼지고 있습니다. 민주주의의 한 특징은 종교의 자유입니다. 개인은 자신의 종교를 선택할 권리가 있습니다. 그래서 국가가 국민에게 특정 종교를 강요하거나 타종교를 박해할 수 없습니다. 그러나 성경은 모든 종교에 동일한 구원이 있다고 가르치지 않습니다. 그래서 성경을 믿는 교인들은 구원의 길에 관한 한, 다른 어떤 이론이나 종교를 수용할 수 없습니다. 타종교를 존중하고 인격적으로 대하는 것과 타종교를 동일한 구원의 길로 인정하는 것은 별개의 문제입니다.

기독교는 죄의 문제를 해결한 분이 누구인지를 강조합니다. 복음이 말하는 구원은 죄로부터 해방되어 하나님이 원래 의도하셨던 거룩한 자녀들이 되는 것입니다. 성경은 죄가 인간과 하나님 사이의 관계를 갈라놓았으며 불행을 초래한 근본 원인이라고 말합니다. 구원은 죄로부터 해방되지 않으면 성립될 수 없습니다. 죄는 거룩하신 하나님께로 가는 길을 막습니다. 인간은 스스로 죄를 해결할 수 없습니다. 그래서 예수님이 십자가에서 세상 죄를 위해 대속의 죽음을 치르시고 부활하셨습니다.

이제 예수님을 구주로 믿는 자는 죄의 용서를 받고 하나님의 자녀가 됩니다. 그런데 누가 나를 위해 대신 십자가로 가서 형벌을 받았습니까? 예수님 이외에 아무도 없습니다. 다른 어떤 신도 나를 위해 죽어주지 않았습니다. 다른 어떤 존재의 죽음도 나의 죄를 대신 지고 간 것이 아닙니다. 하나님이 인정하시는 대속주는 점도 없고 흠도 없는 완전하신 예수님뿐입니다. 그래서 기독교는 오직 예수를 믿어야 구원을 받는다고 주장합니다.

우리는 도덕적 선행이나 종교적인 의식으로 구원받지 않습니다. 수양을 하고 도를 닦는다고 해서 구원받지 못합니다. 혹은 여러 가지 명상 테크닉을 통해 정신적 평안을 누린다고 해서 구원받는 것도 아닙니다. 인간의 머리에서 나온 경전들을 외우며 그런 가르침을 따른다고 해서 죄의 문제가 해결되지도 않습니다. 하나님께서 정하신 방법의 대속이 없이는 어떤 방법으로도 죄가 용서되지 않습니다. 우리 죄를 갚기 위해 고행을 한다고 용서되는 것도 아닙니다. 구원은 주 예수 그리스도를 자신의 대속주로 믿을 때만 옵니다. 구원은 내 편에서 아무것도 하지 않고, 하나님이 미리 다 준비하신 대속의 선물인 예수 그리스도를 나의 유일하신 주님으로 받을 때만 옵니다. 하나님께서는 인간이 만든 종교적 의무나 선행과 상관없이 우리를 구원하십니다. 그래서 기독교의 구원을 은혜 구원이라고 부릅니다. 이런 구원은 세상 종교에서 찾을 수 없습니다. 그래서 예수님은 자신을 하나님께로 가는 유일무이한 길이라고 선포하셨습니다(요 14:6).

둘째, 구원에는 다지는 과정이 있습니다.

"그 안에 뿌리를 박으며 세움을 받아 교훈을 받은 대로 믿음
에 굳게 서서 감사함을 넘치게 하라"(7절).

예수를 구주로 믿었으니까 이제 다 됐다고 생각하고 옛날의 방식
대로 사는 것은 복음을 오해한 것입니다. 신자는 예수님 안에 뿌리
를 박은 나무와 같습니다. 예수님은 흙에 해당합니다. 나무는 자라
야 정상입니다. 나무가 성장하려면 흙으로부터 자양분을 빨아올려
야 합니다. 이처럼 정상적인 교인으로 성숙하기 위해서는 예수 그리
스도의 생명이 신자들 속으로 흘러 들어가야 합니다. 이것은 자동적
이고 기계적인 과정이 아닙니다.

우리가 구원을 받고 하나님의 자녀가 되었지만, 우리 편에서 주
예수를 날마다 신뢰하며 그분으로부터 영적 양식을 받아먹어야 합니
다. 그래서 주님을 매일 의지하면서 주님의 새 생명으로 사는 법을
익혀야 합니다. 성경을 읽고 주님이 어떤 분인지를 더 깊이 깨닫도록
성령님의 조명을 구하십시오. 주님이 원하시는 삶이 무엇인지를 거
듭 짚어가며 반성하고 실천하십시오. 이것이 주님 안에서 뿌리를 박
고 세움을 받는 것입니다. 처음 예수님을 믿는 것은 이러한 믿음 생
활의 출발점입니다. 출발했으면 전진해 나가는 것이 당연합니다. 고
인물이 썩듯이, 신자들도 제자리에 멈추면 영적 면역력이 떨어져서
세속에 물들고 속임수에 넘어가기 쉽습니다. 그래서 "누가 철학과 헛
된 속임수로 너희를 사로잡을까 주의하라"(8절)고 했습니다.

"철학과 헛된 속임수"는 반기독교적인 사상을 말합니다. 순수한

학문으로서의 철학을 반대하는 것이 아닙니다. 인간의 사상으로 성경에 계시된 그리스도의 가르침을 부인하거나 왜곡하는 것을 말합니다. 이것은 골로새 교회가 당면했던 당시의 문제였습니다. 골로새 철학은 유대교 사상과 혼합된 이교 사상으로서 기독교를 개선하고 더 나은 구원의 길을 제시한다고 주장하였습니다. 이것을 바울은 사람들이 만들어낸 전통이며 세상에 속한 유치한 초등학문이라고 불렀습니다. 세상에 근원을 둔 것으로는 아무도 구원될 수 없습니다. 예수님은 이 세상에 속한 분이 아닙니다. 예수님은 근원이 하늘이며 하나님의 유일하신 아들로서 아버지의 구원이 어떤 것인지를 완전하게 계시해 주신 분입니다(히 1:1-3; 요 1:1-4). 예수님이 구원의 종결적인 계시자며 완성자이심을 전적으로 확신하지 못하면 세상 종교나 인본주의 사상에 흔들리게 됩니다.

예수님을 구주로 믿으면 갈등이 생깁니다. 내가 익숙한 세상의 가치관과 반대로 해야 하기 때문입니다. 그렇게 살려고 하면 불편합니다. 손해를 보아야 하는 때도 있습니다. 다른 사람들은 속여서 돈도 잘 벌고 편법으로 세상을 편하게 사는데 나만 복음의 가치관으로 살려고 하면 피해의식을 느낍니다. 예수만 구원자라는 배타적인 자세로 살지 말라는 비난을 받으면 그들의 말에도 일리가 있어 보입니다. 그런데 바울이 이런 생각에 동의하였습니까? 아닙니다. 그는 골로새 교인들에게 예수님 안에 더욱 뿌리를 깊이 내려야 한다고 가르쳤습니다.

그럼 그 방법이 무엇일까요? 별다른 비법이 있는 것이 아닙니다. 영지주의자들은 하나님과의 직접적인 접촉을 하는 어떤 신령한 '지식'이 있다고 속였습니다. 현대 교회에서도 그런 부류의 사상이 퍼지고 있습니다. 특별한 명상법이나 여러 테크닉을 동원한 영성 훈련, 심리적 접근을 하는 심령 안정법, 특정한 술어나 이미지를 반복해서 떠올리는 관상 기도법 등은 어느 정도 도움이 될지는 몰라도 성경이 말하는 평이한 가르침과는 거리가 있습니다. 인간이 계발한 방법들에 의존하기보다 성경의 직접적인 가르침을 따르도록 해야 합니다. 우리의 영적 성장을 위해 바울이 주는 교훈에는 특별 비법이나 테크닉이 없습니다. 복음은 단순하고 직설적이며 투명합니다.

> "그 안에 뿌리를 박으며 세움을 받아 교훈을 받은 대로 믿음
> 에 굳게 서서 감사함을 넘치게 하라"(7절).

이 말씀에서 우리가 이해할 수 없는 말이 있습니까? 평이한 가르침을 어렵게 제시하려고 시도하지 말아야 합니다. 예수님은 그런 식으로 제자들을 가르치시지 않았습니다. 제자들은 날마다 예수님을 따라다녔고 예수님의 가르침을 들었으며 예수님의 명령을 실천하려고 했습니다. 그들은 예수님이 승천하신 이후에 성령에 의존하며 살았습니다. 바울의 가르침도 다른 것이 아닙니다. 그리스도 안에서 자라가야 한다는 것입니다. 예수님을 주로 받았으면 그분의 말씀에 순종하며 지속적인 믿음으로 감사하며 살라는 것입니다. 순수한 복음에다 신령한 듯한 기법들을 도입시키는 것을 경계하십시오. 하나님의 구원의 복음은 성경에서 계시된 것 이외에는 아무것도 필요하지 않습니다. 이런저런 방법들이 영적 훈련에 도움이 된다고 해서 받아들이기 시작하면 복음의 진리보다 영지주의자들의 영성을 더

믿고 의존하게 됩니다.

우리는 복음을 있는 그대로 받아들이고 성령의 조명과 능력으로 사는 법을 익혀야 합니다. 복음을 알면 감사하지 않을 수 없습니다. 복음은 나를 변화시킵니다. 복음의 능력은 나의 생활과 생각과 마음을 새롭게 갱신시킵니다. 하나님과 이 세상과 사후의 세계에 대해서 과거에 몰랐던 영적 지식이 생깁니다. 인생의 생사와 운명에 대한 수수께끼가 풀립니다. 내가 어디서 와서 어디로 가는지를 알게 됩니다. 하나님이 얼마나 자비하시며 은혜로우신 분인지를 깨닫게 됩니다. 내 삶에서 사랑이 드러나고 하나님을 신뢰하는 믿음으로 하늘에 쌓아 둔 소망을 품고 담대하게 삽니다(골 1:3-5). 나와 이 세상에 대한 하나님의 선한 계획을 보게 됩니다. 그래서 바울의 서신마다 감사라는 말이 그치지 않습니다. 본 서신에서도 감사가 여러 번 언급되었습니다(1:3, 12; 2:7, 17; 4:2). 고난을 가장 많이 받은 사도의 입에서 '감사'라는 말이 얼마나 자주 나오고 있는지 모릅니다. 이것이 복음의 능력입니다. 복음은 알수록 감사의 마음이 생기고, 복음에 따라 살수록 하나님께 감사할 소재가 늘어납니다. 이렇게 사는 성도들은 "사람의 전통과 세상의 초등학문"(8절)을 따르지 않고 그리스도를 따르는 삶을 유지합니다. 내가 복음을 더욱 알아가면서 사는지를 알려면 자신의 삶에서 감사가 넘치는지 확인해 보면 됩니다. 감사가 넘치는 자는 복음을 아는 사람입니다.

구원에는 자라는 과정이 있어야 합니다. 구원은 전적으로 거저 받는 선물입니다. 우리의 행위나 노력이 없는 하나님의 온전한 은혜입니다. 그러나 구원 이후에 영적으로 자라는 일은 우리가 행해야 합니다. 어떻게 행해야 할까요? 주님의 능력과 돌보심을 신뢰하면서 꾸준한 믿음으로 날마다 진행하는 과정을 거쳐야 합니다. 자양분의 공급처는 예수님이지만, 자라는 일은 우리의 책임입니다. 물론 근본적으로 우리를 자라게 하시는 분은 하나님이십니다(골 2:19; 고전 3:17). 그러나 우리를 향한 하나님의 성장 계획이 온전히 성취되도록 뿌리를 내리며 물을 주고 자양분을 섭취하는 실천적 순종이 따라야 합니다. 이것은 우리가 주님으로부터 받은 명령입니다.

> "너희가 마땅히 어떻게 행하며 하나님을 기쁘시게 할 수 있는지를 우리에게 배웠으니 곧 너희가 힘쓰는 바라 더욱 많이 힘쓰라"(살전 4:1)

24장

예수님만으로 부족하십니까?

골로새서 2:9-17

"그 안에는 신성의 모든 충만이 육체로 거하시고 너희도 그 안에서 충만하여졌으니 그는 모든 통치자와 권세의 머리시라"(골 2:9-10)

본문은 골로새서 1장 15-20절에 나왔던 기독론을 한 마디로 축약했다고 볼 수 있습니다. 기독론은 예수님의 신분과 능력에 대한 선언입니다. 동시에 기독론은 예수 그리스도께서 제공하시는 구원의 충족성과 유일성을 밀어내려는 이단들에 대한 방어벽입니다. 본 항목의 요점을 질문의 형태로 표현한다면, 예수님만으로 충족하느냐 아니면 부족하느냐는 것입니다. 이에 대한 해답은 툴리안 치비드지안(Tullian Tchividjian)이 쓴 책의 제목에서 명쾌하게 제시되었습니다. 그 제목은 Jesus + nothing = Everything 입니다. 말을 뒤집으면 어떻게 될까요? Jesus + something = Nothing 입니다. 요점은 「예수 플러스(+)」는 복음이 아니라는 것입니다. 왜 그럴까요? 구원과 삶을 위해서 필요한 모든 것이 예수님 안에 충만하게 다 갖추어져 있기 때문입니다. 이것은 예수님이 전부가 아니라는 주장에 대한 성경의 반박입니다. 본문은 다원주의가 다시 고개를 든 현대 사회에서 반드시 재확인해야 할 중요한 선언입니다.

예수님 안에 신성의 충만함이 영원토록 머물러 있습니다.

'충만'이라는 헬라어(플로레마, fullness)는 당시의 그릇된 가르침의 용어를 반영한 것으로 보입니다. 초기 영지주의와 유대교 전통으로 혼합된 사이비 종교가 골로새 교회를 유혹하였습니다. 그들은 여러 계급의 천사들도 신성을 상당히 보유하고 있다고 믿었습니다. 그리고 신자들이 신령한 영적 충만에 들어가려면 소수에게 허용되는 특별한 비밀 지식을 받아야 한다고 선전하였습니다. 그들은 이러한 영적 엘리트들이 되기 위해서는 할례를 받아야 하고 성일을 지키며 음식을 가려야 한다고 했습니다.

바울의 반응은 이들의 영성과 교리가 전적으로 잘못되었다는 것이었습니다. 그래서 그는 골로새 교인들에게 한갓 인간적인 아이디어에서 나온 공허한 종교철학이나 의식에 사로잡히지 말라고 경고하였습니다(8절). 그 근거는 예수님 안에 신성의 모든 충만이 영구적으로 머물기 때문입니다.

바울은 앞에서 "그 안에는 지혜와 지식의 모든 보화가 감추어져 있느니라"(골 2:3)고 하였습니다. 예수님만이 하나님의 완전한 형상이며 유일한 구주로서 보내심을 받았습니다. 예수님은 인간 역사에 들어오셔서 자신의 삶과 사역으로 구원의 길을 여셨습니다. 예수님은 모든 진리의 총체로서 구원의 지식과 능력을 소유하고 인간의 영원한 운명을 결정짓는 주권을 온 세상에 행사하십니다. 그는 "모든 통치자와 권세의 머리"로서 만물을 통치하십니다. 예수님에게는 무한대의 자원이 있어 다함이 없는 복을 내릴 수 있습니다. 그러므로 그리스도가 없는 세상 지혜나 종교적 이론이나 의식들이나 다른 영적 존재들은 우리가 하나님을 아는 지식과 구원을 위해 전혀 필요하지 않습니다. 예수님 안에 모든 충만이 넘치기 때문입니다.

그런데 놀라운 사실이 하나 있습니다. 그것은 신성의 모든 충만이 "육체로" 거하신다고 했습니다. 예수님은 하나님의 본체의 형상이십니다. 그는 모든 신성을 충만하게 지니셨지만, 인류를 구원하기 위해 인간이 되셨습니다. 이것은 심오한 사건입니다. 그 뜻을 살펴보겠습니다.

첫째, 하나님께서 이 세상을 너무도 사랑하셨음을 의미합니다. 하나님을 배반하고 타락한 인간들이 사는 죄악의 땅에 예수님이 우리와 같은 인간으로 태어나신 것은 상상을 넘어가는 낮아지심입니다. 우리는 낮고 낮은 이 죄악의 세상에 독생자를 보내신 하나님을 크게 찬양하고 감사합니다. 그런데도 성육신의 깊이와 넓이는 우리가 영원토록 측량하여도 다함이 없는 신비에 가려져 있을 것입니다.

둘째, 예수님은 영원 전부터 충만하신 분이지만, 성육신만은 과거에 없었던 새로운 일입니다. 예수님은 지금도 인성을 가지고 계시면서 신성의 모든 충만을 보유하고 계십시다. 우리를 위해 하늘 아버지 앞에서 날마다 중보하시는 예수님은 '육체로' 이 세상에 오셨던 "인자 같은 이"(계 1:13)십니다. 예수님은 인성을 벗지 않으시고 승천하셨습니다(행 1:11). 예수님은 육체의 인성을 십자가 사랑의 영원한 증거로서 영원토록 지니고 계실 것입니다.

셋째, 천상천하에 예수님처럼 육체로 계시면서 하나님의 신성의 총체가 되신 분은 존재하지 않습니다. 예수님이면 다 됩니다. 예수님이 우리를 구원하는데 조금이라도 부족한 것이 없습니다. 그래서 다른 신의 도움을 받아야 하거나 혹은 여러 형태의 종교적 아이디어를 차용해야 할 필요가 없습니다. 예수님 안에 모든 신성의 충만이 있다면, 세상의 그 어떤 것도 우리의 충만한 신앙생활이나, 하나님을 아는 일이나, 구원을 받는 일에 아무런 기여를 할 수 없습니다.

예수님 안에 들어가 있으면 우리도 충만해집니다.

우리에게 부족한 것이 있다면 예수님께 직접 가면 됩니다. 예수님은 생명과 생수와 안식의 원천입니다(요 7:37-38; 마 11:28). "너희도 그 안에서" 충만해졌다고 했습니다(10절). 어떻게 하는 것이 예수님 안에 있는 것일까요? 예수 그리스도를 주님으로 영접하는 것입니다. 그리스도를 하나님께서 선물로 보내신 영원한 생명과 구원으로 믿는 것입니다. 그러면 전능하신 하나님께서 나를 그리스도의 충만하신 은혜와 사랑과 지식과 능력 안에 심어주시고 세워주십니다(2:7). 나의 부족함을 그리스도 안에서 채워주시고 나의 연약함을 보살펴

주십니다. 크리스천 삶이란 예수 그리스도 안에 있는 풍성한 영적 축복들을 받아 누리는 문제입니다. 우리는 예수 그리스도 안에서 우리에게 필요한 일체의 영적 양식을 공급받습니다. 우리는 주 예수 그리스도로 삽니다. 주님 이외에는 누구도 우리를 충만하게 채워주거나 만족하게 할 수 없습니다.

예수님으로부터 생수를 길어 올리십시오. 세상의 물통은 금이 간 깨어진 통입니다. 하나님께서 예수님을 통해 주신 계시의 말씀이 아닌, 세상에 속한 말들은 "헛된 속임수"(8절)입니다. 예수님은 사마리아 여자가 항상 물을 길으러 왔던 야곱의 우물 앞에서 말씀하셨습니다.

> "이 물을 마시는 자마다 다시 목마르려니와 내가 주는 물을
> 마시는 자는 영원히 목마르지 아니하리니 내가 주는 물은 그
> 속에서 영생하도록 솟아하는 샘물이 되리라"(요 4:13-14).

예수님은 우리를 위해 십자가와 부활로 사탄을 정복하셨습니다. 예수님은 십자가에서 우리 죄를 대신 지시고 형벌을 받으셨습니다. 죄의 삯이 모두 지불되었습니다. 사탄은 우리를 더 이상 죄인이기 때문에 죽어야 한다고 고소할 수 없습니다. 사탄은 예수님께 사망의 무기를 사용했지만, 예수님은 다시 살아나셨습니다. 예수님은 죄와 율법의 영역에서 사탄의 힘이 미칠 수 없는 영원한 생명과 영광의 영역으로 들어가셨습니다. 이제 주 예수를 믿는 신자들은 예수님 안에서 죄와 사탄이 주인 노릇을 할 수 없는 새로운 피조물이 되어 예수님을 새로운 주인으로 섬깁니다. 세상의 어떤 세력도 예수님의 지

배 아래 있습니다. 바울은 이 사실을 두 가지 그림으로 설명합니다.

첫째 그림은 할례입니다.

"그 안에서 너희가 손으로 하지 아니한 할례를 받았으니 곧
육의 몸을 벗는 것이요 그리스도의 할례니라" (골 2:11)

바울은 골로새서에서는 갈라디아서에서처럼 할례 문제를 집중적
으로 다루지는 않았습니다. 그러나 골로새 지역에는 유대교의 전통
에 영향을 받은 이단들이 골로새 교인들에게 할례를 받아야 온전한
구원을 이룬다고 주장한 듯합니다. 그러나 바울은 할례를 받을 필요
가 없다고 반대하였습니다. 그 이유는 골로새 교인들이 이미 할례를
받았기 때문입니다. 다만 그들이 받은 할례는 유대교의 전통처럼 모
세법에 따라 남자의 생식기 포피 일부를 잘라내는 것이 아니라 "그
리스도의 할례"를 받는 것이었습니다. 그리스도의 할례는 사람의 손
으로 한 것이 아닙니다. 이것은 예수님이 십자가에서 처형되심으로
써 "육의 몸을 벗는 것"입니다. '육의 몸을 벗는 것'은 일차적으로 예
수님이 폭력에 의해서 십자가 죽임을 당하신 것을 의미할 수 있습니
다. 그러나 이것을 신자들에게 적용하면, 아담 안에 있는 우리의 죄
악 된 본성이 그리스도와의 연합으로 벗겨지고 새 마음과 새 본성을
받는 것을 가리킵니다.

다시 말해서 그리스도인들은 예수님의 십자가 죽음에 연합됨으
로써 사람의 손으로 하지 않은 하나님의 직접적인 활동에 의한 영적
인 마음의 할례를 받습니다. 할례는 구약의 이스라엘 백성에게 하나

님과 맺은 언약의 징표였습니다. 그러나 주 예수를 믿는 우리는 '그리스도의 할례'에 연합됨으로써 새 언약 백성이 되었으므로 유대교의 할례를 받지 않습니다.

둘째 그림은 세례입니다.

> "너희가 세례로 그리스도와 함께 장사되고 또 죽은 자들 가운데서 그를 일으키신 하나님의 역사를 믿음으로 말미암아 그 안에서 함께 일으키심을 받았느니라"(12절)

할례가 그리스도의 십자가 죽음을 가리키는 영적 은유였듯이, 본절에서 말하는 '세례'도 하나의 은유입니다. 우리는 '세례'라고 하면 금방 '물세례'를 떠올립니다. 그러나 '세례'라는 말은 언제나 '물세례'만을 가리키지 않습니다. 예를 들어, 예수님은 자신이 받을 세례가 있다고 하셨는데 이것은 고난을 받는다는 의미였습니다(막 10:38). 또 다른 중요한 실례는 고린도전서 12:13절입니다.

"우리가 유대인이나 헬라인이나 종이나 자유인이나 다 한 성령으로 세례를 받아 한 몸이 되었고 또 다 한 성령을 마시게 하셨느니라"
여기서는 물세례를 가리키는 것이 아니고, 처음으로 주 예수를 믿었을 때 성령께서 신자를 그리스도 안으로 데려놓는 것을 말합니다. '침례'라는 헬라어(밥티스모스, Baptismos)는 '담근다'는 뜻도 있지만 '놓는다'는 의미도 있습니다. 그래서 골로새서 2:12절의 의미는 사람이 거듭날 때 그리스도 안에 놓이게 되므로 그리스도와 함께 장사되고 부활한다는 뜻입니다. 이것은 물세례 자체가 아닌, 영적 이벤트입니다. 물세례라는 의식이 우리를 그리스도 안에 놓이게 하거나, 옛사람을 죽게 하거나, 혹은 새 생명으로 다시 살아나게 하지 않습니다.

십자가는 하나님께서 우리 죄를 못 박는 구원의 수단입니다.

"또 범죄와 육체의 무할례로 죽었던 너희를 하나님이 그와 함께 살리시고 우리의 모든 죄를 사하시고"(13절)

다시 일으킴을 받았다면 과거에 죽었다는 뜻입니다. 죽은 자가 아니라면 다시 살릴 필요가 없습니다. 우리는 "범죄와 육체의 무할례로 죽었던" 때가 있었습니다. 이 죽음은 영적 죽음이었습니다. 하나님을 알고 믿기 전에는 몸으로는 살았을지라도 하나님과의 영적 관계에서는 죽은 자와 같습니다. 그래서 죄를 스스로 끊을 자체 능력도 없었고 하나님을 신뢰하는 믿음도 없었습니다.

그러나 주 예수를 믿으면, 영적으로 완전히 죽었던 사람이 그리스도를 다시 살리신 하나님의 능력으로 되살아납니다. 믿음으로 그리스도와 연합되고 그리스도의 할례를 받은 자들은 이미 부활한 사람들입니다. 그래서 "그 안에서 함께 일으키심을 받았느니라"(12절)고 과거시제로 표현하였습니다. 물론 신자들의 몸은 사후에 부활하지만, 신분과 영적인 면에서는 주 예수를 믿었던 순간에 다시 살아났습니다(엡 2:5-6).

예수님의 십자가에서 일어난 일 중에서 가장 원더풀한 것은 죄의 용서를 받게 된 것입니다. 기독교가 다른 종교와 다른 점은 인간의 근본 문제인 죄를 완전하게 해결한다는 것입니다. 인간의 불행은 죄가 원인입니다. 하나님을 배반하고 불순종했던 인류는 타락하여 죽음의 심판 아래 있습니다. 아무도 죄를 없앨 수 없습니다. 죄가 있는 한, 세상은 불행할 뿐입니다. 죄와 죽음의 운명을 아무도 바꿀 수 없습니다. 세상에 다른 종교들이 많고 고도의 인간 문화가 있지만, 죄의 문제를 해결함으로써 생명의 근원이신 하나님께로 다시 돌아가게 하지는 못합니다. 죄는 죗값을 치르고 용서를 받아야만 해결됩니다. 하나님이 지으신 세계에서 범하는 죄는 모두 궁극적으로 하나님께 대한 죄입니다. 그래서 하나님이 용서하시기 전에는 "죄의 삯은 사망"(롬 6:23)이라는 죽음의 심판에서 벗어날 수 없습니다. 문제는 인간 편에서 자신의 운명을 바꿀 수 있는 능력이 제로(zero)라는 사실입니다. 누가 하늘에 닿을 수 있습니까? 누가 거룩하신 하나님께 나아가서 인간의 죄를 대속할 수 있습니까? 오직 하나님 자신이 보내신 예수 그리스도만이 인간을 대신하여 죄를 대속할 수 있습니다.

> "하나님이 세상을 이처럼 사랑하사 독생자를 주셨으니 이는 그를 믿는 자마다 멸망하지 않고 영생을 얻게 하려 하심이라"(요 3:16).

예수님은 십자가에서 우리 죄를 위해 희생 제물이 되셨습니다. 그의 대속을 믿고 예수님을 주님으로 맞이하십시오. 하나님께서 예수님을 죽은 자 가운데서 살리신 것을 믿는 자는 사망의 정죄에서 해방되고 영원한 구원을 받습니다(요 3:18; 롬 10:9). 주 예수를 믿으면

"모든 죄"를 용서받습니다. 이것은 하나님의 약속입니다. 이보다 더 좋은 소식이 없습니다. 그래서 복음(福音)입니다.

다른 종교나 다른 어떤 가르침에서 이런 복음을 들어보신 적이 있습니까? 죄인인 내 편에서 아무것도 하지 않고 오직 예수 그리스도의 십자가 대속을 "믿음으로 말미암아"(12절) 영원한 새 생명을 받을 수 있다는 것은 꿈같은 이야기입니다. 이 '복음'은 이론도 아니고 거짓말도 아닙니다. 2천 년 전에 예수님이 실제로 인류의 역사 속에 들어오셔서 갈보리 십자가로 가셨습니다. 십자가 대속의 사건은 하나님의 아이디어이며 하나님이 제공하신 구원의 길입니다. 그래서 확실하고 완전한 구원의 길입니다.

그럼 과연 나의 모든 죄가 단순히 그리스도를 믿음으로써 다 용서되었다는 것을 어떻게 확신할 수 있을까요? 하나님의 약속이니까 믿어야 합니다. 사실 너무 좋은 소식은 금방 잘 믿어지지 않습니다. 그래서 바울은 '빚 문서'라는 그림 예시를 사용하여 죄가 철저하게 지워진다고 설명합니다.

> "우리를 거스리고 불리하게 하는 법조문으로 쓴 증서를 지우
> 시고 제하여 버리사 십자가에 못 박으시고"(14절)

"법조문으로 쓴 증서"라는 표현은 당시의 관습과 유대교의 배경에서 나온 이미지들을 섞어서 바울이 나름대로 사용한 말입니다. 유대인들은 천사들이 인간의 죄를 기록한 목록을 보관한다고 믿었습니다. 바울의 다른 글에서 '법조문'은 모세의 성문 율법을 가리키기도 합니다(엡 2:15). 또한, 십자가에 못 박는다는 말은 로마의 십자가

형을 연상시킵니다. 당시에는 십자가 위에 죄수의 죄목을 패에 적어서 붙였습니다(요 19:18-22). 이것은 그 시대에 채무자가 빚을 갚으면 빚의 목록을 못에 꽂았다는 상거래 풍습과도 관련이 있어 보입니다.

　이러한 배경에서 볼 때 죄는 하나님에게 빚지는 것이며 죄인들에게는 갚아야 할 형벌의 빚이라는 개념이 드러납니다. 사탄과 그의 천사들은 우리 죄를 다 알기 때문에 이것을 빌미로 우리를 위협하고 괴롭힙니다. 법조문을 모세법으로 보면, 율법은 정죄만 할 뿐 죄를 이길 수 있는 능력은 주지 않습니다. 결국, 우리 편에서 죄의 문제를 도무지 해결할 수 없다는 것입니다. 그러나 하나님께서는 우리를 불쌍히 여기시고 사랑하셔서 자기 아들을 보내어 우리 대신 십자가 형벌을 받게 하셨습니다. 예수님은 우리 죄를 마지막 한 푼까지 다 갚으셨습니다. 예수님의 대속의 피는 우리 죄를 온전히 깨끗하게 씻으셨습니다. 그래서 "증서를 지우시고 제하여" 버렸다고 했습니다. 이 표현은 당시에 종이로 사용했던 파피루스의 잉크가 깨끗하게 지워질 수 있었듯이, 우리 죄도 모두 삭제되었다는 뜻입니다. 바울이 사용하는 또 하나의 그림 언어는 승전 행렬입니다.

"통치자들과 권세들을 무력화하여 드러내어 구경거리로 삼으시고 십자가로 그들을 이기셨느니라"(15절).

'통치자들과 권세들'은 초자연적인 존재들을 총칭하는데(골 1:16; 엡 1:21; 3:10; 6:12; 롬 8:38) 여기서는 문맥상 타락한 천사들을 가리킵니다. 이들은 현재 하나님을 대항하며 그의 백성을 괴롭히는 악령들입니다. 이들을 무력화(無力化)하여 구경거리로 삼았다는 표현은 로마 개선장군의 승전 행렬 이미지에서 따온 표현입니다. 로마의 개선 장군은 승전하면 포로들을 무장해제시키고 전리품과 함께 끌고 와서 로마 시민들에게 보여주는 개선 행렬을 하였습니다. 적장은 승전식이 끝나면 처형되었는데 이때 시민들은 환호성을 지르며 포로들을 조롱하였습니다. 승전 행렬 이미지는 복음의 핵심을 잘 드러냅니다.

첫째, 죄와 사탄이 세상을 지배하고 있습니다. 사람들은 세상의 실체를 보지 못하고 삽니다. 세상에 죄가 있다는 것은 알지만, 그 죄와 사탄과의 관계를 이해하지 못합니다. 죄는 폭군과 같습니다. 죄는 사람들을 종으로 삼는 막강한 세력입니다. "죄를 범하는 자마다 죄의 종"(요 8:34)입니다. 죄가 인간을 일평생 가두어놓고 "죄에게 종 노릇"(롬 6:6)하게 합니다. 그런데 이 죄 뒤에는 사탄이 도사리고 있습니다. 사탄은 인간을 구출하려는 하나님의 구원 계획을 좌초시키려고 악한 천사들과 함께 공작하고 방해합니다. 그래서 바울은 말합니다.

"우리의 씨름은 혈과 육을 상대하는 것이 아니요 통치자들과 권세들과 이 어둠의 세상 주관자들과 하늘에 있는 악의 영들을 상대함이라"(엡 6:12).

타락한 이 세상의 실체는 죄와 사탄입니다. 죄는 인간을 사로잡고, 사탄은 포로들을 이끌고 파멸의 길로 가는 중입니다. 이런 의미에서 "온 세상은 악마의 세력 아래 놓여 있습니다"(요일 5:19. 새번역). 사람들은 죄에 너무 익숙하여 자신이 죄의 종이라는 사실을 잘 인식하지 못합니다. 그런데 사탄은 눈에 보이지 않습니다. 그래서 그의 정체를 부인하는 사람들이 많습니다. 그러나 사탄은 죄를 미끼로 인간들을 날마다 유혹하여 함정에 빠지게 하고 말할 수 없는 불행과 비극을 일으키고 있습니다.

둘째, 죄와 사탄이 패배하였습니다. 예수님이 십자가로 악의 세력들을 이기셨습니다. 이것이 복음입니다. 죄와 사망과 부패의 세상에서 인류를 구출할 수 있는 길은 십자가뿐입니다. 예수 그리스도의 십자가에서 죄와 사탄의 패배가 선포되었습니다. 이보다 더 좋은 소식은 없습니다. 십자가 복음 이외에 아무것도 우리를 구원하지 못합니다. 십자가 이외에 다른 어떤 것도 보탤 필요가 없습니다. 십자가로 악에 대한 승리가 끝났기 때문입니다. 개선장군이신 예수님에 의해서 적장의 목이 떨어졌습니다. 그럼 십자가의 승리란 어떤 의미일까요? 예수님이 처형이 됐으니까 무장해제가 되고 공적으로 수치를 당한 쪽은 사탄이 아니고 예수님이 아닐까요? 이긴 편이 사탄이라고 해야 말이 맞지 않겠습니까? 그렇지 않습니다.

사탄의 하수인 역할을 했던 대제사장들과 장로들과 로마 당국은 십자가 처형으로 예수님을 완전히 제거했다고 오판하였습니다. 십자가에 매달린 예수님은 아무것도 할 수 없어 무장해제가 된 것과 같았습니다. 그러나 예수님이 받은 형벌은 예수님 자신의 죄에 대한 심판이 아니었습니다. 예수님은 죄인들의 대속주로서 십자가 형을 받으셨습니다. 온 세상의 죄를 대신 지고 가신 것이기에 자신의 죄로 형벌을 받아 죽음으로 다 끝나버린 것이 아닙니다. 하나님께서는 예수님에게 인류의 죄를 씌워 처형하신 후에 예수님 자신은 다시 살아나게 하셨습니다. 예수님에게는 아무런 죄가 없었기 때문입니다.

"하나님이 죄를 알지도 못하신 이를 우리를 대신하여 죄로 삼으신 것은 우리로 하여금 그 안에서 하나님의 의가 되게 하려 하심이라"(고후 5:21).

"우리가 알거니와 우리의 옛 사람이 예수와 함께 십자가에 못 박힌 것은 죄의 몸이 죽어 다시는 우리가 죄에게 종 노릇 하지 아니하려 함이니 이는 죽은 자가 죄에서 벗어나 의롭다 하심을 얻었음이라"(롬 6:6-7).

"예수는 우리가 범죄한 것 때문에 내줌이 되고 또한 우리를 의롭다 하시기 위하여 살아나셨느니라"(롬 4:25).

사탄과 그의 추종 세력들은 예수님을 십자가에 매달아 죽이는 것이 자신들의 승리라고 믿었습니다. 그러나 그들은 십자가가 하나님의 지혜이며 구원의 능력임을 인식하지 못하였습니다(고전 1:18, 21, 24). 하나님께서는 예수님의 죽음이 우리 죄를 위한 삯이 되게 하셨습니다. 그래서 우리가 지불해야 할 죄의 빚이 모두 갚아진 셈입니다. 이를테면 우리가 입었어야 할 죄수복을 예수님에게 입히시고 사형선고를 내린 것입니다. 그 대신 예수님의 흠 없는 의의 옷을 우리에게 입혀주셨습니다. 죄인은 이 사실을 믿을 때 하나님의 눈에 의롭게 됩니다. 다시 말해서 예수님의 십자가는 우리가 거룩하신 하나님 앞으로 나아갈 수 있는 구원의 입구입니다. 하나님은 우리를 더 이상 죄인으로 보시거나 사탄의 자녀로 간주하시지 않습니다. 우리를 예수 그리스도 안에 들어간 하나님의 의로운 자녀로 보시기 때문입니다.

예수님의 십자가는 예수님의 패배가 아니고, 사탄의 패배입니다. 십자가로 우리 죄가 용서되었다는 것은 우리의 구원을 이해하는데 매우 중요한 의의가 있습니다. 하나님께서는 우리를 용서만 하시고 끝나시지 않습니다. 용서했으니까 형벌이 면죄되었지만 여기서 그치지 않습니다. 하나님의 용서를 받은 자들에게는 엄청난 신분의 변화가 일어납니다. 이것은 사탄의 영역에 갇혀 있다가 풀려나서 하나님의 아들의 나라로 옮겨간 사건입니다.

"그가 우리를 흑암의 권세에서 건져내사 그의 사랑의 아들의
나라로 옮기셨으니"(골 1:14).

이것은 무엇을 의미할까요? 사탄이 더는 나를 붙잡고 죄의 종노릇을 시킬 수 없다는 뜻입니다. 사탄은 내가 죄인이라고 하나님께 고소할 수 없습니다. 나를 자기 소유니까 돌려달라고 요구할 수도 없습니다. 나의 죗값이 그리스도의 십자가로 완불되었기에 나에게 사탄이 요구할 것이 아무것도 없습니다. 율법도 나를 정죄하지 못합니다. 나는 예수 그리스도의 십자가에서 죄에 죽었기 때문입니다. 죄의 다스림과 정죄로부터 해방된 사람은 죄와의 관계에서 죽은 자와 같습니다. 죄를 전혀 지을 수 없다는 말이 아닙니다. 죄가 나를

과거처럼 종으로 삼지 못하고 나를 사탄의 마수에 붙잡혀 꼼짝할 수 없는 존재로 만들지 못한다는 뜻입니다.

주 예수를 대속주로 믿는 자들은 신분적으로는 이미 의롭게 되었으며 주님과 함께 부활하여 하늘에 앉혀진 주의 자녀들입니다(엡 2:6). 따라서 사탄이 패배한 것입니다. 죽었다고 생각했던 예수님은 다시 살아나셨습니다. 사탄의 최고의 무기인 죽음이 무용지물이 되었습니다. 사탄에게는 더 이상 사용할 수 있는 카드가 남아 있지 않습니다. 물론 사탄이 완전히 없어진 것은 아닙니다. 그러나 그는 결정적인 전투에서 패하였고 포로가 되어 로마의 개선장군의 승전 행렬에서처럼 끌려가는 신세가 되었습니다. 그 결과 그는 이 세상 임금의 자리를 박탈당하였고(요 12:31), 결박을 당하였으며(눅 11:21), 무장 해제가 되었습니다. 그는 마지막 심판 때에 불 못에 던져질 것입니다(계 20:15). 그렇다면 수치를 당하고 구경거리가 된 것은 십자가에 달린 예수님이 아니고, 십자가로 패배를 당한 사탄입니다.

하나님께서는 자기 아들의 십자가로 죄의 세력이 다시 패권을 잡지 못하도록 목을 꺾으셨습니다. 십자가는 죄와 사탄의 전력(戰力)에 결정타를 가한 사건입니다. 이제 전황은 승전 모드로 바뀌었습니다. 남은 것은 잔당들의 소탕 작업입니다. 예수님은 우리의 총사령관으로서 모든 원수가 소탕될 때까지 이 악의 세상을 장악하고 계십니다. 예수님은 사탄이 뒤틀어 놓은 것들을 십자가 복음으로 바로잡고 계십니다. 갈등과 증오, 부패와 불의, 질병과 죽음이 다스리는 세상에서 허덕이는 죄인들을 십자가 복음으로 부르시고 사랑의 나라를 건설하시는 중입니다. 어둠의 왕국은 조만간 섬멸되고 영원한 심판으로 사라질 것입니다. 온 세상은 예수님의 십자가와 부활 생명으로 새로워지는 중입니다. 이 경이로운 구원 사역에 성도들이 가담하여 선한 싸움을 싸우라는 것이 주님의 명령입니다. 이 일을 위해 우리에게 필요한 것은 예수님뿐입니다.

예수님 안에 모든 신성의 충만이 넘칩니다. 예수님이면 다 됩니다. Jesus + nothng=everything 입니다. 골로새 이단들이 선전하는 Jesus + extra에 속지 마십시오. 오직 주 예수만 의지하고 그분으로부터 모든 필요를 충당 받으십시오. 어둠의 세력은 그리스도의 십자가에 의해서 치명타를 받고 휘청거립니다. 우리는 이 사실을 깨닫고 믿어야 합니다. 그래야 아직도 버둥거리며 발악하는 악의 잔당들과의 조우(遭遇)에서 두려워하지 않고 분투할 수 있습니다. 성령으로 우리 안에 계신 주님은 세상에 있는 악한 자보다 더 강하고 크신 분입니다(요일 4:4).

온전한 구원을 위해서 필요한 것은 온전한 구주뿐입니다.

골로새 이단들은 예수만 믿는 것으로는 부족하다고 가르쳤습니다. 그들이 예수님에게 덧붙여야 한다고 주장한 것들은 무엇이었습니까?

"그러므로 먹고 마시는 것과 절기나 초하루나 안식일을 이유
로 누구든지 너희를 비판하지 못하게 하라"(16절).

예수님을 잘 믿는 것을 종교적 의식이나 규정들을 잘 지키는 것

으로 오해하기 쉽습니다. 구원은 순전한 은혜로 받는다고 믿으면서, 구원과 상관없는 행위들을 지키지 않으면 구원이 온전해지지 않는 것처럼 생각하는 것은 잘못입니다. 교회는 언제나 율법적인 종교로 돌아갈 위험을 안고 있습니다. 그래서 주일 성수, 십일조, 새벽 기도와 같은 규정들이 교회 생활을 지배하는 경향이 있습니다. 이런 것들은 경건 생활의 훈련에 다소 도움이 될지 모릅니다. 그러나 율법적이고 형식적인 것들을 온전한 구원을 위해서 지켜야 할 것으로 제시하거나 강요해서는 안 됩니다. 골로새 이단들은 모세법에 자신들의 사상을 혼합시키고 그런 것들을 준수해야만 구원이 온전해진다고 주장하였습니다. 바울의 반응이 무엇이었습니까? 성일이나 음식 규례는 그리스도의 구원에 대한 상징이었고 그림자였다는 것입니다. 초하루나 안식일이나 기타 종교 축제와 음식법 등은 이스라엘 백성을 위한 규례들이었습니다. 이것들은 예수님의 구속 사역에서 모두 성취되고 폐지된 것들입니다. 모세 율법은 단순히 십계명이 아니고 약 2천 개의 규정들로 짜여 있습니다. 동물 희생, 음식 규례, 장막 규정, 의복 규례, 위생 규례, 농사 규정들에 대한 법령들은 모두 상징적입니다. 종교 축제나 성일 등도 예수님이 출범시킬 하나님 나라의 성격에 대한 그림들이었습니다. 이제 신약 교회에서는 이러한 규정들에 순종할 의무가 없습니다.

바울이 무엇이라고 권면하였습니까? 이런 일들로 인해서 "누구든지 너희를 비판하지 못하게 하라"(16절)고 했습니다. 그 까닭이 무엇입니까? "이것들은 장래 일의 그림자이나 몸은 그리스도의 것"(17절)이기 때문입니다. 여기서 '몸'은 '실체'라는 뜻입니다. 예수님이 실체로서 오신 이후로는 그림자에 해당했던 것들은 자신의 역할이 끝났습니다. 그렇다면 햇볕이 났는데 왜 촛불을 들고 다녀야 합니까? 그림자는 생명을 자라게 할 수 없습니다. 햇볕이 비취는 목적은 그림자를 붙잡지 말고 실체에 들어가서 실체의 생명으로 살게 하려는 것입니다.

예수님이 구원의 실체이며 완성입니다. 예수님 이외의 엑스트라는 도움이 되지 않을 뿐만 아니라 복음의 본질에서 벗어나는 탈선입니다. 종교적 규칙을 만들고 이를 따라야 복 받는다거나 올바른 구원이라고 주장하는 요구를 물리쳐야 합니다. 예수님으로 충분하십니까? 율법주의나 루울에 매여서 경건한 삶을 살려고 하면 영적 후퇴를 하거나 답보 상태에 머물게 됩니다. 예수님을 더 배우고 예수님을 더 알려고 하십시오. 할례나 안식일이나 무엇을 먹고 안 먹는 규정들이 중요한 것이 아닙니다. 예수님 안에서 새로운 피조물로 자라는 삶이 중요합니다(갈 6:15). 예수님이면 충분합니다. 다시 바울의 말을 들어보십시오.

> "그러나 내게는 우리 주 예수 그리스도의 십자가 외에 결코 자랑할 것이 없으니 그리스도로 말미암아 세상이 나를 대하여 십자가에 못 박히고, 내가 또한 세상을 대하여 그러하니라"(갈 6:14).

예수님 위에 무엇을 더 올려놓으면 반드시 무너집니다(Jesus + something = Nothing). 모든 것에서 예수님이 빠지면 아무것도 남지 않습니다(Everything - Jesus = Nothing). 엑스트라(Extra) 가 붙지 않는 것이 예수님의 복음입니다. 「예수 플러스(+)」는 복음이 아닙니다. 예수님으로부터 아무것도 빼지 않는 것이 십자가의 복음입니다. 예수님에게 아무것도 보태거나 삭감하는 것이 없어야만 우리의 구원이 온전한 구원이 됩니다. Jesus + Nothing = Everything!

25장
위의 것을 찾으라
골로새서 2:18-3:4

우리는 모두 하나님을 기쁘게 해 드리는 신앙생활을 하기를 원합니다. 그런데 우리가 어떻게 해서 구원을 받았는지를 먼저 확지하고 확신하지 않으면 신앙생활은 루울이나 금기 사항들이나 기타 관습적인 행위들로 짜이기 쉽습니다. 그러다 보면 자신이 받은 구원마저도 어떤 종교적 행위들에 의해서 확보되는 것처럼 생각하게 됩니다. 이것은 구원의 확신을 흔들고 신앙생활의 기쁨을 앗아가며 내성적 자기 성찰과 율법적인 경건주의에 빠지게 합니다.

골로새 교회는 예수 그리스도의 구원의 진리에 루울과 의식들을 부가하려는 거짓 교사들의 압력을 받았습니다. 종교 교사들은 골로새 교인들에게 할례를 받고, 안식일을 지키며, 초승달 축제에 참가하고 영적 지식을 얻을 수 있는 신비한 의식에 참여할 것을 독려하였습니다. 현대 교회에서는 할례를 받거나 초승달 축제를 지켜야 한다고 말하는 사람은 없습니다. 그렇다면 본 서신의 이슈들은 우리와 상관이 없을까요? 루울이나 의식의 종류는 같지 않아도 믿음으로 말미암는 칭의 구원에 엑스트라 요소를 덧붙이려는 것은 지금도 일어나고 있는 현상입니다. 우리는 예수 그리스도의 구원이 순전히 은혜로 받는 것이라고 믿습니다. 그러면서도 은연중에 이것을 해야 하고 저것을 해야 한다는 엑스트라가 신앙생활의 필수 항목처럼 제시됩니다. 이것은 골로새 교인들이 직면했던 것과 원칙적으로 다르지 않습니다. 골로새의 거짓 교사들은 예수 그리스도의 대속을 믿는 것만으로는 하나님을 온전히 기쁘게 해 드릴 수 없다고 하면서 여러 가지 종교적 행위들을 요구하였습니다. 대부분의 현대 교회에서도 구원이 온전하기 위해서는 덧붙여야 할 것들이 있다고 가르치는 경우가 적지 않습니다. 결국 은혜 구원을 믿는다고 하면서 뒷문으로 종교적 행위를 구원의 필수 요항으로 들여옵니다.

신비 체험은 대부분 거짓입니다.

"아무도 꾸며낸 겸손과 천사 숭배를 이유로 너희를 정죄하지 못하게 하라 그가 본 것에 의지하여 그 육신의 생각을 따라 헛되이 과장하고"(2:18).

'천사 숭배'란 천사들을 직접 예배의 대상으로 삼고 숭배했다는 의미라기보다는 천사들이 하늘에서 하나님을 경배하는 것을 가리킨 듯합니다. 그래서 "그런 자는 자기가 본 환상에 도취되어 있다"(새번역)고 했습니다. 거짓 교사들은 자기들이 환상으로 천사들의 천국 예배 장면을 보았는데 자기들도 천사들과 함께 천상의 예배를 보았다고 자랑하였습니다. 자기들과 같은 영적 엘리트들은 특별한 방법을 통해서 높은 차원의 영성을 체험한다는 말입니다. 2세기 문서인 '이사야 승천기'(The Ascension of Isaiah)에는 사람이 황홀경에 빠져 영으로 천국에 올라갑니다. 거기서 천사들의 경배에 합세하고 환상들을 보는 장면이 묘사되어 있습니다. 바울 당시에도 이런 종류의 체험을 인위적으로 조작해 보려는 거짓 교사들이 있었습니다. 거짓 교사들은 사람들의 시선을 모으기 위해서 상투적으로 쓰는 수법이 있습니다. 어떤 놀라운 환상이나 영묘한 꿈을 꾸었다면서 무척 영적인 사람인 양 과시합니다. 혹은 자기에게서 안수를 받으면 병도 낫고 사업도 잘된다고 말합니다. 예언도 하고 해몽도 해 준다고 알립니다. 이런 사람들의 특징은 거짓 영성을 내세워 돈을 받아내려는 것입니다.

신약 신자들은 규정으로 살지 않습니다.

"꾸며낸 겸손"은 아마 과도한 금식이나 힘든 종교의식을 치렀다는 것을 의도적으로 보여 주려고 했기 때문에 사용된 말일 것입니다. 이단 종교에서는 지나친 금식과 육체적 강훈련을 통해 신도들을 통제하고 복종을 강요하며 세뇌 교육을 합니다. 그래서 스스로 생각할 수 있는 여유를 주지 않고 자기들의 조직에 몸과 마음을 묶어버립니다. 그러면서도 교주나 그 밑의 리더들은 신도들을 위해서 헌신과 겸손으로 섬기는 척합니다. 이것은 속임수입니다. 겸손한 척하고 영성이 높은 척하는 것은 헌금을 우려내고 자신들의 조직체를 키우려는 술책에 불과합니다. 예수님은 그런 위선자들의 거짓된 경건을 인정하시지 않았습니다.

"금식할 때에 너희는 외식하는 자들과 같이 슬픈 기색을 보이지 말라 그들은 금식하는 것을 사람에게 보이려고 얼굴을 흉하게 하느니라…너는 금식할 때에 머리에 기름을 바르고 얼굴을 씻으라"(마 6:16-17).

거짓된 영성은 자기 자랑과 영적 교만의 탈을 쓰고 있습니다. 그러나 참 영성은 하늘의 환상 앞에서 엎드리고 회개하며 새로워집니다. 이사야 선지자는 하늘 보좌와 천사들의 환상을 보고 "화로다 나는 망하게 되었도다"(사 6:5)라고 외쳤습니다. 다니엘은 환상을 보고 두려워서 얼굴을 땅에 대고 엎드렸고 죽은 자처럼 깊이 잠들었습니다(단 8:17-18; 10:8). 사도 요한도 밧모섬에서 주님의 환상을 볼 때 그의 발 앞에 엎드려져 죽은 자 같이 되었다고 했습니다(계 1:17).

요즘은 천국에 가서 하나님을 보고 왔다는 사람들도 많습니다. 이들은 성경에서 계시되지 않은 말들을 합니다. 그런데 바울의 경우를 생각해 보십시오. 그는 셋째 하늘에 이끌려 갔습니다. 그러나 그는 낙원의 모습이나 그곳에서 들은 말이나 혹은 자기에게 일어났던 일들에 대해서 한마디도 하지 않았고 또한 그렇게 할 수 있는 허락도 받지 않았습니다. 그나마 자기가 그런 사람 하나를 알고 있다고 에둘러서 말하였습니다. 그는 전혀 자신을 자랑할 의사가 없었습니다. 그리고 더 주목할 사실은 이 일이 십사 년 전에 있었다는 것입니다. 그는 십사 년 동안 아무에게도 말하지 않았습니다. 그는 자신의 사도직을 부인하고 자신들의 가짜 환상 체험을 과도하게 자랑하는 거짓 사도들 때문에 부득불 잠시 자신의 체험을 언급했을 뿐이었습니다. 그리고 자신이 교만해지지 않고 사람들이 그를 과대평가하지 않도록 하나님께서 그에게 육체의 가시를 주셨다고 고백하였습니다(고후 12:1-7). 이것이 참된 영성이며 하나님의 참 환상을 본 사람의 특징입니다.

신비 체험은 대부분 믿을 수 없습니다. 종교적인 특별한 의식이나 육체의 단련을 통해서 엑스터시의 환상을 본다는 주장은 타종교에서도 흔한 이야기입니다. 그러나 교인들은 성경의 계시를 넘어가는 말들에 속지 말아야 합니다. 환상이나 꿈, 기적과 초자연적 체험들에 쏠리면 성경은 덮어두고 직통 계시에 의존하게 됩니다. 신비주의 체험에 빠진 자들이 대체로 성경에 무지한 까닭은 성경보다 신비 체험을 우선시하기 때문입니다. 거짓된 무리는 환상적 체험들을 내세워 성경에서 가르치지 않는 사후 천국이나 지옥에 대한 새로운 교리를 뽑아내려고 합니다. 그런 자들은 자신들의 체험 때문에 우월감을 느낍니다. 골로새 종교 철학자들과 추종자들은 그런 원더풀한 영적 체험으로 깊이 들어갈 수 있다고 하면서 일반 신자들에게 자신들의 슈퍼 영성을 과시하였습니다. 그런데 그들의 영적 체험이라는 것은 인위적인 자작극에 불과하였습니다. 바울은 그들의 마음이 성령의 감동에 의한 것이 아니고 "육신의 생각"을 따른 것이라고 했습니다.

우리는 성경의 말씀을 믿고 구원을 받았습니다. 주 예수의 십자가 구원에는 아무런 부족이 없습니다. 믿음으로 의롭게 된 자들은 하나님의 자녀이기에 정죄를 받지 않습니다. 구원을 더 이해하고 하나님을 만나려면 성령께서 비춰 주시는 성경 말씀에 의존해야 합니다. 복음 자체가 우리 영혼을 깊이 두드리며 심혼에 감동을 일으킵니다. 우리가 성령으로 말씀을 깨달을 때 삶의 변화가 오고 하나님을 올바르게 경배하게 됩니다. 우리는 하나님과의 직접적인 임재나 계시를 받으려고 인위적인 분위기 속에서 종교적 열을 올리지 않도록 조심해야 합니다. 꾸며낸 뜨거운 찬송이나 열띤 기도나 습관성 아멘 보다도 한 마디 성경 말씀을 깨닫는 것이 우리의 가슴을 뜨겁게 하고 주님의 임재를 깨닫는 길입니다. 엠마오의 두 제자의 가슴을 뜨겁게 한 것이 무엇이었는지 다시 들어보십시오.

> "그들이 서로 말하되 길에서 우리에게 말씀하시고 우리에게
> 성경을 풀어 주실 때에 우리 속에서 마음이 뜨겁지 아니하더
> 냐"(눅 24:32).

진리를 역행하는 권위는 배격되어야 합니다.

"너희를 정죄하지 못하게 하라"는 말은 자격이 없는 자로 판정하지 못하게 하라는 뜻입니다. 골로새 종교 철학자들은 일반 신자들이 자기들처럼 특별한 체험들이 없다고 비난하였습니다. 그들은 자체적으로 만들어낸 의식이나 규칙을 따라야 구원이 온전해진다고 주장하며 골로새 교인들에게 압력을 넣었습니다. 이에 대한 바울의 명령이 무엇입니까? "너희를 정죄하지 못하게 하라"는 것입니다. 교인들은 너무 쉽게 강단 권위에 엎드리는 경향이 있습니다. 그런데 강단의 권위란 하나님의 말씀에 근거한 것이라야 합니다. 성경을 왜곡하거나 성경에서 가르치지 않는 것들을 설교하면 그런 권위는 거부되어야 합니다. 바울은 단순히 목사이기 때문에 혹은 신학자이기 때

문에 또는 교회나 교단에서 규정한 법이나 관례이기 때문에 반드시 복종해야 한다고 가르치지 않았습니다. 사람이 만든 규례에는 성경이 요구하지 않는 것들이 포함되어 있습니다. 예를 들어, 직분자는 십일조를 하고, 새벽 기도에 참석하며, 주일 성수를 해야 한다고 제직 임명 때 서약하게 합니다. 이런 일들이 그 자체로서 나쁘지 않을지 모릅니다. 그러나 우리는 신앙생활의 지침으로서 신약 성경이 법으로 정한 것은 아무것도 없음을 기억해야 합니다.

어떤 교회에서는 장로가 되는 조건으로서 십일조, 장기기증, 자기 몫의 유산을 교회에 기증하기, 해외 개척교회 하나 할 수 있는 자금 내기 등을 규정하고 있습니다. 요즘은 많이 사라진 관례지만, 과거에는 세례식 때 술담배를 해서는 안 된다고 서약하게 하였습니다. 그런데 문제는 그런 규정을 어기면 당장 정죄하기 시작합니다. 교인이 담배를 피운다고 비난하고 장로가 새벽기도에도 안 나온다면서 가짜라고 내몰아버립니다. 그런데 술 한 잔씩은 대부분 하는 것을 알면서도 별로 문제시하지 않습니다. 그러나 담배를 피우면 아주 다르게 대합니다. 잘 알려진 어떤 기독교 단체의 총무가 화장실에서 담배를 피하다가 해고된 적도 있었습니다. 그런데 술을 마시는 것은 대체로 넘어갑니다. 지킬 수도 없는 법을 만들거나 만들 필요도 없는 규정들을 정하는 것은 우리가 어떻게 구원을 받게 되었는지를 바르게 깨닫지 못한 소치입니다.

바울은 자기들 마음대로 만들어낸 이 같은 규례들의 요구를 받아들이지 말라고 하였습니다. 하나님이 그리스도의 십자가 희생으로 우리를 구원하신 것은 완벽한 구원입니다. 하나님께서는 우리를 흠 없는 자녀로 삼으셨습니다. 그리고 율법이나 여러 규정으로부터 해방되어 성령을 따라 살게 하셨습니다(갈 2:19-20; 5:25). 사람이 만든 법으로 살게 하면 신앙생활이 자칫 위선이 되고 구원의 핵심 원리를 붙잡지 못하여 관습적인 종교 생활을 하게 됩니다.

영적 파워는 오직 예수님에게서 나옵니다.

"머리를 붙들지 아니하는지라 온 몸이 머리로 말미암아 마디 와 힘줄로 공급함을 받고 연합하여 하나님이 자라게 하시므 로 자라느니라"(2:19).

교회의 주인과 머리가 누구이신지를 확고하게 믿지 못하면 다른 곳에서 영적 능력과 양식을 공급받으려고 합니다. 바울은 앞에서 예수님이 교회의 머리이심을 강조하였습니다(골1:18). 교회는 하나의 유기체처럼 서로 연결되어 있으며 함께 자라는 몸과 같습니다. 교회는 여러 곳에 세워져 있을지라도, 주 예수 그리스도의 몸은 하나입니다. 교회는 기구적인 종교 단체가 아니고, 주 예수를 구주 하나님으로 믿는 신자들의 유기적인 연합체입니다. 각 신자는 사람의 몸으로 친다면 관절과 힘줄처럼 몸에 붙어 있어야 하고 머리의 통제를 받아야 정상적인 기능을 할 수 있습니다. 예수님에게 접착되지 않은 일체의 행위나 사상은 모두 거짓이며 예수님의 머리 되심에 의존하지 않는 역행입니다.

골로새의 종교 철학자들은 신비적 체험에 몰입하여 예수님의 절대적 권위와 십자가 구원의 충분성으로부터 이탈되었습니다. 이들은 영적 능력이 자신들이 개발한 묵상법이나 기도문이나 의식을 통해 온다고 주장하였습니다. 그러나 영적 파워는 어떤 종교적 테크닉에 의해서 오지 않습니다. 그렇게 스스로 느끼고 믿을지 몰라도 이것은 성경의 가르침이 아닙니다. 영적 능력은 머리 되신 주 예수님에게서 나옵니다. 이 능력은 소수 그룹만이 들어갈 수 있는 신비 체험에 달린 것이 아닙니다. 머리 되신 예수님이 나의 신앙생활의 모든 필요를 채우시는 능력입니다.

우리는 관절과 근육처럼, 평범하고 일상적인 활동을 하면서 그리스도의 몸이 행하는 여러 놀라운 능력들을 체험해야 합니다. 신비하고 비상한 체험을 하려고 애쓸 것이 아니라, 날마다 주님을 머리로 삼고 머리의 지시에 순종하는 습관을 길러야 합니다. 그러면 내 영혼이 그리스도의 사랑과 위로로 생동하는 것을 체험할 수 있습니다. 이것은 성령의 능력으로 주님의 말씀이 우리에게 다가오기에 쉽게 확인할 수 있습니다. 우리는 신비 체험이나 율법적인 규정들로 신앙생활을 할 것이 아니라, 성경 말씀을 이미 받은 구원에 적용함으로써 영적 활력을 얻고 자라야 합니다. 이것은 복잡하거나 힘든 것도 아니고 특별히 초자연적인 것도 아니지만, 하나님의 임재와 성령의 도우심을 확신하게 합니다. 복음과 구원을 어렵게 설명하거나, 과도한 금식이나, 이런저런 규정들을 제시하거나 신비한 체험을 내세우는 가르침들을 경계하십시오. 비범한 체험을 했다는 주장들일수록 가짜일 확률이 높습니다. 그것들은 머리를 붙잡지 않은 모조품들이므로 경계해야 합니다.

우리의 새 삶은 그리스도와의 연합에 근거합니다.

"너희가 세상의 초등학문에서 그리스도와 함께 죽었거든 어찌하여 세상에 사는 것과 같이 규례에 순종하느냐"(2:20).

골로새에는 먹고 마시는 것에 대한 루울을 지킴으로써 더욱 영적이 될 수 있다고 믿는 자들이 있었습니다. 어떤 이들은 유대교의 절기를 지키고 할례를 받아야 한다고 하였습니다. 혹은 악령의 영향을 받은 세속 종교의 관습이나 신비 체험에 의존하는 자들도 있었습니다. 이런 엑스트라 규정과 관습들은 '세상의 초등학문'입니다. 복음은 세상에 없는 것입니다. 구원의 근원은 하나님입니다. 복음은 하나님의 아이디어와 하나님의 방법으로 된 것입니다. 복음은 이 세상에서 나온 것이 아닙니다. 그런데도 복음에다 세상에서 나온 엑스트라를 붙여넣으려고 하는 사람들이 있습니다. 마치 복음이 미완성이라도 한 듯이 새로운 것들로 채우려고 합니다. 그러나 복음에 다른 것들을 붙이거나 떼어내면 복음을 파괴하는 것입니다. 바울은 그런 자들은 저주를 받는다고 엄히 경고하였습니다.

"다른 복음은 없나니 다만 어떤 사람들이 너희를 교란하여 그리스도의 복음을 변하게 하려 함이라 그러나 우리나 혹은 하늘로부터 온 천사라도 우리가 너희에게 전한 복음 외에 다른 복음을 전하면 저주를 받을지어다"(갈 1:7-8).

그런데 복음을 희석하거나 변질시키려는 자가 누구입니까? 마귀의 영감을 받은 종교인들입니다. 복음을 가장 싫어하는 존재는 사탄입니다. 어둠의 세력이 자기들에게 속한 사람들을 이용하여 그리스도의 완전한 복음을 오염시킵니다. 그들이 사용하는 품목들은 율법주의, 의식주의, 신비주의, 형식주의, 행위주의 등입니다. 사탄과 그의 하수인들은 교회 안에 들어와서 더 나은 복음으로 더 큰 복을 받는 방법이 있다고 유혹합니다. 그러나 복음에는 보탤 것도 없고 뺄 것도 없습니다. 사도 요한이 한 말을 기억해 보십시오.

"나는 이 책에 기록한 예언의 말씀을 듣는 모든 사람에게 증언합니다. 누구든지 여기에 무엇을 덧붙이면, 하나님께서 그에게 이 책에 기록한 재앙들을 덧붙이실 것이요, 또 누구든지 이 예언의 책에 기록한 말씀에서 무엇을 없애 버리면, 하나님께서 이 책에 기록한 생명 나무와 그 거룩한 도성에서 그가 누릴 몫을 없애 버리실 것입니다."(계 22:18-19, 새번역)

사도 요한이 왜 이렇게 말했을까요? 복음은 하나님의 완전한 구원의 계시이기 때문입니다. 복음에는 인간의 머리에서 나온 엑스트라가 일절 필요하지 않습니다. 그런데 신자들이 더러 속습니다. 그 까닭이 무엇일까요? 하나는 '신자'라고 하지만 거듭난 적이 없는 모방 신자이기에 복음이 아닌 것에 귀를 줍니다. 또 하나는 십자가 구원을 믿지만, 자신의 영적 위치와 그리스도 안에 있는 자신의 존재가 누구인지를 확지하지 못하기 때문입니다. 이교도들과 사이비 기독교는 '세상의 초등학문'으로 삽니다. 유감스럽게도 신자 중에도 복음과 구원을 이런저런 규정을 지키거나, 특정한 의식에 참여하거나, 교회 활동을 하는 것으로 오해합니다. 이것은 성경의 가르침과 성령의 인도를 받기보다는 사람이 만든 규정들이나 관례로 교회가 지키는 전통문화를 따르는 것입니다.

우리가 하나님을 진정으로 경배하고 그분의 구원을 기뻐하며 오직 복음으로 만족하는 삶을 살려면 어떻게 해야 할까요? 무엇보다도 복음의 진리를 거듭 다지고 확인하는 것입니다. 크리스천은 항상 어떻게 구원을 받았는지를 자신에게 반복해서 상기시킬 필요가 있습니다. 우리가 과거에 어디서 와서 현재 어디에 있는지를 숙지하고 살아야 합니다. 다시 말해서, 우리가 불신자로 살다가 거듭났을 때 어떤 일이 일어났는지를 교리상으로 확실하게 아는 것입니다. 바울은 이것을 그리스도와의 연합이라고 말합니다(롬 6:5). 본 항목에는 매우 중요한 두 개의 평행 구절이 나옵니다.

"너희가 세상의 초등학문에서 그리스도와 함께 죽었거든…"
(2:20).

"그러므로 너희가 그리스도와 함께 다시 살리심을 받았으
면.." (3:1)

바울은 우리가 그리스도의 죽음과 부활에 함께 연합되었다는 사실을 전제하고 교훈을 줍니다. 다시 말해서, 우리가 그리스도의 죽음과 부활에 일치되었다면, 골로새 지역에서 유행하는 초등학문을 따를 필요가 전혀 없다는 것입니다. 문제는 그리스도의 죽음과 부활에 내가 정말 연합되었으며 그 의미를 알고 자신의 삶에 적용하느냐는 것입니다. 이것은 신앙생활의 바탕이 되는 기본 교리이기에 모든 신자가 확실히 알아야 합니다. 그리스도와 함께 죽고 다시 살아났다

는 말은 우리가 예수님을 믿을 때 어떤 일이 일어났는지를 아는 것과 관련된 것입니다.

첫째, 예수님을 믿는 순간에 우리는 소속과 거처의 변화를 겪습니다.

우리는 원래 흑암의 권세에서 건져냄을 받고 하나님 아들의 나라로 옮겨졌습니다. 우리는 그때 모든 죄를 용서받았습니다(골 1:13-14). 우리는 사탄의 나라 안에 있다가 예수 그리스도의 왕국 속으로 전입되었습니다. 우리는 예수님의 영토로 옮겨갔고 예수님의 주권과 통치 속에서 살게 되었습니다.

둘째, 예수님에게 일어난 일은 우리에게도 일어난 일입니다.

예수님을 믿으면 그리스도 안으로 들어갑니다. 그래서 우리가 믿음으로 예수님의 몸에 접목되었으므로 예수님에게 일어난 일은 우리에게도 동일하게 일어난 일로 간주합니다.

그리스도에게 어떤 일이 일어났습니까?

그리스도는 우리 죄를 대신 짊어지시고 십자가에서 형벌을 받으심으로써 죗값을 지급하셨습니다. 따라서 우리는 죄의 삯인 사망으로부터 해방되었습니다. 예수님이 나의 죗값을 다 청산하셨기 때문에 사탄이 나를 하나님께 죄인이라고 고소할 수 없습니다. 하나님의 눈에는 내가 죄를 전혀 지은 일이 없는 것처럼 보입니다.

"너희의 죄가 주홍 같을지라도 눈과 같이 희어질 것이요 진
홍 같이 붉을지라도 양털 같이 희게 되리라"(사 1:18).

예수님은 광야 사십 일의 시험을 비롯하여 사역 기간에 줄곧 악
한 세력의 반대를 당하셨고, 특별히 십자가에서 사탄의 공격을 받으
셨습니다. 그러나 이제는 사탄의 마수가 전혀 닿을 수 없는 영역으
로 옮겨지셨습니다. 죽음을 이기고 부활하셨기 때문입니다. 예수님
은 이제 죽음과 아무 상관이 없게 되셨습니다. 우리도 마찬가지입니
다. 우리는 그리스도 안에서 죄의 형벌을 받았으며 새 생명의 영역
으로 옮겨졌습니다. 이곳은 은혜의 왕국이며 예수님이 부활 생명으
로 다스리는 곳이기에 사탄이나 죽음이 우리를 위협하거나 압도하
거나 죽일 수 없습니다.

예수님은 부활하시고 승천하신 이후부터 하늘 아버지의 오른편
에 좌정해 계십니다. 그래서 우리도 그리스도 안에서 하늘 보좌에
앉아 있습니다.

"허물로 죽은 우리를 그리스도와 함께 살리셨고 (너희는 은혜로
구원을 받은 것이라) 또 함께 일으키사 그리스도 예수 안에서 함
께 하늘에 앉히시니"(엡 2:5-6).

승리의 삶은 우리가 누구이며 현재 어디에 있는지를 아는 것으로
출발해야 합니다. 우리가 주 예수를 믿는 순간에 예수님의 의로 입
혀졌고, 모든 죄가 용서되었으며, 하나님의 자녀가 되었습니다. 우
리는 그리스도 안에서 거듭나고 새 생명으로 살아났습니다. 이것이

우리의 새로운 신분입니다.

우리는 현재 예수 안에서 하늘에 앉아 있습니다. 우리는 이미 확실하게 하나님의 왕국 안에 들어가 있습니다. 우리는 비록 이 땅에 아직 살고 있지만, 사실상 주님이 다스리는 의의 나라 속에 들어간 하늘 시민입니다. 이것이 우리의 위치입니다. 우리의 새로운 신분과 위치를 아는 것이 크리스천 삶의 출발점입니다.

신자는 예수님과 함께 죄에 죽고 다시 살아났습니다. 그래서 신자는 과거처럼 죄의 영역에 머물지 않습니다.

> "이와 같이 너희도 너희 자신을 죄에 대하여는 죽은 자요 그리스도 예수 안에서 하나님께 대하여는 살아 있는 자로 여길지어다"(롬 6:11).

그리스도인은 "우리를 거스르고(against us) 불리하게 하는 법조문으로 쓴 증서"(2:14)에도 죽었습니다. 그리스도인은 모세법의 통제를 받지 않습니다. 신약의 그리스도인들은 성령의 법에 따라 삽니다. 우리는 율법주의자들과 경건주의자들이 만들어 내는 여러 규정에 복종하는 일에서도 죽었습니다. 우리는 "한때 쓰이고는 없어"(골 2:22)지는 것들의 통제를 받지 않습니다. 그 대신 우리는 성령의 인도를 받으면서 성령의 열매를 맺고 삽니다.

우리는 그리스도를 믿는 순간에 전적으로 은혜와 빛의 영역으로 옮겨졌다는 사실을 숙지해야 합니다(골 1:13). 그리스도 안에 있는 신자는 죄의 왕국과 영원히 관계가 끝났습니다. 국적과 신분이 바뀌었습니다. 신자는 예수 그리스도의 부활에 함께 참여하여 다시 일으킴을 받았습니다. 이제 신자는 하늘 왕국에 속한 백성입니다. 따라서 자신을 그리스도가 왕으로 계신 하늘 왕국에 더욱더 일치시켜야 합니다. 어떻게 일치시키는 것일까요? 이미 발생한 신분과 소속의 변화에 비추어 이 세상에서 하나님 나라를 위해 새 삶을 사는 것입니다. 이것은 그리스도 안으로 들어간 사람에게는 당연하고 논리적인 일입니다. 그래서 바울은 "항상 복종하여 두렵고 떨림으로 너희 구원을 이루라"(빌 2:12)고 하였습니다. 바울은 이어서 말합니다.

> "너희 안에서 행하시는 이는 하나님이시니 자기의 기쁘신 뜻을 위하여 너희에게 소원을 두고 행하게 하시나니"(빌 2:13).

한마디로, 주 예수를 믿는 신자들에게는 하나님을 기쁘게 해 드리고 충만한 삶을 사는데 아무 부족이 없다는 말씀입니다. 하나님께서는 우리가 경건하지도 않고 아무 일도 하지 않았을 때 아들을 보내시고 그를 대속주로 믿는 자들을 의롭다고 하시며 구원하셨습니다(롬 4:5). 구원을 위해 필요한 모든 것을 하나님께서 공급하셨습니다. 우리가 한 것은 아무것도 없습니다. 더구나 우리가 마땅히 죽었어야 할 죄인이었을 때, 그리스도께서 우리 대신 죽임을 당하셨습니다(롬 5:8). 그렇다면 무엇이 부족해서 세상의 초등학문을 따르며 거짓 구원을 판매하는 무리의 말을 들어야 하겠습니까? 우리는 금욕주의, 전통주의, 율법주의, 의식주의, 신비주의에서 비롯되는 "사람의 명령과 가르침"(2:22)으로부터 해방되었습니다. 그런 것들은 옛사람의 잔재로서 "조금도 유익이 없느니라"(2:23)고 했습니다.

교회에는 「예수 플러스(+)」 이론들이 항상 등장합니다. 이런 가르침이 전제하는 것은 예수님만으로 부족하다는 것입니다. 그래서 예수님 이외에 별도로 추가하는 것들이 많습니다. 말로는 그런 것들이 우리를 하나님께로 더 가까이 가게 하고, 하나님의 음성을 듣게 하며, 하나님을 더 사랑하게 한다고 합니다. 그래서 더욱 경건해지고 믿음이 깊어진다는 것입니다. 그러나 모두 거짓입니다. 예수님만으로 충분하다고 믿지 않기 때문에 새롭게 제시하는 영성 품목들은 복음이 아닙니다. 영지주의는 「예수 플러스 신령한 지식」을 제시하고, 율법주의는 「예수 플러스 할례」를 내세웁니다. 신비주의는 「예수 플러스 특별 체험」을 강조하고 금욕주의는 「예수 플러스 금식」을 선전합니다. 사이비 예언자는 「예수 플러스 직통 계시」를 말하고 의식주의는 「예수 플러스 절기 준수」를 요구합니다. 현대 교회에서 이런 것들에 해당하는 금지 사항이나 기타 요구 사항들이 어떤 것들인지 생각해 보십시오. 이것들은 기독교가 아니고 자의적으로 사람이 만든 인조품 종교입니다(2:20, 23).

우리는 여러 규정과 의식이나 영성 테크닉에 의해서 더 거룩해지거나 하나님과 더 가까워지지 않습니다. 우리에게 필요한 것은 예수께 직접 가는 것입니다. 예수님이 하나님과 우리 사이의 유일한 중보자이심을 기억하십시오. 예수님이 아버지 우편에서 세상 역사를 통치하시는 우주의 주권자이심을 기억하십시오(3:1). 예수님 안에 모든 충만이 넘칩니다(2:9-10). 예수님이 성령으로 우리를 인도하시면서 유업의 상을 받게 하시는 분임을 기억하십시오(3:24; 딤전 4:8).

우리는 그리스도와 함께 죽고 그리스도와 함께 살아났습니다. 우리 삶의 영역과 신분은 근본적으로 변경되었습니다. 우리는 주 예수를 믿을 때 성령을 받고 마음과 생각이 새로워집니다. 하나님을 배반하고 불순종했던 첫째 아담에게 속한 옛사람은 장사 되고 둘째 아담이신 그리스도께 속한 새사람이 됩니다. 그래서 우리는 하나님을 기쁘게 해 드리는 거룩한 삶을 살 수 있습니다. 율법주의, 금욕주의, 신비주의와 같은 종교적 전통들은 옛 삶에 속한 부분들입니다. 신령하게 들리는 율법적인 경건주의나 영성 테크닉들은 교회에 자주 침투합니다. 이것에 끌려들면 교회와 신자의 삶에서 복음 자체가 지닌 내재적인 능력을 체험하지 못하고 구원의 진리를 변색시키며 영적 전진이 중단됩니다. 머리를 붙잡지 않기 때문입니다. 그리스도 안에 있는 신자들은 영적 생활에 도움이 될 것 같은 세상 지혜에 의존할 필요가 없습니다. 그것은 잠시 황홀하게 하거나 깊은 영성을 주는 듯하여도 축복이 되지 않습니다. 그래서 바울은 우리가 땅의 것을 생각하지 말아야 한다고 권면하였습니다.

그리스도인의 삶의 방식은 위의 것을 찾는 것입니다.

"그러므로 너희가 그리스도와 함께 다시 살리심을 받았으면 위의 것을 찾으라 거기는 그리스도께서 하나님 우편에 앉아 계시느니라 위의 것을 생각하고 땅의 것을 생각하지 말라"(3:1-2).

이 말씀은 자신들이 선호하는 입장에 따라 아전인수격으로 해석하기 쉽습니다. 율법주의자들은 '위의 것'을 찾고 '위의 것을 생각하는 것'은 율법이 신령하므로 율법과 여러 규정을 가리킨다고 봅니다. 신비주의자들은 '위의 것'은 하나님과 직접적인 교제를 하는 신비 체험이라고 생각합니다. 의식주의자들은 '위의 것'은 거룩한 의식들을 말한다고 주장합니다. 이러한 해석은 이원론적인 사상에서 나왔습니다. 즉, 하늘에 속한 것은 신령하고 땅에 속한 것은 속되다는 것입니다. 고대 그리스 철학에서처럼 영은 선하고 물질은 악하다고 보면, 이 세상은 무시하고 내세의 영계만 중시하게 됩니다. 우리나라 교인들도 이원론적인 구분에 퍽 익숙해 있습니다. 예를 들면, 목회자가 되는 것은 평신도가 되는 것보다 더 신령하고 귀하다고 봅니다. 1일 금식을 하는 사람보다 40일 금식을 하는 신자를 더 영적인 사람으로 봅니다. 특별 계시를 받거나 예언을 한다고 하면 영적 레벨이 더 높은 것으로 봅니다. 이런 가치관은 전적으로 비(非) 복음적입니다.

본 절은 바울이 지금까지 말해 온 내용에 비추어 이해되어야 합니다. 바울은 골로새 교회를 위협하며 「예수 플러스(+)」 구원을 소개하는 세상의 초등학문의 오류를 지적하였습니다. 그는 그리스도인들은 주 예수의 죽음과 부활에 연합되었으므로 전혀 새로운 존재가 되었다고 했습니다. 그리스도 안에 있다는 것은 구원을 위해 필요한 모든 것이 공급되었음을 뜻합니다. 이제 바울은 신자들이 자신들을 어떻게 생각해야 하는지를 지적하고 그러한 새로운 관점에서 신자의 삶이란 어떤 것이어야 하는지를 진술하기 전에 "그러므로"(3:1)로 시작하는 원칙적인 결론을 내렸습니다.

다시 말해서, 그리스도와 함께 죽고 새 생명으로 살아난 신자들의 삶도 차원이 다른 영역의 삶이라는 것입니다. 이 삶은 '위의 것을 찾고 생각'하는 것에 기반을 둔 것입니다. 이 삶은 그리스도와 함께 다시 살아난 삶인데 새 삶입니다. 이 새 삶은 과거에는 없었던 것입니다. 신자의 새로운 신분과 위치에서만 성립되는 새로운 형태의 삶이기 때문입니다. 우리는 그리스도 안에 있는 우리의 새로운 정체성과 소속을 확지할 때 비로소 새 삶의 빛을 드러내게 됩니다. 크리스천의 옛사람은 죽었습니다. 그때는 죄가 나를 지배하였고 사탄이 나를 어둠에 가두었습니다. 그러나 이제는 더 이상 죄의 영역에 살지 않습니다. 나는 죄의 노예가 아닙니다. 죄와 사탄은 더는 신자에게 아무것도 요구할 권리가 없습니다. 사탄은 예수님의 십자가에서 패하였습니다. 우리는 주 예수의 부활 생명으로 살아났습니다.

바울이 여기서 말하는 요점은 주 예수는 우리의 칭의를 위해서도 충분할 뿐만 아니라, 우리의 칭의를 구현시키는 거룩한 삶, 곧 성화를 위해서도 충분하다는 것입니다. 그래서 하나님 우편에 앉아 계신 주 예수를 신뢰하라고 하였습니다. 주님은 온 우주의 주권자로서 통치하시기에 그에게 소속된 백성의 새 삶을 위한 일체의 능력을 공급하실 수 있습니다. 따라서 신자들은 '위의 것'을 구해야 합니다. 이것은 현 세상에서의 실천적인 삶은 무시하고 신비적이거나 신령한 것으로 여기는 초월적 경건을 추구하라는 말이 아닙니다.

바울의 강조점은 그리스도의 지상 사역을 통해서 우리에게 주어진 새로운 신분과 위치에 비추어 살아야 한다는 것입니다. 지금도 우리를 위해 하늘에서 중보하시는 주 예수의 거룩한 뜻을 생각하고 날마다 부활 생명의 새 삶을 사는 것이 신자의 도리입니다. 이것을 한 마디로 '위의 것'을 찾으라고 하였습니다. 이것은 지상의 삶과 상관없이 천상적인 것에만 마음을 집중하라는 말이 아닙니다. 이것은 이원론적인 사고입니다. 우리는 이 땅에서 태어났고 이 땅에서 구원을 받았습니다. 예수님은 하나님의 아들로서 이 세상에 오셨습니다. 예수님은 유대 땅 갈보리에서 십자가 처형을 우리 대신 받으셨습니다. 예수님은 이 땅에서 들려 승천하셨으며 다시 이 땅으로 내려오실 것입니다(행 2:11). 우리는 이 땅에서 그리스도의 부활 생명을 살기 위해 부름을 받았습니다. 그래서 먼저 생각할 것은 "그리스도께서 하나님 우편에 앉아 계신다"(3:1)는 것입니다. 이것은 예수님이 지상에서 죄인들을 위해서 행하신 일과 관계된 것입니다.

예수님이 우리를 위해서 행하신 일이 무엇입니까?

흑암의 권세에서 노예 생활을 하던 우리를 자신의 영역인 빛의 나라로 옮겨 주셨습니다(1:12). 예수님은 십자가 대속으로 우리 죄를 갚으셨습니다(1:13). 우리는 죄의 용서를 받고(2:13) 하나님과 화평하게 되었습니다(1:22). 우리는 그리스도와 연합되어 그와 함께 죽고(2:12, 20) 그와 함께 일으킴을 받았습니다(2:13; 3:1). 예수님과 연합된 자들은 예수님에게 사실인 것이 자신들에게도 사실이 됩니다. 예수님이 하나님 우편 보좌에 계시기에 우리도 주 안에서 하나님 우편에 앉아 있습니다(3:1; 엡 2:6).

우리는 죄에 죽었고 새 사람으로 다시 살아났습니다. 모든 죄를 용서받고 의롭다는 선언을 받은 하나님의 자녀들입니다. 이것은 우리에게 자체적인 노력이나 공로로 무슨 변화가 생긴 것이 아닙니다. 예수님에게 그 같은 변화가 왔으므로 그분이 이루신 모든 구원의 혜택이 우리에게 적용된 것입니다. 바울의 요점은 신자들이 예수님의 십자가와 부활과 승천에 연합되었기에 전혀 새로운 위치와 신분을 갖게 되었다는 것입니다. 이러한 의미에서 '위의 것'은 새 사람이 그리스도와 함께 머무는 곳이고 '땅의 것'은 죄악 된 옛 삶과 관계된 것입니다. 땅의 것을 생각하지 말아야 하는 까닭은 우리의 옛사람이 죽었기 때문입니다(3:3). '위의 것'은 영원하고 완전하며 거룩한 것들을 대변합니다. '위의 것'은 그리스도와 그의 왕국과 영광에 대한 것이지만 '땅의 것'은 죄악 된 옛 삶에 관계된 것입니다.

우리는 이 세상은 부패하고 다 없어질 것이니까 상관 말고 살다가 저 하늘나라로 가면 된다는 식으로 생각하지 말아야 합니다. 이것은 왜곡된 이원론적 세계관입니다. 이 세상은 주님이 다시 내려오시는 땅입니다. 신자는 이 세상에서 빛과 소금이 되어야 한다고 주님이 가르치셨습니다. 우리는 세상의 죄와 상관하지 말아야 하지만, 주 예수의 가르침을 지상에서 실천해야 합니다. 이것이 '위의 것'을 생각하고 사는 삶입니다. 이 땅은 회복되고 갱신될 것입니다(롬 8:19-22). 그때 하늘과 땅은 서로 만나게 되고 영원하신 하나님의 구원이 완성될 것입니다. 땅의 회복과 갱신은 단순히 인간의 죄로 훼손된 자연계가 복구되는 것 이상입니다. 이 땅은 주 예수의 왕국이 출범한 곳이며 하나님의 의가 거할 땅입니다. 죄악으로 물든 이 땅은 그리스도의 구속을 받은 신자들이 주 예수께로부터 오는 새 생명으로 위의 것에 속한 새 삶을 사는 곳입니다.

천상적인 것은 다른 것이 아니고 그리스도의 성품과 능력으로 우리가 받은 구원을 구현시키는 것입니다. 그래서 육에 속한 것들을 죽이고 거룩한 삶을 살아야 한다고 하였습니다(3:5). 땅의 것을 생각하는 것은 육에 속한 것들을 따르는 삶입니다. 위의 것을 찾는 것은 주 예수의 나라와 그 의를 먼저 구하는 삶입니다. 그리스도의 구원은 단순히 사후에 천국을 보장한다는 것으로 끝나지 않습니다. 우리는 구원을 받았으니까 그다음부터는 관습적인 교회 생활을 하면 된다고 여기지 말아야 합니다. 우리가 받은 구원은 이보다 훨씬 더 장엄하고 엄숙한 목표를 지니고 있습니다. 우리는 거듭난 이후부터는 이 세상에서 하나님을 기쁘게 해 드리는 새 삶을 드러내어야 할 소명을 받았습니다. 주의 나라를 위해 힘쓰는 성화의 삶으로 연결되는 것이 '위의 것'을 찾는 신앙생활입니다.

그런데 크리스천의 삶의 방식은 세상이 볼 때는 별 의미가 없습니다. 악한 세상에서 거룩한 삶을 살려고 하면 여러 가지 어려움을 겪습니다. 그래서 바울은 커다란 격려와 동기부여가 되는 말로 본 단원을 맺습니다.

> "이는 너희가 죽었고 너희 생명이 그리스도와 함께 감추어졌
> 음이라 우리 생명이신 그리스도께서 나타나실 그 때에 너희
> 도 그와 함께 영광 중에 나타나리라"(3:3-4).

크리스천이 어떻게 그리스도 안에서 죽고 다시 살아났으며 어떤 신분과 위치에 있는지는 세상 사람들의 눈에 가려져 있습니다. 하나님 백성의 진정한 실체는 주님의 영화로운 재림 때에 나타날 것입니다. 그래서 이 소망의 약속을 믿고 세상의 초등학문의 유혹을 밀어내며 우리의 영원한 생명이시며 머리되시는 주님과 함께 고난을 참고 담대하게 살아야 합니다. 언젠가 주님이 다시 오실 때 그에게 속

한 성도들은 온 세계가 바라볼 주 예수의 영광에 참여하게 될 것입니다.

26장

신앙생활의 원리는 무엇인가?
골로새서 3:1-6

"그러므로 너희가 그리스도와 함께 다시 살리심을 받았으면 위의 것을 찾으라 거기는 그리스도께서 하나님 우편에 앉아 계시느니라 위의 것을 생각하고 땅의 것을 생각하지 말라" (3:1-2).

초대 교회는 당시의 세속 철학과 이방 종교 및 유대교의 압력을 받고 있었습니다. 예를 들어, 고대 그리스 철학에서는 물질과 관련된 것은 악하며 영과 비교하면 열등하다고 보았습니다. 육체는 영을 가둔 감옥이므로 육체적인 즐거움을 추구하는 것은 저급한 일이었습니다. 그래서 몸을 통제하고 단련한다는 명분으로 금욕주의를 고차원의 영적 활동으로 간주하였습니다. 이들은 과도한 금식과 장시간의 기도를 강조하였고 유대교의 음식 규례와 혼합된 금기 식품들을 못 먹게 하였습니다.

현대 사회는 건강식품을 많이 선전합니다. 음식과 질병 관계에 대한 의학적 데이터가 항상 미디어에 소개됩니다. 그래서 일부에서는 모세 율법에 규정된 정한 음식과 부정한 음식을 의학적으로 규명해 보려고 시도합니다. 이것은 음식 규례를 하나님께서 건강을 위해 제정하신 영구적인 지침으로 오해하는 것입니다.

음식 규례는 하나의 실물 교재였습니다. 그래서 먹을 수 있는 음식과 먹지 말아야 할 음식의 분류 원칙도 다분히 인위적이었습니다. 이스라엘 백성이 음식을 가려먹음으로써 깨끗한 삶을 살아야 한다는 것을 가르치려는 것이 목적이었습니다. 구약의 음식 규례는 상징적이었습니다. 음식 자체가 깨끗하거나 부정한 것이 아닙니다. 그래서 율법이 분류한 부정한 음식은 이방인을 상징하였고, 정(淨)한 음식은 이스라엘을 상징하였습니다. 그래서 유대인이 이방인과 식탁 교제를 하는 것은 금지되었습니다. 베드로는 이방인인 고넬료 집에 갔을 때 이렇게 말했습니다.

"이르되 유대인으로서 이방인과 교제하며 가까이 하는 것이 위법인 줄은 너희도 알거니와 하나님께서 내게 지시하사 아무도 속되다 하거나 깨끗하지 않다 하지 말라 하시기로"(행 10:28).

그런데 골로새서 2장에 나오는 그릇된 가르침에 의하면, 일정 음식을 그 자체로써 부정하다고 보았고, 특정한 절기를 신성시하였습니다. 또한, 몸은 물질이고 낮은 것이므로 충만하고 초자연적인 영성으로 나아가는 길은 극기와 금욕이라고 주장하였습니다(골 2:16, 21, 23). 바울은 이런 것들은 땅에 속한 것이라고 하면서 하늘에 속한 진정한 영성의 길을 보여줍니다.

종교 생활과 믿음 생활의 차이를 구별하십시오.

'종교 생활'은 예수님을 구주로 믿지 않고서도 가능합니다. 종교 생활은 하나님의 뜻을 따르지 않고도 할 수 있습니다. 종교 생활은 외형적인 것입니다. 그래서 율법, 의식, 금욕, 도덕, 특정한 전통 등을 강조합니다. 종교 생활은 복음에 근거한 것이 아니고, 인간의 아이디어에서 나온 종교 활동입니다. 예를 들어, 골로새 종교 교사들은 모세법에 자신들의 종교 사상을 접목하여 하나님께 가까이 나아가게 한다는 영성 규례를 만들었습니다. 하나님의 말씀이라도 인간적인 욕구를 만족하게 하려고 오용될 수 있습니다. 그래서 거짓 경건을 일으키고 그릇된 예배를 드리게 합니다. 그들은 모세법의 성일과 음식 규례를 원래의 의도나 목적과 상관없이 자신들의 종교 규례로 차용하였습니다. 이에 대한 바울의 반응이 무엇이었습니까? 모세법이 그리스도 안에서 모두 성취되었음을 지적하였습니다.

> "이것들은 장래 일의 그림자이나 몸은 그리스도의 것이니라"(골 2:17).

여기서 '몸'이란 모세법이 바라보았던 '실체' 혹은 '원형'이라는 뜻입니다. 말을 바꾸면 모세법이 가리켰던 표적은 예수님이라는 것입니다. 모세법에서 날렸던 화살은 예수님의 과녁에 꽂힌 셈입니다. 따라서 모세법의 역할은 끝났다고 보아야 합니다. 모세법은 흔히 십계명으로 축약되지만, 사실은 약 2천 개의 규정들로 짜여 있습니다. 그러나 대부분은 상징적인 규정들입니다. 모세법이 다루는 영역은 주로 제사 제도와 이스라엘 공동체에 적용되는 시민법과 언약 백성의 삶의 방식에 대한 것들입니다. 모세법에서는 제사 제도를 비롯하여 음식 규례, 장막에 대한 규정, 의복과 위생에 대한 규례 및 농경법 등을 규정하였습니다. 시민법에 대한 것들마저도 도래하는 하나님 나라에서 완성될 것에 대한 희미한 그림자였습니다. 여러 절기와 축제도 하나님께서 그리스도를 통해서 진행할 미래의 구속 역사에 대한 밑그림이었습니다. 그림자나 밑그림은 그 자체로서는 아무것도 아닙니다. 실체인 예수님이 오신 후에는 그것들은 더 이상의 법적 효력이 없습니다. 모세법은 특별히 이스라엘을 위한 잠정법이었습니다. "그런즉 율법은 무엇이냐 범법하므로 더하여진 것이라 천사들을 통하여 한 중보자의 손으로 베푸신 것인데 약속하신 자손이 오시기까지 있을 것이라"(갈 3:19).

예수님이 오신 후에는 크리스천은 초등교사에 불과한 율법이나 사람의 전통이나 세상의 여러 종교적 이론 아래 있을 필요가 없습니다(갈 24-25; 골 2:8). 우리가 붙잡아야 하는 것은 상징이 대변했던 실체이며 머리이신 예수님 자신입니다(골 2:17, 19). 종교 생활은 이것저것을 하라고 하면서 규정에 따라 살 것을 요구합니다. 그런 종교적 규칙을 지키지 않으면 하나님을 순종하지 않거나 신앙생활을 잘못하는 것이라고 봅니다. 이러한 종교적 루울은 우리나라 교회에도 깊숙이 들어와 있습니다.

예를 들어, 아직도 술 담배에 대한 전통적 편견이 있습니다. 최근까지도 세례나 직분을 받을 때 '주초금지'를 서약하게 하였습니다. 기타를 들고 강단에 올라갈 수 없고 치마를 입지 않은 여성도들이 강단에 올라가는 것도 금하였습니다. 지금은 이런 것을 금하기에는 세상이 너무 달라졌습니다. 찬양 프로그램이 교회 성장에 큰 역할을 한다고 보기 때문에 어떤 악기든지 강단에서 연주할 수 있습니다.

　본인은 과거에 평신도로서 설교 통역을 자주 다녔습니다. 그런데 한 교회에 갔는데 넥타이를 매고 가지 않았다고 해서 담임 목사님으로부터 얼마나 야단을 맞았는지 모릅니다. 한여름이었는데 입고 간 난방을 벗고 체격이 크신 담임 목사님의 맞지 않는 양복을 빌려 입고 겨우 강단에 설 수 있었습니다. 물론 넥타이를 해야 했습니다!

　또 한 번은 서울의 한 대형 교회에서 예배를 보았는데 더워서 셔츠의 윗단추 하나를 열었다고 해서 안내원으로부터 주의를 받았습니다. 더워서 그런다고 했더니 거룩한 하나님의 종이 설교하시는데 그러면 안 된다고 했습니다. 80년대 초에 있었던 웃지 못할 실담입니다. 최근에는 미국의 어느 한인교회에 예배를 보러 갔습니다. 식사하는 중에 제가 목사라는 것을 알고는 앞에 앉은 분이 목사님이 되어서 남방을 입고 주일날 예배보는 것은 처음이라면서 좋지 않게 여겼습니다.

　어떤 목사님은 새벽 기도에 반드시 나와야 한다고 교인들을 강권하였습니다. 그 이유는 새벽기도에 나오면 하나님이 반드시 복을 주신다고 확신하기 때문이라고 강조했습니다. 어떤 유명한 성경 교사는 신자들은 골프를 쳐서도 안 되고 텔레비전을 보아서도 안 된다고 가르쳤습니다. 과거에는 물론 영화관에 가는 것을 교회에서 금한 적도 있었습니다. 안식일 예수 재림 교인들은 돼지고기를 먹지 않습니다. 예배도 반드시 토요일이라야 한다고 주장하며 문자적인 안식일 준수를 요구합니다. 어떤 성경 교사들은 신용 카드가 계시록에 나오는 짐승의 표라고 말합니다.

'종교 생활'은 복음의 핵심을 무시하고 자기들이 정한 규정과 문화적 생활 방식을 종교 규범으로 삼습니다. 우리나라 교회의 경우, 유교적 복장 방식이 신자들의 경건을 측정하는 한 외형적 표준이 되었습니다. 미국의 어떤 한인 교회에서 유학생이 샌들을 신고 예배에 들어왔다가 혼이 난 적이 있었습니다. 경건하지 않다는 것이었습니다. 미국 교회 목사님들 중에는 청바지나 다른 캐주얼을 입고 설교하는 분들도 있습니다. 영국 교회에서는 예배 후 다과 교제 시간에 담배를 피우는 신자들을 종종 볼 수 있습니다. 우리나라 교인들의 눈에 거슬리는 모습입니다. 사실 미국의 한인 교인 중에는 예배가 끝나자마자 밖으로 나가 사람이 잘 보지 않는 곳에서 담배를 피우기도 합니다. 특정한 날을 준수하고 특수한 방식의 기도나 묵상을 하는 것이 더 깊은 영성의 표지로 취급되기도 합니다. 그런데 우리가 언제까지 이런 식의 종교 생활을 해야 할까요? 반성할 일이라고 봅니다.

옷을 아무리 젊잖게 입었어도 그 옷이 가리고 있는 속마음이 더럽다면 무슨 소용이겠습니까? 아무리 주일 성수를 하고 새벽 기도에 충실하여도 바리새인적인 자기 의나 위선에 빠져 산다면 더 영적인 것이 무엇입니까? 금식을 자주 하고 교회 일에 땀 흘려 헌신하여도 선한 사마리아인의 사랑이 없다면 무엇이 유익합니까? 성경 읽기를 날마다 하고 성경을 열심히 베끼고 외워도 간단한 본문 하나 제대로 이해하지 못한다면 무슨 은혜가 된단 말입니까?

문화나 전통이나 특정 사상에 근거해서 무엇을 입고, 무엇을 먹고, 무엇을 행해야 한다는 것이 종교 생활의 루울이 되면 복음의 실체를 붙잡은 것이 아닙니다. 예수님 당시에는 손 씻지 않고 먹는 것을 죄악시하였습니다. 그들은 정하고 부정한 음식을 엄격하게 구별하였고 안식일에 대한 불필요한 규례들을 추가하였습니다. 그리고 이를 철저하게 지키는 것을 거룩한 영성이라고 자랑하였습니다. 예수님이 유대인들의 음식 규례에 대해 얼마나 노골적으로 응답하셨는지 상기해 보십시오.

> "예수께서 이르시되 너희도 이렇게 깨달음이 없느냐 무엇이든지 밖에서 들어가는 것이 능히 사람을 더럽게 하지 못함을 알지 못하느냐 이는 마음으로 들어가지 아니하고 배로 들어가 뒤로 나감이라 이러므로 모든 음식물을 깨끗하다 하시니라"(막 7:18-19).

바울도 말합니다.

> "이제는 너희가 하나님을 알 뿐 아니라 더욱이 하나님이 아신 바 되었거늘 어찌하여 다시 약하고 천박한 초등학문으로 돌아가서 다시 그들에게 종 노릇 하려 하느냐 너희가 날과 달과 절기와 해를 삼가 지키니 내가 너희를 위하여 수고한 것이 헛될까 두려워하노라"(갈 4:9-11).

> "누가 철학과 헛된 속임수로 너희를 사로잡을까 주의하라 이것은 사람의 전통과 세상의 초등학문을 따름이요 그리스도

를 따름이 아니니라"(골 2:8).

'종교 생활'은 실체를 붙잡지 않고 형식과 외형을 붙잡습니다. 종
교 생활은 예수님을 머리로 삼지 않고 인간의 표준과 선호(選好)를 내
세웁니다. 골로새 교회의 그릇된 가르침은 거짓된 종교 생활을 위한
것이었지, 하나님을 진리와 성령으로 섬기는 것이 아니었습니다. 이
런 인간의 명령과 가르침은 왔다가 때가 되면 사라집니다(골 2:22). 이
것들은 겉으로는 경건한 것 같지만, 육을 통제하지 못하기에 조금
도 유익이 없습니다(골 2:23). 이런 식의 종교 생활은 그리스도를 따르
는 것이 아닙니다((2:8). 왜 그럴까요? 외면적으로는 하나님을 잘 섬
기고 하나님께 가까이 나아가는 경건한 삶을 사는 것처럼 보일지 모
릅니다. 그러나 실상은 예수 그리스도를 하나님께로 가는 유일하고
충족한 길로 인정하지 않는 것입니다. 한 마디로 예수님만으로는 부
족하다는 것입니다. 그러나 예수님 이외에는 그 어떤 문화적 전통이
나 종교적 규범도 필요하지 않습니다. 그것들은 하나님과의 올바른
관계를 위해 방해가 될 뿐만 아니라 복음을 바르게 이해하지 못하게
하고 하나님의 진노를 일으킵니다. 예수님이 당시의 율법주의와 의
식주의 및 전통주의에 대해서 얼마나 호되게 꾸짖으셨는지를 생각
해 보십시오.

이제 바울은 그런 것들이 "조금도 유익이 없느니라"(2:23)고 결론
을 내리고 "그러므로 너희가 그리스도와 함께 다시 살리심을 받았으
면 위의 것을 찾으라"(골 3:1)고 하였습니다. 골로새서 3장 본문은 신
자의 올바른 신앙생활이 어디에 초점을 두어야 하는지를 진술한 것
입니다.

믿음 생활이 요구하는 것은 내면적인 것입니다.

골로새의 거짓 교사들은 복음의 핵심을 파악하지 못했기 때문에 「예수 + 엑스트라」의 종교를 만들었습니다. 엑스트라는 인간의 아이디어와 전통에 근거한 것들입니다. 예수님이 모든 충만의 총체입니다. 우리에게 필요한 모든 것은 예수님 이외에 아무것도 없습니다. 예수님 이외의 다른 어떤 것들도 우리를 온전히 구원하지 못합니다. 우리는 예수님의 말씀만 들으면 됩니다. 예수님이 우리에게 요구하시는 것은 형식이나 외형이 아니고, 우리의 속사람이며 주님의 생명에 근거한 새사람의 모습입니다. 이것이 "위의 것"(3:2)을 찾는 것입니다. 위의 것을 찾는 것은 영지주의자들이나 신비주의자들이 선전하는 비밀 지식이나 특별 의식을 통해서 하나님을 접촉하는 것이 아닙니다. 혹은 세상일에 전혀 상관하지 않고 내세의 삶만 바라보는 것도 아닙니다. '위의 것'은 하나님께서 자기 왕국을 세우기 위해서 행하시는 것들이며 이것에 자신을 일치시켜 사는 것을 말합니다.

그러므로 우리의 마음은 하나님께서 이 세상을 갱신하여 의가 거하는 새 하늘과 새 땅을 세우시는 일에 초점이 잡혀야 합니다. 이것은 외적이고 형식적이며 계율적인 종교 활동으로 되지 않습니다. 이것은 속마음의 문제이며 거듭난 사람으로서 보이는 구원의 실천적 자태입니다. 그럼 이 새로운 모습은 어떤 것입니까? 바울은 구체적으로 명령합니다.

> "그러므로 땅에 있는 지체를 죽이라 곧 음란과 부정과 사욕과 악한 정욕과 탐심이니 탐심은 우상숭배니라"(골 3:5).

땅에 있는 지체는 우리의 타락한 몸의 각 부분입니다. 우리 속에서 온갖 죄가 분출됩니다. 예수님의 말씀을 들어보십시오.

"또 이르시되 사람에게서 나오는 그것이 사람을 더럽게 하느니라 속에서 곧 사람의 마음에서 나오는 것은 악한 생각 곧 음란과 도둑질과 살인과 간음과 탐욕과 악독과 속임과 음탕과 질투와 비방과 교만과 우매함이니 이 모든 악한 것이 다 속에서 나와서 사람을 더럽게 하느니라"(막 7:20-23).

골로새의 거짓 교사들은 외형적이거나 신비적인 종교적 대안을 제시했지만, 그들은 인간의 마음속에서 솟아 나오는 죄를 막을 수 없었습니다. 그들은 인간을 씻기지 못합니다. 날마다 의식에 따라 손을 씻고 얼굴을 닦아도 양심을 깨끗하게 할 수 없습니다. 그들은 물질에 의해서 영이 오염되지 않도록 해야 한다면서 금욕주의를 가르쳤지만, 물질은 그 자체로서 악하지 않습니다.

그럼 왜 바울은 땅에 있는 지체를 죽이라고 했을까요? 몸이 악하기 때문입니까? 그렇다면 바울도 골로새의 종교 철학자들과 동일한 사상을 가졌다는 말이 됩니다. 바울의 말을 바로 파악할 필요가 있습니다. 음란, 사욕, 탐심 등은 우리 몸 안에서 나옵니다. 그렇다면 그 해결책도 인간의 속마음에서 출발해야 할 것입니다. 다시 말해서 마음이 변하지 않으면, 속에서 나오는 인간의 온갖 죄악들을 막을 수 없습니다. 법은 죄인들에게 형벌을 줄 수는 있지만, 죄인을 의롭게 만들 수는 없습니다. 법대로 죄인을 처리해도 세상은 여전히 범죄자들로 가득합니다.

개과천선(改過遷善)이라는 말도 있지만, 작심삼일(作心三日)이라는 말도 있습니다. 세상에 일반 도덕도 있고 종교마다 나름대로 윤리가 있습니다. 그러나 그 어떤 것도 인간의 내면을 바꿀 수 없습니다. 정치도 경제도 철학도 문화도 과학도 인간의 속사람을 변화시킬 수 없습니다. 대통령이 인간을 바꿀 수 없고, 경제학자가 사람을 변화시킬 수 없습니다. 사실상 그들 자신도 바뀌지 않습니다. 물론 정치나 경제로 환경이 개선되면, 빈곤으로 초래되는 인간의 비참한 삶은 상당히 완화될 수 있습니다. 그러나 인간의 내적 변화가 없으면 여러 형태의 죄악이 여전히 난무합니다. 근본적으로 속이 바뀌지 않으면 겉도 바뀌지 않는 법입니다. 겉이 바뀐 것 같아도 극히 부분적이고 외형적이며 오래 가지 않습니다.

그럼 성경의 대안은 무엇입니까? 예수님은 니고데모에게 위로부터 거듭나야 한다고 하셨습니다(요 3:5, 7). 거듭나는 것은 초자연적인 일입니다. 이것은 인간 자신에게는 마음속을 변화시킬 수 있는 자원이나 능력이 없음을 전제한 말씀입니다. 인간이 변해야 한다는 것은 누구나 동의할 수 있습니다. 그러나 어떻게 변할 수 있는지에 대한 여러 제안은 모두 실패하였습니다. 아무도 인간을 변화시키지 못합니다. 적어도 내면적으로 속사람을 변화시키는 것은 불가능하다는 것을 역사가 증명합니다. 아무리 존경받는 덕망 높은 성인군자(聖人君子)라도 초자연적인 거듭남으로 출발하지 않으면, 그들의 삶이 비록 깨끗하게 보여도 근본적인 변화가 온 것이 아닙니다. 모든 인간은 아담의 후손입니다. 아담의 본성을 가진 인간은 죄인으로 태어납니다. 따라서 인간은 아담의 후손으로 머무는 한, 근본적인 변화를 일으킬 수 없습니다.

우리가 만일 골로새서 3장 5절부터 4장 6절까지 나오는 도덕적 권면들을 초자연적인 거듭남을 전제하지 않고 본다면 아무 소용이 없습니다. 음란, 부정, 사욕, 정욕, 탐심, 분함, 노여움, 악의, 비방, 정직, 긍휼, 자비, 겸손, 온유, 오래 참음, 용서, 사랑, 평안, 감사, 복종 등은 일반 윤리에서도 다 말할 수 있는 것들입니다. 문제는 이런 것들이 나쁘거나 좋은 것임을 몰라서가 아닙니다. 옳고 그른 것을 아는 것과 실천하는 것은 별개의 문제입니다.

우리는 바울이 크리스천들에게 주는 성화의 비결을 알아야 합니다. 그는 여러 가지 윤리적 내용을 열거하기 전에 "그러므로"(3:5)라는 중요한 접속사를 사용하였습니다. 이것은 바울이 지금까지 해 온 말에 근거해서 명령하는 것입니다. 그래서 '그러므로'의 논지와 내용을 숙지하는 것이 거룩한 삶을 살 수 있는 받침대입니다. 그럼, 바울이 말한 '그러므로'의 강조점이 무엇입니까? 한 마디로 신자는 그리스도와 함께 죽고 그리스도와 함께 살아났다는 것입니다.

"너희가 세례로 그리스도와 함께 장사되고 또 죽은 자들 가운데서 그를 일으키신 하나님의 역사를 믿음으로 말미암아 그 안에서 함께 일으키심을 받았느니라"(골 2:12).

"그러므로 너희가 그리스도와 함께 다시 살리심을 받았으면 위의 것을 찾으라 거기는 그리스도께서 하나님 우편에 앉아 계시느니라"(골 3:1).

"너희가 세상의 초등학문에서 그리스도와 함께 죽었거든 어찌하여 세상에 사는 것과 같이 규례에 순종하느냐"(골 3:20).

기독교는 추상적인 이론이나 도덕주의 종교가 아닙니다. 복음은 하나님의 계시입니다. 인간의 머리에서 나온 것이 아닙니다. 그래서 복음은 인간의 문제 해결 방법과 완전히 다른 것을 제시합니다. 이 것이 무엇인지를 알지 못하면, 그리스도를 믿고 구원을 받았을지라 도 실천적인 신앙생활에서는 별다른 진보가 없고 미성숙한 단계에 머물게 됩니다. 그러나 거룩한 삶의 복음적 원리를 알면, 비록 우리 가 넘어지고 실수하여도 다시 일어나서 새롭게 주님 안에서 힘을 얻 습니다.

"주께 힘을 얻고 그 마음에 시온의 대로가 있는 자는 복이 있 나이다… 그들은 힘을 얻고 더 얻어 나아가 시온에서 하나님 앞에 각기 나타나리이다"(시 84:5, 7).

이제 그리스도와 함께 죽고, 장사되고, 다시 살아났다는 의미가 무엇인지 살피도록 하겠습니다.

첫째, 크리스천의 삶은 죽음에서 시작됩니다.
거듭난다는 것은 죽음을 거쳐서 다시 태어나는 것입니다. 왜 죽 음을 거쳐야 할까요? 인간은 마음이 부패한 죄인이기 때문입니다. 죄인으로 있는 한, 아무 선한 것이 나올 수 없습니다. 설령 도덕적이 고 이타적인 행위라도 하나님에게서 오는 구원을 확보하지 못합니다. 더구나 거룩하신 하나님의 눈으로 볼 때는 어떤 인간의 선행도 하나님의 영광의 표준에 닿을 수 없습니다. 그럼 어떻게 하나님께서 죄인을 받아주실 수 있겠습니까? 인간 편에서는 불가능합니다. 해결책은 하나님에게서 나와야 합니다. 이것이 복음입니다. 죄와 정죄와 사망에서 벗어날 수 없는 인간의 운명은 하나님의 사랑과 능력으로만 바뀔 수 있습니다. 이것은 인간의 행위와 전혀 무관합니다. 놀라운 것은 하나님께서 죄인의 행위와 상관없이 오직 그리스도를 신뢰하는 믿음을 가질 때 하나님의 자녀로 받아주신다는 사실입니다.

> "일을 아니할지라도 경건하지 아니한 자를 의롭다 하시는 이를 믿는 자에게는 그의 믿음을 의로 여기시나니"(롬 4:5).

내가 하나님 앞에서 칭찬을 받거나 인정을 받을 일을 전혀 한 것이 없어도 하나님께서는 주 예수님의 대속을 믿는 자는 의롭다고 하십니다. 어떻게 해서 의롭게 되는 것일까요? 예수님의 대속(代贖) 덕분에 나의 많은 죄가 깨끗하게 용서됩니다. 그래서 경건하지 않은 죄인이지만 하나님의 눈에 죄가 없는 자로 인정됩니다. 이것을 은혜 구원이라고 부릅니다. 쉽게 말하면 하나님께서 구원을 선물로 거저 주시는 것입니다. 주 예수를 믿으면 그 순간에 성령께서 나를 그리스도 안으로 데리고 가십니다(고전 12:13). 그래서 나의 죄가 그리스도의 의로 가려집니다. 예수님이 십자가에서 형벌을 당하셨을 때 나도 함께 죽었습니다. 내가 그리스도 안에 있기 때문입니다.

> "이와 같이 너희도 너희 자신을 죄에 대하여는 죽은 자요 그

리스도 예수 안에서 하나님께 대하여는 살아 있는 자로 여길 지어다"(롬 6:11).

둘째, 우리는 예수 그리스도를 구주로 믿음으로써 죄에 죽고 하나님께 대하여 살아납니다.

이것은 초자연적인 거듭남입니다. 우리는 그리스도 안에서 우리 죄에 대한 형벌을 받았습니다. 우리는 죄에 죽었습니다. 그럼 왜 다시 죄를 짓습니까? 왜 바울은 우리가 죄에 죽었으므로 다시 죄를 짓지 않는다고 말하지 않고, 죄를 벗어버리라고 했을까요? 우리는 그리스도 안에서 함께 죽고 함께 살아났다는 말을 원리적으로 이해해야 합니다.

• 우리가 그리스도와 함께 죽었다는 것은 위치의 변경을 의미합니다.

"그가 우리를 흑암의 권세에서 건져내사 그의 사랑의 아들의 나라로 옮기셨으니 그 아들 안에서 우리가 속량 곧 죄 사함을 얻었도다"(골 1:13-14).

우리는 과거에는 어둠의 세력인 사탄의 수중에서 살았습니다. 그러나 주 예수를 구주로 믿었을 때 주님의 빛의 왕국으로 이전되었습니다. 사탄의 왕국에서 그리스도의 왕국으로 이적(移籍)이 된 것입니다. 이 변화는 확정적인 것이라서 취소되지 않습니다.

출가외인(出嫁外人)이라는 말이 있습니다. 처녀가 시집을 가면 친정의 입장에서 볼 때 남과 같다는 말입니다. 사람이 주 예수를 대속주로 믿고 그리스도의 왕국으로 이적이 되면, 다시 어둠의 왕국으로 되돌아가지 않습니다. 그리스도께서 돌아가신 것은 우리의 죗값을 치른 사건임과 동시에 우리의 소속과 통치의 영역이 바뀐 것을 의미합니다. 과거에 나는 죄와 죽음의 영토에 살면서 사탄의 지배를 받았습니다. 그러나 이제는 의와 생명의 영토에 살면서 그리스도의 지배를 받습니다. 내가 죄에 죽었다는 말은 완전하게 되었다거나 혹은 절대로 죄를 더 지을 수 없다는 말이 아닙니다. 이것은 내가 죄가 다스리던 영역을 벗어났다는 뜻입니다. 나는 옛 주인의 사슬에서 풀려나서 새 주인의 은혜와 사랑 안에서 삽니다.

이것은 사탄과 하나님과의 관계에서 우리의 위치와 신분이 전혀 새롭게 변경되었다는 뜻입니다. 즉, 사탄을 섬겼던 과거의 위치에서 하나님을 섬기는 위치로 옮겨졌습니다. 나의 신분이 사탄의 종으로 있다가 하나님의 종으로 완전히 바뀐 것입니다. 나는 더 이상 사탄의 영역과 아무 상관이 없게 되었습니다. 국적이 바뀐 것과 같습니다.

내가 한국 사람으로서 서울에서 죽었는데 런던에서 영국 시민으로 다시 태어났다고 상상해 보십시오. 나는 국적이 바뀐 새 시민입니다. 그리스도를 믿어 다시 살아난 하나님 나라의 시민권 소유자입니다. 나는 죄의 왕국에서 태어났었는데 이제는 그리스도의 왕국에서 다시 태어났습니다.

• 그리스도와 함께 죽었다는 말은 옛사람이 죽은 것입니다.

옛사람은 아담 안에 있는 나의 인격체 전체를 가리킵니다. 이 사람은 더 이상 존재하지 않습니다. 나는 거듭나기 전에는 아담의 후손으로 태어난 죄인이었습니다. 아담에게 속한 나는 하나님을 위해서 살 수 없는 존재였습니다. 아담 안에 있던 나의 옛사람이 죽어야만 비로소 하나님을 기쁘게 해 드리는 새 삶을 살 수 있습니다. 그래서 하나님께서는 그리스도 안에서 나의 옛사람을 죽였습니다. 옛사람은 예수님의 십자가 사건이 단회적이었듯이, 단번에 완전히 죽고 장사되었습니다. 아담 안에 있었던 과거의 나는 모두 죽고 없어졌습니다. 교인이라면 이 점을 분명히 알아야 합니다.

구원은 나의 옛사람을 개선하거나 이것저것을 보완하는 것이 아닙니다. 신자 생활은 나의 도덕 생활을 업그레이드시키거나 관습적인 종교 활동으로 되는 것이 아닙니다. 물론 도덕도 있어야 하고 교회 활동도 필요합니다. 그러나 중요한 것은 내가 그리스도와 함께 죽었다는 의미를 확실하게 아는 것입니다. 하나님께서 그리스도를 통해서 행하신 일이 나에게 어떤 의미를 주며 어떻게 적용되는지를 확지하지 못하면, 크리스천으로서의 삶은 제대로 출발한 것이 아닙니다. 나의 옛사람은 죽었습니다. 그러나 여기서 끝나지 않습니다. 아담 안에 속한 나의 존재가 사라졌다는 것은 새 생명의 삶이 시작된다는 전조입니다.

"이는 너희가 죽었고 너희 생명이 그리스도와 함께 하나님
안에 감추어졌음이라"(골 3:3).

예수님은 십자가 죽임을 당하시고 장사 되었습니다. 그러나 사흘

만에 다시 살아나셨습니다. 이때 나도 그리스도와 함께 다시 살아났습니다. 나는 그리스도와 믿음으로 연합되었습니다. 그래서 예수님에게 일어난 일은 나에게도 사실로 일어난 일입니다. 예수님의 부활은 단순히 죽었던 사람이 다시 살아나서 그 전과 같은 사람으로 살게 되었다는 의미가 아닙니다. 예수님은 아담에 속한 죽음과 정죄와 사탄이 터치할 수 없는 영원한 새 생명의 영역으로 들어가셨습니다. 나도 마찬가지입니다. 나는 이제 죄와 사탄이 나를 영원히 붙들어 맬 수 없는 하나님의 왕국으로 옮겨졌습니다.

우리는 주 예수를 믿을 때 성령에 의해서 그리스도에게 연합됩니다. 그리스도는 이 세상에 대하여 돌아가셨습니다. 우리는 2천 년 전에 갈보리 십자가에 달린 적이 없습니다. 그러나 그리스도 안에서 함께 연합되었기에 그리스도와 함께 죽은 것으로 간주합니다. 우리는 전혀 딴사람이 되었습니다. 우리는 과거에는 사탄의 왕국에서 죄의 노예로 살았습니다. 그러나 이제는 하늘 보좌에서 다스리시는 구주 예수님으로부터 생명과 능력을 공급받습니다.

신자의 삶은 주 예수를 믿을 때 어떤 일이 일어났는지를 원리적으로 확실하게 깨닫지 못하면, 구원의 확신도 약하고 십자가 구원의 은혜도 깊이 느끼지 못합니다. 우리가 믿음으로 거듭날 때 성령에 의해 그리스도 안으로 들어가서 영적 신분과 위치의 변화가 생겼다는 것을 확지해야 합니다. 그리고 의롭다는 선언을 받고 하나님의 자녀가 되어 주 예수의 부활 생명으로 새롭게 살게 되었음을 날마다 명심하고 살아야 합니다. 이것이 승리하는 신자 생활의 기틀입니다. 이러한 기초적이고 교리적인 원리를 삶에 적용하는 것이 신앙생활입니다.

신자의 삶에 대한 성경의 가르침은 논리적입니다. 3장 1절이 "그러므로"로 시작되는 점을 주목하십시오. 바울은 2장에서 그리스도의 충만성을 지적하고 주 예수의 온전한 구원을 받았으면 주님만으로 만족하라고 가르쳤습니다. 세상의 초등학문에 속하는 의식이나 종교적 규정에 매이지 말라고 하였습니다. 유대교의 전통까지도 그림자에 불과하니 지킬 필요가 없다고 했습니다(2:16). 그래서 그런 것들은 "조금도 유익이 없느니라"(2:23)고 결론을 내렸습니다. 그다음 바울은 "그러므로"(3:1) 하나님 우편에 계신 그리스도를 찾으라고 권면하였습니다. 이어서 신자는 과거에 영적으로 죽었지만, 이제는 그리스도의 생명으로 살아났고 그리스도의 영광을 나누게 될 것이라고 하였습니다(3:3-4).

그다음 또 바울이 어떻게 말했습니까? "그러므로 땅에 있는 지체를 죽이라"(3:5)"고 명령하였습니다. "그러므로"는 바울이 신자들이 어떻게 살아야 하는지에 대한 교리적이고 논리적인 결론입니다. 신자 생활은 무조건 기도 많이 하고 교회 봉사 열심히 하는 것으로 다 되지 않습니다. 성경이 가르치는 "그러므로"(골 2:6, 16: 3:1, 5, 12)에 대한 논리적 호소의 내용을 알고 확신에 이르러야 합니다. 교회 전통에 따른 종교 행위는 무익합니다.

27장

땅에 있는 지체를 죽이라
골로새서 3:5-11

"그러므로 땅에 있는 지체를 죽이라 곧 음란과 부정과 사욕
과 악한 정욕과 탐심이니 탐심은 우상숭배니라"(3:5).

우리는 세상에서 몸을 지니고 삽니다. 몸은 인간에게 없어서는
안 될 요소입니다. 그런데 몸은 신자들에게는 별다른 의미가 있습니
다. 주 예수를 믿고 하나님의 자녀가 되었을 때 영적 신분과 위치에
본질적인 변화가 옵니다. 즉, 사탄에게 붙잡혀 살다가 하나님의 자
녀로 신분이 바뀌고 어둠의 영역에서 빛의 영역으로 옮겨집니다. 그
순간부터 신자는 주 예수의 가르침을 받고 주님의 모습을 닮아가는
새로운 삶을 살게 됩니다. 그런데 신자 생활에 방해가 되는 요소가
있습니다. 이것이 곧 우리의 몸입니다. 이제 몸의 문제가 무엇인지
살피도록 하겠습니다.

거듭난 신자는 옛사람과 새사람의 차이를 알아야 합니다.

바울은 신자의 새로운 신분을 설명하기 위해서 자아인 '나'와 '나의 몸'을 구별합니다.

> "너희가 서로 거짓말을 하지 말라 옛사람과 그 행위를 벗어
> 버리고 새사람을 입었으니 이는 자기를 창조하신 이의 형상
> 을 따라 지식에까지 새롭게 하심을 입은 자니라"(3:9-10).

나의 옛사람은 한때 '아담 안에' 있었던 '나' 전체의 인격체입니다. 이 옛사람은 그리스도와 내가 연합되었을 때 십자가에서 확실하게 죽었고 장사까지 치렀습니다. 그러나 나의 몸은 아직도 죄악으로 쏠리는 강한 성향을 지니고 있습니다. 그래서 내 몸은 죄가 나를 공격하고 이용하는 통로가 됩니다. 우리는 자신에게 이렇게 말해야 합니다.

「나의 타락한 옛사람은 죽고 없어졌다. 옛사람의 장례식은 끝났다. 나의 옛 자아가 떠났다면 그 행실도 떠나야 한다. 나는 이제 새사람이다. 그러므로 나는 내 몸의 나쁜 행실을 죽여야 한다.」

옛사람이 장사 된 뒤에는 옛사람의 처신 문제가 남아 있습니다. 이것이 곧 '땅에 있는 지체를 죽이라'(5절)는 말입니다. 바울은 본 항목에서 옛 삶의 특징적인 처신들을 염두에 두고 있습니다(5, 8, 9절).

이것들은 정욕과 악의와 속임의 삶으로서 옛사람의 잔재들입니다. 이것들을 벗어버리는 것은 새사람의 당연한 과업입니다.

미국에 이민을 왔다고 가정해 보십시오. 나는 더 이상 한국 땅에서 살지 않습니다. 나는 미국 시민권자가 되었습니다. 법의 눈에는 나는 한국 사람이 아닙니다. 나는 이제부터 미국 말을 배우고 미국 문화에 맞게 살아야 합니다. 나는 당당한 미국 시민으로서 투표권을 행사하며 미국 법에 따라 삽니다. 이처럼 우리는 그리스도 안에서 이미 국적도 바뀌고 생활 문화도 달라졌으므로 새로운 피조물입니다. 그래서 이미 발생한 새 창조의 실체를 삶에서 드러내어야 합니다. 신자의 삶은 단순히 자신의 옛 삶을 조정하거나 몇 가지 고치거나 혹은 약간의 종교적인 측면들을 보충하면 되는 것이 아닙니다. 과거의 자아를 개선하거나 수정해야 한다고 생각하지 마십시오. 과거의 자아는 이제 중지되고 사라졌습니다. 우리는 이제 전혀 새로운 영역에 속한 새사람이 되었습니다. 그러므로 우리 몸을 통로로 삼고 들락거리는 습관적이고 성가신 죄들을 차단하고 제거해야 합니다.

나의 육체는 부활을 기다립니다. 그래서 나의 몸이 변화될 때까지는 죄의 유혹에 노출되어 있습니다. 그러므로 바울은 "땅에 있는 지체를 죽이라"고 하였습니다. 우리가 죽여야 하는 것은 옛사람이 아닙니다. 옛사람은 이미 죽었습니다. 죽은 자를 다시 죽일 필요가 없습니다. 바울이 죽이라는 것은 '땅에 있는 지체'입니다. '지체'는 죄가 발판으로 사용하는 내 몸에 속한 여러 측면으로서 죄에 편중되는 성향과 기질 등이 포함됩니다. 어떤 이들은 눈으로 보는 것에 약하고 또 어떤 이들은 손으로 만지는 것에 약합니다. 그래서 예수님은 "만일 네 오른눈이 너로 실족하게 하거든 빼어 버리라… 또한 만일 네 오른손이 너로 실족하게 하거든 찍어 내버리라"(마 5:29-30)고 하셨습니다.

'땅에 있다'는 것은 우리의 지체가 타락한 세상의 죄악 된 방식에 기우는 경향이 있음을 말합니다. 바울은 다섯 개의 실례를 듭니다. 즉, 음란, 부정, 사욕, 정욕, 탐심입니다. 우리는 이런 죄들의 의미를 일일이 분석하지 않아도 됩니다. 우리는 이런 죄들이 하나님을 기쁘게 해 드리지 않는다는 것을 압니다. 신자들은 주 예수를 믿는 순간에 성령의 내주를 받습니다(롬 8:9). 그래서 "육체의 일은 분명"(갈 5:19)하다고 했습니다. 율법이 없어도 성령을 가진 신자들은 육체에 속한 일들을 쉽게 분별합니다. 우리에게 중요한 것은 이런 죄들을 왜 피해야 하고 어떻게 피할 수 있는지를 원리적으로 먼저 아는 것입니다. 이것이 바울이 골로새서에서 지금까지 해 온 일입니다.

바울의 요점은 우리가 그리스도 안에서 다시 태어났다는 것입니다. 그래서 사탄이 지배하던 죄와 죽음의 영역에서 우리가 구출되었으므로 이제는 다시 옛 시대의 방식대로 살아서는 안 된다는 것입니다. 우리는 예수 그리스도의 왕국 시민이 되었고 새 주인의 통치와 보호를 받습니다. 그러므로 우리가 받은 새로운 신분에 걸맞은 모습을 드러내라는 것입니다. 이것이 위의 것을 찾는 것이며 땅에 있는 지체를 죽이는 것입니다.

그런데 상당히 많은 교인이 땅에 속한 몸의 행실을 죽이는 문제로 적지 않은 오해와 갈등을 겪습니다. 주 예수를 믿고 은혜 구원을 받은 신자라면, 누구나 거룩한 삶을 살고 싶은 마음이 있습니다. 그래서 성경의 가르침에 따라 살아 보려고 시도합니다. 하지만 자주 실패하기에 좌절합니다. 자신의 특정한 필요가 너무 강할 때 유혹에 넘어가고 죄를 범하는 일이 잦습니다. 자신에게 죄를 이길 힘이 없다는 사실을 발견하면 포기하고 적당한 선에서 그칩니다. 이런 상황에서는 자신의 삶에서 하나님의 능력을 체험하거나 하나님의 임재를 잘 느낄 수 없습니다. 자신이 구원을 받았다는 확신도 줄어듭니다. 이럴 때 잘 쓰는 말이 우리에게는 죄성이 있다는 것입니다. 그래서 죄를 안 지을 수가 없다고 푸념합니다.

예수의 피로써 대속 된 교인들에게도 '죄악 된 본성'이 있다면 타고난 것이기 때문에 어떻게 할 수 없지 않으냐는 것입니다. 그래서 교인들은 죄악 된 본성 앞에서 조만간 '오호라 나는 곤고한 자로다'라고 고백하게 된다는 것입니다. 태어나면서부터 죄에 쏠리는 성향을 가졌다면 죄는 불가피한 것이 됩니다. 그래서 우리가 죄를 짓지 않도록 노력해야 하지만, 결국은 지는 게임이니까 예수님의 재림을 기다리는 수밖에 없다고 자조합니다.

신자의 삶은 승리보다는 패배가 더 많은 것이 정상일까요? 죄를 이겼기 때문에 기쁘기보다는, 죄에 빠졌기 때문에 괴로운 날이 더 많은 것이 구원받은 성도의 어쩔 수 없는 운명일까요? 많은 교인이 이 핑계 저 핑계 대다가 나중에는 우리 속에 있는 죄성 때문에 안 된다고 넋두리합니다. 이렇게 생각하면 거룩한 삶에 대한 자세가 느슨해지고 힘써 경건하게 살려고 하지 않습니다 이것이 과연 성경의 가르침이며 초대 교회 교인들의 변명이었을까요? 우리는 이 문제를 정리하기 위해서 죄성의 문제를 살펴보아야 합니다.

크리스천들에게 '죄악 된 본성'(sinful nature)이 있을까요?

'죄악 된 본성' 혹은 줄여서 '죄성'이라는 말은 어떤 의미로 사용하는지에 따라 문맥이 달라집니다. 대체로 죄성, 옛사람, 타락한 본성, 육, 육신, 옛 자아 등의 용어를 섞어서 쓰기 때문에 혼란이 빚어집니다. '죄악 된 본성'이라는 말은 사람에 따라 대체로 두 가지 의미로 사용하는 듯합니다.

첫째, '죄악 된 본성'(죄성)을 '아담 안에 있었던 타락한 자아'라는 의미로 사용하는 것입니다. 이 경우에는 크리스천에게 죄악 된 본성이 있느냐는 질문에는 '아니오'라고 답해야 합니다. 그 이유는 다음과 같습니다.

크리스천은 예수님과 함께 십자가에서 죽었을 때 아담 안에 있었던 과거의 자아에 대해 죽었습니다. 그리고 타락한 첫째 아담으로부터 해방되어 둘째 아담 혹은 마지막 아담으로 불리는 예수 그리스도 안으로 옮겨졌습니다. 나의 옛 자아는 아담을 떠났을 때 끝났습니다. 그러므로 구원받은 교인은 아담 안에 있었던 죄악 된 본성과 아무런 상관이 없습니다. '아담 안에 있다'는 것은 죄와 정죄와 사망 아래에서 사탄의 압제를 받는 존재 양식을 가리킵니다. 이러한 아담적 존재의 영역과 위치는 신자들에게는 영원히 끝났습니다. 다시 말해서, 그리스도 안으로 옮겨왔기 때문에 과거의 삶의 방식과 관계가 끊어진 새사람이 되었습니다.

'새사람'이 되었다는 말은 도덕적으로 사람이 좋아졌다는 일반적인 의미가 아니고 관계적인 면에서 위치가 달라졌다는 뜻입니다. 이

전에는 사탄의 영역에서 사탄을 섬기는 죄악 된 사람으로 살았지만, 이제는 예수 그리스도의 영역으로 옮겨와서 그리스도를 섬기게 되었다는 말입니다. 그래서 지금부터는 전혀 새로운 위치에서 하나님의 뜻에 따라 예수 그리스도를 닮아갈 수 있게 되었음을 말합니다(골 3:10).

크리스천은 아담적인 삶의 형태와는 절연되었기에 다시 옛 주인에게로 돌아가는 일이 없습니다. 따라서 아담적인 '죄성'이 신자들에게 있다는 것은 틀린 말입니다. 우리는 아담 안에 있지 않고, 그리스도 안에 있습니다. 아담 안에 있었던 자아는 없어졌습니다. 이 옛사람은 더 이상 존재하지 않습니다. 예수님이 십자가 죽임을 당하셨을 때 아담에 속했던 나의 타락한 옛 자아도 함께 죽고 장사 되었습니다. 그리고 예수님이 부활하셨을 때 나도 그리스도의 새 생명으로 다시 살아났습니다. 나는 전적으로 새사람입니다.

둘째, '죄악 된 본성'을 내 속에 아직도 남아 있으면서 나를 아래로 잡아끄는 어떤 성향이라는 의미로 사용하는 것입니다. 이 경우라면, 신자에게 죄성이 있느냐는 질문에 '그렇다'고 답할 수 있습니다. 그 이유는 다음과 같습니다.

그리스도를 믿고 구원을 받은 사람은 아담 안에 있었던 때의 죄와 사망과 사탄의 통제 영역을 벗어났습니다. 이것은 신자가 전혀 죄를 짓지 않거나 죽지 않거나 혹은 사탄의 마수가 도무지 닿을 수 없게 되었다는 의미는 아닙니다. 우리는 그리스도 안에서 아담적인 것에 일체 죽었다는 말을 위치와 영역과 소속의 변화로 이해해야 합니다. 이것은 그리 쉬운 개념이 아니므로 상황적으로 보지 말고 원리적으로 이해해야 합니다. 상황적으로 보면 혼란과 여러 가지 회의가 일어납니다.

예를 들어, 내가 죄에 죽었다고 했는데 어떻게 죄에 빠질 수 있단 말입니까? 나는 사탄의 영역에서 벗어났다고 했는데 왜 사탄의 방해를 받습니까? 등등의 질문이 일어납니다.

우리는 죄와 죽음과 사탄으로부터 해방된 것을 우리의 전체적인 위치와 신분의 변화로 보아야 합니다. 신자도 유혹을 받고 죄를 짓습니다. 그러나 예수 그리스도를 믿기 전과 신자가 된 이후의 삶은 근본적으로 다르다는 것을 알아야 합니다. 주 예수를 믿기 전에 나는 아담 안에 있었습니다. 그때는 죄의 노예가 되어 죄를 섬겼습니다. 악한 사탄을 주인으로 모셨으므로 사탄의 전적인 통제를 받았습니다. 나는 그때 사탄이 왕으로 다스리는 영토의 시민이었습니다. 그래서 죄악 된 삶을 사는 것이 나의 신분과 위치에서 자연스러웠습니다.

그러나 교인이 된 이후에는 비록 죄를 짓고 유혹을 받아도, 죄가 나를 전적으로 통제하지 못합니다. 사탄은 나를 과거처럼 자신의 노예로 마음대로 부릴 수 없습니다. 사탄은 예수님의 십자가와 부활로 패배했기 때문에 예수님과 연합된 주의 백성을 좌지우지할 수 없습니다. 그리스도의 피로써 구원받은 교인에게는 성령의 능력이 있고 진리의 복음이 있습니다. 그래서 아무리 탈선을 하고 큰 죄에 빠져도 주 예수의 십자가 복음을 전적으로 부인하거나 예수님을 주님이 아니라고 완전히 부정하면서 사탄의 영역으로 돌아가지 않습니다.

신자는 어둠의 왕국에서 빛과 진리의 왕국으로 전입되었습니다.

신자는 거듭났기에 성령의 내주를 받으며 썩지 않는 하나님의 말씀을 가지고 있습니다(벧전 1:23; 3:9). 신자도 때로는 죄를 짓습니다. 그러나 죄가 우리를 완전히 정복할 수 없습니다. 사탄은 우리의 양심을 파묻고 주 예수에 대한 구원의 믿음을 제거할 만큼 강하지 않습니다. 사탄은 패전 장군입니다. 그는 아직 살아 있기에 우리를 괴롭힐 수 있지만, 우리를 완전히 자기 수중에 넣을 수 없습니다. 신자는 더는 어둠의 왕국인 죄의 영역에서 살지 않습니다. 그래서 과거처럼 사탄의 전적인 통제와 지배를 받으면서 죄에 종노릇하지 않습니다. 우리는 승리의 주님이 왕으로 계신 하나님 나라에 영원히 편입되었기 때문입니다.

그러므로 크리스천에게 '죄악 된 본성'이 있다는 것은 아담 속에 있는 과거의 나의 존재 양식이 그대로 존속한다는 의미가 되어서는 안 됩니다. 아담 속에 있던 우리에게 전격적인 변화가 왔습니다. 크리스천은 더 이상 아담 안에 있지 않습니다. 그러나 '죄악 된 본성'이라는 말을 신자가 되었어도 육의 영향을 받는다는 의미로 사용한다면 옳습니다. 하지만 되도록 '본성'이라는 말을 피하는 것이 좋다고 생각합니다. 일반적으로 '본성'이라고 하면 인간의 본질적인 요소를 뜻하기 때문에 불가항력적이라는 뉘앙스를 줍니다. 이렇게 되면 구원을 받았어도 죄에 관한 한, 어쩔 수 없다는 비관적 자세를 갖게 됩니다. 이것은 신자가 아담에게 속한 모든 것에 죽었다는 사실을 부정하는 셈이 됩니다. '본성'(nature)이라고 말하면 아담적인 존재 양식이 아직도 신자들 속에 그대로 이양된 것 같은 오해를 일으킵니다. 개역 성경에는 죄악 된 본성(sinful nature) 대신에 육 혹은 육신이라고 옮겼는데 이것이 더 나은 번역입니다.

'육'(肉)'은 무엇일까요?

성경에서 다음 몇 가지 의미로 사용되었습니다.

첫째, 신체를 가리킵니다. 바울은 골로새 지역의 성도들이 그를 대면해서 만나보지 못한 것을 "무릇 내 육신의 얼굴을 보지 못한 자들"(골 2:1)이라고 했습니다.

둘째, 인간의 연약성을 가리킵니다. 예수님이 약한 인간으로 태어나신 것을 "말씀이 육신이 되었다"(요 1:14)고 했습니다. 히브리서에서도 예수님이 "혈과 육"(히 2:14)을 지니신 인간이었다고 증언합니다(참조. 롬 1:3; 고전 10:18). 제자들이 겟세마네 동산에서 피곤하여 잠들었을 때 예수님은 "마음에는 원이로되 육신이 약하도다"(막 14: 38)라고 하셨습니다.

셋째, 인간의 죄악 된 측면을 가리킵니다.

"형제들아 너희가 자유를 위하여 부르심을 입었으나 그러나
그 자유로 육체의 기회를 삼지 말고…"(갈 5:13).

이런 의미의 '육체'는 '육체의 욕심'(갈 5:16; 엡 2:3), '육체의 소욕'(갈 5:17), '육체의 일'(갈 5:19)이라는 표현에서 보듯이, 인간의 죄악 된 습성과 성향을 시사합니다. 그래서 '육신의 생각'(롬 8:6)은 사망이며 '

하나님과 원수'(롬 8:7)가 된다고 하였습니다.

바울이 골로새 본문에서 다루는 '육'(肉)은 인간의 본성도 아니고, 회심 이전의 '나'도 아닙니다. 육은 타락의 영향권 아래 있는 우리 몸입니다. 그래서 이 몸은 아직도 죄가 활동하는 곳이기 때문에 '죄의 몸'(롬 6:6)이라고도 합니다. 신자들은 내 몸을 발판으로 삼고 내몸 안에서 나를 아래로 잡아당기는 세력과 대결 상태에 있습니다. 그러나 이것은 내가 육에게 전적인 조종을 받으며 지배를 받았던 과거의 아담적인 삶은 아닙니다. 바울은 이 양면적인 측면을 마치 두 개의 자아가 있는 듯이 진술합니다.

> "내가 그리스도와 함께 십자가에 못 박혔나니 그런즉 이제는 내가 사는 것이 아니요 오직 내 안에 그리스도께서 사시는 것이라 이제 내가 육체 가운데 사는 것은 나를 사랑하사 나를 위하여 자기 자신을 버리신 하나님의 아들을 믿는 믿음 안에서 사는 것이라"(갈 2:20).

바울은 자신이 그리스도와 함께 십자가에 못 박혔다고 하고서 자기 안에 계신 그리스도로 인해서 산다고 했습니다. 바울의 말은 모순처럼 들립니다. 그 의미는 이런 것입니다. 죽은 자아는 아담 안에 속한 옛사람이고, 살아난 자아는 새사람이라는 뜻입니다. 이 새사람은 옛사람과 같지 않습니다(갈 2:19-20). 옛사람은 그리스도의 십자가 죽음 안에서 완전히 죽고 장사 되었습니다. 그러나 예수님의 부활로 다시 살아난 '나'는 전혀 새로운 존재 양식으로 거듭난 새사람입니다.

그런데 이 새로운 삶의 형태를 말하면서 바울은 "육체 가운데" 산다고 덧붙였습니다. 그리스도를 믿고 구원을 받은 신자는 위치와 영역의 관점에서 보면, 죄와 사탄의 영역을 벗어나서 그리스도와 함께 하늘에 앉아 있습니다(엡 2:6). 그러나 현실적으로는 신자가 사는 곳은 이 세상입니다. 신자의 몸은 아직 구속을 받지 않았기 때문입니다.

우리는 구원을 받은 이후에도 몸의 구속을 기다립니다(롬 8:23). 만약 현재의 몸이 새 몸으로 부활한다면, 죄가 전혀 우리 속으로 들어올 수 없을 것입니다. 그러나 우리 몸은 아직도 땅에 속하였으며 지상적인 측면을 가지고 있습니다. 그러니까 '나'라는 인격체 속에 '육'이라고 부르는 타락한 측면이 남아 있어 이것이 우리로 하여금 '위의 것'을 생각하지 않고 '땅의 것'을 생각하도록 아래로 잡아당깁니다.

육은 나의 옛사람의 잔재와 성향입니다. 우리는 타락한 첫째 아담에게 속했던 옛사람을 장사지냈지만, 옛 자아의 악습과 함께 죄를 짓고 싶은 성향에서는 완전히 벗어난 것이 아닙니다. 우리에게 구속 받지 못한 몸이 있기 때문입니다. 그러나 알아야 할 것은 거듭난 신자는 이 육의 통제 아래에서 이리저리 노예처럼 끌려다니지는 않습니다. 구원받은 신자는 어둠의 세력이 다시 압도적으로 주인 노릇을 할 수 없는 전혀 다른 영역인 그리스도의 나라로 이전하여 살고 있기 때문입니다.

우리는 거듭난 이후부터는 타락한 첫째 아담에게 속한 자들이 아닙니다. 그래서 더는 죄와 사망과 사탄에게 지배되는 삶을 살지 않습니다. 우리는 그리스도의 은혜의 왕국 안에서 삽니다. 나는 죄에 죽었습니다. 내가 죄를 전혀 지을 수 없다는 말이 아니라, 어둠의 왕국에서 풀려났으므로 사탄과 죄의 속박에서 종살이하지 않는다는 뜻입니다. 나는 그리스도와 함께 다시 살아났습니다. 그래서 죽음이 닿을 수 없는 부활 생명의 영역에 있습니다. 나는 그리스도와 함께 하늘에 앉아 있는 새사람입니다(엡 2:6). 이 새사람은 그리스도의 십자가 피로써 모든 죄를 용서받고 의롭다는 선언을 받은 하나님의 자녀입니다. 하나님의 눈에는 우리는 예수님처럼 타락하지 않았고 죄가 없습니다. 그리스도의 의로 가려지고 덮였으므로 하나님께서는 우리를 전혀 죄가 없는 사람들로 보십니다. 그런데 우리의 구원은 신분적으로 보면 다 이루어졌지만, 아직도 구속을 받아야 할 부분이 남아 있습니다. 이것이 우리의 몸입니다. 문제는 이 몸이 연약하여서 죄에 노출되고 때때로 넘어지기도 합니다. 그럼 성경은 이 문제를 어떻게 다루고 있을까요? 한마디로 땅에 있는 지체를 죽이라는 것입니다(3:5).

육신이 연약하므로 죄를 막을 수 없다고 넋두리하거나 핑계하지 말아야 합니다. "그러므로"의 내용이 무엇이었는지를 상기해 보십시오. 바울은 세 가지로 나누어 말했습니다.

• 우리는 그리스도와 함께 죽고, 함께 살아났습니다(3:1).
• 우리는 죽음의 영역에서 생명의 영역으로 옮겨졌습니다(3:3).
• "우리 생명이신 그리스도께서 나타나실 그때에 너희도 그와 함께 영광 중에 나타나리라"(3:4).
이것이 우리가 거룩한 삶을 살려고 할 때 반드시 기억해야 할 사항입니다. 우리는 죄를 죽이려고 하기 전에 먼저 자신의 달라진 신분과 위치를 알아야 합니다. 우리가 어디에서 살다가 어디로 이주했는지를 명지해야 합니다. 자신이 과거에 속했던 나라와 현재에 소속된 새 나라 사이의 차이와 그것이 함축하고 있는 의미를 명심해야 합니다. 다시 말해서, 새 삶의 영역으로 옮겨진 자신의 새 신분에 비추어 살아야 한다는 성경의 논리적 설득을 들어야 합니다. "…항상 복종하여 두렵고 떨림으로 너희 구원을 이루라"(빌 2:12)고 했습니다. "너희 구원을 이루라"는 말은 구원이 우리 손에 달렸다는 뜻이 아니고, 이미 받은 구원을 실생활에서 드러내라는 것입니다.

"너희가 전에는 어둠이더니 이제는 주 안에서 빛이라 빛의
자녀들처럼 행하라"(엡 5:8).

"너희도 전에 그 가운데 살 때에는 그 가운데서 행하였으나
이제는 너희가 이 모든 것을 벗어 버리라…"(골 3:7-8).

우리의 과거의 영적 위치와 현재의 영적 위치를 대조하며 상기시키는 까닭이 무엇입니까? 크리스천의 현재의 삶이 어떠해야 하는 것은 과거의 비참했던 형편에 비추어 볼 때 그 당위성이 성립되기 때문입니다. 우리는 전에는 영적으로 어둠에 갇혀 있었습니다. 그러나 이제는 그리스도 안에 있는 빛의 자녀들입니다. 따라서 아직도 어둠에 속한 사람처럼 행동하지 말고, 빛에 속한 하나님의 자녀로 살아야 한다는 것입니다. 나의 옛사람은 그리스도와 함께 죽었습니다. 내가 출생 때부터 가졌던 아담과의 연합은 절단되었습니다. 그래서

땅에 있는 지체를 죽이라는 말이나, 벗어 버리라는 말은 옛사람의 특성에 해당하는 죄들과 단절하라는 뜻입니다. 다시 말해서 죽은 옛사람의 흉내를 내거나 옛사람이 아직도 살아서 존재하는 것처럼 처신하지 말라는 것입니다. 크리스천은 어떤 사람입니까? 자신이 주 예수를 믿었을 때 어떤 일이 일어났었는지를 알고 그에 따라 새 삶을 사는 자입니다(골 3:9-10).

과거의 어둠에서 해방되어 빛의 나라 속으로 들어갔다는 사실이 확실하다면, 자신의 신분에 맞지 않는 일을 하는 것이 자기모순이라는 것을 알고 삼가게 될 것입니다. 물론 알아도 유혹에 넘어갈 수 있습니다. 그래서 자신의 새로운 신분을 거듭 확인해야 합니다. 우리는 죄와 죽음이 다스리던 사탄의 나라에서 의와 생명이 다스리는 주 예수의 나라로 옮겨졌습니다. 그런데 이 놀라운 구출이 단순한 믿음에 의한 것이기에 하나님께 대한 감사와 찬양을 자아내게 합니다.

또한, 내가 예수 그리스도와의 연합으로 죄에 죽고 주님의 부활 생명을 받아 누린다는 사실을 확신한다면, 부활 생명을 실제로 구현하는 크리스천의 새 삶을 기뻐할 것입니다. 말할 나위 없이 거룩한 삶을 위한 가장 큰 동기부여는 우리가 받은 구원 자체입니다. 십자가가 함축하는 구원의 의미를 깨닫는다면 주님을 위해 살려고 할 것입니다. 이것은 우리가 받은 구원에 대한 원리적이고 논리적인 당연성에서 나온 결론입니다. 우리는 이 시점에서 십자가의 동기부여가 주님을 섬기기 위한 충분 타당한 근거라고 말할 수 있습니다.

그럼에도 우리는 더 많은 격려가 필요한 나약한 존재들입니다. 그래서 자비하신 하나님께서는 우리의 연약함을 동정하셔서 부가적인 동기부여를 주십니다. 그중의 하나가 하나님의 진노입니다(6절). 진노는 부정적인 동기부여입니다. 우리는 십자가의 사랑을 믿으면 다 된다고 말할지 모릅니다. 원칙적으로 그래야 합니다. 그러나 만일 지옥이 없다면 거룩한 삶에 그다지 마음을 쓰지 않을 것입니다. 또 죄에 대한 형벌이 없다면 누가 구태여 선을 위해 자신을 희생할 것 같습니까? 지옥의 형벌이 무서워서 예수를 믿는다고 하면 그다지 영적으로 들리지 않을지 모릅니다. 물론 예수님의 십자가만 믿고 감사하는 마음에서 하나님을 사랑하는 삶을 사는 것이 가장 바람직합니다. 하지만 성경에는 십자가만 있는 것이 아니고 지옥과 하나님의 진노에 대한 경고도 많습니다.

만일 이런 것들이 부정적인 동기부여라서 나쁘고 불필요했다면 성경에서 아예 언급하지 않았을 것입니다. 구약에서 율법을 주신 목적의 하나는 이스라엘 백성이 형벌의 두려움 때문에 율법을 지키고 하나님을 경외하게 하려는 것이었습니다. 그들은 출애굽이라는 대구원을 체험한 백성이었습니다. 그래서 하나님께서는 그들에게 항상 자신을 출애굽의 하나님으로 상기시켰습니다(출 20:2; 시 78:12-16, 43-53). 이스라엘 백성은 애굽에서 바로의 학정을 받으면서 종노릇하다가 여호와 하나님의 초자연적인 능력으로 해방되었습니다. 그렇다면 출애굽의 구원이 그들로 하여금 여호와를 순종하고 사랑하기에 충분한 동기부여가 됐어야 했습니다. 그런데 그들이 과연 그렇게 하였습니까?

그들에게는 출애굽 구원 이외에 추가적인 동기부여가 필요했습니다. 그래서 하나님께서는 그들에게 율법을 주시고 불순종하는 자들을 형벌하시며 순종하는 자들은 복을 받는다고 약속하셨습니다. 그중에서 가장 대표적인 것이 젖과 꿀이 흐르는 가나안 땅의 약속이었습니다. 만약 이런 동기부여가 불필요하다고 본다면, 인간의 본성에 대한 매우 나이브한 생각을 가진 것입니다. 신약 교인들의 경우도 마찬가지입니다. 십자가보다 더 큰 동기부여가 무엇이 있겠습니까? 그런데도 하나님의 진노라는 부정적인 동기부여도 필요합니다. 만약 신자라고 해서 하나님으로부터 진노를 받지 않는다면, 아무리 십자가를 믿고 구원을 받았다고 하여도 죄에 대해서 크게 조심하지 않게 될 것입니다. 사실상 많은 교인이 그리스도의 심판대가 있다는 엄숙한 사실을 잊고 살기에 진지한 신앙생활을 잘 하지 않는 경향이 있습니다.

[주 예수를 믿는 교인들에게도 하나님의 진노가 내릴까요?]

"그러므로 땅에 있는 지체를 죽이라…이것들로 말미암아 하나님의 진노가 임하느니라"(3:5-6).

하나님은 거룩하신 분입니다. 하나님은 악을 견디지 못하십니다. 그래서 모든 거룩하지 않은 자에게 진노하십니다.

"하나님의 진노가 불의로 진리를 막는 사람들의 모든 경건하지 않음과 불의에 대하여 하늘로부터 나타나나니"(롬 1:18).

역사적으로 하나님께서는 노아 시대의 대홍수나 소돔과 고모라의 멸망에서처럼 악인들을 철저하게 심판하셨습니다. 그리고 마지막 심판 때 모든 죄인 위에 진노를 부으실 것입니다.

> "땅의 임금들과 모든 종과 자유인이 굴과 산들의 바위 틈에 숨어 산들과 바위에게 말하되 우리 위에 떨어져 보좌에 앉으신 이의 얼굴에서와 그 어린 양의 진노에서 우리를 가리라 그들의 진노의 큰 날이 이르렀으니 누가 능히 서리요 하더라"(계 6:15-17).

악인들에게 하나님의 진노가 내리는 것은 당연한 기정사실입니다. 그런데 구원받은 교인들 위에도 하나님의 진노가 내린다고 말할 수 있을까요? 하나님께서는 구약의 이스라엘 백성에게 자주 진노하셨습니다. 아론의 두 아들이 명령하지 않은 다른 불을 여호와 앞에 분향하였다가 죽임을 당하였고(렘 10:1-2), 아간이 여리고 성의 물품을 훔쳤다가 처형되었습니다(수 7:24-26). 이스라엘 나라 전체가 여호와의 분노의 풀무불 속에 들어가는 제련을 받았고(겔 22:21-22; 31) 이방 나라로 잡혀가는 진노를 당하였습니다. 신약 교회에서도 하나님께서 종종 진노하셨습니다. 예를 들어, 초대교회에서 아나니아와 삽비라가 성령을 속였다가 죽임을 당하였고(행 5:1-11) 고린도교회에서 성찬을 함부로 대했다가 큰 징계를 받았습니다.

> "사람이 자기를 살피고 그 후에야 이 떡을 먹고 이 잔을 마실지니 주의 몸을 분별하지 못하고 먹고 마시는 자는 자기의 죄를 먹고 마시는 것이니라 그러므로 너희 중에 약한 자와

병든 자가 많고 잠자는 자도 적지 아니하니"(고전 11:28-30).

그럼 하나님의 진노가 신자들에게도 내린다면 이미 받은 구원은 어떻게 되는 것일까요? 하나님의 진노가 내린다는 것은 구원받지 못한다는 의미에서 경고로 사용된 말일까요? 신자의 구원은 끝까지 가 보아야 안다는 입장이라면, 구원은 생전에는 확신할 수 없다는 말이 됩니다. 그러나 칭의 교리에 비추어 볼 때, 지속적인 거룩한 행위를 통해서 구원이 확보된다는 것은 그릇된 교리입니다. 바울이 언급한 음란, 부정, 사욕, 정욕, 탐심 등은 하나님의 진노를 일으킵니다. 그러나 이러한 죄에 대한 하나님의 진노는 구원의 상실이 아니고 상의 상실입니다. 예수 그리스도를 자신의 구주로 믿은 자는 절대로 구원이 취소되지 않습니다. 십자가에서 예수 그리스도의 죽음에 믿음으로 연합된 자는 죄와 사망과 사탄의 영역에서 완전히 해방되었습니다.

그리스도를 구주로 믿는 신자는 어떤 일이 있어도 사탄의 영역으로 다시 돌아가지 않습니다. 출애굽한 이스라엘 백성 가운데 한 명도 애굽으로 되돌아간 사람이 없었습니다. 영적 출애굽을 한 신자도 다시 애굽으로 돌아가는 역(逆) 구속을 당하지 않습니다. 사탄은 그리스도와 함께 십자가에 못 박히고 부활한 새 생명을 절대로 죽일 수 없습니다. 그러나 죄의 삶을 청산하지 않고 하나님의 가르침에 따라 살지 않는 신자들은 조만간 그리스도의 심판대 앞에 서게 됩니다. 이때의 심판은 지옥으로 가는 심판이 아니고, 신자의 삶을 평가받는 때입니다.

"각 사람의 공적이 나타날 터인데 그 날이 공적을 밝히리니

이는 불로 나타내고 그 불이 각 사람의 공적이 어떠한 것을
시험할 것임이라…누구든지 그 공적이 불타면 해를 받으리
니 그러나 자신은 구원을 받되 불 가운데서 받은 것 같으리
라"(고전 3:13-15).

이것은 무서운 경고입니다. 신자들은 대체로 구원을 받았으니까
죽으면 곧장 천국으로 들어간다고 생각합니다. 그렇지 않습니다. 사
후에는 심판이 있습니다.

"한번 죽는 것은 사람에게 정해진 것이요 그 후에는 심판이
있으리니"(히 9:27).

이 말씀은 불신자를 향한 말이기보다는 일차적으로 예수 그리스
도를 믿는 히브리 교인들에게 준 경고입니다. 신자든 아니든 사후에
는 모두 그리스도의 심판대 앞에 서야 합니다. 악인들은 지옥의 심
판을 받고, 하나님의 자녀들은 상급 유무의 심사를 받습니다. 그때
상을 받지 못하는 신자들은 주님으로부터 '잘하였도다 착하고 충성
스러운 종'이라는 칭찬을 듣지 못할 것입니다. 이것은 수치스러운
일이며 주님을 기쁘게 해 드리지 못한 것에 대한 뼈아픈 후회와 자
책을 일으킬 것입니다. 그렇다면 우리가 어떻게 살아야 하겠습니까?
하나님의 진노를 받는 삶에서 돌아서야 합니다.
　그런데 하나님의 진노는 마지막 심판대에서 체험하기 이전에라
도 현재 이 세상에서 내릴 수 있습니다. 예를 들어, 항상 그런 것은
아니지만, 질병이나 재난이 죄의 결과로 올 수 있습니다. 불순종의

결과로 일찍 죽기도 합니다(고전 11:30). 하나님의 진노와 그리스도의 심판대는 부정적인 동기부여입니다. 그러나 이 엄중한 경고는 거룩한 삶을 위해 유익하도록 의도된 것입니다. 바울이 불로써 구원받는다고 한 것은(고전 3:15) 그리스도의 심판대에서 하나님의 자녀로서의 신분은 상실되지 않을 것을 말합니다. 그렇지만 하나님의 진노를 체험하고 심각한 손실을 겪을 것을 경고합니다.

성화는 기계적이거나 자동적인 것이 아닙니다.

많은 분이 칭의와 성화를 동전의 안팎으로 봅니다. 그래서 칭의가 있으면 성화가 필연적으로 따라온다고 주장합니다. 이 가르침은 특별히 청교도 전통에서 강조되었습니다. 칭의와 성화는 물론 밀착되었으며 상호 관련성이 깊습니다. 하나님께서 원하시는 거룩한 삶을 살려면, 먼저 하나님의 용서를 받고 의롭다는 칭의 구원을 받아야 합니다. 그러나 칭의가 성화를 필연적이거나 자동적으로 일으키지는 않습니다. 그렇지 않다면, 신약 성경의 많은 부분은 쓰일 필요가 없었을 것이다. 왜냐하면, 신약의 많은 부분이 몸의 행실을 죽이라는 권면으로 채워져 있기 때문입니다.

바울은 "내가 육체 가운데"(갈 2:20) 산다고 했습니다. 신자들은 아직도 육신을 가지고 삽니다. 육의 지배 아래 들어가 있지는 않지만, 육은 아직 살아 있습니다. 우리가 십자가에서 그리스도와 함께 죽었을 때 이 육도 함께 죽은 것은 아닙니다. 만약 그렇다면, 이 세상에서 죄를 지을 가능성이 없을 것입니다. 그러나 우리에게는 죄에 기우는 성향과 아담 안에 속했던 죄의 습관들이 남아 있습니다.

"그러므로 너희는 죄가 너희 죽을 몸을 지배하지 못하게 하여 몸의 사욕에 순종하지 말고 또한 너희 지체를 불의의 무기로 죄에게 내주지 말고 오직 너희 자신을 죽은 자 가운데서 다시 살아난 자 같이 하나님께 드리며 너희 지체를 의의 무기로 하나님께 드리라"(롬 6:13).

그리스도의 빛의 왕국으로 옮겨진 신자들은 성령의 능력으로 그리스도의 부활 생명을 표현하고 발휘해야 합니다. 즉, 분함과 노여움과 악의와 비방과 더러운 말과 거짓말을 하지 않아야 합니다(3:8). 그 까닭은 "옛사람과 그 행위를 벗어 버리고 새사람을 입었기"(3:9-10) 때문입니다. 직역성경과 새번역에서는 "여러분은 옛사람을 그 행실과 함께 벗어버리고 새사람을 입으십시오"(골 3:9-10절)라고 명령형으로 번역하였습니다. 그러나 옛사람은 이미 죽었고 그 존재가 사라졌습니다. 이 부분은 개역이나 NIV 영역에서처럼 결과적인 이유(since)로 번역함이 타당합니다. "Do not lie to each other, since you have taken off your old self with its practices and have put on the new self …"(NIV. Col. 3:9)

우리는 그리스도와의 연합으로 옛사람을 청산하였습니다. 그러나 옛사람에 속한 육신의 소욕들은 망령처럼 우리를 따라다닙니다. 이것들은 우리 편에서 의식적으로 밀어버리고 멀리해야 합니다. 이를 위해 하나님께서는 감사하게도 충분한 동기부여를 하십니다.

우리는 그리스도 안에서 새로운 주인을 모시고 사는 새 백성이 되었습니다. 주 예수 그리스도는 하나님 우편 보좌에 앉아 계십니다. 만물이 다 주님의 주권적 통치를 받습니다. 우리는 주님의 원대한 구속 계획이 하나님의 뜻대로 오차 없이 진행될 것을 믿을 수 있습니다. 주님은 나의 삶에 대한 계획도 충분히 성취할 수 있습니다. 이를 위해 우리는 주님이 현재 하늘 보좌에서 진행하시는 구속 사역의 관점에 비추어 땅에 있는 지체를 죽이며 살아야 합니다.

우리는 또한 신자의 삶이 금방 인정을 받고 드러나는 것이 아님을 기억해야 합니다. 우리의 진정한 실체는 그리스도와 함께 하나님 안에 감추어졌습니다. 우리가 누구인지는 그리스도의 재림 때 환히 밝혀질 것입니다. 그때 주님을 위해 행한 우리의 선행도 드러나고 풍성히 보상될 것입니다(3:24). 그때까지 우리는 모든 탐심을 버리고 그리스도의 형상을 닮아가는 겸비와 꾸준한 인내의 삶을 살아야 합니다.

우리에게는 감추어진 능력의 원천이 있습니다. 성령이 우리 안에 내주하시면서 하나님의 진리를 밝혀 주시고 하나님의 온전한 뜻으로 인도하십니다. 우리는 이미 주 예수 그리스도의 왕국으로 들어간 하나님의 자녀들입니다. 아무도 우리를 하나님의 왕국에서 빼앗아 가거나 파괴할 수 없습니다(요 10:28-29). 우리는 이미 그리스도와 함께 하늘 보좌에 앉아 있습니다(엡 2:6). 이제 우리는 새로운 피조물입니다(고후 4:17). 그렇다면 우리는 세상의 초등학문이나 땅에 속한 사물들에 사로잡힐 필요가 없습니다. 더구나 과거의 어둠의 세계에서 일삼았던 부끄러운 일들을 우리의 삶에서 재연시킬 필요가 없습니다. 우리가 하나님의 진노를 일으키는 몸의 행실들을 버리고 살면, 주님과 함께 영광중에 나타나게 될 것입니다. 이것이 성도의 복된 소망입니다(3:4; 딛 2:13). 이 소망에는 인종이나 사회적 신분의 차이가 없습니다(3:11). 주 예수를 머리로 모시고 그분의 우주적 주권과 충만성을 믿는 신자들이라면, 누구든지 이 영광스러운 소망의 실현을 체험하게 될 것입니다.

28장

나는 누구인가?
골로새서 3:9-17

"…옛사람과 그 행위를 벗어 버리고 새사람을 입었으니 이는
자기를 창조하신 이의 형상을 따라 지식에까지 새롭게 하심
을 입은 자니라"(3:9-10).

교회에 다니면서 가장 잘 풀리지 않는 문제가 하나 있다면 예수
를 믿어도 사람은 잘 바뀌지 않는다는 것입니다. 이 문제는 세상 사
람들의 입에서도 자주 나옵니다. 교인이라고 하면서 나쁜 짓은 더
많이 한다는 비난을 안 들어본 사람이 드물 것입니다. 요즘은 미디
어에 나오는 대형교회의 비리들이 줄을 지어 보도되는 때입니다. 소
형 교회라고 전혀 손가락질받을 일이 없지는 않겠지만, 큰 교회일수
록 돈과 권력 다툼이 더 심각할 것은 쉽게 짐작할 수 있습니다. 교회
를 오래 다녀본 신자들의 한 가지 공통된 고백은 목회자들을 포함해
서 사람이 잘 안 바뀐다는 것입니다. 그 원인이 무엇일까요? 아마 여
러 각도에서 설명될 수 있을 것입니다. 부차적이고 간접적인 이유

들이 있겠지만, 일차적인 원인은 우리가 복음을 원리적으로 확실하게 알지 못하는 데서 비롯된다고 봅니다. 오랫동안 죄의 습관 속에서 비복음적인 사고로 살아온 사람이 십자가 복음을 믿고 구원받았다고 해서 하루아침에 확 달라지지 않습니다. 예수 믿고 새사람이 되었다고 하는 것은 갑자기 성자가 되었다는 말이 아닙니다. 신자도 죄는 여전히 짓습니다. 나쁜 습관도 붙어 다닙니다. 세속적인 사고방식도 거의 그대로 있습니다. 겉으로 보면, 별로 달라진 것이 없어 보입니다. 물론 개인에 따라 생각과 행위의 변화에 차이가 있습니다. 그러나 대체로 신자들의 삶이 질적인 면에서 크게 달라지지 않는 현상은 자주 관찰될 수 있습니다. 우리는 신자의 변화를 두 가지 측면에서 고찰할 수 있습니다.

첫째, 신자는 신분적인 면에서는 완전히 변화되었습니다.

그리스도 안에 있는 신자는 "옛사람과 그 행위를 벗어 버리고 새사람"을 입었다고 했습니다. 아담 안에 있던 나의 옛사람은 그리스도의 십자가에서 완전히 죽었습니다. 나의 옛사람은 없어졌습니다. 땅에 확실하게 묻혔습니다. 나의 옛사람의 장례식은 과거지사입니다. 그런데 여기서 그치지 않습니다. 나의 존재는 '옛사람'의 죽음과 함께 '새사람'을 입게 되었습니다. 아담에게 속했던 과거의 자아는 그리스도의 십자가로 죽었지만, 나는 그리스도의 부활과 함께 다시 살아남으로써 부활 생명을 받았습니다. 그래서 나는 새 생명을 가진 새로운 피조물입니다. 달리 말하면 나는 죄와 사망과 사탄이 지배하는 첫째 아담의 집에 갇혀서 살았는데 예수 그리스도를 믿음으로 말미암아 예수님이 주인으로 계시는 둘째 아담의 집으로 거처를 완전하게 옮겼습니다. 골로새서에서는 이것을 하나님의 "사랑의 아들의 나라로 옮기셨다"(1:13)고 했습니다. 그러니까 나는 신분이 바뀐 사람입니다. 내 삶의 영역과 섬기는 주인까지 바뀐 사람입니다. 이제는 예수님이 나의 새로운 주인이십니다. 나는 사탄이 아닌, 예수님에게 속한 하나님의 자녀입니다.

주 예수를 구주로 믿는 순간에 우리는 어둠의 왕국에서 빛의 왕국으로 옮겨집니다. 이것은 급진적인 변화입니다. 이 변화는 순간적이면서 영구적입니다. 한번 옮겨진 우리의 새 삶의 영역은 철회되거나 변경되거나 옛날의 상태로 되돌아갈 수 없는 영원한 변화입니다. 이것은 우리 편에서 일으키는 변화가 아니고, 하나님께서 그리스도 안에서 일으키시는 주권적인 변화입니다.

우리가 주 예수를 대속주로 믿으면, 하나님께서는 우리를 죄와 죽음과 정죄로부터 해방된 새로운 피조물로 보십니다. 그 원리는 간단합니다. 하나님께서는 그리스도를 믿는 신자들을 항상 예수 그리스도의 죽음과 삶에 일치시켜 보십니다. 그래서 예수님이 십자가에서 죽임을 당하신 것을 우리를 대신한 죄의 형벌로 보십니다. 그리고 예수님이 부활하신 것을 우리와 함께 죽었다가 부활한 것으로 보십니다. 더 나아가 예수님이 승천하셨을 때 우리도 함께 승천하여 하나님 우편 보좌에 그리스도와 함께 동석한 것으로 보십니다. 이 일은 전적으로 하나님이 행하신 것입니다.

우리 편에서는 단순히 예수 그리스도를 구주로 믿은 것밖에 없는데 마치 우리가 십자가에 달려 죄의 형벌을 받고 다시 살아나서 지금 주님과 함께 하늘에 앉아 있다고 말합니다. 이 모든 일은 하나님께서 우리가 주 예수를 구주로 믿을 때 그리스도와 연합되었다고 보시므로 가능한 일입니다. 하나님께서 그렇게 보시기에 허구가 아니고 사실입니다. 주 예수를 하나님께서 보내신 구주로 믿는 신자들은 하나님의 눈으로 보면 완전하고 철저하게 신분과 위치가 변화된 하나님의 자녀들입니다. 우리가 이 사실을 확실하게 알고 확신하는 것이 변화를 위한 크리스천 삶의 바탕입니다.

둘째, 신자는 삶의 측면에서는 완전히 변화되지 않았습니다.

크리스천의 실제적인 삶은 신분과 위치상의 변화처럼 급진적이거나 영구적이지 않습니다. 그릇된 사고방식과 세상의 가치관은 자신이 살아온 문화적 전통 속에서 길든 것이기에 일순에 급변하지 않습니다. 오래 묵은 악습은 몸에 배어 있는 습관이어서, 예외적인 경우도 있지만 제거하는데 시간이 걸립니다. 하나님께서는 우리에게 땅에 있는 육신에 속한 것들을 죽이라고 하십니다. 이것은 하나님 편에서 주권적인 은혜로 행하시는 것이 아니고 우리가 실제로 행해야 합니다. 그래서 "땅에 있는 지체를 죽이라"(3:5)고 하였고 "이 모든 것을 벗어 버리라"(3:8)고 명령하였습니다.

그런데 많은 신자가 실패를 거듭한다고 고백합니다. 우리는 몸을 지니고 사는 한, 완벽한 삶은 살 수 없습니다. 그렇지만 하나님께서 기뻐하시고 인정하실 수 있는 수준의 삶은 가능하다는 것이 성경의 증언입니다(골 1:28). 우리는 거룩한 삶에 대한 비관적 자세를 가질 것이 아니고, 성경의 가르침을 잘 숙지하고 성령의 인도에 순종하며 사는 법을 배워야 합니다. 크리스천의 신앙생활은 너무도 다르기 때문에 일반적인 상식의 범위에서 시도하면 번번이 실패합니다. 우리

가 온전한 삶을 제대로 살지 못하는 큰 이유의 하나는 성경의 윤리
적 호소가 지닌 근거에 대해서 잘 모르기 때문입니다. 알아도 건성
으로 안다면, 실제 삶에서는 아무 도움이 되지 않고 죄의식만 키웁
니다.

바울의 윤리적 명령의 근거는 무엇일까요?

크리스천 윤리는 기독교의 독특성과 관계된 것입니다. 기독교가
어떤 점에서 독특한지를 확실하게 모르면, 다른 종교의 도덕적 지침
이나 교훈들과 구별되지 않습니다. 그렇다면 구태여 기독교의 윤리
를 따를 필요가 없을 것입니다. 예를 들어, 골로새서에서 바울이 언
급한 도덕적 품성들은 음란, 부정, 사욕, 탐심, 분노, 비방, 거짓말
등을 하지 말고 긍휼, 자비, 겸손, 온유, 인내, 용서, 사랑, 감사를 하
라는 것입니다(3:5, 8-9, 12-17). 이런 교훈들은 특별히 기독교의 특
성이라고 볼 수 없습니다. 타종교나 일반 도덕에서도 대체로 비슷한
교훈들이 있습니다. 물론 구체적인 적용에서는 큰 차이가 나기도 합
니다.

예를 들어, 2012년 8월에 파키스탄에서는 14세 된 크리스천 여아
가 코란을 불태웠다고 해서 동네 모슬렘 교도들이 잡아서 죽이려고
한 것을 경찰이 겨우 구출하였습니다. 모슬렘 국가에서는 신성 모독
죄를 전통적으로 엄격하게 적용해 왔습니다. 그런데 이 여아는 동네
사람들도 다 아는 지적장애인이었는데 알고 보니 모슬렘 교도들이
크리스천들을 동네에서 몰아내기 위해서 덮어씌운 사건이었습니다.
어떤 종교나 도덕가도 악하게 살라고 가르치지 않습니다. 그러나 따

져 보면 세상 종교와 가르침에는 악하고 잔인한 부분들이 있습니다. 그런데 외형적으로나마 다른 도덕적 가르침과 기독교의 도덕적 교훈 사이에는 유사성이 있습니다. 그럼 기독교의 독특성은 어떤 것일까요?

기독교는 우선 도덕 종교가 아닙니다. 도덕적으로 살면 구원을 받는다고 말하지 않습니다. 인간의 행위는 구원을 구매할 수 없습니다. 기독교는 은혜 종교입니다. 아무 일도 하지 않고 하나님이 주시는 구원을 단순한 믿음으로 받기만 하면 됩니다.

"그러나 경건하지 못한 사람을 의롭다고 하시는 분을 믿는 사람은 비록 아무 공로가 없어도, 그의 믿음이 의롭다고 인정을 받습니다(롬 4:5 새번역).

기독교의 하나님은 누구에게도 선행을 먼저 요구하지 않습니다. 구원에 관한 한, 선행은 인간의 일이 아니고 하나님의 일입니다. 인간의 선행은 하나님이 거저 주시는 구원을 받은 다음에 따라서 와야하는 인간의 긍정적 반응과 책임입니다. 그래서 바울이 제시하는 윤리적 명령의 근거는 선한 사람이 됨으로써 신의 환심을 사거나 축복을 받을 수 있기 때문이 아닙니다. 이것은 하나님께서 인간을 위해 행하신 선행의 희생을 믿는 것에 기반을 둔 것입니다. 그래서 기독교는 세상 종교처럼 자력본위(自力本位)가 아니고 타력본위(他力本位)입니다.

그럼 하나님께서 인간들을 위해서 행하신 선한 일이 무엇입니까? 바울은 골로새서 1장과 2장에서 이미 자세하게 언급하였습니다. 그는 먼저 하나님께서 우리를 위해서 행하신 일을 충분하게 전술하고 나서, 여기에 근거해서 3장에 가서야 "그러므로"라는 말로 호소합니다. 이것이 바울이 크리스천의 윤리적 삶에 접근하는 전형적인 패턴입니다. 바울은 로마서에서도 6장 11절에 가서야 처음으로 거룩한 삶에 대해서 명령하기 시작합니다. 그런데 이 첫 명령도 무엇을 행하라는 것이 아니고 무엇을 인식하고 여기라는 것입니다. 다시 말해서 신자는 그리스도를 믿을 때 십자가에서 죄에 대하여 죽은 자임을 알고 그런 줄로 여기라는 것입니다. 재언하면, 그리스도 안에 있는 자신의 존재가 누구이며 자신의 신분과 위치가 무엇인지를 인식하라는 것입니다. 이것이 거룩한 삶의 출발점입니다. 그래서 바울은 이 점을 그의 여러 서신에서 거듭하여 강술하고 강조하였습니다. 그러고 나서 비로소 실제로 몸의 행실을 죽이는 문제를 다룹니다.

"그러므로 너희는 죄가 너희 죽을 몸을 지배하지 못하게 하여 몸의 사욕에 순종하지 말고"(롬 6:12).

이것은 골로새서 3:5절에서 땅에 있는 지체를 죽이라는 명령과 내용상 동일합니다. 중요한 사항은 이 명령이 내리기 전에 바울은 예수님이 우리를 위해서 행하신 구속 사역이 어떤 것이었는지를 충분하게 다루었다는 점입니다. 이것은 우리가 성화의 삶을 시도하기 이전에 구원을 어떤 원리에서 받게 되었는지를 먼저 숙지시키려는 것이었습니다.

우리는 구원론에 대한 부분은 너무 빨리 지나가고 행위 쪽에 편중하는 경향이 있습니다. 우리는 자신을 성급하게 증명해 보이려고 합니다. 내가 행하는 것으로 하나님과 사람 앞에서 인정받기를 원합니다. 그러나 우리를 위한 하나님의 희생과 사랑과 지혜와 능력이 어떤 것인지를 먼저 알아야 합니다. 이 부분은 묵상에 묵상을 거듭하며 천천히 소화해야 합니다. 그냥 피상적으로 예수님은 나를 위해 십자가에서 돌아가셨다는 정도에 그치면 거룩한 삶도 피상적으로 됩니다. 그래서 우리의 삶에 변화가 오지 않거나 크리스천으로서의 합당한 삶을 사는데 늘 실패한다면 어떻게 해야 하겠습니까? 원점으로 다시 돌아가야 합니다.

성경은 우리에게 일어난 일이 무엇인지에 대해서 굉장히 많이 말합니다. 예를 들면 거듭남, 칭의, 어둠의 나라에서 아들의 나라로 옮겨짐, 하나님과의 화해, 새사람이 되는 것. 양자가 되는 것, 성령의 내주, 죄의 용서, 새로운 신분, 죄에 죽는 것, 정죄가 없는 것 등등입니다. 이러한 주제를 폭넓게 다루는 이유가 무엇일까요? 우리가 주 예수를 믿을 때 무슨 일이 일어났는지를 아는 것은 신앙생활의 실천과 직결되는 문제이기 때문입니다. 하나님의 구원은 너무도 경이로워서 자꾸 듣고 또 들어야 합니다.

우리는 영적 진리에서 쉽게 벗어나는 성향이 있습니다. 이것은 기독교 역사가 증언합니다. 초대교회가 지나고 다음 세대로 들어서면서 교회는 구원의 복음 진리로부터 크게 이탈되기 시작하였습니다. 신자들은 중세기 동안에 행위 구원을 믿었고 여러 가지 비복음적인 사상을 마치 복음인 양 받아들였습니다. 종교개혁은 교회와 신자들을 다시 성경으로 돌아가게 한 강력한 성령 운동이었습니다. 그런데 개혁의 필요성은 항상 있습니다. 전 유럽에 대각성을 일으켰던 종교개혁도 세월이 지나자 잊히기 시작하였고 여러 차례의 대규모 부흥들도 얼마 가지 않아 힘이 빠지고 말았습니다. 이상하게 사람들은 복음을 믿다가도 금방 복음의 핵심을 잊거나 관심을 다른 곳에 둡니다. 그래서 신약 성경에서 구원의 원리와 그 뜻을 길게 진술한 것은 매우 필요한 일이었습니다. 그렇다면 우리는 행위를 말하기 전에, 먼저 우리에게 어떤 일이 일어났는지를 거듭 확인하고 깊이 깨닫도록 힘써야 하겠습니다.

골로새서에서 바울은 권면할 때마다 "그러므로"라고 했습니다 (2:6, 16). 그런데 3장에 이르러 교리적 진술의 전체적인 결론을 내리면서 또 "그러므로"라고 합니다. '그러므로'에 이를 때까지 바울이 한 말들은 모두 그리스도께서 우리를 위해서 행한 일들입니다.

- 아버지께서 우리를 암흑의 권세에서 건져내셔서 사랑하는 아들의 나라로 옮기셨습니다(1:13).
- 우리는 그 아들 안에서 구속 곧 죄 사함을 받았습니다(1:14)
- 예수 그리스도의 죽음으로 우리를 하나님과 화해시켰습니다 (1:21).
- 우리가 믿음으로 그리스도와 함께 장사 되고 함께 일으키심을 받고 모든 죄를 용서받게 하셨습니다(2:12-13).
- 하나님께서는 예수님의 십자가 죽음으로 우리 죄들의 목록을 모두 폐기하셨습니다(2:14).
- 예수님은 사탄과 그의 악령들의 세력을 십자가에서 제거하셨습니다(2:15).

바울은 이렇게 열거한 후에 "그러므로 너희가 그리스도와 함께 다시 살리심을 받았으면 위의 것을 찾으라"(3:1)고 하였습니다. 그러니까 그리스도인의 윤리적 당위성은 더욱 나은 인간 사회를 만드는 데 필요한 것이라거나 혹은 선행이 내세에 공적이 된다는 이유에서가 아니고, 예수 그리스도의 대속적 희생에서 비롯되는 것입니다. 크리스천의 거룩한 삶은 그리스도의 구속이 지닌 중요한 목표입니다(엡 2:10; 골 1:22; 딛 2:14).

어떻게 거룩한 삶을 살아야 합니까?

거룩한 삶을 위해서 특별한 '노하우'가 있는 것이 아닙니다. 성경은 크리스천 삶을 위해서 복잡하거나 신비적인 방법을 제시하지 않습니다. 혹은 일정한 규정을 만들고 지키게 하지도 않습니다. 그럼 무슨 대안이 있는 것일까요? 구원의 원리를 진술하고 이를 받아들이는 자들에게 성령의 인도로 하나님의 뜻을 따르게 합니다.

첫째, 윤리적 호소의 근거를 알고 사실로 여겨야 합니다.

단순히 아는 것과 '여기는' 것은 차원이 다른 것입니다. 내가 그리스도 안에서 신분과 위치가 달라졌으니, 죄와의 관계에서도 결정적인 변화가 왔음을 알고 죄에 죽고 다시 살아난 자로 '여기라'는 것입니다. 예수님이 실제로 십자가에서 돌아가셨고 다시 살아나신 후 지금 현재 하나님 우편 보좌에 좌정해 계십니다. 이것은 예수님에게 실제로 일어난 일입니다. 그래서 예수님과 연합된 나에게도 이 일이 실제로 일어났다고 여기라는 것입니다. 나는 그리스도 안에 있습니다. 그리스도 안에 있으므로 나는 죽었다가 다시 살아났으며 하늘에 앉히게 되었습니다(엡 2:6). 이것은 내가 사탄과 죽음과 죄의 영역에서 벗어난 위치에 있음을 의미합니다.

바울은 로마서 6:11절에서 이것을 "여길지어다"(reckon)라는 말로 표현하였습니다. 그런데 왜 '여기라'는 말을 사용했을까요? 현실로 실감 나는 일이 아니기 때문입니다. 죄에 죽었다고 하는데 나는 여전히 죄를 짓습니다. 부활하여 하늘에 앉혔다고 했는데 나는 여전히 이 땅에서 삽니다. 새 생명을 받은 새로운 피조물이라고 했는데 나는 여전히 약하며 유혹에 노출되어 있습니다. 그래서 나는 죄와 죽음과 사탄의 영역에서 옮겨진 것 같지 않습니다. 그런데도 그런 줄로 여기라고 하는 것은 눈 감고 야옹 하는 것이 아닐까요? 그러나 느껴지지 않는다고 해서 반드시 사실이 아닌 것은 아닙니다. 우리는 일상생활에서 늘 여기면서 삽니다.

예를 들어 봅니다. 차고에 자동차를 넣어두고 문을 닫으면 보이지 않습니다. 내가 느낌으로 차의 존재를 알 수 있는 것도 아닙니다. 그래도 나는 자동차가 차고에 있다고 여깁니다. 그래서 밖으로 나가려면 차고 문을 엽니다. 이처럼 나는 자신에 대해서 죄에는 죽은 자로 여기고 예수 안에서 하나님께 대하여 산 자로 여겨야 합니다. 이것은 인간의 주장이나 논리가 아니고 하나님 편에서 그렇게 보시는 것입니다. 이것은 우리가 체험이나 이성적 논리로 확인할 수 없는 영적 실체입니다. 그래서 바울은 원리적인 설명을 한 후에 그렇게 '여기라'고 하였습니다. 이것은 허상이나 허구를 사실로 간주하라는 말처럼 들립니다. 그럼 하나님께서는 사실이 아닌 것을 사실인 척하라는 말씀일까요? 그렇지 않습니다.

칭의 교리를 생각해 보십시오. 우리가 현재의 자신을 바라보면 의롭다고 말할 수 없습니다. 우리는 아직도 죄를 짓는 자신을 봅니다. 그런데도 주 예수를 믿는 자들을 하나님께서 의롭다고 하시는 까닭은 우리가 예수님과 연합되었기 때문입니다.

칭의는 현재의 나의 실존적인 모습을 보면 모순된 말입니다. 그러나 하나님이 우리를 그리스도 안에서 의롭다고 하시는 것은 우리의 실존적인 흠 많은 현재의 모습에 근거한 것이 아니고, 그리스도 안에서 마지막 날에 드러나게 될 영광스러운 우리의 최종적 모습입니다. 다시 말해서, 칭의는 마지막 심판의 판정을 앞당겨 현재에 적용한 것입니다. 어느 날 예수님을 보는 순간 우리는 다시 죄를 짓지 않을 몸으로 변화될 것입니다. 하나님이 우리를 의롭다고 하시는 것은 예수님의 의가 우리에게 넘어왔을 뿐만 아니라 실제로 흠이 없는 자로 우리가 하나님 앞에 설 날이 올 것이기 때문입니다.

하나님께서는 우리를 예수 그리스도 안에 넣으시고 그분에게 일어난 구속의 이벤트들이 그를 믿는 우리에게도 그대로 일어난 것으로 보십니다. 우리가 그리스도 안에서 죄에 죽었다는 것은 그리스도의 죽음 만큼이나 확실한 사실입니다. 내가 사탄의 왕국에서 벗어나 그리스도의 왕국으로 들어간 것도 예수님이 현재 하늘나라로 들어가 계신 것만큼이나 사실입니다.

여기까지가 우리가 크리스천 삶을 살기 전에 먼저 '여기고' 믿어야 할 사항입니다. 이 부분에 대한 성경의 가르침이 분명하지 않으면, 신자 생활의 진전과 성숙을 기대하기 어렵습니다. 고작해야 도덕적인 루울을 지키거나 그나마도 실패하여 자주 넘어집니다. 많은 교인이 크리스천 삶의 사전 단계가 되는 '여기라'의 내용을 확지하고 있지 않기 때문에 무력한 신앙생활을 하거나, 실족한 후에 재기할 용기를 잃습니다. 그저 막연하게 신자니까 도덕적으로 살아야 한다고 생각하는 것은 별 도움이 되지 않습니다. 성경의 가르침은 그리스도 안에서 나에게 일어난 일이 무엇인지를 교리상으로 확실하게 알고 그 사실에 근거해서 행하라는 것입니다.

내가 죄에 죽었다는 말은 다시는 죄를 지을 수 없게 되었다는 의미가 아닙니다. 내가 죄에 죽은 자라고 여기는 것은 현재 죄에 죽어 있는 상태를 말하는 것이 아니고, 내가 한때 십자가에서 죄에 죽었던 이벤트를 가리킵니다. 나는 나의 생애에서 주 예수를 믿고 죄에 죽었던 때가 있었습니다. 그리고 그리스도 안에서 하나님께 대하여 살아났습니다. 그래서 이제 나는 사탄에게 기회를 줄 필요가 없습니다. 마귀에게 틈을 주지 말아야 합니다(엡 4:27). 그 까닭이 무엇입니까? 나는 사탄의 왕국에 있다가 하늘 왕국으로 옮겨졌기 때문입니다. 내가 사는 곳은 사탄이 지배하던 죄와 죽음의 영역이 아니고 부활하신 주 예수께서 새 생명으로 다스리시는 은혜의 영역입니다.

우리는 크리스천 삶을 살 때 항상 내가 그리스도 안에서 어떤 존재인지를 인식하고 내가 사실로 '여기는' 나의 새로운 신분과 위치에 근거해서 처신해야 합니다. 그래서 "옛사람과 그 행위를 벗어 버리고 새사람을 입었으니"(3:9-10) 삶이 새롭게 되어야 한다고 했습니다. 옛사람과 그에게 속했던 아담적인 과거의 나는 벗겨졌으므로, 이제 새 옷으로 갈아입어야 한다는 것이 성경 교리에 근거한 윤리적 어필입니다. 그러니까 죽이고 벗어버리는 이유가 무엇입니까? 내가 옛사람과 그때의 삶의 방식을 십자가에서 이미 못 박아 버렸고 새사람을 입었기 때문입니다. 우리는 예수 그리스도의 죽음 안에서 옛사람을 벗었고 그리스도와 함께 살아났을 때 새 생명을 받았습니다.

둘째, 창조주의 형상으로 회복되어야 합니다.

바울은 그리스도와 함께 다시 살리심을 받은 자들이 구체적으로 어떤 면에서 위의 것을 찾아야 하는지를 상술합니다. 신앙생활에서 막연하고 추상적인 것들은 전혀 도움이 되지 않습니다. 바울은 새사람이 되어 새로 입어야 할 품성의 옷들을 종목별로 열거하였습니다. 긍휼, 자비, 겸손, 온유, 오래 참음, 용서, 사랑, 평강, 감사, 가르침과 권면, 찬송 등입니다(3:12-17). 이것은 모두 예수님의 삶에서 드러난 아름다운 성품들입니다. 예수님의 성품을 닮는 것이 거룩입니다. 그래서 예수님의 성품이 아닌 음란과 부정과 사욕과 악한 정욕과 탐심은 모두 버려야 할 악성 코드들입니다(3:5).

그런데 어떻게 해야 이런 것들을 처리할 수 있을까요? 작정 기도를 하면 될까요? 주께 다 맡긴다고 말하면 될까요? 오래 금식을 하면 해결될 수 있을까요? 성경을 통독하거나 베끼면 성취될까요? 날마다 새벽기도를 하면 될까요? 거룩의 길에는 지름길도 없고 비법도 없습니다. 성경의 가르침은 너무도 평이하고 실제적인 것입니다. 우리의 죄는 종류별로 있습니다. 우리가 함양할 품성들도 종목별로 있습니다. 예수님은 우리 눈이 범죄하면, 눈을 뽑아 버리고 우리 손이 범죄하면, 손을 잘라버리라고 하셨습니다. 그냥 '주님, 나의 모든 죄를 거두어 가십시오'라고 기도할 것이 아닙니다. 구체적으로 어떤 죄가 자신에게 문제인지를 파악하고 그 특정한 죄를 놓고 기도하며 잘라내기 시작해야 합니다. 한 가지씩 집중해서 처리해 나가십시오.

예를 들면 '주님, 저는 친절을 베풀 줄 모릅니다. 오늘부터 다른 사람들에게 친절하도록 힘쓰겠습니다. 이 점에서 주님의 성품을 드러내기를 원합니다. 저를 도와주십시오' 라고 기도하는 것입니다. 그리고 진전을 볼 때까지 쉽게 포기하지 말고 계속 시도해 보십시오.

그럼 기도만 하면 해결될까요? 아닙니다. 기도해도 넘어질 수 있습니다. 넘어지지 않고 걷는 아이는 없습니다. 중요한 것은 실패했을 때 어떻게 하느냐는 것입니다. 실패했으면 주께 회개하고 용서를 구하십시오. 그리스도의 피는 모든 죄를 씻기고 우리 양심에 평강을 심어 줍니다(요일 1:9). 만일 다른 사람을 용서하기가 어려우면 "주께서 너희를 용서하신 것 같이 너희도 그리하라"(3:13)는 말씀을 날마다 묵상해 보면서 주님의 자비를 구하십시오. 한 번에 다 해결할 수 없습니다. 여러 가지 약점들을 단번에 극복하기에는 우리는 너무 미약합니다. 한 종목씩 놓고 날마다 씨름하며 힘을 길러야 합니다. 거룩은 단기전이 아니고 장기전입니다. 우리는 그리스도 안에서 이미 승리한 전쟁을 우리의 삶 속에서 체험으로 드러내야 합니다. 이것이 "항상 복종하여 두렵고 떨림으로 너희 구원을 이루라"(빌 2:12)는 말의 의미입니다. 구원을 받았어도 실천으로 드러나지 않으면 마치 자동차를 선물로 받고서 차고에 넣어둔 것과 같습니다. 실제로 운전대에 앉아서 차에 시동을 걸고 달려야 합니다.

우리는 그리스도를 닮지 않으려는 자신의 무관심과 태만과 불순종을 볼 때마다 그리스도께서 우리를 구원하기 위해 행하신 구속의 이벤트들을 다시 의식적으로 상기해야 합니다. 실족했으면 자신의 실수에 묶이지 말고 자신이 과거에 어디에 있다가 어떻게 구원을 받았는지를 교리상으로 먼저 회상해 보아야 합니다. 그다음, 현재의 구원받은 자신의 신분과 맞지 않은 일들을 자인하고 하나님께 용서를 빌면 됩니다. 하나님께서는 우리가 처한 각자의 어려운 상황과 연약함을 이해해 주십니다. 그리고 예수님의 피로써 깨끗이 씻기시고 성령의 위로와 함께 새로운 각오로 힘을 내게 하십니다. 주님의 십자가 사랑을 생각하고 날마다 조금씩 더 사랑하도록 힘쓰십시오. 감사의 소재를 늘 떠올리면서 주를 찬양하고 기뻐하는 것을 생활화하도록 하십시오. "여호와로 인하여 기뻐하는 것이 너희의 힘이니라"(느 8:10)고 했습니다. 단번에 죄를 전혀 안 지을 수 있을 것처럼 달려들지 마십시오. 성급하면 오래 가지 못하고 무너집니다.

주님의 구원과 위대하심을 찬양하며 기뻐하십시오. 그러면 힘을 얻을 것입니다. 주님의 도우심을 꾸준히 신뢰하면서 한 가지씩 정복해 나가십시오. 어떤 것은 평생 싸워야 합니다. 상처가 생기고 고통이 따릅니다. 그러나 이김에서 오는 승리의 기쁨이 있습니다. 주님을 기쁘게 해 드렸다는 안도감이 있습니다. "우리 생명이신 그리스도께서 나타나실 그 때에 너희도 그와 함께 영광 중에 나타나리라"(3:4)는 약속을 믿고 즐거워하십시오. "너희는 하나님이 택하사 거룩하고 사랑받는 자"(3:12)임을 확신하고 하나님께 감사와 순종으로 나아가십시오. 그리스도 안에서 새로운 신분과 위치를 갖는 것만으로는 부족합니다. 그리스도 안에서 다시 살아난 후에 땅에 있는 지체를 죽이며 그리스도의 품성을 닮아가지 않으면, 나는 자유의 신분과 하늘의 영역에 있어도 체험으로는 그리스도의 부활 생명을 누리지 못합니다. 비록 위치적으로는 노예의 영역에서 벗어났지만, 체험에서는 죄의 속박을 다시 받는 격이 됩니다. 그러나 하나님의 다스림을 받으면 "순종의 종으로 의"에 이릅니다(롬 6:16). 순종은 우리의 삶 속에서 부활 능력이 흐르게 하고 주님의 임재가 리얼하게 체험되게 합니다. 이러한 삶은 우리가 모두 이 땅에서 즐기며 누려야 할 새 생명의 모습입니다.

29장

새사람의 모습은 어떻게 드러나는가?

골로새서 3:12-17

"그러므로 너희는 하나님이 택하사 거룩하고 사랑 받는 자처
럼 긍휼과 자비와 겸손과 온유와 오래 참음을 옷 입고…피차
용서하되 주께서 너희를 용서하신 것 같이 너희도 그리하고
이 모든 것 위에 사랑을 더하라 이는 온전하게 매는 띠니라"
(골 3:12-14).

미국 복음주의 교회 강단의 특징을 대체로 도덕주의와 치유주의
라고 평가합니다. 설교의 내용이 도덕적인 사람이 되어야 한다는 것
과 심리적 안정이나 상처 치유가 주된 강조점이라는 점에서는 우리
나라 교회의 강단과도 그리 다르지 않은 듯합니다. 미국 교회 일각
에서 성공주의를 내세우고 있듯이, 우리나라 교회에서도 물질적 축
복과 성공주의를 강조합니다. 그런데 교회가 비난을 받는 것은 신자
들의 마음에 상처가 치유되지 않아서라거나 물질적인 성공을 하지
못해서가 아닙니다. 교회가 세상의 손가락질을 받고 또 교인들마저

도 교회를 비난하는 것은 주로 세속적 가치관을 가진 부도덕 때문입니다. 그런데 이것은 이해가 잘 안 되는 부분이기도 합니다. 교회에서 그렇게 많이 도덕을 강조하는데 왜 신자들의 도덕 수준과 세속적 가치관이 항상 질타의 대상이 되는 것일까요? 이것은 우리가 모두 진지하고 심각하게 자성해 보고 반드시 고쳐야 할 일입니다.

기독교는 도덕 종교가 아닙니다.

우선 기독교의 특징이 무엇인지를 알 필요가 있습니다. 기독교는 도덕주의를 구원의 바탕으로 삼는 도덕 종교가 아닙니다. 물론 신자들이 지켜야 할 도덕의 영역이 있습니다. 그런데 기독교는 왜 선해야 하고 깨끗하고 올바른 삶을 살아야 하느냐는 문제에 대해서 근본적으로 독특한 사상을 가지고 있습니다. 이것은 윤리적 삶의 바탕과 근거가 되는 성경 본문의 "그러므로"의 내용입니다. "그러므로" 이전이 윤리적 삶에 대한 교리적 받침대라면, "그러므로" 이후는 실천적 적용입니다. 그래서 특히 신약 성경을 읽을 때 '그러므로'의 전후를 잘 짚어가면서 기독교 교리와 실생활의 관계를 이해하도록 신경을 써야 합니다. "그러므로"의 앞부분을 생략하고 뒷부분만 강조하면 도덕주의가 됩니다. 만약 "그러므로"의 뒷부분을 생략하고 앞부분만 강조하면 메마른 교리주의가 됩니다. 이 양 편은 불가분리의 논리적 관계이기 때문에 반드시 순차적으로 다루고 함께 연결해야 합니다.

삶의 변화가 일어나지 않는 또 하나의 이유는 성경 말씀의 강조점보다 사람이 중시하는 아이디어들이 앞세워지기 때문입니다. 교회에서 고작 강조하고 가르치는 것이 치유나 성공을 위한 '노하우' 라면 복음의 큰 뜻과 구원의 진정한 목표가 흐려집니다.

기독교는 인간의 도덕이나 공적에 따라서 구원을 받는 공로주의 종교가 아닙니다. 기독교의 초점은 내가 아니고, 하나님의 아들로 세상에 오신 예수님입니다. 기독교는 모든 것을 오직 한 인격체에 집중합니다. 즉, 예수 그리스도께서 우리를 위해서 무슨 일을 행하셨으며 그의 구속 행위가 우리에게 어떤 의미를 주는지를 깨닫고 그분을 구주로 신뢰하는 것입니다. 기독교는 나로부터 시작하는 것이 아니고, 예수님으로부터 시작합니다. 우리는 예수님이 시작하신 일에 우리 자신을 믿음으로 연계시킴으로써 죄와 사망으로부터 구원을 받습니다.

구원받기 위해서 우리 편에서 해야 할 일은 아무것도 없습니다. 오직 주 예수께서 하나님의 대속주로서 세상에 오셔서 전적 순종의 삶을 사시고 나를 위해 십자가에서 대신 형벌을 받으신 후 부활하셨음을 믿으면 구원을 받습니다. 그런 사람은 "그리스도와 함께 다시 살리심을"(골 3:1) 받았으며 죄에 죽고 하나님께 대하여 살아났습니다. 이것을 옛사람이 죽고 새사람이 되었다고 말합니다(골 3:9). 그뿐만 아니라, 크리스천은 "자기를 창조하신 이의 형상을 따라 지식에까지 새롭게 하심을 입은 자"(골 3:10)입니다. 이러한 구원을 받은 신자는 "하나님이 택하사 사랑 받는 자"(골 3:12)입니다.

성화의 삶을 위해 주님이 하늘에서 도우십니다.

신자는 자신이 하나님을 위해서 무엇을 하려고 하기 이전에, 구원으로 오는 새로운 신분과 위치가 어떤 것인지를 명지해야 합니다. 그다음 하나님이 주시는 새 삶에 대한 지시를 받아야 합니다. 주 예수를 믿고 구원을 받았다고 해서 다 끝나는 것이 아닙니다. 우리는 "그러므로"의 전반부를 읽고 큰 은혜를 받아야 신자 생활의 바른 출발을 할 수 있습니다. 이 은혜의 감격이 너무도 커서 다음 단계의 거룩한 삶, 곧 성화의 삶으로 연결되어야 정상입니다.

그런데 이 첫 단계가 불확실하면 실제적인 성화에는 발전이 없고 신분상의 칭의나 새사람의 위치는 저장된 상태에 머물고 맙니다. 마치 꽃봉오리가 피어나지 못하고 닫혀 있는 것과 같습니다. 이런 경우라면 어떻게 해야 할까요? 자신이 어디에서 구원을 받았는지를 교리상으로 생각하며 자신의 새로운 신분과 위치에 비추어 반성해 보아야 합니다. 그리고 자신의 행위가 그리스도 안에서 받은 크나큰 구원과 모순된다는 점을 인정하고 즉시 하나님께 용서를 빌어야 합니다. 하나님께서는 후히 용서하시고 우리가 깨끗한 양심으로 다시 새롭게 살도록 도와주십니다.

우리는 실족하거나 혹은 일이 잘 풀리지 않거나 이런저런 이유로 신앙생활을 잘하지 못하게 될 때 쉽게 좌절하고 풀이 죽는 성향이 있습니다. 이럴 때 반드시 기억해야 하는 것이 예수님의 중보 사역입니다. 예수님이 지금 현재 어디에서 무슨 일을 하고 계시는지를 상기하십시오. 예수님은 2천 년 전에 나를 위해 십자가에서 자신을 대속물로 바치시고 다시 살아나신 후 승천하셨습니다. 바울은 승천하신 예수님이 "하나님 우편에 앉아 계신다"(골 3:1)고 하였습니다. 바울이 이 말을 한 문맥을 생각해 보십시오. 그는 예수님 안에 "지혜와 지식의 모든 보고가 감추어져 있다"(골 2:3)고 하였습니다. 그래서

"사람의 전통과 세상의 초등학문"(골 2:8)을 따를 필요가 없다는 점을 강조하였습니다. 그뿐만 아니라 우리는 그리스도와 함께 장사 되고 다시 살아났으며 모든 죄를 용서받았다고 했습니다(골 2:12-13).

바울이 왜 이런 식으로 진술하였을까요? 그 까닭은 예수님이 우리를 위해서 행하신 일이 무엇인지를 알게 하려는 것입니다. 그런데 우리가 그리스도 안에서 다시 살아났다는 사실과 함께 그리스도께서 하나님 우편에 좌정해 계신다는 말씀이 연이어 나온 점을 중시할 필요가 있습니다.

우리가 그리스도와 함께 못 박히고 장사 되고 다시 살아났다는 것은 느낌으로 알 수 없습니다. 그래서 신자로서 죄에 빠지면 자신이 그리스도와 함께 부활하여 새사람이 되었다는 사실에 회의가 생기기 쉽습니다. 우리가 어둠의 나라에서 빛의 나라로 옮겨졌고 새사람을 입었다는 사실을 확실하게 믿을 수 없으면, 거룩한 삶의 발전을 기대할 수 없습니다. 무슨 일에든지 확신이 없으면, 적극적으로 행할 수 없는 법입니다. 바울이 우리에게 확신의 근거로 제시하는 것은 예수님의 현재 위치입니다. 즉, 예수님이 지금 하나님 우편 보좌에 계신다는 사실입니다. 예수님이 하나님 우편에 앉으셨다는 것은 두 가지 측면에서 우리에게 큰 위로와 격려가 됩니다.

첫째, 예수님의 위치는 전적으로 안전하며 확고부동합니다.

세상의 그 어떤 능력과 권위도 하나님 우편 보좌를 흔들 수 없습니다. 흔히 '하나님의 보좌를 흔드는 기도'라는 말을 사용합니다. 이 말은 삼가야 합니다. 우리의 기도로 하나님의 보좌를 흔들어서 원하는 것을 받아내겠다는 생각은 무엄한 발상입니다. 하나님의 보좌는 온 우주와 피조물을 다스리는 권능의 자리입니다. 하나님의 보좌 앞에서 만물이 엎드리고 천하의 운명이 결정됩니다. 인간들이 하나님의 보좌를 흔들 수 있는 것이 아니고, 하나님께서 인간들의 하찮은 보좌들을 흔드시고 깨뜨리며 심판하십니다(계 20:11-15). 흔들려야 하는 것은 하나님의 거룩한 보좌를 우습게 여기는 교만과 불경입니다.

하나님의 보좌는 불꽃 가운데(단 7:9) 계신 엄위하신 하나님과 어린 양이 천만천사들과 뭇 성도들로부터 찬양과 경배를 받는 곳입니다(계 4:9-11; 5:11-14). 감히 누가 이러한 하나님의 보좌를 흔든단 말입니까! 그야말로 언어도단입니다. 이사야 선지자는 환상으로 높이 들린 하나님의 보좌와 거룩한 영광과 하늘 성전에 충만한 연기와 천사들이 얼굴과 발을 가리며 거룩하다고 계속 외치는 것을 목격하였습니다. 그때 그가 보인 반응이 무엇이었습니까? "그 때에 내가 말하되 화로다 나여 망하게 되었도다"(사 6:1-5)라고 하였습니다.

하나님의 보좌의 특성 중의 하나는 영원성입니다.

"하나님이여 주의 보좌는 영원하며…."(시 45:6; 히 1:8).

하나님의 보좌는 절대로 흔들리지 않습니다. 하나님의 보좌는 영원무궁합니다. 그렇다면 이것이 우리에게 주는 의미가 무엇입니까? 그리스도 안에 있는 우리의 위치가 영원하다는 것입니다. 하나님 우편에 좌정하신 예수님은 하늘에서 쫓겨나는 일도 없고 그 보좌가 흔들려서 자리에서 굴러떨어지는 일도 없습니다. 하나님 우편 보좌에 계신 예수님의 신분이 달라지지도 않습니다. 따라서 우리의 신분과 위치에도 변경이 일어나지 않습니다. 우리는 믿음으로 그리스도와 연합되었기 때문입니다. 그리스도와 함께 우리는 부활하고 승천하였습니다. "또 함께 일으키사 그리스도 예수 안에서 함께 하늘에 앉히시니"(엡 2:6).

　예수님의 하늘 신분과 위치가 바뀌지 않는 한, 어떤 일이 있어도 그리스도와 연합된 우리의 신분과 위치가 변하지 않습니다. 그럼 우리가 죄를 지었을 경우에 어떻게 됩니까? 그리스도 안에 있는 우리의 신분에 변화가 생길까요? 그렇지 않습니다. 그리스도 안에 있는 자는 그리스도와 함께 영원히 하늘에 앉아 있습니다. 이것이 우리가 받은 구원의 신분을 확신케 하는 확고한 근거입니다. 우리가 하나님 앞에서 바르게 살지 못할 때 회개하고 속히 하나님께로 돌아가지 못하는 이유의 하나는 자신의 구원이 전적으로 안전하다는 것을 확신하지 못하기 때문입니다. 그러나 그리스도 안에 있는 자신의 구원이 죄와 실족에도 불구하고 안전하다는 것을 알면 다시 일어설 수 있습니다. 그런데 이 가르침은 오용될 수 있습니다. 만약 나의 구원이 나의 죄에도 불구하고 확보된다면 구태여 거룩한 삶을 살 필요가 없지 않으냐고 반문할지 모릅니다. 사실상 이것이 로마서 6장에서 바울이 다룬 이슈였습니다. 바울은 "죄가 더한 곳에 은혜가 더욱 넘쳤다"(롬 5:20)고 가르쳤습니다. 그랬더니 죄를 더 지어도 좋다는 식으로 받아들였습니다.

　　"그런즉 우리가 무슨 말을 더 하리요 은혜를 더하게 하려고
　　죄에 거하겠느냐"(롬 6:1).

일반적으로 사람들은 값없이 주는 은혜 구원을 환영하면서도, 하나님의 은혜가 얼마나 후한 것인지를 충분히 인식하지 못합니다. 그러나 그리스도 안에서 주어지는 하나님의 은혜 구원을 진지하게 믿는다면, 넘어져도 침체에서 속히 회복될 수 있습니다. 그리고 주 예수의 형상을 닮는 삶을 기뻐하고 감사하며 당연시할 것입니다. 신자의 거룩한 삶은 자신의 구원을 확신하고 은혜 구원을 감사할 때 깊어지기 시작합니다.

둘째, 예수님의 대제사장직도 불변입니다.

구약 시대의 대제사장은 자신도 죄가 있는 유한한 인간이었습니다. 그래서 먼저 자기 죄를 위하여 속죄제를 바치고 그다음 백성을 위한 제사를 드렸습니다. 그러나 예수님은 자신을 단번에 드려 영원한 속죄를 이루시고 그를 믿는 죄인들을 하나님의 눈에 거룩한 자들로 성별되게 하셨습니다(히 8:27; 10:10). 예수님의 속죄는 하나님께서 요구하시는 죄에 대한 값을 단번에 모두 지불한 사건이었습니다.

"그가 거룩하게 된 자들을 한번의 제사로 영원히 온전하게
하셨느니라"(히 10:14).

예수님은 우리 죄를 위하여 자신을 희생제물로 드리시고 "하나님 우편에"(히 10:12) 앉으셨습니다. 구약 시대의 제사장은 성소에서 앉는 일이 없었습니다. 제사 지내는 일이 항상 계속되었기 때문입니다. 그래서 성소에는 의자가 필요하지 않았습니다. 그러나 예수님은 단번에 모든 제사 제도를 완성하시고 하나님 우편에 앉으셨습니

다. 이것은 우리에게 무슨 의미를 줍니까? 우리를 위해 예수님의 속죄 사역이 다시 반복될 필요가 없이 완료되었다는 뜻입니다. 예수님은 십자가에 매달려 계시거나 무덤에 누워 계시지 않습니다. 예수님은 승천하셔서 하나님 우편에 좌정하셨습니다. 이것은 하나님께서 우리를 그리스도 안에서 영원히 받으셨다는 뜻입니다. 그래서 우리 죄를 위한 더 이상의 속죄가 필요하지 않습니다. 우리에게 하나님의 구원을 받기 위해서 또 다른 제사장이 필요하지 않습니다.

또 한 가지 주목할 사항이 있습니다. 예수님의 대제사장직은 하나님의 맹세로 주어졌습니다. 그래서 예수님의 대제사장되심은 불변입니다.

> "그들은 맹세 없이 제사장이 되었으되 오직 예수는 자기에게 말씀하신 이로 말미암아 맹세로 되신 것이라 주께서 맹세하시고 뉘우치지 아니하시리니 네가 영원히 제사장이라 하셨도다"(히 7:21)

하나님께서 맹세하신 것은 절대로 변경되지 않습니다. 예수님의 대제사장직은 영원합니다(히 7:24). 예수님이 우리의 중보자로서 영원한 대제사장이 되셨다는 것은 우리의 구원도 영원하다는 뜻입니다. 하지만 우리는 아직도 이 땅에서 살아야 합니다. 악의 세력은 완전히 다 사라지지 않았습니다. 우리는 예수님의 원수들이 그의 발등상이 되는 때를 기다리는 중입니다. 사탄과 그의 추종자들은 아직은 불못에 던져지지 않았습니다. 예수님의 재림도 아직 실현되지 않았

습니다. 이러한 현실은 우리가 세상에서 계속 죄와 싸워나가야 함을
의미합니다.

우리는 죄의 영역에서 빛의 영역으로 옮겨졌지만, 사탄의 공격과
육신의 소욕으로부터 면제된 것은 아닙니다. 우리는 아직도 연약한
육신을 지니고 살기에 힘껏 싸우지 못할 때도 있습니다. 감사하게도
하나님께서는 우리를 동정하십니다. 그래서 예수님을 우리를 위한
영원한 대제사장이 되도록 맹세로써 임명하셨습니다. 예수님의 지
상 사역은 끝났지만, 하늘에서의 중보 사역은 지금도 계속중입니다.
예수님은 우리가 베드로처럼 믿음이 떨어지지 않도록(눅 22:32) 하늘
성소에서 기도하십니다. 예수님은 지금도 우리가 어둠의 세력에 압
도되지 않도록 간절히 중보하십니다. 예수님은 우리가 날마다 새 힘
을 얻고 주를 위해 살도록 아버지께 간구하고 계십니다. 그렇다면
우리는 주의 형상을 닮아갈 수 있는 가장 유리한 입장에 놓여 있습
니다. 예수님의 대제사장직이 변하지 않고 우리를 위한 중보기도가
그치지 않는 한, 구원은 확보된 것입니다. 더 나아가 구원 이후의 성
화의 삶까지도 예수님의 중보 기도의 지원을 받기에 비록 완전하지
는 않아도, 하나님께서 인정하실 수 있는 수준에 이를 수 있습니다.
우리에게는 사랑과 용서와 평강과 찬양과 감사가 넘치는 새 삶을 살
수 있는 충분하고 강력한 동기가 주어졌습니다(12-17절).

우리는 다른 사람이 나를 위해서 기도해 준다고 하면 격려가 됩
니다. 하물며 예수님 자신의 기도이겠습니까! 예수님의 기도가 우리
에게 주는 특별한 격려는 항상 응답을 받는다는 사실입니다. 예수님
은 언제나 아버지의 뜻에 맞게 기도하십니다. 예수님의 완전한 기도

는 우리를 위한 것입니다.

하나님께서는 우리에게 재림의 영광에 참여할 소망을 주십니다.

바울은 "우리 생명이신 그리스도께서 나타나실 그 때에 너희도 그와 함께 영광 중에 나타나리라"(골 3:4)고 하였습니다. 우리가 새사람의 모습을 드러내는 것은 자동적인 것이 아닙니다. "이제는 너희가 이 모든 것을 벗어버리라"(골 3:8)고 하였습니다. "곧 분함과 노여움과 악의와 비방"(골 3:8)과 같은 육에 속한 것들은 우리 자신이 스스로 벗어버려야 합니다. 그런데 말처럼 쉽지 않습니다. 매우 부당한 일을 당했을 때 화를 내지 않고 참으려고 해 보십시오. 미운 사람을 용서하고 사랑하는 일도 절대 쉽지 않습니다. 무시와 모욕을 당하였을 때 겸손과 온유한 자세를 취하는 일도 그냥 되지 않습니다. 이런 것들은 모두 자연인의 한계를 넘어갑니다. 우리가 하나님께서 요구하시는 삶을 살려면 초자연적인 것에서부터 시작해야 합니다.

우리는 성령으로 거듭나야 하고, 성령으로 사는 법을 배워야 합니다. 그리고 주 예수께서 우리를 위해서 행하신 일의 의미를 깨닫고 자신의 삶에 적용할 수 있어야 합니다. 그뿐만 아니라 우리의 미래가 어떤 것인지도 알아야 합니다. 즉, 그리스도의 재림 때 우리도 주님과 함께 영광 중에 나타난다는 사실입니다. 그러나 이 영광은 우리의 책임을 전제한 것입니다. 주의 재림 영광에 참여할 것이기 때문에 "그러므로 땅에 있는 지체를 죽이라"(3:5)고 하였습니다.

그래서 우리는 주님의 성품과 맞지 않는 자신의 흉한 부분들을 잘라 내어야 합니다. 이 일은 어렵습니다. 내 몸에 오래 붙어 있던 익숙한 부분들을 떼어내는 것은 불편과 고통을 줍니다.

바울은 "너희가 서로 거짓말을 하지 말라"(3:9)고 했습니다. 우리나라 사람들은 거짓말을 잘하고 법을 잘 어기며 공중도덕이 약한 편입니다. 그런데 교인이 되고 나서 이런 나쁜 버릇을 고치려면 손해 보는 일이 생깁니다. 남들은 속이면서 잘 사는데 나만 정직하게 살려고 해 보십시오. 손해 보면서 산다고 해서 누가 칭찬하지 않습니다. 이것은 가정이나 직장 생활에서도 마찬가지입니다. 상대편이 항상 이기적이고 비협조적인데 나 혼자 애를 쓰면 화가 나고 스트레스를 받습니다. 피고용자에게 선의를 베푸는데도 감사할 줄을 모르면 악감이 생겨서 더 이상 잘 대해 주고 싶지 않습니다. 아내나 남편으로부터도 돌아오는 것이 없으면 실망하고 사랑이 깊어지지 않습니다.

누구나 그리스도인으로 사는 삶에 어려움을 느낍니다. 사탄의 유혹과 방해가 있고, 나 자신과의 싸움이 있습니다. 좌절을 겪고 실족을 하며 영적 침체에 빠지기도 합니다. 이럴 때 무엇이 우리를 도울 수 있겠습니까? 장래에 대한 소망입니다. 우리가 손해를 보고 고통을 겪더라도 마지막에 가서 잘 될 것을 안다면 힘을 낼 수 있습니다. 만약 기독교에 종말론이 없다고 가정해 보십시오. 아무도 예수를 믿으려고 하지 않을 것입니다. 끝에 가서 전혀 좋은 것이 없다면, 왜 주 예수를 위해 고난을 당하며 세상에서 손해를 보고 살 필요가 있겠습니까? 천국의 소망이 없다면 믿음은 헛것이 될 것입니다.

"만일 그리스도 안에서 우리가 바라는 것이 다만 이 세상의

삶뿐이면 모든 사람 가운데 우리가 더욱 불쌍한 자이리라"(
고전 15:19).

사후의 생명과 영광은 하나님께서 그의 자녀들에게 주시는 매우
긍정적인 동기부여입니다.

"…지금 이후로 주 안에서 죽는 자들은 복이 있도다 하시매
성령이 이르시되 그러하다 그들이 수고를 그치고 쉬리니 이
는 그들의 행한 일이 따름이라 하시더라"(계 14:13).

신자의 삶은 쉽지 않습니다. 그러나 신자에게 주는 동기부여와
영적 호소력만큼 더 강력한 것은 세상에 없습니다. 크리스천 삶은
힘들어도 성취할 수 있는 충분한 능력과 도움이 복음의 말씀 속에
겹겹으로 내장되어 있습니다. 이제 구원 이후의 새 삶을 위해서 우
리가 명심해야 할 것이 무엇인지를 정리해 봅니다.

우선 예수님이 나를 위해 행하신 십자가 사역에 비추어 자신의 구
원을 확신하는 것입니다. 하나님께서는 우리가 한두 번 넘어졌다고
해서 그리스도 안에서 확보된 우리의 구원을 철회시키지 않습니다.

그다음, 우리는 하나님 우편에서 현재 나를 위해 기도하고 계신
예수님의 중보 사역(히 4:14-16; 7:25)을 기억해야 합니다. 예수님의 대
제사장직은 취소되지 않습니다. 우리의 온전한 삶을 위한 예수님의
완전한 기도는 중단되지 않고 지금도 계속 중입니다. 그렇다면 나의
부족에도 불구하고 거룩한 성도의 삶을 긍정적인 자세로 임할 수 있
습니다.

또한 우리는 예수님의 재림 영광에 동참할 것을 소망하며 인내해
야 합니다.

"오직 선을 행함과 서로 나누어 주기를 잊지 말라 하나님은
이같은 제사를 기뻐하시느니라"(히 13:16).

"선을 행하고 선한 사업을 많이 하고 나누어 주기를 좋아하
며 너그러운 자가 되라 이것이 장래에 자기를 위하여 좋은
터를 쌓아 참된 생명을 취하는 것이니라"(딤전 6:18-19).

그리스도인의 처신과 덕성들은 예수님의 과거와 현재와 미래에
뿌리를 두고 있습니다. 신자의 새 생명의 삶은 예수 그리스도의 구
원에 대한 믿음과 이해가 없으면, 형식에 그치고 성숙의 변화를 가
져오지 않습니다. 그러나 예수 그리스도의 과거와 현재와 미래가 우
리 삶에 뿌리를 내리고 매일의 생활에 연결되어 있다면, 주님의 형
상으로 변화되는 것은 가능한 일입니다.

그리스도의 성품을 닮는 일은 남의 일이 아니고 나의 일입니다.
우리는 신분적으로 주 예수를 구주로 믿을 때 단번에 하나님의 자녀
들이 되었지만, 하나님의 모습을 닮은 자녀의 성품을 드러내는 일은
시간이 걸립니다 이것은 나 자신의 소명과 책임입니다. 그래서 바울
은 "항상 복종하여 두렵고 떨림으로 너희 구원을 이루라"(빌 2:12)고
하였습니다. 여기서 '너희 구원을 이루라'는 말은 자신의 노력으로
천국에 들어가라는 말이 아닙니다. 이미 믿음으로 거저 받은 구원이
어떤 것인지를 실생활에서 구체적으로 드러내라는 말입니다. 첫 구

원은 단순한 믿음으로 받습니다. 그러나 구원 이후의 신자의 삶은 실천으로 드러나야 합니다. 물론 성령의 인도와 말씀의 능력에 의존해야 합니다. 하지만, 움직이는 주체는 나 자신입니다. 내가 성령의 인도와 가르침에 호응하여 행동하지 않으면 아무것도 그냥 이루어지지 않습니다.

하나님께서는 유업의 상으로 우리를 격려하십니다.

우리 하나님은 더욱 넘치게 주시는 'much more'의 하나님이십니다. 구원만 해 주시고 끝나는 것이 아니라 「구원+플러스」의 복을 내리시는 후하신 하나님이십니다. 세상을 이처럼 사랑하사 독생자를 주신 하나님은 십자가 희생으로 우리를 죄와 죽음과 사탄으로부터 구원하셨습니다. 그러나 더 나아가 우리가 십자가의 삶을 살 수 있도록 필요한 모든 도움을 주십니다. 하나님께서는 모든 자녀에게 유업의 상을 약속하시면서 동기를 강화하고 주를 따라 살려는 의지를 굳혀 주십니다.

> "그리하여 성도들이 받을 상속의 몫을 차지할 자격을 여러분에게 주신 아버지께 여러분이 빛 속에서 감사를 드리게 되기를 우리는 바랍니다."(골 1:12, 새번역).

> "여러분은 주님께 유산을 상으로 받는다는 사실을 기억하십시오"(골 3:24, 새번역).

유업은 우리말 성경에서 대부분 유산, 상속, 상, 상급, 기업 등과 동의어로 쓰입니다. 유업은 신구약 성경에서 점철되는 매우 중요한 주제입니다. 바울은 골로새서 3장에서 '새사람'이 버려야 할 "땅에 속한 지체의 일들"(3:5)과 새로 입어야 할 그리스도의 성품과 교회와 가정생활 및 고용 관계 등을 다루었습니다. 그리고 결론적으로 "무슨 일을 하든지 마음을 다하여 주께 하듯 하고 사람에게 하듯 하지 말라"(3:23)고 하였습니다. 그리고 곧이어서 하는 말이 "이는 기업의 상을 주께 받을 줄" 알기 때문이라고 했습니다. 성경에는 '상'(유업)에 대한 분명한 가르침이 많습니다. 이것은 예수님의 산상설교만 읽어보아도 금방 확인될 수 있습니다. 사실상 상에 대해서 가장 많이 가르치신 분은 예수님이십니다.

하나님께서는 일찍이 아브라함을 부르셨을 때 가나안 땅에 대한 유업의 약속을 주셨습니다. 아브라함의 후손인 이스라엘 백성에게도 가나안 땅에 대한 유업의 약속이 반복되었습니다. 신약 교인들에게도 유업의 약속이 주어졌습니다. 히브리서의 저자는 말합니다.

"여러분은 게으른 사람이 되지 말고, 믿음과 인내로 약속을 상속받는 사람들을 본받는 사람이 되어야 합니다"(히 6:12, 새번역).

"그러므로 여러분의 확신을 버리지 마십시오. 그 확신에는 큰 상이 붙어 있습니다."(히 10:35, 새번역).

그런데 상에 대한 말을 하면 거부감을 일으키는 신자들이 많습니다. 그들은 상급을 상업주의로 치부하거나 이기적인 동기라고 일축해 버립니다. 이것은 비성경적인 유치한 상급론을 전하는 일부 강사들의 영향으로 빚어진 편견입니다. 신학적으로는 상을 '천국'이나 '구원'으로 대치하는 해석이 상급 교리에 대한 부정적인 요인으로 작용합니다. 그러나 이런 접근은 유업의 상을 거룩한 삶을 위한 긍정적인 동기부여로 사용하시는 하나님의 선한 의도를 놓치게 합니다. 하나님은 누구에게도 빚진 것이 없습니다. 그런데도 성경 곳곳에서 하나님은 갚아 주시는 분이라고 증언합니다. 하나님의 갚으심은 전적으로 공정하므로 아무도 불평할 수 없습니다.

> "불의를 행하는 자는 불의의 보응을 받으리니 주는 사람을
> 외모로 취하심이 없느니라"(골 3:25).

하나님은 불의만 아니고, 주를 위해 선을 행한 자에게도 갚아 주십니다. 하나님은 물 한잔의 선행까지도 잊지 않고 갚아 주시는 분입니다.

> "누구든지 너희가 그리스도에게 속한 자라 하여 물 한 그릇
> 이라도 주면 내가 진실로 너희에게 이르노니 그가 결코 상을
> 잃지 않으리라"(막 9:41).

예수님은 재림하실 때에 행하실 일로서 상의 시여(施與)를 약속하셨습니다.

새사람의 모습은 어떻게 드러나는가? · 449

"보아라, 내가 곧 가겠다. 나는 각 사람에게 그 행위대로 갚아 주려고 상을 가지고 간다"(계 22:12, 새번역).

'상'은 구원도 아니고 천국도 아닙니다. 구원과 천국은 오직 믿음으로 받고 들어갑니다. 그러나 '상'은 내가 행한 '행위대로' 받는 것입니다. 이것은 이기적이거나 세속적인 상거래가 아닙니다. '상'은 비록 우리의 선행이 없으면 성립될 수 없지만, 누구에게도 빚지신 일이 없는 하나님께서 주시는 것이기에 '은혜의 선물'입니다. 우리는 하나님의 종들입니다. 하나님께서 행하라고 명령하신 것은 마땅히 실행해야 하는 것이 종 된 우리의 의무이며 책임입니다. 예수님은 이렇게 가르치셨습니다.

"명한 대로 하였다고 종에게 감사하겠느냐 이와 같이 너희도 명령 받은 것을 다 행한 후에 이르기를 우리는 무익한 종이라 우리가 하여야 할 일을 한 것뿐이라 할지니라"(눅 17:9-10).

우리는 아무리 주를 위해서 희생하며 순종하여도 상을 기대할 권리나 자격이 없습니다. 그런데도 하나님께서는 그리스도의 십자가 피를 통해 우리에게 "상속의 몫을 차지할 자격"(골 1:12, 새번역)을 은혜의 선물로 주셨습니다. 불신자들은 유업의 약속을 받을 자격이 없습니다. 그러나 교인들은 하나님의 자녀들로서 "믿음과 오래 참음으로 말미암아 약속들을 기업으로 받는 자들"(히 6:12)입니다. 하나님께서는 우리에게 상을 주셔야 할 아무런 책임이 없습니다. 그런데도 마치 자신이 빚을 지신 것처럼 그의 자녀들의 선행을 후히 갚아 주기를 원하십니다. 이것이 하늘 아버지의 품성입니다. 하나님은 그리스도 안에서 구속된 자녀들을 끝까지 도와서 하나님 앞에 "거룩하고 흠 없고 책망할 것이 없는 자"(골 1:22)로 세우기를 원하십니다. 그래서 바울은 "너희 안에서 착한 일을 시작하신 이가 그리스도 예수의 날까지 이루실 줄을 우리는 확신하노라"(빌 1:6)고 하였습니다.

하나님께서 우리에게 육에 속한 것들을 버리고 그리스도의 형상을 닮아가라고 명하신 후에, 어떻게 말씀하셨습니까? 그런 삶에는 유업의 상이 따른다고 하셨습니다. 이것은 동기부여를 위한 격려입니다. 종의 신분으로 일해야 하는 신자에게 바울은 "기업의 상을 주께 받을 줄 아나니 너희는 주 그리스도를 섬기느니라"(3:24)고 하였습니다. 주님으로부터 상을 받을 줄 알기에 자기 주인을 주님 섬기듯이 하라는 것입니다. 그러니까 상은 고통을 참고 성실한 자세로 살게 하는 동기부여입니다.

하나님이 주시는 상을 바라며 고통과 희생을 참는 것은 하나님께서 원하시는 거룩한 삶의 방식입니다. 유업으로 약속된 상을 바라면서 사는 것이 하나님께서 정하신 크리스천 삶의 패턴이라면, 상은 우리가 힘써 추구하면서 하나님께 감사해야 할 기쁨과 격려의 소재입니다. 하나님께서 주기를 원하시는 것이라면, 우리 편에서도 받기를 원해야 합니다. 주님은 우리를 위해 십자가 고난을 겪으셨습니다. 하나님께서는 우리를 죄와 사망과 사탄의 올무에서 해방시켰습니다. 예수님은 지금도 하늘 성소에서 우리의 믿음이 떨어지지 않도록 기도하십니다. 우리가 게으르지 않고 인내하여 유업의 상을 받는 것이 주님의 소원입니다. 주님은 그의 말씀과 약속을 신실하게 믿고 따른 종들에게 상을 주기 위해 다시 오실 것입니다.

우리는 다른 약속들이 없어도 십자가의 구원만으로 항상 감사하며 하나님의 명령에 순복해야 합니다. 그러나 하나님께서는 우리의 연약함을 동정하시고 '더욱 넘치는'(much more) 은혜를 부어주십니다. 유업의 상은 하나님께서 우리가 새사람의 삶을 통해서 받기를 원하시는 엑스트라의 축복입니다. '기업의 상'은 하나님의 축복을 부분적으로는 현세에서 받고, 궁극적으로는 내세에서 거둡니다. 그렇다면 유업의 가르침을 통해서 느끼고 배우는 것이 있어야 할 것입니다. 하늘 아버지께서 우리를 거룩의 길로 인도하기 위해서 얼마나 마음을 후히 쓰시는지를 느낄 수 있어야 합니다. 유업은 우리의 모든 필요를 넘어 더욱 풍성한 은혜를 내리시는 하나님의 넘치는 사랑에 대해 감동을 받도록 의도된 것입니다. 유업의 약속은 우리가 주님을 믿음과 인내로 꾸준히 섬길 것을 고취합니다. 그렇다면 탐심의 우상을 버리고 그리스도의 품성을 닮으며 사랑의 삶을 위해 살아야 하지 않겠습니까?

왜 세상이 교회를 비난합니까? 왜 우리에게 변화가 없습니까? 하나님의 넘치는 은혜를 잊고 살기 때문이 아니겠습니까? 우리가 어떤 구원을 받았으며, 어떤 약속을 받았는지를 기억하지 않기 때문이 아니겠습니까? 지금 현재 주님이 나를 위해 하나님 앞에서 십자가의 피를 보이며 중보하신다는 사실을 생각하지 않기 때문이 아니겠습니까? 그리고 주께서 다시 오실 때 '잘하였도다 착하고 충성된 종"(마 25:23)이라는 칭찬과 영예의 상을 바라보며 살지 않기 때문이 아니겠습니까?

우리는 자신들에게 변화가 일어나지 않는 이유를 알아야 합니다. 변화되지 않는다고 포기하거나 무관심할 것이 아니고, 성경에서 주장하는 변화의 가능성을 확신해야 합니다. 바울은 우리가 예수 그리스도의 복음에서 드러난 하나님의 영광을 보면 변화를 일으킨다고 말합니다. 우리는 진정으로 그리스도의 복음을 날로 더욱 깨달으며 성령의 열매를 맺으면서 변화되고 있습니까? 이것은 모든 신자에게 주어진 책임입니다. 그리고 그렇게 행할 수 있는 능력을 주님으로부터 받을 수 있기에 가능한 일이라고 성경은 가르칩니다.

> "우리가…주의 영광을 보매 그와 같은 형상으로 변화하여 영광에서 영광으로 이르니 곧 주의 영으로 말미암음이나라"(고후 3:18).

30장

주께 하듯 하라
골로새서 3:18-4:1

골로새 교회는 골로새 지역의 여러 모양의 이단 침투에 시달리고 있었습니다. 골로새 이단에는 유대교 배경을 가진 의식주의를 비롯하여 신비 체험을 강조하거나 과도한 금식을 요구하는 금욕주의가 유행하였고 천사들을 축복의 중개자로 보기도 하였습니다. 그래서 바울은 골로새 교인들에게 그리스도의 머리 되심을 최상의 기독론으로 제시하고 모든 일을 주 예수의 이름으로 행하라고 권면하였습니다(3:17). 또한 그들은 주 예수를 믿었을 때 흑암의 권세에서 풀려나서 하나님의 아들의 나라로 옮겨진 사실을 상기시키고 옛사람에 속한 행위를 벗어버리고 새사람의 모습을 드러내라고 가르쳤습니다. 신약 성경에서 교리는 항상 윤리적 교훈의 받침대입니다. 크리스천의 윤리는 기독교의 교리적 진술을 전제한 것입니다. 이것이 세상의 일반 윤리와 다른 점입니다. 이제 바울은 새사람의 모습을 실제적인 삶의 여러 영역에 적용하는 교훈을 줍니다.

부부 관계

"아내들아 남편에게 복종하라 이는 주 안에서 마땅하니라"(3:18).

남녀평등을 당연시하는 현대 사회에서는 이 말은 거슬립니다. 바울은 아내는 권위 아래 있으므로 권위를 가진 남편에게 순종하라고 했습니다. 이것은 하나님이 요구하시는 질서의 기본 구조를 수용해야 하기 때문입니다. 권위 아래 있는 자가 먼저 리더십의 권위를 인정하지 않으면 권위가 바르게 행사될 수 없습니다. 그런데 아내가 남편에게 복종하는 것은 열등해서가 아니고, 남편이 가장으로서 가정을 이끄는 리더이기 때문입니다. 그래서 "남편이 아내의 머리"(엡 5:23)라고 했습니다.

바울은 에베소서에서 부부관계를 그리스도와 교회관계에 비추었습니다. 그리스도께서는 교회의 머리이십니다(엡 5:23). 그래서 교회가 마땅히 그리스도께 복종해야 하듯이, 아내도 남편에게 복종해야 한다는 것입니다. 리드를 하는 편과 리드를 받는 편이 같이 복종할 수는 없습니다. 부부관계에서 남편이 리드를 하고 아내는 리드를 받는 것은 아담을 하와의 머리로 삼으신 창조질서의 원칙입니다. 남편을 아내의 머리가 되게 하신 분은 하나님이십니다. 아내가 정해서 남편이 머리가 된 것이 아닙니다. 남편이 리더의 자격이 없어서 순종할 필요가 없다든지 혹은 남편이 무능해서 아내가 리더가 되어야 한다는 말은 하나님의 창조질서를 회피하려는 구실이 되어서는 안 됩니다. 원칙적으로 아내는 남편에게 순종해야 합니다. 물론 성경의 가르침과 하나님의 뜻을 벗어나는 일에는 순종할 의무가 없습니다.

아내는 남편이 죄를 짓게 하는 일에는 복종하지 말아야 합니다. 이런 경우의 불순종은 하나님께 대한 순종입니다(행 5:29).

한편, 남편은 아내를 사랑하고 가혹하게 대하지 말라고 했습니다 (3:19). 남편과 아내는 한 몸이 되었습니다. 아내를 학대하면 자기 몸을 학대하는 것입니다. 바울은 에베소서에서 "남편들아 아내 사랑하기를 그리스도께서 교회를 사랑하시고 그 교회를 위하여 자신을 주심 같이 하라"(엡 5:25)고 했습니다. 아내의 순종은 남편의 사랑을 전제한 것입니다. 바울은 리더로서의 남편에게 더 무거운 책임을 강조했습니다. 이것이 고대 사회의 남존여비 사상과 다른 점입니다. 아내는 여자이기 때문에 무조건 순종해야 하고, 남편은 남자이기 때문에 권위가 있는 것이 아닙니다. 하와는 아담을 돕는 배필로서 지음을 받았습니다. 아담은 가정의 리더였지만, 아담과 하와는 서로의 역할 차이를 인정하면서 상호보완적으로 가정을 꾸려나가고 하나님을 섬겨야 했습니다.

유교 문화의 남존여비 사상은 성경의 가르침이 아닙니다. 하나님은 남자와 여자를 동등하게 창조하셨습니다. 그러나 동등은 모든 일에서 같다는 뜻이 아닙니다. 부부는 한 몸이지만 가정을 이끌어나가는 일에서는 각자의 역할에 따른 차이가 있습니다. 특히 남편은 리더로서 큰 책임이 있기에 예수님이 어떻게 자신을 교회를 위해 바치셨는지를 항상 배우며 본받아서 아내를 사랑할 줄 알아야 합니다. 성경이 말하는 리더십은 주장하는 권위가 아니고 겸손하고 온유한 것이 특징입니다(벧전 5:3). 권위주의는 성경의 리더십이 아닙니다. 위원회의 의장직을 생각해 보십시오. 의장은 다른 멤버들보다 우월하지 않습니다. 의장은 회의를 독단적으로 주도하지 않습니다. 의장은

회의를 효과적으로 진행하기 위해서 질서를 유지하는 리더입니다. 이처럼 남자는 여자보다 우월하거나 특권을 누리는 자가 아니라, 가정의 팀장으로서 책임을 맡은 자입니다.

바울은 고린도교회에도 남녀의 기능적 차이를 교회 생활 전반에 적용했습니다. 그러니까 남자의 리더십은 부부관계에서만이 아니고 교회 생활에도 해당하는 원칙이라는 것입니다. 바울은 남자와 여자가 신분상으로는 동등한 하나님의 자녀들이지만, 기능 면에서는 남자가 리더라는 점을 강조하였습니다. 남녀의 기능은 동등하지 않습니다. 남자가 아기를 낳지 않습니다. 출산의 기능은 여자에게만 있습니다. 그러나 상호보완적입니다. 남자 없이 세상에 나온 여자도 없고, 여자 없이 세상에 나온 남자도 없습니다(고전 11:11-12). 남자와 여자는 서로 필요한 존재들입니다. 이런 의미에서 남자의 리더십은 여자의 파트너십을 동반합니다.

바울은 인간 창조에는 앞뒤 순서와 권위의 자리매김이 있었다는 점과 여자가 남자를 "돕는 배필"(창 2:18)로 지음을 받았음을 상기시켰습니다(고전 11:8-9). 이 창조 순서와 역할은 지금도 바뀐 것이 아닙니다. 아담이 먼저 지음을 받았지만, 이 순서는 우열의 순위가 아니고 책임의 순서입니다. 하와가 아담보다 나중에 창조되었다는 것은 아담이 혼자서 채울 수 없는 부분이 있었다는 시사입니다. 그래서 하와가 아담의 돕는 배필로 창조되었고 아담의 리더십에 협력하는 자로서 자신의 자리를 배정받았다는 말입니다. 그런데 여자는 남자를 돕는 배필이지만 자신의 권위가 없는 것이 아닙니다. 여자의 권위는 남자의 권위 아래에서 행사되도록 하나님께서 정하셨습니다. 그래서 바울은 "여자는 남자의 영광"(고전 11:7)이라고 했습니다.

아내에게도 중요한 역할이 있습니다. 아내는 그리스도에 대한 교회의 복종 모델입니다. 그래서 남편을 잘 따라야 합니다. 그렇다고 해서 자신의 의견을 낼 수 없거나 필요에 따라 남편을 대행해서 할 수 있는 일조차 없다는 것이 아닙니다. 아내는 자신의 역할을 담당하되 남편에게 최종 결정권이 있다는 점을 존중해야 하고, 남편은 교회에 대한 그리스도의 사랑을 본받아 아내를 대해야 합니다.

부자 관계

"자녀들아 모든 일에 부모에게 순종하라 이는 주 안에서 기쁘게 하는 것이니라"(골 3:20).

본 절의 의미를 보다 충분하게 이해하려면 에베소서의 대등절을 참고하는 것이 좋습니다.

"자녀들아 주 안에서 너희 부모에게 순종하라 이것이 옳으니라 네 아버지와 어머니를 공경하라 이것은 약속이 있는 첫 계명이니 이로써 네가 잘되고 땅에서 장수하리라"(엡 6:1-3).

바울은 여기서 다섯째 계명을 인용합니다. 신약에서 율법 조항이 거의 그대로 인용된 매우 드문 실례입니다. 우선 이 계명의 중요성을 언급하고 율법 계명이 신약에서 어떻게 적용되고 성취되는지를 다루도록 하겠습니다.

첫째, 부모 공경은 고대 이스라엘의 사회적 구조에 대한 이해가 있을 때 그 중요성이 드러납니다. 이스라엘이 가나안 정복을 마쳤을 때 지파별로 땅이 할당되었습니다. 그래서 지파 이름은 종가의 이름도 되고 지명도 되었습니다. 각 지파는 다시 친족이나 씨족 공동체로 분할되고 한 가문 안에 삼 사대가 살았습니다(출 20:5; 34:7). 토지는 가문의 어른이 사망하면 자손에게 작은 규모로 다시 분배되었습니다. 이스라엘의 공동체 생활은 가문과 가족 단위로 이루어졌으므로 토지 보유나 결혼 및 이혼, 계대 결혼, 유산법, 희년, 율법의 집행 등이 가족과 가문을 보호하기 위한 제도였습니다. 그래서 다섯째 계명인 부모 순종이 집안의 이익을 보호하고 유지하는데 가장 중요한 부분이었습니다. 부모를 순종하지 않음으로써 가문 공동체의 질서를 깨는 자식은 사형이었습니다.

둘째, 십계명의 다섯째 계명인 부모 공경 계명에서만 "그리하면 네 하나님 여호와가 네게 준 땅에서 네 생명이 길리라"는 약속이 붙어 있습니다. 일반적으로 율법을 지키면 국가적인 차원에서 번성한다는 약속이 있지만, 본 계명에서만 구체적으로 가나안 땅에서 장수한다는 특별한 약속이 나옵니다. 그만큼 중요하기 때문입니다. 바로이 구절이 신약에서 인용되었습니다(엡 6:1-3). 물론 신약의 도덕적 교훈 중에 살인이나 간음이나 도둑질하지 말라는 십계명의 금지 사항이 포함되었습니다. 그러나 이것은 신약 교인들에게 구약의 율법 계명이 그대로 적용된다는 뜻은 아닙니다.

우리는 신약에 십계명의 계명들이 더러 겹치는 경우가 있다는 것을 인정할 수 있습니다. 그렇다고 해서 율법이 신약 교인들에게 계속해서 유효하며 구속력이 있다고 보는 것은 시대착오적입니다. 신약 시대는 새 언약 백성의 윤리인 '그리스도의 법'(갈 6:2)으로 살아야 합니다. 그런데 그리스도의 법은 모세 율법을 성취하고도 남습니다. 신약에서 십계명과 동일한 영역을 다룰 때는 십계명이 언급되거나 인용되는 것은 같은 문맥이므로 겹친다고 해서 이상하게 볼 필요가 없습니다. 그러나 우리는 신약이 십계명의 권위에 직접 호소하거나 근거해서 교훈하지 않는다는 사실을 주목해야 합니다. 그리스도의 의는 십계명의 권위에 근거하지 않고서 십계명의 요구를 충족하고 더 높은 수준의 영역으로 나아갑니다.

바울은 "이로써 네가 잘되고 땅에서 장수하리라"(엡 6:3)는 다섯째 계명을 인용했지만, 이 계명에 포함되지 않은 부분까지 추가하였습니다. 즉, "아비들아 너희 자녀를 노엽게 하지 말지니 낙심할까 함이라"(골 3:21)고 했습니다. 에베소서에서는 "오직 주의 교훈과 훈계로 양육하라"(엡 6:4)고 덧붙여 권면하였습니다. 자녀들이 단 마음으로 순종하려면 부모가 그들을 도와야 하므로 부모에 대한 지시도 하였습니다. 즉, 자녀의 마음에 화가 치밀지 않도록 배려하고 잘 가르치라고 했습니다. 그런데 그 내용과 방법은 율법이 아니고 주님의 교훈과 훈계로 양육하는 것이었습니다. 그러니까 바울은 율법의 상한선에서 더 나아간 것입니다. 단순히 율법의 인용으로 끝난 것이 아니라, 율법이 바라보았던 주 예수의 가르침을 주축으로 삼고 율법의 이상이 달성되게 하였습니다. 우리는 신약에서 가끔 율법의 계명이 언급되었다고 해서 신약 성도에게 율법이 그대로 넘어왔다고 생각하지 말아야 합니다. 율법은 신약 시대에는 그대로 적용할 수 없습니다. 예를 들어, 부모를 공경하면 가나안 땅에서 장수한다고 했습니다. 그럼 우리가 현대의 이스라엘 땅에 가서 살아야 한단 말이 겠습니까? 부모를 거역하는 불효자는 돌로 쳐서 죽이라고 했는데(신 21:18-21) 지금도 이 율법이 유효하단 말이겠습니까? 신약 성도는 율법 아래 있지도 않고 다섯째 계명이 주어졌던 사회 제도 속에서 살지도 않습니다. 신약 성도는 교회의 머리이신 예수님의 가르침으로 살아야 합니다. 그러면 율법의 수준을 넘어갑니다.

바울은 그의 모든 서신에서 도덕적 권면을 하였습니다. 그러나 율법을 제시하거나 율법을 그대로 적용하지 않았습니다. 그는 하나님께 우리 몸을 산 제물로 드리고(롬 12:1), 육체의 정욕을 통제하며(갈 5:16), 성령의 열매를 맺으라고 했습니다(갈 5:22-23). 로마서 12장부터 15장 13절까지 나오는 신자의 윤리 부분에서도 바울은 율법을 인용하지 않았습니다. 고린도교회에는 심각한 도덕 문제가 있었지만 고린도전서 5장의 부도덕이나 7장의 결혼 문제에서 율법이 언급되지 않았습니다. 우상숭배 문제에서는 으레 십계명의 둘째 계명이 인용되었을 법하지만 그렇지 않았습니다(고전 8장; 고후 6:16).

그런데 고린도전서에서 바울은 "여자는 교회에서 잠잠하라. 그들에게는 말하는 것을 허락함이 없나니 율법에 이른 것 같이 오직 복종할 것이요."(고전 14:34)라고 했습니다. 여기서 "율법에 이른 것 같이"라고 했으니까 바울이 율법에 직접 호소한 것이 아닐까요? 바울은 고린도전서 14:21절에서도 "율법에 기록된 바"라는 표현을 사용했지만, 모세법이 아닌, 이사야서 28:11절을 가리켰습니다. 이처럼 율법은 반드시 모세 율법을 가리키지 않습니다. 바울이 여자는 교회에서 잠잠하라는 명령을 한 것은 율법의 규정을 언급한 것이 아니고, 창세기 2:18-25의 본문을 염두에 둔 발언이었습니다. 그의 요지는 남자가 먼저 창조되었고 여자는 남자의 조력자로서 지음을 받았다는 것입니다. 그래서 창조 질서에 근거한 남자의 리더십을 말하고 있는 것이지 율법에 호소한 것이 아니었습니다.

데살로니가교회에 준 게으름에 대한 권면에서도(살전 4:11) 바울은 엿새 동안 힘써 일하라는 안식일 법을 제시했을 것 같지만(출 20:8-9) 그렇게 하지 않았습니다. 그는 율법에 대한 구체적인 언급이 없어도 그의 직접적인 훈계가 성령의 권위로 수용될 것을 믿었기 때문입니다. 빌립보 교회도 불화가 있었지만 바울은 율법을 인용하지 않고 예수님의 겸손을 모범으로 제시하였습니다. 바울은 신약 교회에 윤리적 교훈을 줄 때 성령 충만과 예수님의 모범을 앞세웠습니다. 예수님의 가르침과 모범을 따라 성령으로 행하면 율법의 요구가 이루어지고 원래 율법이 지향했던 목표가 달성되기 때문이었습니다. 신약 교인은 모세의 권위가 아닌 예수 그리스도의 권위 아래 들어갈 때 율법을 성취하고 그리스도의 온전한 새 생명의 삶을 누립니다(롬 8:1-4).

고용 관계

"종들아 모든 일에 육신의 상전들에게 순종하되 사람을 기쁘게 하는 자와 같이 눈가림만 하지 말고 오직 주를 두려워하며 성실한 마음으로 하라 무슨 일을 하듯이 마음을 다하여 주께 하듯 하고 사람에게 하듯 하지 말라"(골 3:22-23).

로마 시대의 노예 제도는 보편적인 사회 현상이었습니다. 교인 중에는 노예가 많았습니다. 그런데 교회에 들어오게 된 노예들은 복음 안에서 주인과 종이 다 형제자매라고 배웠습니다. 그렇다면 주인과 노예가 주종 관계가 아니라고 보고 노예의 의무를 게을리했을지 모릅니다. 평소에도 노예들은 눈가림으로 일하는 척하거나 시간만 보내는 경우가 있었기에 바울은 주인에 대한 순종을 새로운 관점에서 교훈하였습니다. 바울은 크리스천 노예들이 섬기는 주인이 신자이든지 아니든지 구별하지 않았습니다. 노예들은 이제 주 예수를 참주인으로 섬기는 자들입니다. 그래서 주를 경외하는 마음으로 주께 하듯 최선을 다하라고 했습니다. 신자가 되기 전에는 고용주의 평가가 중요했지만, 이제는 그들의 일을 평가하는 분은 주님이시라는 것입니다. 주님이 그들의 삶을 지켜보시고 평가하시기에 게으름이나 눈가림이 통하지 않습니다.

바울은 종의 자세에 대해서 마음을 강조하였습니다. 이것은 율법과 대조됩니다. 율법에는 마음이 포함되지 않았습니다. 그래서 마음이 없어도 겉으로 그런 척하면 넘어갈 수 있었습니다. 물론 모세의 신명기 설교에는 마음을 언급했지만, 시내 산에서 받은 법령 자체에는 마음이 들어가지 않았습니다. 마음으로 주를 섬기는 것은 거듭난 신자들이 성령을 받은 후에 실천하게 될 것이었습니다. 율법은 외면적인 것들만 다룰 수 있었지만, 그리스도의 법은 마음을 다룹니다. 그래서 "성실한 마음"으로 일하라고 했고 "마음을 다하여" 섬기라고 했습니다. 그다음 바울은 노예들에게 그들의 힘든 삶을 격려하는 의미에서 하나님의 보상을 받을 것이라고 했습니다. 그들이 마음을 다하여 주께 하듯이 성실한 봉사를 하면 유업을 상으로 받는다는 사실을 기억하라고 했습니다.

> "이는 기업의 상을 주께 받을 줄 아나니 너희는 주 그리스도를 섬기느니라"(골 3:24).

상의 주제는 성경 전체에 나오는 매우 중요한 가르침입니다. 하나님은 자녀들에게 후한 상을 주기를 원하십니다. 상은 일한 것의 대가입니다. 봉사가 없다면 받을 상도 없습니다. 그런데 하나님의 종들로서 섬겼다면 마땅히 할 일을 한 것이므로 상을 바랄 수 없습니다(눅 17:9-10). 그러나 로마 시대의 육체의 상전들도 성실한 종들에게 특별 대우를 하거나 더러 자유를 주기도 했습니다. 하나님은 누구에게도 빚진 것이 없습니다. 그런데도 하나님께서는 수고하는 신실한 자녀들을 칭찬하시고 상으로 갚아 주시는 분입니다. 하나님께서는 우리의 수고를 지켜보시고 기뻐하십니다. 모든 일에서 주를 섬기듯이 한다면 유업의 상을 받게 될 것입니다. 이것은 주를 위해 희생을 감수하는 자들에게 크나큰 동기부여와 격려가 됩니다.

반면, "불의를 행하는 자는 불의의 보응을 받으리니 주는 사람을 외모로 취하심이 없느니라"(골 3:25)고 했습니다. 의를 행하는 자는 상을 받고 불의를 행하는 자는 보응을 받는 것이 하나님의 공의입니다. 하나님은 외모로 판단하시지 않기 때문에 사람의 지위나 신분을 차별하시지 않습니다. 그래서 "상전들아 의와 공평을 종들에게 베풀지니 너희에게도 하늘에 상전이 계심을 알지어다"(골 4:1)라고 했습니다. 이 부분도 율법의 수준을 넘어가는 새 언약 시대의 윤리입니다. 율법 시대에는 종은 주인의 소유였습니다. 예를 들어, 여종은 주인의 동침 요구를 거절할 수 없었습니다. 바울은 종만 아니고 주인에게도 동일한 표준을 제시하였습니다. 즉, 하늘 상전이신 주 하나님 앞에서 종을 공정하고 의롭게 대하라는 것입니다. 그렇다면 왜 바울은 크리스천 주인에게 종을 해방하라고 하지 않았을까요? 인간이 다른 인간을 소유하고 종으로 부리는 것은 불의한 일입니다. 인간을 소유할 권리가 있는 분은 오직 창조주 하나님이십니다.

그럼 왜 복음은 당시의 악한 노예 제도를 즉각 반대하지 않았을까요? 복음은 노예 제도를 인정하지 않습니다. 바울은 빌레몬서에서 오네시모의 해방을 위해 주인인 빌레몬에게 호소하였습니다(몬 16절). 노예 제도가 여러 세기가 지난 후에 기독교 국가에서 금지된 것은 불행 중 다행이지만, 너무 오래 세월이 걸린 것은 유감된 일입니다. 그런데 1세기 당시의 로마제국은 노예가 없으면 유지될 수 없었습니다. 사회 구석구석이 노예의 노동력에 의해 운영되었으므로 하루아침에 폐기할 수 없었습니다. 현대 사회에서 갑자기 컴퓨터나 자동차나 전기가 사라진다고 가정해 보십시오. 국가와 사회 기능이 마비되는 대혼란이 일어날 것입니다. 복음은 노예 제도를 인정하지 않을지라도, 즉각적인 노예 해방 운동은 시대적 상황을 고려할 때 지혜로운 방안이 아니었습니다. 그래서 바울은 신자들이 각자 복음의 원칙과 성령의 인도 아래에서 자기들이 데리고 있는 종에게 자비를 베풀고 형제로 대하며 가능하면 자유를 주도록 권면하였습니다.

바울이 본 항목에서 진술한 크리스천 윤리는 율법의 수준을 넘어갑니다. 그런데 율법 이상으로 살려면 반드시 성령의 인도를 받아야 합니다. 기독교 윤리는 단순히 도덕법을 지키는 것이 아니고 '마음'에 새겨진 하나님의 법에 순종하는 것입니다. 우리는 성령께서 오셔서 그리스도의 가르침을 따라 살게 하는 새 언약 백성입니다. 우리가 모든 일에서 율법의 수준을 넘는 그리스도의 사랑의 법을 최고의 법으로 알고 지킨다면 부부 관계나 자녀 관계나 혹은 고용 관계에서 주의 선한 뜻을 드러내며 원만하게 살게 될 것입니다(갈 6:2; 약 2:8).

31장
그치지 않는 기도
골로새서 4:2-3

"기도를 계속하고 기도에 감사함으로 깨어 있으라"(4:2).

"또한 우리를 위하여 기도하라…"(4:3)

골로새 교인들은 이방인들이었습니다. 그들은 이교의 문화 속에서 살다가 복음을 듣고 예수님을 구주로 영접하여 구원을 받았습니다. 그들은 여전히 이방신들을 섬기는 골로새에서 살았지만, 그리스도의 구원을 받았기에 이제부터는 새로운 삶의 영역으로 옮겨진 사람들이었습니다. 그래서 바울은 "그가 우리를 흑암의 권세에서 건져내사 그의 사랑의 아들의 나라로 옮기셨다"(골 1:13)고 말했습니다. 그들은 예수님이 대신 흘리신 "십자가의 피로"(골 1:20) 하나님과 화해가 되었습니다. 이교도들이었던 그들은 전에는 하나님과의 관계에서 보면 "악한 행실로 멀리 떠나 마음으로 원수"(골 1:21)가 되었습니다. 그러나 이제는 하나님의 용서를 받았습니다. 그들은 그리스도를 믿음으로써 예수님의 죽음과 부활에 연합되었습니다. 그들은 과거의 옛사람에게 죽고 새사람을 입었습니다(골 2:12, 10). 그들은 신분상으로 하나님의 자녀가 되고 어둠에서 하나님의 아들의 나라로 옮겨졌습니다. 그래서 그들은 새 주인이신 예수 그리스도의 형상을 닮아야 했습니다.

바울은 3장 5절에서부터 시작하여 "그러므로 땅에 있는 지체를 죽이라"고 권면하였습니다. 이것은 옛사람에게 속한 잔재들을 죽이며, 그리스도의 성품을 입고, 올바른 인간관계를 갖는 것입니다(3:5-4:1). 바꾸어 말하면, 이미 받은 구원의 실체가 어떤 것인지를 실제적인 삶에서 드러내라는 것입니다. 신자의 삶은 그리스도의 생명을 밖으로 표출시키는 것입니다. 곧 거룩함과 사랑과 겸비와 용서를 실천하는 삶이며 평강과 감사와 찬양 속에서 날마다 하나님을 섬기는 삶입니다(3:12-17).

이제 바울은 실제적인 크리스천 삶의 마지막 단원에서 기도에 대해 권면합니다. 신자들에게 가장 익숙한 것이 있다면 기도라고 해도 과언이 아닙니다. 기도는 공적 예배에 포함되어 있습니다. 교인들은 모일 때마다 으레 기도합니다. 그런데 어떤 면에서 기도는 항상 있지만, 항상 하지 않는다고 말할 수 있습니다. 기도를 아예 하지 않는 신자들도 있습니다. 형식적이고 그릇된 기도도 많습니다. 만약 이런 일이 없다면, 바울이 기도에 대해 권면할 필요가 없었을 것입니다. 우리는 성경의 가르침에 비추어 우리의 기도를 점검해 보아야 합니다. 기도에 불신실하기란 너무도 쉬운 일이기 때문입니다.

기도에는 인내가 필요합니다.

바울은 오래 참음으로 옷 입으라고 하였습니다(3:12). 그리스도 안에서 새사람으로 출발 된 이후로 신자들에게는 인내해야 할 일들이 많습니다. 물론 주 예수를 믿기 이전에도 참아야 할 일들이 한두 가지가 아니었습니다. 인생살이란 내 마음대로 척척 이루어지지 않습니다. 그래서 때로는 참기도 하지만 못 참고 포기하기도 합니다. 그런데 신자가 된 후에는 나 자신이 중심이 되어 참고 안 참는 일을 결정하지 않습니다. 예수 그리스도가 나의 새로운 주인이시며 모범이시기 때문입니다. 성경의 가르침이 우리가 따라야 할 원칙이며 가이드입니다. 우리는 내가 싫어도 성경 말씀에서 참아야 하는 일이라고 가르친 것은 참도록 힘써야 합니다. 기도의 경우에서도 우리는 오래 참으라는 권고를 받았습니다. 그럼 꾸준히 기도해야 할 이유는 무엇일까요?

첫째, 하나님께 기도했어도 금방 응답받지 못할 수 있습니다.
응답이 없으면 낙심하고 쉽게 중단해 버립니다. 처음에는 간절히 기도하다가도 조금씩 지체되기 시작하면 힘이 빠져 버립니다. 그래서 인내하라고 했습니다. 그냥 참고 기다리라는 말이 아니고 기도를 더욱 계속하라는 것입니다. 기도를 계속하려면 하나님을 더욱 신뢰해야 합니다. 하나님께서 자녀를 보살피신다는 것과 주의 뜻대로 올리는 기도를 응답하신다는 것을 믿어야 합니다.

둘째, 우리의 기도를 사탄이 매우 싫어합니다.

기도 문제는 시간이 없거나 장소가 없어서 생기는 것이 아닙니다. 기도가 방해를 받는 까닭은 사탄이 역사하기 때문입니다. 왜 사탄은 우리의 기도를 싫어할까요? 사탄은 기도의 능력을 믿기 때문입니다! 사탄은 예수님의 기도를 당할 수 없었습니다. 하나님께서 예수님의 기도를 항상 응답하셨기 때문입니다. 사탄은 지금도 예수님을 증오합니다. 예수님이 여전히 기도하시기 때문입니다. 예수님은 우리의 대제사장으로서 하늘 아버지 앞에서 쉬지 않고 우리를 위해 중보하십니다. 우리가 기도한다는 것은 예수님의 모범을 따르는 것입니다. 그래서 우리의 기도를 사탄이 기를 쓰고 방해합니다. 사탄은 우리가 하나님의 이름과 하나님의 나라와 하나님의 뜻을 위해 기도하는 것을 싫어합니다. 그런 기도는 사탄의 이름과 사탄의 나라와 사탄의 뜻이 막히는 것을 의미하기 때문입니다.

우리는 사탄이 방해한다고 해서 기도를 중단할 수 없습니다. 사탄의 방해는 항상 있지만, 우리 편에서도 항상 기도하면 물리칠 수 있습니다. 우리가 마귀에게 틈을 주지 않으면 됩니다(엡 4:27). 마귀의 공격을 받으면 그것이 그의 악한 계책이라는 것을 알고 기회를 주지 않으면 이길 수 있습니다. 기도할 때에 자꾸 딴생각이 떠오르거나 마음이 혼란스러우면 하나님의 말씀을 읽으며 다시 주님의 도움을 구하면서 포기하지 말아야 합니다.

셋째, 꾸준한 기도가 주는 영적 교훈들이 많습니다.

하나님께서는 약속하시고 지체하시는 일이 많습니다. 아브라함에게 아들을 약속하시고 얼마나 기다리게 하셨는지 생각해 보십시오! 하나님 앞에서 기다리는 시간은 낭비가 아닙니다. 아브라함이긴 세월 동안 하나님의 약속을 기다리며 받은 교훈이 없었다면 어떻게 되었겠습니까? 그는 결코 모리아 산에서 이삭을 바치라는 하나님의 명령에 순종하는 믿음을 보일 수 없었을 것입니다. 그가 믿음의 정상에 올라 메시아에 대한 하나님의 맹세의 축복을 받을 수 있었던 것은 오래 기다리며 영적 교훈을 받은 덕분이었습니다. 하나님께서는 기도의 응답을 지체하심으로써 우리가 과연 하나님을 끝까지 신뢰하며 의존하는지를 우리에게 확인시켜 주십니다. 우리가 하나님을 어느 정도로 신뢰하며 순종하는지를 알 수 있는 한 가지 방법은 우리가 얼마나 오래 참으면서 기도하는지를 보면 됩니다. 하나님에 대한 전폭적인 신뢰가 없다면 끝까지 기도할 수 없습니다. 기도하다 보면 지쳐서 하나님에 대한 의심이 생깁니다. 하나님이 나의 문제에 관심이 없으시거나 나를 그다지 사랑하시지 않는 듯하다는 느낌을 받습니다. 너무 오래 응답이 없으면 기도는 해봤자 소용없다는 푸념으로 끝납니다.

[하나님은 왜 기도 응답을 지체하실까요?]

하나님께서 지체하시는 까닭은 우리를 사랑하지 않거나 혹은 우리 문제에 관심이 없어서가 아니고, 테스트를 통해 우리 자신을 살펴보게 하려는 것입니다. 그런데 하나님께서 우리의 믿음을 테스트하신다고 말하면 그리 달갑게 들리지 않습니다. 우리 믿음이 좋은지 나쁜지, 믿음이 많은지 적은지를 이미 다 아실 텐데 왜 시간을 끌면서 테스트를 하셔야 할까요? 이것은 하나님 자신을 위한 것이 아니고 우리를 위한 것입니다. 우리는 자신이 가진 믿음의 정도를 평소에는 잘 모릅니다. 그리스도를 믿고 산다고 생각하지만, 실제로 일을 당해 보지 않으면 나의 믿음이 어느 정도로 굳건하고 꾸준한지 알 수 없습니다. 우리는 대부분 시련을 겪을 때 비로소 자신의 믿음이 적다는 것을 깨닫습니다. 우리가 하나님을 신뢰한다고 말하지만, 믿음이 발휘되어야 할 현장에서는 너무도 나약하고 초라한 자신을 보고 허탈해합니다. '내가 좀 믿는 줄 알았더니 그렇지 않았구나' 하는 깨달음이 올 때 우리는 지금까지의 신앙생활을 돌아보고 반성하며 새로운 결단을 하게 됩니다.

그런데 이런 자세가 없다면, 하나님께서 시련을 거쳐 주시려는 축복을 놓치게 됩니다. 주께서 지체하시는 이유는 우리로 하여금 자신을 살펴보라는 것입니다. 내가 바른 기도를 하고 있는지, 하나님의 뜻을 좇아 기도하는지, 성령의 인도를 받고 있는지, 하나님이 가르치신 교훈에 따라 기도하는지를 살펴보아야 합니다. 내가 어린아이들처럼, 자기에게 필요한 것만 내놓으라고 떼를 쓰고 있는지 점검해야 합니다. 주님의 나라를 위한 유익이나 주 예수의 성품을 닮는 문제에는 하등의 관심도 없이 물질적이고 세속적인 것들에 집착하고 있지 않은지 살펴보라는 것입니다. 내가 정말 주님을 사랑하고 내게 주신 주님의 소명을 이루기 위해서 구하고 있는지 반성해 보아야 합니다. 하루 이틀 정도가 아니고 바울처럼 날마다 "그치지 아니하고 구"(골 1:9)하고 있는지 자신을 살펴보는 시간을 갖도록 하십시다.

하나님께서는 주기를 꺼리시는 것이 아닙니다. 우리가 받을 영적 준비가 안 됐기 때문에 지체하십니다. 그러니까 기다리시는 분은 사실상 우리보다 하나님이십니다. 하나님께서는 우리가 자신을 살펴고 하나님을 전적으로 신뢰하며 은혜의 보좌 앞으로 날마다 꾸준히 나아오기를 기다리십니다. 때로는 영적 교훈을 배우는 일과 직접적인 관련이 없는 다른 측면의 문제들이 있으므로 지체하기도 하십니다.

그러나 어떤 경우에서든지 우리는 비성경적이고 그릇된 탄원을 제거하면서 하나님의 자비의 응답을 기다려야 합니다. 하나님께서는 즉각적인 응답보다는 우리의 영성이 순화되고 하나님의 영광이 더 확보되는 때에 자비를 베푸시며 우리를 새로운 단계의 믿음 생활로 이어지게 하십니다. 이러한 교훈과 은혜는 오래 참는 기도의 과정이 없으면 체험할 수 없습니다.

깨어서 기도해야 합니다.

사탄은 우리가 기도로 하나님과 교제하지 말고, 에덴동산의 하와처럼 자기와 교제하기를 원합니다. 사탄은 우리가 예수님의 기도를 본받지 않기를 원합니다. 그는 하나님을 신뢰하지 않고 하나님께 기도하지 않는 자기를 우리가 본받기를 원합니다. 우리가 기도하지 않는 것은 누구의 책임입니까? 우리 자신의 책임입니다. 우리에게는 어떤 경우라도 기도하지 않아야 할 구실을 내걸 수 없습니다. 우리는 기도의 영역을 사탄이 시험의 장소로 보고 들락거린다는 사실을 인식하고 깨어 있어야 합니다. 그래서 바울은 에베소 교인들에게도 "항상 성령 안에서 기도하고 이를 위하여 깨어 구하기를 항상 힘쓰라"(엡 6:18)고 하였습니다. 기도는 영적 격전장입니다. 사탄과 그의 악령들을 만나려면 기도의 방으로 들어가 보십시오. 어둠의 세력이 이런저런 방법으로 나의 기도를 막아서려는 것을 경험할 것입니다. 사탄은 우리의 기도를 방해하기 위해서 잘못된 기도를 가르치게 하고, 그릇된 기도를 올리게 하며, 기도하지 말고 미루어야 할 오만 가지 핑계들을 내놓게 합니다.

기도를 체험적으로 아는 신자라면 기도가 쉽다고 말하지 않습니다. 기도는 하나님의 능력을 체험하고 하나님과의 은혜로운 교제가 이루어지는 축복의 현장이지만, 사탄이 우리를 넘어뜨리기 위해서 항상 대기 중인 시험의 장소입니다. 우리가 기도하여도 맥체인(Murray McCheyne)의 말처럼, '기도 없는 기도'(prayerless prayer)를 할 때가 얼마나 많은지 모릅니다. 우리는 진부하고 메마른 기도를 반복해서 해 본 경험이 있을 것입니다. 그래서 바울은 "우리의 씨름은 혈과 육을 상대하는 것이 아니요…하늘에 있는 악의 영들을 상대함이라"(엡 6:12)고 하였습니다. 베드로도 "근신하라 깨어라 너희 대적 마귀가 우는 사자 같이 두루 다니며 삼킬 자를 찾는다"(벧전 5:8)고 하였습니다.

기도는 신자의 거룩한 행위입니다. 그런데 거룩한 일을 해치려고 하는 것이 마귀의 일입니다. 기도하면 마귀가 도망치는 것이 아니고 더 달라붙습니다. 마귀는 기도 없는 강대상에는 올라가지 않습니다. 기도 없는 교회에도 관심이 없습니다. 마귀가 왔다가 이길 수 없어서 도망을 치는 교회가 되어야 합니다. 아예 올 필요성도 느끼지 않는다면, 그런 교회나 교인들은 영적으로 깊이 잠들어 있다는 증거입니다. 마귀는 잠자는 교회를 깨우러 다니지 않습니다. 겟세마네 동산에서 잠자는 제자들을 깨우신 분은 예수님이었습니다.

그런데 우리가 깨어서 기도한다는 것은 사탄을 두려워하라는 말이 아니고, 사탄의 공격이 있음을 의식하고 경계하라는 뜻입니다. 소극적인 경계가 아니고 적극적으로 성령 안에서 하나님을 신뢰하고 대적하면 마귀는 물러선다고 하였습니다(약 4:7). 우리는 호시탐탐 우리를 노리는 악한 영들의 영향을 받지 않도록 깨어 있어야 합니다. 그래서 왜 우리가 기도해야 하고, 무슨 문제를 놓고 기도하는지를 수시로 확인하면서 하나님의 뜻과 복음에 따라 은혜의 보좌 앞으로 담대히 나가는 습관을 길러야 합니다. 날마다 기도하며 하나님과 교제하는 시간을 갖도록 하십시다. 마음에서 우러나오지 않은 말들을 하면서 기도했다고 여기지 마십시오. 다른 사람의 성의 없는 빈 말은 싫어하면서 정작 나 자신이 하나님께 올리는 기도가 무성의하다면 모순입니다. 기도할 것을 미리 생각해 보고 혹은 잊지 않도록 메모지를 사용하거나 가장 좋은 시간을 기도를 위해 정해 두는 것도 좋은 방법입니다.

기도는 자연히 되지 않습니다. 그래서 기도에 힘쓰라고 하였습니다. 우리는 기도를 쉽게 중단합니다. 기도에는 방해가 많습니다. 기도는 전쟁의 성격이 있기에 영적으로 깨어 있어야 하고 포기하지 않는 인내가 필요합니다. 자신의 기도 생활에 대해서 곰곰이 반성해 보고 하나님께 지혜를 구하면서 새롭게 기도하면 주께서 기뻐하시고 도와주십니다.

기도는 감사를 수반해야 합니다.

우리는 일반적으로 말해서 급한 일이나 힘든 문제 혹은 매우 중요한 사건이 터졌을 때 기도합니다. 이것은 당연한 일입니다. 우리의 어려운 상황을 도와주실 분은 전능하신 하나님이십니다. 그런데 가령 사랑하는 자식이나 아내가 갑자기 죽었다면 어떻게 감사하며 기도할 수 있겠습니까? 가족 중에 마약 중독자나 알코올 중독자가 있어 날마다 행패를 부리고 문제를 일으키는데 어떻게 감사할 수 있겠습니까? 일이 잘못되어 큰 빚을 지고 거리에 나앉게 되었는데 어찌 감사기도가 나오겠습니까? 누가 나를 죽이겠다고 협박하는데 어떻게 불안한 마음으로 감사할 수 있겠습니까? 나의 문제가 너무도 절박하여 정신도 없고 살아갈 길이 막막한데 어떻게 감사하며 기도하겠습니까?

이런 상황이라면 억지로라도 감사 기도를 해야 한다는 강박 관념에 눌리지 마십시오. 기도는 자연스럽게 해야 합니다. 기도는 우리 마음에서 우러나와야 합니다. 인위적으로 짜내거나 억지로 만들어 내는 기도는 하나님이 들으시지 않습니다.

그런데 감사할 수 없다고 기도를 못 하는 것은 아닙니다. 감사 기도만 기도가 아니지 않습니까? 기도에는 울음도 있고 기쁨도 있습니다. 성도의 심령 깊은 곳에서 분출되는 기도는 감사가 있든지 없든지 하나님께서 들으십니다. 하나님과 친밀하므로 무엄한 질문도 던지고 탄원도 할 수 있습니다. 마음을 찢는 회개와 십자가의 피로 씻김을 받는 용서와 하나님의 사랑을 절감하는 순간들이 모두 기도를 통해 체험될 수 있습니다. 우리는 기도할 때마다 기도의 모든 요소를 다 포함할 수 없습니다. 아무도 그렇게 기도하지 않습니다. 우리는 기도자의 상황이 각기 다르다는 점을 고려해야 합니다. 그러나 원칙적으로 말해서, 감사는 모든 성도의 기도에 바탕으로 깔렸다고 할 수 있습니다. 신자라면 감사해야 할 근본적인 이유가 있습니다. 그 이유는 한둘이 아닙니다.

우리는 하나님의 구원을 받고 하나님이 어떤 분이신지를 알며 하나님의 말씀을 통해 온 세상이 새 하늘과 새 땅으로 변화될 것을 믿기에 기도합니다. 이 경이로운 하나님과 놀라운 은혜의 복음에 대해서 우리가 마땅히 보여야 할 첫 반응은 감사하는 것입니다. 하나님께서 예수님을 우리의 구주로 보내시지 않았다면 우리가 어떻게 되었겠습니까? 예수님이 아버지 하나님의 뜻에 순종하여 대속의 십자가로 가시지 않았다면 어떻게 되었겠습니까? 하나님께서 우리를 이끌어주시지 않았다면 어떻게 주님을 믿고 구원을 받을 수 있었겠습니까? 예수님이 죽음에서 다시 살아나시지 않았다면 우리가 어떻게 사망과 마귀의 손에서 풀려날 수 있었겠습니까? 예수님이 승천하시지 않았다면 어떻게 우리가 사후에 천국에 들어갈 수 있겠습니까? 하나님께서 온 우주를 새 하늘과 새 땅으로 변화시키시지 않는다면 이 부패한 세상의 장래에 무슨 소망이 있겠습니까? 우리는 하나님의 구원에 대해 끝없는 감사를 드려도 다함이 없습니다. 우리 각자가 그동안 받은 하나님의 여러 도우심과 축복을 생각해 보십시오. 얼마나 많은 위기에서 구출을 받았고 얼마나 고통스러운 상황에서 살아남았습니까? 어찌 감사하지 않을 수 있겠습니까?

내 인생은 너무도 거칠고 불행했다고 불평하며 감사할 것이 없다고 말하는 분들이 있을지 모릅니다. 사람의 표준으로 본다면, 상대적으로 더 불행한 사람들이 많습니다. 무서운 질병을 안고 태어난 사람도 있고, 말 못 할 학대를 당하고 억울한 피해를 본 사람들도 한 둘이 아닙니다. 가난을 벗어나지 못하고 사람대접을 못 받는 사람들도 적지 않습니다. 이혼으로 가정이 파괴되고 자녀의 탈선으로 가슴이 찢어지는 부모들도 있습니다. 사업의 실패로 빚더미에 눌려 자살 직전까지 간 분들도 있습니다.

그런데 우리가 이런 무리에 속한다 하여도, 주 예수를 믿고 구원을 받았다면 온 세상과도 바꿀 수 없는 복을 받은 자들입니다. 하나님은 우리 각자가 처한 모든 사정을 자세하게 아십니다. 그리고 때가 되면 잘못된 모든 것을 바로잡고 고통스러운 일체의 아픔들을 치유하실 것입니다. 우리가 어떤 상황에서도 끝까지 주님에 대한 신뢰를 잃지 않고 견딘다면 주님의 칭찬과 상을 받게 될 것입니다. 우리는 그리스도 안에서 모든 것을 누릴 자들입니다. 복음의 소망을 확신하고 사는 신자라면, 현실이 거칠고 힘들어도 그리스도 안에서 감사할 수 있는 소재를 넉넉히 발견합니다.

우리는 홀로 오늘만 살고 마칠 자들이 아닙니다. 우리는 이 세상에서 성령을 모시고 삽니다. 성령 하나님의 임재가 있다는 것은 이 죄악 된 세상에서 우리가 가질 수 있는 최대의 축복입니다. 우리 속에 하나님이 계신다는 사실을 되새겨 보십시오. 이 사실을 확신하며 체험하고 있다면 어찌 감사하지 않을 수 있겠습니까? 신자로서 성령 하나님의 내주를 받지 않는 자가 어디에 있습니까? 아무도 없습니다. 예수님이 승천하신 후에 성령께서 자기 백성에게로 내려오셨습니다. 영원토록 우리와 함께하신다고 약속하셨습니다. 우리가 누구를 믿고 이 세상을 삽니까? 성령께서는 우리를 위로하고 보살피는 보혜사로 오셨습니다. 우리의 소망이 어디에 있습니까? 우리 안에 성령으로 함께 계신 그리스도가 우리의 "영광의 소망"(골 1:27)이라고 했습니다. 그렇다면 감사하지 않을 수 없습니다. 하나님이 준비하신 영원한 새 소망의 찬란한 왕국이 우리를 기다리고 있습니다. 이보다 더 가슴을 뛰게 하는 감격과 감사의 소재가 없을 것입니다.

"하나님의 장막이 사람들과 함께 있으매 하나님이 그들과 함께 계시리니 그들은 하나님의 백성이 되고 하나님은 친히 그들과 함께 계셔서 모든 눈물을 그 눈에서 닦아 주시니 다시는 사망이 없고 애통하는 것이나 곡하는 것이나 아픈 것이 다시 있지 아니하리니 처음 것들이 다 지나갔음이러라"(계 21:3-4).

이 놀라운 약속이 얼마나 큰 위로와 힘이 됩니까? 그렇다면 하나님 앞에 나아갈 때 우리는 항상 감사하는 마음을 가져야 하지 않겠습니까? 기도할 때마다 감사를 반드시 맨 앞에 넣어야 한다는 말이 아닙니다. 새 언약 백성은 아무리 좋은 것이라도 규칙이나 형식에 따라 주를 섬기지 말아야 합니다. 우리는 모세법이나 그와 유사한 어떤 규범 아래에도 묶여 있지 않습니다. 우리는 예수님 아래에서 하나님을 섬깁니다. 우리는 규칙이나 규정이 아닌, 성령으로 사는 새 언약 백성입니다. 그래서 우리는 바울의 가르침 대로 "성령 안에서 기도"(엡 6:18)해야 합니다. 성령의 충만을 받고 성령의 인도와 감동 속에서 기도한다면, 고통스러운 상황 속에서도 마음 깊은 곳에는 구원의 기쁨이 있고 하나님께 대한 감사가 깔렸음을 의식할 것입니다. 하나님께서는 우리가 이러한 마음으로 기도하기를 원하십니다. 주 예수 그리스도의 이름으로 기도하며 그분의 이름이 대변하는 구원의 의미를 아는 자라면, 십자가의 희생으로 얻은 하나님의 측량할 수 없는 은혜에 감복하며 감사하게 될 것입니다.

우리가 여러 가지 제목을 놓고 주께 기도할지라도, 우리의 심령은 항상 뜨겁고 황송하기 그지없는 감사로 젖어 있어야 합니다. 감사할 때는 의심도 하지 않고 두려워하지도 않습니다. 감사는 심령의 평안을 가져옵니다. 감사는 자신이 받은 은혜가 하나님에게서 왔다는 것을 인정하는 경건한 행위입니다. 감사 기도란 과거에 행하신 하나님의 선한 일과, 현재 행하고 계신 은혜의 활동들을 주목하며 기뻐하는 것입니다. 또한, 하나님의 선한 성품과 능력을 믿기에 앞으로 이루실 구원의 대 완성을 미리 내다보며 소망 중에 즐거워하는 것입니다. 그래서 감사하는 기도는 하나님 중심이 아닐 수 없습니다. 이것은 기도할 때에 감사의 말을 앞에 놓느냐 뒤에 놓느냐 하는 순서나 격식의 문제가 아닙니다. 감사라는 용어를 반드시 넣어야 하느냐 않느냐의 문제도 아닙니다. 중요한 것은 구원에 대한 감사를 바탕으로 깔고 기도해야 한다는 것입니다. 감사의 용어가 중요한 것이 아니라 감사하는 사람으로서 기도하는 것이 더 중요합니다.

감사는 우리의 기도에 쉼을 주고, 지친 마음에 활력을 불어넣습니다. 감사는 우리의 기도에 훈기가 돌게 하고 눌리고 답답한 마음을 가볍게 해 줍니다. 구원의 은혜를 모르는 불신자들은 하나님께 감사할 수 없습니다. 그들에게는 하나님께 감사할 아무런 소재가 없습니다. 믿지도 않는 하나님께 감사한다는 것은 말이 되지 않습니다. 그러나 구주 하나님께 감사하면서 살면 얼굴이 밝아지고 삶에

윤기가 흐릅니다. 고통과 고난 속에서도 감사할 수 있는 마음을 잃지 않는다면, 하나님께서 원하시는 영성에 당도한 것입니다. 우리가 역경 속에서도 감사할 수 있다면, 복음의 능력이 어떤 것인지를 실증하는 셈이 됩니다.

중보 기도의 유익은 무엇인가?

하나님께 대한 감사는 우리의 기도를 통해서도 늘어납니다. 우리는 기도 응답을 받을 때 감사합니다. 물론 기도하지 않았는데도 일어나는 좋은 일들 때문에 감사하기도 합니다. 그러나 오래 참으면서 올린 기도의 소청이 응답되면 더 기쁘고 더 짙은 감사를 하게 됩니다. 그런데 자신을 위한 기도에서만이 아니고, 다른 사람들을 위해서도 기도하면 그만큼 감사 거리가 증가할 확률이 높아집니다. 바울은 골로새 교인들에게 중보 기도를 부탁하였습니다.

"또한 우리를 위하여 기도하되 하나님이 전도할 문을 우리에게 열어 주사 그리스도의 비밀을 말하게 하시기를 구하라…"(골 4:4).

중보 기도는 가장 이타적인 기도입니다. 중보 기도는 이웃 사랑에 대한 실제적인 표현입니다. 우리는 이웃을 물질적으로 도와줄 수 없는 경우라도 그들을 위해 기도해 줄 수 있습니다. 그들을 위한 기도가 응답되었을 때 어떤 일이 일어납니까? 함께 기뻐하게 됩니다. 그래서 중보 기도를 많이 할수록 그만큼 감사가 풍성해집니다. 그런데 기도를 하지 않는다면 어떻게 되겠습니까? 감사가 적은 교인이 됩니다. 감사할 소재가 적다는 것은 영적 체험이 적다는 뜻입니다. 하나님께서 축복의 통로로 정하신 기도에 무관심하면 잃는 것이 많습니다. 무엇보다도 하나님께서 기도를 들으신다는 사실을 실감 나게 체험하지 못합니다. 이러한 영적 체험을 누리지 못하는 신자는 아무리 가진 것이 넉넉하고 여유 있게 살아도 실상은 영적으로 궁핍한 사람입니다.

예수님은 "너희 원수를 사랑하며 너희를 박해하는 자를 위하여 기도하라"(마 5:44)고 하셨습니다. 우리는 중보 기도를 통하여 원수까지도 사랑하게 됩니다. 중보 기도의 대상에 원수까지 포함될 수 있다면 중보하지 못할 대상이 없을 것입니다. 자신을 위해서 기도하는 일도 필요하지만, 다른 사람들을 위해 계속 기도해 보십시오. 신앙생활의 질이 상승하는 것을 알게 될 것입니다. 적어도 내가 남을 위해서 작은 선행을 한다는 것을 알기에 기뻐할 수 있습니다. 또 하나님께서 복을 주셔서 중보 기도가 응답되게 하실 때는 나의 기쁨이 고조됩니다. 이 같은 기쁨은 우리의 영혼을 맑게 해 줍니다. 맑은 영혼과 순수한 기쁨을 안고 하나님께 감사하는 자가 되도록 하십시다.

바울은 우리가 이런 방식으로 감사하는 것을 "선하고 받으실 만한 것"(딤전 2:3)이라고 하였습니다. 히브리서의 저자도 이런 선행을 하나님께서 기뻐하신다고 말하였습니다(히 13:16). 하나님을 기쁘게 해 드리고 싶으면 오늘부터 중보 기도를 실천해 보십시오. 짧아도 남을 위한 기도에 사용되는 시간은 무의미하게 사라지지 않습니다. 모든 중보 기도는 대제사장이신 주님의 가슴속에 새겨집니다. 우리는 예수님의 중보 기도 덕분에 아직도 믿음을 유지하고 삽니다

(요 17장). 주님은 베드로의 믿음이 떨어지지 않도록 기도하셨습니다(눅 22:31-32). 우리를 위해서도 주님은 하늘 성전에서 대제사장으로서 아버지께 날마다 계속하여 감사함으로 중보하십니다. 이것이 우리가 닮아야 할 예수님의 모습입니다. 우리도 주님처럼 하나님의 은혜가 다른 사람에게 내리는 통로가 될 때 "왕 같은 제사장들"(벧전 2:9)이 됩니다.

중보 기도자들이 무슨 전문직처럼 따로 있는 것이 아닙니다. 다른 일은 하지 않고 중보 기도만 하는 것은 비정상적입니다. 전문 중보 기도자가 되기 위해 직업도 그만두는 분들이 있습니다. 그러나 기도원에 가서 중보 기도만 한다고 해서 더 영적인 것이 아닙니다. 사무엘은 "나는 너희를 위하여 기도하기를 쉬는 죄를 여호와 앞에 결단코 범하지 아니"(삼상 12:23)하겠다고 약속했습니다. 그러나 그는 백성을 위해 중보 기도만 하는 것이 아니고 "선하고 의로운 길을 가르칠 것"(삼상 12:23)이라고 했습니다. 우리의 대제사장이신 예수님은 자신의 중보 사역을 그치신 적이 없었지만, 삶의 현장에서도 제자들을 항상 섬기셨습니다.

새 이스라엘 백성인 우리는 중보 기도의 소명을 받은 자들입니다. 우리가 중보 기도를 하지 않으면서 "왕 같은 제사장들"(벧전 2:9)이라고 믿는다면 모순입니다. 구약 시대의 제사장들은 다른 일은 하지 않고 성전에서 의식만 행하였습니다. 그러나 새 언약 시대의 제사장들은 이 세상에서 정상적으로 살면서 중보 기도를 하는 교인들입니다.

하나님께서 우리에게 중보 기도의 소명을 주신 선한 목적의 하나는 우리의 영성을 높여주기 위한 것입니다. 이기적이고 자아 집착적인 기도 습관으로부터 해방되려면 남을 위한 중보 기도가 가장 효과적인 처방입니다. 나만 복 받고 살면 된다는 식의 소시안적인 이기주의 신앙으로부터 탈피하는 길은 중보 기도를 하는 것입니다. 하나님께서는 중보 기도를 통해서 이웃 사랑을 실천하게 하십니다. 나의 필요에만 집중된 기도에서 다른 사람의 필요도 생각하며 그들을 위해서 꾸준하게 기도할 수 있다면 하나님 나라 백성의 진모를 드러내는 것입니다. 말로만 하나님 나라를 위해서 산다고 할 것이 아닙니다. 입으로만 하나님의 통치를 받는 것이 하나님 나라라고 말하지 말아야 합니다. 믿음 생활의 기본인 기도에서 자신이 하나님의 다스림을 받는 자임을 드러낼 수 없다면, 복음의 기초부터 다시 배워야 합니다.

중보 기도는 하나님의 나라가 견실하게 발전되기 위해서 하나님께서 우리를 참여시키는 축복의 수단입니다. 하나님께서는 중보 기도를 통해서 우리를 그리스도의 모습으로 조형하시며 하나님의 궁극적인 구원이 완성되도록 계획하셨습니다. 하나님은 우리의 중보 기도를 통해서 많을 일들을 이루어가십니다. 이 신령한 사역에 우리를 포함시켰다는 사실을 기억하고 날마다 감사하며 다른 사람을 위한 중보 기도에 신실하도록 힘써야 하겠습니다. 그리고 하나님께서는 자녀들의 믿음의 기도를 들으시고 상주시는 분임을 믿어야 합니다.

"믿음이 없이는 하나님을 기쁘시게 하지 못하나니 하나님께
나아가는 자는 반드시 그가 계신 것과 또한 그가 자기를 찾

는 자들에게 상 주시는 이심을 믿어야 할지니라"(히 11:6).

우리는 하나님께서 주의 이름으로 올리는 기도를 들으신다는 사실을 믿고 감사해야 합니다. 기도를 들으신다는 확신이 없으면 안심하고 기도할 수 없습니다. 하나님은 우리가 청하고 생각하는 것보다 더 많이 주시는 분임을 감사해야 합니다(롬 8:32; 엡 3:20). 하나님은 결코 인색하신 분이 아닙니다. 하나님께서 십자가의 피로써 구속한 자기 백성을 사랑하신다는 사실을 감사해야 합니다. 하나님이 우리를 사랑하신다는 확신이 없으면 기도에 힘쓸 수 없습니다.

하나님께서 자기 아들을 통해서 십자가에서 어떤 일을 행하셨는지를 생각해 보십시오. 자기 아들이 극도의 신체적 정신적 영적 고통을 받으면서 처형되도록 버리셨습니다. 예수께서 그때 "어찌하여 나를 버리시나이까"라고 절규하셨습니다. 어째서 하나님이 자기 아들을 버리셨습니까? 우리 죄인들을 하나님의 사랑의 가슴 안에 품어 주기 위해서였습니다. 우리를 죄와 사망과 사탄의 마수에서 구출하기 위해서였습니다. 우리를 죄인이 아닌, 의인이 되게 하시고 하나님의 자녀들로 회복시키기 위해서였습니다.

'그리스도 안에' 있다는 것이 무엇인지를 깊이 묵상해 보시기 바랍니다. 주 예수를 자신의 대속주로 믿는 순간 우리는 그리스도 안으로 들어갑니다. 그리스도 안에 있으면, 하나님께서는 예수님을 사랑하시는 만큼 우리를 사랑하십니다. 예수님에 대한 하나님의 사랑과 우리에 대한 하나님의 사랑은 본질적으로 같은 사랑입니다(요 17:23). 하나님의 사랑은 변치 않습니다. 주 예수를 자신의 구주로 믿으면 하나님의 자녀입니다. 하나님은 그의 자녀들을 끝까지 사랑하십니다. 그래서 자녀들로부터 찬송 받기를 기뻐하시고 그들의 기도를 응답하기를 즐거워하십니다. 하늘 아버지께서는 자녀들이 날마다 기도로 주께 나오기를 기다리십니다. 그렇다면 우리가 기도에 힘쓰지 않아야 할 이유가 없지 않겠습니까?

자신들을 위해서도 기도하십시오. 기도에 발전과 성숙이 있어야 합니다. 하나님을 더 알아갈수록 기도가 더 깊어져야 합니다. 예수님이 가르치신 주기도문의 순서를 따라 기도해 보십시오. 하나님의 이름과 하나님의 나라와 하나님의 뜻을 내 기도의 초점과 주제로 삼으십시오. 하나님의 이름과 그분의 다스림이 이 세상에서 더욱 드러나도록 기도하십시오. 주의 나라가 임하며 그의 이름이 영광을 받고 하나님의 뜻이 이루어지기 위해 내가 무엇을 해야 할 것인지를 놓고 기도하십시오.

자신에 대한 영적 열망을 품고 기도하십시오. 자신이 받은 소명을 위해 필요한 것들을 간구하고 하나님의 위대하심과 선하심을 찬양하십시오. 회개하며 용서를 비는 기도를 올리십시오. 성령의 음성을 분별할 수 있는 영적 민감성을 위해 기도하고 악한 마귀로부터의 보호를 간구하십시오. 내가 받은 구원과 치유와 자비와 용서에 대해서 감사하며 다른 사람들에게도 하나님의 동일한 은혜가 내리기를 간구십시오. 나의 이웃들을 위해서, 주님의 친구들을 위해서(요 15:14-15), 세상의 죄인들을 위해서 기도로 중보하시기 바랍니다. 혼자 하루를 보내지 말고 하나님께 내 마음을 붓는 기도의 삶이 되게 하십시오. 우리 모두 기도의 사람들이 되어야 하겠습니다.

32장

복음 전파와 중보 기도
골로새서 4:3-6

"또한 우리를 위하여 기도하되 하나님이 전도할 문을 우리에
게 열어 주사 그리스도의 비밀을 말하게 하시기를 구하라 내
가 이 일 때문에 매임을 당하였노라"(4:3).

바울은 이제 골로새서를 마무리하면서 기도에 대해 권면합니다.
여기서 우리는 복음 전파와 관련해서 바울의 기도관이 어떤 것이었
는지를 일견할 수 있습니다(4:3-8). 기도는 초대 교회의 현저한 특징
이었습니다. 오순절 체험 이후로 초대 교회는 기도에 힘쓰는 기도
공동체였습니다.

"그들이 사도의 가르침을 받아 서로 교제하고 떡을 떼며 오
로지 기도하기를 힘쓰니라"(행 2:42).

일반 성도들뿐만 아니라 사도들도 "우리는 오로지 기도하는 일과

말씀 사역에 힘쓰리라"(행 7:4)고 하였습니다. 사도들은 기도의 중요성을 알고 이를 교회에 가르쳤고 자신들도 몸소 기도에 헌신된 삶을 살았습니다. 사도들이 말하는 기도는 가끔 한두 번씩 하는 기도가 아니고 꾸준하고 투신된 기도입니다. 그래서 바울은 "쉬지 말고 기도하고"(살전 5:17) "기도에 항상 힘쓰라"(롬 12:12)고 하였습니다.

이것은 매우 실제적인 권면입니다. 기도처럼 게을리하기 쉬운 것이 없습니다. 기도하려고 할 때처럼 이런저런 일들로 방해받는 경우가 드뭅니다. 기도하려고 하면 갑자기 해야 할 일이 생각나기도 하고 기도하는 도중에도 집중을 흩어지게 하는 일들이 생깁니다. 기도는 한 번으로 끝낼 수 없습니다. 대부분 반복해서 드려야 합니다. 우리는 이렇게 질문할지 모릅니다. 하나님께서는 한 번만 기도해도 다 기억하실 텐데 왜 반복 기도를 해야 합니까? 예수께서 이방인의 중언부언을 지적하시지 않았습니까? 그럼 불의한 재판관과 과부의 비유에 나오는 꾸준한 기도는 왜 있는 것일까요? 끈질긴 기도에 대한 가르침은 하나님께서 기도 응답을 쉽게 하시지 않는다는 뜻일까요?

우리는 기도가 하나님과의 협력이라는 점을 기억할 필요가 있습니다. 하나님께서 이 세상을 통치하시며 구원을 펼쳐나가실 때 자기 백성의 기도를 한 중요한 수단으로 사용하십니다. 하나님께 드리는 기도는 기계적인 것이 아니고, 하나님과의 인격적인 관계 속에서 이루어지는 대화이며 교제입니다. 이 교제는 부자 관계에서 생깁니다. 그래서 자녀 된 우리는 아버지로부터 지시나 격려도 받지만, 아버지의 뜻을 배우며 기다릴 줄 알아야 합니다. 우리는 하나님의 자녀이기 때문에 아버지께 우리의 필요를 알리는 것이 당연하고도 자연스러운 일입니다. 자녀는 아버지의 계획에 따라 행할 수 있는 능력과 자원을 공급받습니다. 이 과정에서 우리는 많은 것을 터득합니다. 하나님이 일을 이루어가시는 방법이나 섭리를 헤아리게 되고 우리의 약점과 잘못을 발견하기도 합니다. 처음에 우리가 생각하고 기대했던 것보다 일이 복잡하게 얽히기도 하고 예상하지 못했던 일들이 끼어듭니다. 그래서 기도를 하면서 일이 직선적으로 진행되지 않는다는 것을 종종 깨닫습니다.

기도에는 하나님과 우리 자신들만 관련된 것이 아니고 사탄의 활동이 개입되기도 합니다. 우리의 상황이 바뀌어서 기도의 방향이 달라지기도 합니다. 이렇게 유동적이고 복합적인 여건 속에서 하나님은 지혜와 능력으로 모든 일을 통제하십니다. 기도는 하나님의 주권과 섭리에 협력하면서 우리에게 맡겨진 소명을 성취해 나가는 통로입니다. 그래서 꾸준한 기도로 상황에 따라 방향 조절을 하면서 하나님의 선한 뜻을 이루어나가야 합니다. 이러한 기도를 중단하지 말라는 것이 사도 바울이 골로새 교회에 준 권면이었습니다.

우리는 초대 교회의 신앙과 부흥을 사모합니다. 그렇다면 초대 교회가 얼마나 기도에 전념했는지를 알고 이를 본받아야 할 것입니다. 교인의 삶에서 항상 행하며 마음을 쏟는 일이 있다면 무엇일까요? 기도입니까? 눈에 보이는 교회 활동에 시간과 에너지를 쓰는 일은 상대적으로 그리 어렵지 않습니다. 그러나 눈에 보이지 않고 표도 거의 나지 않는 기도에 꾸준한 열심을 보이는 일은 오직 하나님만 의식하는 영적 투신을 요구합니다. 신자와 교회의 삶에서 이 같은 기도는 그저 필요한 정도가 아니고 없으면 절대로 안 되는 필수 사항입니다. 하나님께서 우리에게 명하시는 것은 가끔 하는 기도가 아니고 주야로 쉬지 않고 올리는 투신된 기도입니다.

우리의 절대 모범이신 예수님은 기도에 전적으로 투신하셨습니다. 그렇다면 예수님의 몸 된 교회가 헌신된 기도에 힘쓰는 것은 너무도 당연하고 합당한 일입니다. 자신의 문제가 다급할 때 기도하는 것은 거의 본능적이라 할 수 있습니다. 그러나 주 예수의 복음과 하나님 나라를 위해서 항상 기도하려면 개인적인 필요를 넘어 구원의 소망에 자신을 던져야 합니다. 이런 의미에서 지속적인 기도가 없는 교회나 교인은 예수님의 모습을 닮는 거룩한 삶에 관심이 없다는 것을 자증하는 셈입니다. 만일 이것이 우리의 영적 상태라면, 기도 응답에서 오는 감사나 하나님의 각별한 임재의 체험이나 교회 갱신을 기대할 수 없을 것입니다.

바울은 왜 기도 부탁을 하였을까요?

사도들에 대한 우리의 이미지는 지나치게 이상적인지 모릅니다. 그들은 믿음과 삶에서 우리의 존경을 받을 만합니다. 바울은 자신을 본받으라고까지 말했습니다(빌 3:17). 그런 바울이라면 다른 사람들의 기도에 의존할 필요가 없지 않았을까요? 바울은 직접 예수님으로부터 계시를 받고 수십 년 동안 소아시아 지역에 복음을 전해 온 대선교사가 아닙니까? 그가 기도하면 병자들이 기적적으로 치유되었습니다. 그는 대신학자며 위대한 사도였습니다. 그런데도 그는 성도들에게 기도 부탁을 항상 하였습니다(살전 5:26; 롬 15:30-32). 그가 위대하고 거룩한 사도니까 다른 어린 교회들을 위해서 기도해 주는 것은 당연한 일일 것입니다. 그러나 큰 자가 작은 자들에게 기도를 부탁하는 것은 그리 어울리지 않습니다. 이것은 복음의 한 중요한 본질을 비추어 줍니다. 우선 바울이 무엇을 위해 기도 부탁을 했습니까? "하나님이 전도할 문을 우리에게 열어 주사 그리스도의 비밀을 말하게 하시기를 구하라"고 하였습니다. 복음 전파에는 자동문이 없습니다. 전도의 문을 여는 분은 사도 바울이 아니고 하나님이십니다. 그래서 바울은 에베소에서 "내게 광대하고 유효한 문이 열렸다"(고전 16:9)고 하였고 드로아에서도 "주 안에서 문이 내게 열렸다"(고후 2:12)고 하였습니다.

그리스도의 비밀인 복음을 전하게 하시는 분은 바울이 아니고 하나님이십니다. 사도의 권위가 있기 때문에 자력으로 복음 전도를 할 수 있는 것이 아니라는 말씀입니다. 복음은 원래부터 하나님의 것입니다. 복음은 하나님이 소유하고 계시다가 때가 되어 세상에 알리신 공개된 비밀 계시로서 만세 전에 정하신 것입니다(1:26; 고전 2:7). 그뿐만 아니라 복음을 전할 수 있는 능력과 지혜도 하나님이 공급하셔야 합니다. 또한, 복음을 믿을 수 있도록 믿음의 길로 인도하시는 분도 하나님이십니다.

- 이방인이었던 로마의 백부장 고넬료와 그의 집이 다 주 예수를 믿게 된 것은 하나님께서 그들에게 "생명 얻는 회개"(행 11:18)를 주셨기 때문이었습니다.
- 빌립보의 루디아가 주 예수를 믿은 것도 "주께서 그 마음을 열어 바울의 말을 따르게"(행 16:14) 하셨기 때문입니다.

그러므로 바울은 골로새 교인들에게 선교를 위한 중보 기도를 부탁하지 않을 수 없었습니다. 이것은 바울의 믿음이 약해서가 아니고 사도의 권위가 부족해서도 아닙니다. 사실상 그런 것과 아무 상관이 없습니다. 바울이 아무리 학식이 많고 성경을 잘 알아도 하나님께서 그에게 전도의 문을 여시지 않고 분명하게 복음을 전할 수 있도록 "마땅히 할 말"(4:4)을 주시지 않으면, 한 사람의 영혼도 구할 수 없을 것이었습니다. 더구나 로마의 황제 앞에서 자신의 무죄를 변호할 때, 듣는 사람들에게 주 예수와 그분의 구원에 대한 관심이 생기게 하려면 하나님의 특별한 섭리와 지혜가 필요하였습니다. 예수님은 일찍이 제자들에게 "내가 너희의 모든 대적이 능히 대항하거나 논박할 수 없는 구변과 지혜를 너희에게 주리라"(눅 21:15)고 약속하셨습니다. 바울은 아마 스데반이 성령이 충만하여 대적자들을 큰 지혜로 물리치고 예루살렘 공의회에서 복음을 강력하게 변호했던 일을 기억했을 것입니다(행 6:8-10, 15).

골로새 교인들 편에서도 바울의 이러한 복음 전도를 위한 기도 부탁을 당연한 것으로 받아들여야 했습니다. 그들은 바울이 하나님의 '일꾼'(골 1:23, 25)이라는 것을 알았습니다. 일꾼은 주인의 지시를 받고 주인의 자원을 활용하여 일하는 사람입니다. 그래서 그가 주인의 은혜를 입고 맡은 일을 잘 감당할 수 있도록 하나님께 기도하는 것은 그들 자신의 소명이기도 했습니다. 하나님께서는 사도들이 모든 일을 다 하게 하신 것이 아니고 교회들이 연합하여 복음 사역에 동역하도록 계획하셨습니다.

바울이 골로새 교인들에게 기도 부탁을 한 것은 바울이 얼마나 다른 성도들의 기도를 중시했는지를 말합니다. 바울은 다른 성도들의 중보 기도를 하나님께서 들으신다는 것을 확신하였습니다. 그렇지 않았다면, 그가 그렇게 자주 여러 교회에 기도 부탁을 하지 않았을 것입니다. 바울의 선교 성공과 교회들의 중보 기도 사이에는 뗄 수 없는 상관관계가 있습니다. 하나님께서 전도의 문을 열어 주시고, 말씀 전달의 지혜와 능력을 주시며, 듣는 자들의 마음을 움직이게 하시는 일은 성도들의 기도 응답입니다. 그래서 바울은 교회들의 중보 기도에 적극적으로 의존하지 않을 수 없었습니다. 역으로 말하면, 성도들의 중보 기도가 선교의 성패에 결정적인 영향을 준다는 것입니다. 초대 교회가 그처럼 신속하게 로마 제국에 퍼진 것은 복음 사역자들을 위한 교회들의 적극적인 중보 기도가 있었기 때문이었습니다.

만약 우리가 전도를 위해서 중보 기도를 하지 않는다면 어떻게 될까요? 그래도 세상에는 복음이 전해집니다. 하나님에게는 언제나 기도하는 성도들이 있습니다. 그러나 기도하지 않으면 우리가 잃는 것이 있습니다. 무엇보다도 우리에게는 기도 응답에서 오는 기쁨이 없습니다. 그리고 기도 응답으로 인해서 하나님께 영광을 돌릴 수 있는 특권을 상실합니다. 기도 응답은 하나님과의 관계를 더욱 돈독하게 해 줍니다. 기도의 응답을 체험하면 믿음이 더 커지고 더 많은 기도를 하게 됩니다. 이것은 기도하는 성도들이 받는 격려의 상입니다. 하나님은 나의 기도가 없어도 자기 일을 주권적으로 진행할 수 있습니다. 그러나 나의 기도를 들으시고 응답하심으로써 나와의 관계를 상승시키며 내가 더 큰 믿음으로 하나님의 능력을 더욱 체험하게 하려는 것이 하나님의 뜻입니다.

우리가 하나님께 기도한다는 것은 하나님을 공급자로 믿기 때문입니다. 우리의 필요는 하나님의 공급을 바라보게 하고, 하나님의 후한 공급은 하나님께 영광을 돌리게 합니다. 하나님께서는 우리의 간곡한 기도를 복음 사역이 펼쳐지는 수단이 되게 하시고, 우리의 필요를 채워주심으로써 자신의 이름을 영화롭게 하십니다.

"너희가 내 이름으로 무엇을 구하든지 내가 행하리니 이는 아버지로 하여금 아들로 말미암아 영광을 받으시게 하려 함이라"(요 14:13).

바울도 고린도교회에 기도 요청을 하면서 기도 응답으로 많은 성도가 하나님께 감사를 드리게 된다고 하였습니다.

"너희도 우리를 위하여 간구함으로 도우라 이는 우리가 많은 사람의 기도로 얻은 은사로 말미암아 많은 사람이 우리를 위하여 감사하게 하려 함이라"(고후 1:11).

메시지의 효과적인 전달을 위해서 반드시 기도해야 합니다.

바울은 "그리하면 내가 마땅히 할 말로써 이 비밀을 나타내리라"(4절)고 하였습니다. 이것은 자신의 소명과 책임으로 메시지를 분명하게 전달한다는 뜻입니다. 여기에서 우리는 메시지의 전달 방식에 대한 두 가지 측면의 교훈을 얻을 수 있습니다.

첫째, 메시지의 초점은 예수 그리스도입니다. 바울은 '그리스도의 비밀'을 전하는 것이 목적이었습니다. 설교나 전도 메시지의 내용은 무엇보다도 그리스도의 십자가 복음과 부활 생명이 중심이어야 합니다. 복음을 다른 여러 사회적 이슈들에 관련지어 적용할 수 있을지라도, 가장 핵심이 되어야 하는 것은 예수 그리스도의 복음 자체입니다. 복음의 본질이 흐릿하게 제시되거나 본문과 상관없는 이야기들을 늘어놓는 설교는 아무리 듣기 좋고 그럴듯하여도 복음 메시지가 아닙니다. 바울을 포함하여 초대교회의 사도들이 전한 메시지를 살펴보십시오. 그들은 예수 그리스도의 구원의 복음에 초점을 두었습니다. 바울도 그리스도의 비밀인 복음을 전하면서 "내가 이 일 때문에 매임을 당하였노라"(3절)고 하였습니다. 바울이 복음을 전할 때 무엇을 중점으로 삼았는지는 고린도전서 2장에서 명백하게 확인할 수 있습니다.

"형제들아 내가 너희에게 나아가 하나님의 증거를 전할 때에 말과 지혜의 아름다운 것으로 아니하였나니 내가 너희 중에서 예수 그리스도와 그가 십자가에 못 박히신 것 외에는 아무 것도 알지 아니하기로 작정하였음이라 …내 말과 전도함이 설득력 있는 지혜의 말로 하지 아니하고 다만 성령의 나타나심과 능력으로 하여 너희 믿음이 사람의 지혜에 있지 아니하고 다만 하나님의 능력에 있게 하려 하였노라"(고전 2:1-5).

바울은 고린도에 있을 때 자신의 메시지와 가르침의 유일한 주제는 예수 그리스도와 그의 십자가였다고 밝히고 있습니다. 그렇다면 우리도 마땅히 사도들의 복음의 핵심을 그대로 강조하고 가르쳐야 할 것입니다. 우리는 사도들이 오직 주 예수의 복음만을 전하다가 모두 순교하였음을 기억해야 합니다.

둘째, 복음은 분명하게 제시되어야 합니다. 복음을 전달하는 문제는 매우 중요합니다. 복음이 분명하게 설명되고 전해지지 않기 때문에 얼마나 많은 전도의 기회를 놓치는지 모릅니다. 교회에서도 설교의 내용이 빈약하고 너무도 지루해서 회중의 상당수가 이 교회 저 교회로 옮겨 다닙니다. 복음 메시지는 문자대로 사람이 죽고 사는 문제입니다. 세상에서 이보다 더 중요한 일이 없습니다. 그렇다면 복음 전달자는 복음을 효과적으로 전하기 위해서 사력을 기울여야 합니다. 이것은 설교자만이 아니고 모든 성도에게 해당합니다. 복음 전파의 소명은 주님께서 모든 제자에게 주신 분부이기 때문입니다(마 28:17-20).

그럼 어떻게 해야 복음을 분명하게 전달할 수 있을까요? 바울의 부탁대로 먼저 기도부터 시작해야 합니다. 그런데 바울이 자신의 전도사역을 위한 기도 부탁은 특정 개인에게 준 것이 아니고 교회 공동체 전체에게 준 것이었습니다. 이것은 복음 전파 사역이 공동 소명이기 때문에 믿음의 공동체가 함께 참여해야 함을 말합니다. 교인들은 설교자나 선교사들을 위해서 간절히 기도하되 반드시 복음의 초점을 염두에 두고 간구해야 합니다. 특별히 강단에서 나오는 설교나 가르침들이 그럴듯한 사람의 지혜나 언변으로 물들지 않고, 성령의 강력한 능력이 드러나도록 간구해야 합니다(고전 2:4-5).

바울은 데살로니가 교회에서 전한 복음이 단순히 사람의 말이 아니라 "능력과 성령과 큰 확신으로 된 것"(살전 1:5)이라고 했습니다. 교인들은 흔히 설교 잘하는 것을 화술이 좋은 것으로 압니다. 그래서 비복음적인 내용의 설교를 듣고서도 분별력이 없어 은혜를 받았다고 말합니다. 메시지는 성령의 강력한 능력이 드러나서 이것이 복음의 진리라는 확신이 생기게 하고, 하나님이 어떤 분이신지를 깨닫게 하며, 하나님의 임재를 체험할 수 있게 해야 합니다. 이것은 인간의 말재주나, 구태의연한 도덕 설교나, 귀와 눈만 즐겁게 해 주는 엔터테인적인 설교나, 자신의 인기 관리를 위한 메시지나, 헌금을 독촉하는 그릇된 동기부여로서는 달성될 수 없습니다. 바울은 그런 부류의 메시지들을 물 탄 포도주로 속여 파는 짓이라고 일갈하였습니다(고후 2:17).

18세기 영국의 복음주의 전도자였던 죠지 횟필드(George Whitefield, 1714-1770)는 "하나님께서 세상 사람들에게 내릴 수 있는 최대의 저주는 눈이 멀고, 거듭나지 않고, 육적이며, 미지근하고, 능력이 없는 지도자들에게 넘기는 것이다"라고 말하였습니다(Select Sermons of George Whitefield, p. 75).

우리는 복음의 말씀이 분명치 못한 혼잡한 시대에 살고 있습니다. 대부분의 신자가 어떤 말씀이 옳고 그른 것인지를 분별할 능력이 별로 없습니다. 그래서 복음은 강대상에서만이 아니고 회중 가운데에서도 불투명하고 뿌리가 제대로 내리지 않은 상태에서 표류하고 있습니다. 그래서 우리는 더욱더 말씀을 맡은 사역자들을 위해 하나님께 간절한 마음으로 나아가야 합니다. 복음을 바르게 전하는 설교자들이 많이 나와서 강단을 새롭게 하고 주의 백성을 추수할 수 있도록 그들을 위해 기도하고 후원해야 하겠습니다(눅 10:2). 이것이 우리가 받은 시대적인 소명이며 교회 갱신을 위한 첫 단계의 사역입니다. 19세기 기도의 사람이었던 바운즈 목사는 이렇게 말했습니다.

> "교회는 더 나은 방법들을 찾는다. 그러나 하나님은 더 나은 사람들을 찾으신다. 오늘날 교회가 필요한 것은 더 많은 시설이나 조직이나 새로운 방법들이 아니고, 성령께서 사용하실 수 있는 기도에 막강한 사람들이다. 성령은 방법들을 통해서 흐르지 않고 사람들을 통해서 흐른다. 성령은 인간의 계획들이 아닌, 기도의 사람들 위에 기름을 부으신다"(E.M. Bounds, Power Through Prayer).

각 교인도 복음을 선명하고 확실하게 전할 소명이 있습니다.

> "외인에 대해서는 지혜로 행하여 세월을 아끼라 너희 말을 항상 은혜 가운데서 소금으로 맛을 냄과 같이 하라 그리하면 각 사람에게 마땅히 대답할 것을 알리라"(5-6절).

바울은 자신의 선교 사역을 위한 기도 부탁을 마치고 골로새 교인들이 맡은 전도에 대해 권면합니다. 그들은 세 방면에 유념해야 했습니다.

첫째, '외인' 곧 비신자들에게 지혜로운 처신을 해야 합니다. 평소에 올바른 처신을 하지 않는 사람은 다른 사람들에게 좋은 인상을 줄 수 없습니다. 일반적으로 사람들은 호감이 가지 않거나 존경하지 않는 사람의 말을 들으려고 하지 않습니다. 특별히 우리나라 교회가 사회로부터 심한 지탄과 불신을 당하고 있는 때이므로 불필요한 욕을 먹지 않도록 특히 조심해야 합니다. 지혜는 실제적인 문제들을 대처하는 능력입니다. 언제 누구에게 복음을 증언할 것인지를 잘 생각해 보고 가장 적절한 방법으로 접근할 필요가 있습니다. 그래서 때로는 즉석에서 복음을 설명해 주고 혹은 친분을 유지하면서 시기를 보았다가 그리스도를 전해야 합니다. 본인이 다 설명할 수 없는 부분들은 도움이 되는 전도 책자나 적합한 메시지를 소개할 수도 있을 것입니다. 그러나 제일 좋은 방법은 자신이 복음을 분명하게 알고서 왜 복음을 믿어야 하며 또한 복음이 어째서 '좋은 소식'인지를 직접 설명해 주는 것입니다.

예를 들면, 그리스도는 세상 죄를 위해 우리 대신 형벌을 받고 십자가에서 돌아가셨다가 다시 영원히 살아나셨다고 증언하는 것입니다. 그리고 자신에게서 일어난 변화를 간증하는 것도 도움이 될 것입니다. 이를테면, 나는 예수님을 구주로 믿고 구원을 받았는데 예수님을 개인적으로 알고 있으며 내 삶에서 그분의 사랑과 능력을 체험한다고 고백하는 것입니다. 우리는 왜 복음을 믿는지를 설명할 수 있어야 하고 구원에 대한 자신의 개인적인 체험을 말할 수 있어야 합니다.

둘째, 세월을 아껴야 합니다. 우리는 시간 속에서 삽니다. 그런데 내가 정확하게 얼마나 이 세상에서 살게 될지는 하나님만 아십니다. 그래서 나에게 주어진 시간 속에서 최선을 다해 기회를 선용해야 합니다. 전도를 받는 사람의 남은 시간도 우리는 알 수 없습니다. 언제 하나님이 부르실지 모르기 때문입니다. 그래서 복음 사역의 긴급성을 인식하고 시간을 선용하는 지혜를 갖도록 힘써야 하겠습니다. 우리가 낭비하고 놓치는 시간을 생각해 보십시오. 복음을 전할 기회가 오면 흘려보내지 말고 붙잡아야 합니다. 그런데 시간의 선용에는 준비도 포함됩니다. 베드로는 "너희 속에 있는 소망에 관한 이유를 묻는 자에게는 대답할 것을 항상 준비"(벧전 3:15)하라고 하였습니다.

셋째, 소금으로 맛을 내듯 말해야 합니다. 복음은 위협적이거나 고자세로 전하지 말고 소금으로 음식 맛을 돋우듯이 흥미와 관심을 일으키게 해야 합니다. 또한, 다투지 말고 온유한 자세로 상대방을 존중하면서(벧전 3:15) 성령의 인도에 의존하며 전하는 것이 "은혜 가운데서"(6절) 복음을 소개하는 방식입니다. 그러면 "각 사람에게 마땅히 대답할 것을 알리라"고 했습니다. 사람마다 복음에 대한 반응이 틀립니다. 호전적인 사람도 있고 의예로 금방 복음을 믿는 사람도 있습니다. 이해의 정도도 사람에 따라 다르고 질문도 갖가지입니다. 우리는 판에 박힌 말들만 하지 말고, 외부 사람들이 던지는 여러 종류의 질문들을 잘 듣고 지혜롭게 대답하는 기술과 실력을 길러야 합니다. 잘 설명할 수 없으면 다른 기회로 미루거나 모르는 부분은 둘러대지 말고 모른다고 정직하게 말해 주는 편이 낫습니다.

각 성도는 스스로 생각할 수 있는 성숙이 있어야 하고 하나님으로부터 받는 지혜로 말할 줄 알아야 합니다. 자신이 확신하지 않는 것을 억지로 말하기보다 분명하게 확신하는 것을 증언해야 합니다. 그러나 나의 확신과 믿음을 다른 사람에게 지나친 열심으로 주입하려고 하지 말아야 합니다. 그런 접근은 반감을 일으켜 역효과를 냅니다. 복음 전도는 공식적이거나 기계적으로 할 수 없습니다. 그래서 보다 충실하게 준비를 하고 성령의 인도를 받아야 합니다.

우리나라는 아직은 교회 다니는 사람들이 많은 편입니다. 그런데 교회를 다니다가도 그만두는 사람들이 늘어나고 있습니다. 그런 사람들은 교회에서 늘 하는 말들을 다 알기 때문에 특별히 지혜롭고 적절한 말로 접근해야 합니다. 그들이 지적하는 교회의 잘못된 점들은 인정하십시오. 무조건 다시 교회로 나오라고 강권하기보다 복음 자체로 돌아가서 주님 자신에게 초점을 맞추고 복음이 얼마나 복된 소식인지를 새롭게 제시하는 것이 더 나은 방법입니다.

복음은 하나님 안에 감추어져 있던 비밀이었습니다(엡 3:9). 복음은 하나님께서 세상이 창조되기 이전부터 계획하신 것이었습니다(고전 2:7). 복음은 하나님께서 죽음과 사탄이 지배하는 이 세상을 구원하시려는 은혜의 선물입니다. 이 구원의 비밀이 지닌 핵심은 주 예수 그리스도입니다. 예수님을 통해서 하나님의 구원이 이루어집니다. 그런데 죄인들이 주 예수 안에 있는 구원의 풍성함과 능력에 눈이 열리고 믿음을 가지려면 죽은 영혼이 살아나는 영적 기적이 일어나야 합니다. 그래서 바울은 골로새 교인들에게 기도를 부탁하였습니다.

성도들의 기도는 서로의 결속을 위해서도 필요합니다. 골로새 교인들은 바울의 얼굴도 몰랐습니다. 그들은 서로 만나본 일이 없었음에도 그리스도를 주님으로 모신 영적 가족으로서 복음을 위해 함께 기도하였습니다. 우리도 복음을 전하고 성도들 사이의 일체감을 고취하기 위해서 동일한 하나님의 도우심이 절대적으로 필요합니다. 단 한 사람이라도 복음을 듣고 구원을 받는 일에 직접 간접으로 참여하십시오. 멀고 가까운 교우들을 위해서도 꾸준히 기도하십시다. 이것은 우리가 모두 받은 거룩한 소명입니다.

33장
복음 사역은 팀 사역입니다
골로새서 4:7-18

복음 사역은 혼자 도맡아서 하는 것이 아닙니다. 예수님도 처음부터 사도들을 두시고 함께 일하셨습니다. 바울이 본 서신의 끝인사에서 언급한 말들을 보면 복음이란 성도들이 함께 일궈나가는 것임을 실감할 수 있습니다. 바울에게는 동역자들이 많았습니다. 바울의 동역자들은 유동적이었습니다. 그들은 바울만 따라다닌 것이 아니고, 필요에 따라 여러 곳으로 파송되기도 하고 한동안 바울과 함께 머물기도 하였습니다. 그래서 교회들은 바울만 안 것이 아니고, 바울의 동역자들과도 가까운 교제를 하였습니다.

[바울의 동역자들]

두기고: "사랑 받는 형제요 신실한 일꾼이요 주 안에서 함께
종이 된 자니라"(7절).

두기고는 에베소서에서도 같은 말로 언급되었습니다(엡 6:21-22). 그는 골로새 교회에 바울의 서신을 전달하는 일을 맡았습니다. 그러나 그는 단순히 우편 집배원 역할만 하는 것이 아니고 바울의 근황을 자세히 알리고 교인들을 격려하는 소임을 받았습니다(8절). 바울이 두기고를 추천한 말을 보면 매우 훌륭한 신자였음이 틀림없습니다. 그는 사랑을 받는 형제였고 주의 일을 신실하게 수행하는 일꾼이었으며 바울과 동행하며(행 20:4) 주님의 종이 된 사람이었습니다. 이보다 더 좋은 추천의 말은 없을 듯합니다. 만약 하나님께서 우리 자신들에 대해서 추천을 하신다면 어떤 말을 적으실까요? 두기고에 대한 추천서는 우리에게 도전이 되어야 합니다. 한편, 하나님께서는 복음을 위해 옥에 갇힌 바울에게 두기고를 곁에 두심으로써 크게 위로하셨습니다. 우리도 고난받는 주의 종들에게 '두기고'가 되어 준다면 하나님의 은혜의 통로로 귀하게 쓰임을 받는 셈이 될 것입니다.

오네시모: 회심한 노예였습니다(몬 10). 그는 골로새의 빌레몬 집에서 노예로 있다가 도망쳐 나왔으나 바울을 통해 회심하고 새로운 사람이 되었습니다. 그는 바울이 자신의 영적 아들로 삼을 만큼 사랑받는 자였습니다(몬 10절). 그는 바울이 옥중에 있을 때 충성으로 잘 섬겼습니다(몬 11, 17-19절). 바울은 오네시모에 대해서도 매우 좋게 평하였습니다. 그는 "신실하고 사랑을 받는 형제"(9절)였습니다. 바울은 동역자를 자주 '형제'라고 불렀습니다. 오네시모는 종이었지만 바울의 신실한 동역자가 되었습니다. 오네시모는 복음을 통하여 자신의 운명이 역전되는 체험을 하였습니다. 하나님께서는 "저주를 변하여 복"(신 23:5)이 되게 하십니다.

아리스다고: 바울과 여러 번 선교 여행을 하였습니다(행 19:29; 20:4). 그도 바울과 함께 수감되었습니다(골 4:3). 바울의 동역자가 되는 것은 위험한 일이었습니다. 그러나 그는 복음을 위해 투옥된 자로 성경에 기록되는 영예를 얻었습니다.

마가: "나와 함께 갇힌 아리스다고와 바나바의 생질 마가와 (이 마가에 대하여 너희가 명을 받았으매 그가 이르거든 영접하라)"(10절). '마가'는 개역 성경에서 바나바의 '생질'(nephew)이라고 했는데 생질(조카)이 아니고 새번역에서처럼 '사촌'(cousin)으로 번역되어야 합니다. 킹 제임스(king James) 성경 번역자들이 '생질'(조카)이라고 했지만 '아네프시오스'(anepsios)라는 이 헬라어가 '조카'라는 의미로 쓰이기 시작한 것은 신약 시대 이후였다고 합니다. 아무튼 마가의 이름이 바울과 함께 감옥에 있는 동역자의 한 사람으로 나타나는 것은 퍽 놀라운 일입니다. 바울은 빌레몬서에서도 마가를 그의 동역자의 한 사람으로 언급하였습니다(몬 24절).

마가는 바나바와 바울의 1차 선교 여행 때 도중 하차했던 일로(행 13:13) 바울의 눈에서 벗어났습니다. 그 결과 바울은 2차 선교 여행 때 바나바가 마가를 대동시키자는 제안을 거부하였습니다. 이 문제로 바울과 바나바는 크게 다투고 서로 각자의 길로 떠났습니다(행 15:36-41). 그 이후로 마가에 대한 언급은 사도행전에는 나오지 않습니다. 그런데 적어도 약 12년 이상이 지난 후에 갑자기 마가가 바울과 함께 투옥되었다는 사실이 바울의 입으로 알려졌습니다.

이것은 매우 고무적입니다. 바울이 분명 마가에 대한 과거의 유감된 사건을 뒤로 넘기고 화해한 후에 환영했음이 틀림없습니다. 바울은 처음에 마가에 대해서 매우 엄했지만 그를 완전히 버린 것은 아니었습니다. 바울은 마가가 골로새 교회를 방문하면 따뜻이 영접하라는 지시를 이미 내렸음을 골로새 교인들에게 상기시켰습니다. 그 후 바울은 여러 해가 지난 후에 로마의 감옥에 있으면서 디모데에게 마가를 데리고 오라고 하면서 "그가 나의 일에 유익하니라"(딤후 4:11)고 말하였습니다. 바울은 자신의 처형을 기다리면서 마가와 함께 있기를 원했습니다. 동역자들은 그를 버리거나 대부분 다른 사역의 기회를 위해 그의 곁을 떠난 때였습니다(딤후 4:9-10). 누가만 그와 함께 있었습니다(딤후 4:11). 바울은 외롭게 자신의 마지막 날들을 기다리고 있었습니다. 그럴 때에 마가가 그에게 유익하니 데려오라고 말한 것은 마가가 얼마나 그에게 도움이 되는 신실한 일꾼이었는지를 입증합니다. 하지만 마가가 유익하지 못한 때가 있었다는 사실을 기억한다면, 하나님의 은혜란 얼마나 놀라운 것인지 모릅니다.

마가의 스토리는 우리에게 큰 격려가 됩니다. 우리는 1차 선교여행 때의 마가의 도중하차에 대한 정확한 원인은 알 수 없습니다. 아무튼, 한때 실수가 있었더라도 하나님의 은혜와 섭리 속에서 좋은 결과로 끝날 수 있다는 것은 매우 기쁜 일입니다. 누구나 뒤돌아보면 후회되는 일들이 적지 않습니다. 그러나 실수를 딛고 하나님을 꾸준히 섬기면, 마침내 유용한 일꾼으로 인정될 수 있습니다. 마가는 어쩌면 과거의 유감된 사건이 있었기 때문에 더 쓸모 있는 사역자가 되었는지 모릅니다. 그는 신약 성경에 나오는 인물 가운데 "하나님을 사랑하는 자 곧 그의 뜻대로 부르심을 입은 자들에게는 모든 것이 합력하여 선을 이루느니라"(롬 8:28)는 말씀을 체험한 대표적인 실례입니다. 하기야 사도 바울과 베드로도 한때는 마가보다 더 심각한 잘못을 저질렀던 사람들이었습니다. 그들 역시 마가와 함께 로마서 8장 28절의 말씀을 깊이 체험하고 하나님을 찬양한 자들이었음이 틀림없습니다.

마가는 사실상 베드로에게서도 큰 사랑을 받았습니다. 베드로는 그를 "내 아들 마가"(벧전 5:13)라고 불렀습니다. 유익하지 못했던 마가가 이처럼 유익한 종이 된 것은 우리가 다른 형제자매의 실수나 허물에 대해서 어떤 자세를 취해야 할 것인지를 교훈합니다.

마가는 어떻게 회복되었을까요? 적어도 "위로의 아들"(행 4:36)인 바나바의 격려와, 주님을 세 번씩 모른다고 부인했던 베드로의 동정에 찬 이해와, 원칙과 신실을 강조했던 바울의 가르침이 마가의 회복과 성숙에 크게 기여했을 것입니다. 복음 사역은 팀 사역입니다. 서로 격려하며 용서하고 돕지 않으면 팀 사역은 힘을 발휘할 수 없습니다. 그러나 함께 은혜로운 자세로 동역하면 하나님 나라의 진모를 드러내면서 큰일을 이룰 수 있습니다. 바나바를 비롯하여 베드로와 바울과 여러 교회가 마가를 받아들였습니다. 만약 마가를 사역에서 제외했다면 마가복음서는 쓰이지 못했을 것입니다. 하나님께서는 실족했던 마가를 회복시킨 후에 자기 아들에 관한 복음서를 쓰게 하셨습니다. 나도 넘어진 적이 있습니까? 자신의 실패와 잘못에 대해 자신을 학대하며 살지 마십시오. 주의 자비하신 은혜의 섭리 속에서 다시 쓰임을 받을 수 있음을 믿으십시오.

유스도: 바울을 도운 세 명의 유대인 중의 한 사람이었습니다(11절). 그는 아리스다고와 마가와 함께 "하나님의 나라를 위하여" 바울

과 동역한 자로 언급되었습니다. 개역 성경에서 "그들은 할례파"라고 번역한 것은 오해를 일으킵니다. '할례당'이라는 뜻이 아니고 할례를 받은 유대인들이라는 의미입니다. 당시에는 이방인들에게 선교 사역을 하려는 유대인 신자들이 드물었습니다. 바울은 이들이 "나의 위로"가 되었다고 했습니다. 바울은 강한 인물이었습니다. 그는 극심한 고난과 박해를 견딘 사도였습니다. 그는 다른 사람들의 위로가 없어도 얼마든지 혼자 역경을 감당할 수 있다는 인상을 줍니다. 그는 과연 믿음의 용장이었습니다. 그러나 그도 보통 사람들처럼 좌절을 느끼고 침체에 빠지며 외로운 환경에서 위로가 필요한 인간이었습니다. 바울도 고독할 수 있었습니다. 그는 자신의 심리적 필요를 말하지 않을 만큼 자존심이 강하지 않았습니다. 하나님께서는 바울을 동정하시고 그에게 위로가 되는 동역자들을 보내 주셨습니다. 위대한 하나님의 사람들에게도 위로가 필요합니다. 지도자들을 격려하며 도와주면 "하나님의 나라를 위하여 함께 역사하는 자들"(11절)이 될 수 있습니다.

에바브라: 바울은 에바브라에 대해서 길게 특기합니다.

"그리스도 예수의 종인 너희에게서 온 에바브라가 너희에게 문안하느니라 그가 항상 너희를 위하여 애써 기도하여 너희로 하나님의 모든 뜻 가운데서 완전하고 확신 있게 서기를 구하나니 그가 너희와 라오디게아에 있는 자들과 히에라볼리에 있는 자들을 위하여 많이 수고하는 것을 내가 증언하노라"(12-13절).

골로새 교인들은 골로새 출신인 에바브라로부터 복음을 전해 들었습니다(1:7). 그는 골로새, 라오디게아, 히에라볼리의 세 도시에 바울의 서신을 전달하며 바울과 그들 사이의 교량 역할을 하였습니다. 바울은 에바브라의 중보 기도에 대해 자세히 언급하였습니다.

• 그는 골로새 지역의 교회들을 위해서 항상 힘써 기도하였습니다.

다른 사람의 기도 생활은 함께 살아보지 않으면 잘 알 수 없습니다. 바울은 옥중에 있는 그를 돕기 위해서 함께 머무는 에바브로가 얼마나 꾸준하고 간절하게 날마다 중보 기도에 힘쓰는지를 목격한 증인이었습니다(13절). 에바브라는 자신의 사역을 기도 위에 세웠습니다. 그는 복음을 전한 후에도 계속해서 그들을 위해 중단 없는 기도를 올렸습니다. 기도에서 꾸준한 성도들은 하나님을 신뢰하는 믿음을 가진 자들입니다. 기도 생활의 꾸준성은 하나님에 대한 신뢰도를 반영합니다. 말로만 하나님을 신뢰한다고 하지 말고 꾸준한 기도로 이를 드러내어야 합니다.

• 에바브로는 성도들의 성숙을 위해 기도했습니다.

기도를 길게 하든지 짧게 하든지 중요한 것은 기도의 내용입니다. 기도의 내용은 기도자의 영성을 대변합니다. 기도하는 것을 보면, 그 사람이 복음을 얼마나 이해하고 있는지를 알 수 있습니다. 대부분의 개인 기도들은 내 일이 잘되기를 비는 것입니다. 그 자체로서 나쁠 것이 없습니다. 그러나 개인 신상에 대한 것보다 우선시되어야 할 것이 있습니다. 그것은 하나님의 이름과 나라와 뜻에 대한 것입니다. 우리의 기도가 공적인 것이든지 사적이든지 주기도문의 우선순위에 일치해야 합니다. 나의 기도 내용은 하나님의 이름이 거룩히 여김을 받고, 하나님의 왕국이 확장되며, 하나님의 뜻이 이루어지는 일과 관련되어 있습니까?

에바브라가 무엇을 위해서 기도하였습니까? 한 마디로 교인들의 성숙을 위해 기도하였습니다. 교회의 가장 큰 문제는 교인들이 영적으로 성숙하지 않는 것입니다. 모든 문제의 발단은 거의 성도의 성숙과 관련된 것입니다. 그리스도 안에서 자라지 않으면 교회가 약화되고 하나님의 나라가 든든히 세워지지 않습니다. 에바브라는 성도들이 "하나님의 모든 뜻 가운데서 완전하고 확신 있게 서기를"(12절) 간구하였습니다. 당시의 교회들은 노예들도 많았고 대부분 가난하였으며 사회로부터 큰 박해를 받았습니다. 그래서 아마 우리 같으면 제일 먼저 물질적인 필요를 놓고 기도했을 것입니다. 우리에게 돈도 필요하고 가족의 형통도 필요합니다. 그러나 그런 필요를 누구보다도 잘 알고 있는 에바브라는 교인들의 영적 강건과 성숙을 기도의 초점으로 잡고 "애써 기도"(12절)하였습니다.

이것은 우리가 반드시 따라야 할 모범입니다. 우리에게는 성품의 성숙도 있어야 하지만 기도의 성숙도 있어야 합니다. 아이들은 어렸을 때는 자신의 필요만 놓고 기도합니다. 그러나 점차 자라면서 부모를 위해 기도하기 시작합니다. 이처럼 우리도 유년기의 기도를 벗어나서 점차 하늘 아버지의 일을 놓고 기도할 줄 알아야 합니다. 하나님의 일이 잘돼야 그의 자녀들도 복을 받는 것이 아니겠습니까? 하나님의 이름과 나라와 뜻을 위한 기도가 무엇인지를 생각하고 기도해 보십시오. 그러면 나 자신의 필요를 위한 집착적인 간구에서는 점점 멀어지고 하늘 아버지의 일에 더욱 가까워지게 될 것입니다. 아버지 중심의 기도가 꾸준할 때 우리의 필요도 채워지는 것을 체험하게 됩니다.

이런 의미에서 에바브라의 중보 기도는 매우 지혜로운 기도였습니다. 그는 성도들이 하나님의 뜻 안에 머물면서 온전한 성숙을 이루고 골로새 철학과 같은 세속 사상에 물들지 않고 복음의 진리에 강한 확신을 갖기를 기도하였습니다. 에바브라는 성도들이 이렇게 될 때 여러 어려운 형편에서도 믿음을 지키며 승리할 수 있음을 알았습니다.

누가: 누가는 우리에게 잘 알려진 인물입니다. 그는 "사랑을 받는 의사"라고 하였습니다(14절). 바울은 누가에 대해서 별다른 특기 사항이 없이 간략하게 그의 문안을 전합니다. 누가는 이미 널리 알려진 인물이었을 것입니다. 그는 매우 독특한 사역을 하였습니다. 우리가 아는 한, 그는 초대 교회의 유일한 의사였습니다. 그는 기후와 풍토가 다른 지역으로 항상 여행하는 선교팀의 건강관리를 위해 꼭 필요한 인물이었습니다. 그는 이방인 교인으로서 상당한 교육을 받은 학자며 역사가였습니다. 그가 리서치를 통해 집필한 누가복음과 사도행전을 보면 그의 박식함과 탁월한 필력이 두드러집니다. 그는 데오빌로와 같은 고위층에게도 복음을 전할 수 있었습니다(눅 1:1-4; 행 1:1). 초대 교회의 교인들은 대체로 문벌이나 교육 수준이 낮았습니다(고전 1:26). 그러나 하나님께서는 소수이긴 하지만, 바울을 비롯하여 누가와 같은 전문직 종사자를 복음의 역군으로 사용하셨습니

다.

한편, 누가를 '사랑을 받는 누가'라고 했는데 바울은 동일한 표현을 두기고와 오네시모에게도 사용하였습니다(7, 9절). 바울의 동역자들은 사랑을 주고받는 관계였습니다. 하나님의 일은 사랑의 분위기에서 이루어져야 합니다. 갈등과 시기와 경쟁과 비난이 일어나는 곳에서는 팀 사역은 성공하지 못합니다. 우리나라 교회는 팀 사역에 약하다는 평이 있습니다. 팀 사역에서야말로 성숙의 레벨이 금방 드러납니다. 바울은 빈말로 "사랑 받는" 동역자라고 하지 않았습니다. 그는 맹목적인 사랑을 하지 않았습니다. 그는 에바브라에 대해서 말할 때도 "내가 증언하노라"(13절)고 하였습니다. '증언'은 법정 용어입니다. 증거가 있어야 증언을 합니다. 바울은 여기서 감상적인 사랑을 언급한 것이 아니고 사랑의 증거를 가지고서 증언합니다. 우리는 자신이 사랑을 마땅히 받아야 할 자격이나 권리가 있는 듯이 상대방의 사랑을 기대하거나 요구하지 말아야 합니다. 오히려 사랑을 받을 수 있는 일을 하여 자신을 증명할 수 있어야 합니다. 또 중요한 것은 바울처럼 그런 신실한 형제자매들을 교회와 교우들에게 추천하는 관심을 가져야 합니다.

데마: 우리에게 데마는 이미지가 좋지 않습니다. 바울의 노년에 "데마는 이 세상을 사랑하여 나를 버리고 데살로니가로 갔다"(딤후 4:10)고 했기 때문입니다. 데마는 한 때 바울과 여러 해 동안 수고한 동역자였습니다. 그의 이름은 항상 누가와 밀착해서 나옵니다(골 4:14; 몬 24절; 딤후 4:10-11). 그런데 데마가 이 세상을 사랑하여 바울을 떠났다고 했는데 어떻게 된 일이었을까요? 데마가 왜 바울을 버리고

데살로니가로 갔는지는 정확하게 알 수 없습니다. 한 가지 분명한 사실은 그는 "이 세상을 사랑"(딤후 4:10)했다는 것입니다. 그가 바울의 동역자로서 늘 섬기다가 바울의 말년에 떠나버린 것은 아마 바울의 처형이 불가피하다고 판단했기 때문인지 모릅니다. 당시의 상황에서 바울과 함께 있는 것은 대단히 위험한 일이었습니다. 그는 바울과 동행하면서 많은 환난을 겪었을 것입니다. 그러나 점차 박해가 심해지고 바울의 동역자로 끝까지 머물면 자신까지도 처형될 가능성을 두려워했을 듯합니다.

사실상 그때 바울을 떠난 동역자들이 데마만이 아니었습니다. 바울이 로마에서 두 번째 감금되어 시저 앞에서 첫 번째 변호를 할 때, 그와 함께 한 자가 한 명도 없고 다 그를 버렸다고 했습니다(딤후 4:16). 이것은 유감된 일이지만 충분히 이해할 수 있습니다. 베드로를 위시하여 예수님의 사도들이 모두 그를 버리고 도주했습니다. 그들도 십자가형을 당할 것을 두려워했기 때문입니다. 다행하게도 그들은 나중에 모두 회복되었고 주님으로부터 재소명을 받았습니다.

그럼 데마의 구원은 어떻게 되는 것일까요? 한 번 구원받았으면 영원히 받은 것이라고 보는 견해에서는, 데마는 처음부터 구원을 받지 않은 모방 교인입니다. 반면, 한 번 구원을 받았더라도, 배도하면 구원을 잃는다고 보는 입장에서는, 데마는 구원을 받았지만, 나중에 배도했으므로 구원을 잃었습니다. 전자의 주장은 참 신자는 두려움이나 비겁한 자가 되는 죄를 지을 수 없다는 전제에서 나온 말입니다. 또한, 진실로 거듭난 자는 데마의 경우처럼, 물질주의나 세속의 유혹에 넘어가서 그리스도의 진영에서 탈영하지 않는다는 주장입니다. 그러나 마가가 비겁했다면 베드로도 비겁하였습니다! 교인이지만 물질과 세속의 재미에 푹 빠지는 경우도 없지 않습니다. 후자의 경우는 데마가 배도했다고 보기 때문에 처음에는 구원을 받은 신자라도 구원을 상실할 가능성을 전제합니다. 그러나 이렇게 보면 아무도 자신의 구원에 대해서 확신할 수 없습니다.

만약, 신자도 중죄를 지을 수 있고 탈락할 수 있다고 보면, 데마에 대한 이해는 달라집니다. 데마는 구원을 상실했다기보다는, 두려움과 심한 침체를 견디지 못하고 도중 하차한 셈이 됩니다. 그는 배교자라기보다는, 시련을 감당할 수 없어 낙향했을 가능성이 있습니다. 그는 마가와 대조적입니다. 마가는 첫 선교 여행 도중에 집으로 돌아갔지만, 나중에 다시 돌아와서 바울과 베드로가 칭찬하는 훌륭한 동역자가 되었습니다. 반면, 데마는 마가가 돌아온 후에도 계속 바울의 선교팀에서 섬기다가 하차하고 말았습니다. 바울이 그를 계속 동역자로 간주한 것을 보면, 그에게 별다른 결격사유가 없었던 것으로 보입니다.

그러나 결과적으로 데마는 떠났고 마가는 돌아왔습니다. 그럼 마가는 첫 선교 여행 때에는 신자가아니었는데 나중에 회심하고 다시 선교팀에 합류한 것이었을까요? 그럼 데마도 사실은 신자가 아니면서 그런 척했단 말일까요? 우리는 데마가 나중에 돌아왔는지 알 수 없습니다. 그러나 데마가 신자가 아니면서 그처럼 힘든 선교팀에서 바울과 함께 오래 동역할 수 있었을 가능성은 희박해 보입니다. 마가의 경우에도 그가 거듭난 교인이 아닌데 바나바와 바울과 같은 영적 사도들을 속이고 교인인 척했을 가능성도 작아 보입니다. 마가도 데마도 처음부터 그리스도를 구주로 믿은 신자였을 것입니다. 그렇다면, 낙향한 데마는 구원을 잃은 것이 아니고 봉사의 기회를 상실한 것입니다. 물론 확실하게 증명할 수는 없지만, 하나님께서는 데마를 마가와 다르게 대하시지 않았을 것입니다. 그래서 아마도 그를 다시 회복시키시고 주어진 여건에서 나름대로 주를 계속 섬기는 은혜를 베푸셨을 것으로 기대됩니다. 성경은 데마에 대해서 더는 언급하지 않습니다. 우리가 배워야 할 교훈이 있다면 끝까지 주를 신실하게 섬기는 것입니다.

[하나님의 참 일꾼들]

현대 사회는 각종 스타를 생산하고 대중이 그들을 숭배하게 함으로써 엄청난 수익을 올립니다. 필름 스타, 스포츠 스타, 투자 스타, 하이텍 스타, 팝 스타 등등이 줄지어 나옵니다. 교회도 마찬가지입니다. 초대형 교회 목회자들이 서로 앞을 다투고 그들을 숭배하는 교인들은 열광합니다. 스타 숭배 문화가 전세계를 휩쓸고 있습니다. 바울은 그런 우상 숭배를 분명 정죄했을 것입니다. 바울이 존중한 자들은 높은 사례비를 받거나, 전문가들이 편집한 베스트 셀러의 저자가 되거나, 학벌을 내세우는 유명 목회자들이 아니었습니다. 그가 아는 하나님의 참 일꾼들은 거의 들어보지도 못한 두기고, 오네시모, 아리스다고, 유스도, 에바브라, 누가, 아킵보와 같은 자들이었습니다. 이들은 작은 가정 교회들을 섬기며 고생을 물 마시듯 하는 바울과 날마다 역경 속에서 고난을 받았습니다. 이들은 누가를 제외하고는 잠시 언급된 후에 조용히 무대에서 사라졌습니다. 그러나 그들에 대한 바울의 호평은 현대판 교회 스타들에게는 아마도 어울리지 않을 것입니다. 바울의 칭찬을 받은 일꾼들은 어떤 사람들이었습니까?

이들은 평범한 신자들이었습니다. 이들은 겸비하였고 진심으로 자기들이 가진 모든 것으로 주를 섬겼습니다. 바울은 빌립보서에서 에바브로디도에 대해서 언급하면서 "또 이와 같은 자들을 존귀히 여기라"(빌 2:29)고 하였습니다. 그런데 이 권면은 우리가 받아들이기에 어려운 주문처럼 들립니다. 그런 하나님의 참 일꾼들을 찾기가 쉽지 않기 때문입니다. 어쩌면 우리는 너무 높은 곳을 바라보는지도 모릅니다. 아마 우리의 시선을 낮은 곳에 두고 찾으면 의예로 참 일꾼들을 만날 수 있을지도 모릅니다. 하나님께서는 흔히 사람들이 별로 시선을 주지 않는 장소에서 주님을 겸손히 섬기는 신실한 종들을 보호하고 계십니다. 인기 위주의 슈퍼스타들에게 현혹되지 마십시오. 그들을 부러워하지도 마십시오. 그들은 이미 자기의 상을 받은 자들입니다.

[초대 교회와 여성도들]

"라오디게아에 있는 형제들과 눔바와 그 여자의 집에 있는
교회에 문안하고"(15절).

바울은 교회들 사이의 통신 유지에 신경을 썼습니다(참조. 롬 16:1-23; 고전 16:15-20). 그래서 여러 동역자를 소개하고 추천할 뿐만 아니라 인근 교회끼리 서로 연락을 하며 바울의 문안도 전하도록 부탁하였습니다. 초대 교회는 이웃 교회들을 라이벌로 보거나 무관심하게

대하지 않았습니다. 이것은 현대 교회들이 가장 잘못하는 것 중의 하나입니다. 이웃 교회들보다 내 교회가 잘돼야 한다고 생각하고 시기하며 경쟁하거나 아무 관계가 없다고 보는 것은 매우 그릇된 자세입니다. 예수 그리스도를 구주로 믿는 교회들은 어디에 있든지 모두 형제 교회들입니다. 특별히 인근 교회들은 서로 연락을 주고받으면서 교제하는 것이 좋습니다. 함께 도우면서 성장해야 할 것을 경쟁의 대상으로 보고 배타적으로 대한다면, 교회들은 늘 불편한 이웃들로서 살아야 할 것입니다. 라오디게아는 골로새 인근에 있었는데 눔바라는 여성도의 집에서 모였습니다. 이 교회는 가정 교회였습니다(행 12:12; 16:40; 고전 16:19; 롬 16:5, 23; 몬 2).

초대 교회는 거의 가정에서 모였습니다. 불편한 점들이 없지 않았겠지만, 그들은 그리스도 안에서 한 몸이 되었다는 연합과 지체 의식이 강하였고 사랑의 삶을 나누었습니다. 그래서 초대 교회의 가정 교회는 진정한 의미의 예수 가족 교회로서 적어도 약 250년 동안 계속되었습니다. 그러나 기독교가 로마 제국의 국교가 되면서부터 교회는 박해를 받는 입장에서 오히려 박해하는 세력이 되었고, 교회 수입과 자산이 늘면서 교회당 건축이 일반화되었습니다. 중세기 가톨릭교회는 성 베드로 성당의 건축과 함께 크게 부패하였고 성당의 화려한 치장을 하나님께 대한 영광으로 간주하였습니다.

우리나라 교회도 교회당 건축을 성전 건축이라고 하면서 많은 돈을 들여 크고 화려하게 지었습니다. 이것은 분명 잘못된 방향으로 교회가 퇴보한 것입니다. 실용적인 목적으로 모일 수 있는 소박한 장소면 충분할 터인데도, 과욕과 과시를 위해 대건축 사업을 벌여왔습니다. 이들은 바벨탑의 세대들처럼 서로 이름을 내자는 식으로 경쟁하며 교회 대형화로 금력을 확보하는 데 급급하였습니다(창 11:4).

초대 교회의 가정 교회는 현대 교회와 너무도 대조적입니다. 초대 교회는 편리나 시설과는 거리가 멀었지만, 살아 있는 말씀이 있었고 성령의 능력과 성도들의 사랑이 흘렀습니다. 그들은 대부분 가난하였고 노예들도 다수였지만 복음을 로마 제국 전역에 전파하는 열정과 헌신이 있었습니다. 무엇보다도 그리스도와 그의 구원의 복음을 위해 기꺼이 목숨을 내놓기도 하였습니다. 순교자들은 화려하고 부유한 교회 출신들이 아니고, 모두 누추하고 가난한 가정 교회 출신들이었습니다. 그들은 파이프 오르간이나 찬양대나 높은 강대상이나 엔테테인 프로그램이 전혀 없는 가정에서 항상 예배를 보았고, 하나님의 말씀을 배우며 성령 안에서 서로 교제하던 평범한 성도들이었습니다.

초대교회 교인들이라고 해서 흠이 없지는 않았습니다. 그래도 그들은 편안하고 시설 좋은 현대 교회에서 하나님을 섬긴다는 대부분의 교인보다 훨씬 더 하나님을 잘 알고 복음의 진리에 헌신된 삶을 살았습니다. 교회당 건물이 그 자체로서 죄악 된 것은 아닙니다. 건물은 매우 유용합니다. 그러나 과도한 건축은 신자들에게 헌금의 압박을 주고 교회 에너지를 물량적이고 가시적인 것에 쏠리게 합니다. 모임의 장소로서의 교회당 건물은 유용할지라도, 초대 교회가 입증하듯이 불가결한 것은 아닙니다. 교회가 건물이 없이 운영되어야 했을 때도 교회로서의 사명과 역할을 충분히 감당할 수 있었습니다. 교회당 건물이 허술하다고 성령께서 안 오시는 것도 아니고, 멋진 교회당이라고 해서 성령께서 좋아하시는 것도 아닙니다. 사람들은 교회라고 하면 주로 교회당 건물로 생각합니다. 불신자들이야 그럴 수밖에 없겠지만, 교인들은 그런 생각을 불식시켜야 합니다. 조금이라도 성경을 아는 신자라면 교회당 건물 자체를 '교회'라고 생각하지 않을 것입니다.

문제는 여전히 교회당 건물에 우선권을 두고 교회가 마치 건물이 있어야 성립되는 것처럼 여기는 것입니다. 그래서 무리를 하면서 건축 헌금을 조달하고 빚을 안은 채 교회당 건축에 들어갑니다. 그것도 저가로 짓는 것이 아니고 비싼 자재를 사용하고 내부 치장에 많은 돈을 들이는 경우도 적지 않습니다. 목회자도 교인들도 교회당을 건축하는 것을 하나님께 무슨 큰일을 해 드리는 것으로 여깁니다. 이런 생각은 잘못된 것입니다. 하나님께서 신약 교회에 무리하게 교회당을 지으라고 명령하시지 않았습니다. 교회당 건축이 우선이라고 가르치신 적도 없습니다. 교회를 지었더니 교회가 부흥했다고 말하거나 혹은 교회당과 시설이 없어서 교회가 죽는다고 말하는 것은 맞지 않습니다. 사람들의 눈에는 그렇게 보일지 모릅니다. 물론 시설이 간접적으로 도움이 될 수는 있습니다. 사도 바울도 두란노 서원을 빌려서 2년 동안 에베소 지역의 전도와 모임의 장소로 사용하였습니다(행 19:9). 그러나 바울이 장소에 우선권을 두거나 그것이 사역의 성패를 좌우하며 교회의 위상을 높이는 것으로는 생각하지 않았습니다.

교회는 구속받은 신자들의 모임이며 그리스도의 몸입니다. 이 몸은 예수 그리스도의 부활 생명으로 생동하고 성령의 활동으로 자랍니다. 모든 초대 교회가 그러했듯이 눔바의 가정 교회에서도 신자들은 영적인 유기체로서 가정에 모여 기도하고 말씀을 공부하며 예배하였습니다. 눔바의 집에 강대상도 음향 장치도 찬양대도 피아노도 회중 의자도 주일학교도 냉방이나 온방도 컴퓨터도 주보도 없었습니다.

그러나 그들에게는 성령의 임재가 있었고, 바울 사도가 보내는 서신들을 경청하며 실천하는 믿음이 있었습니다. 그들은 서로 뜨겁게 사랑하고 아낌없이 나누면서 박해를 견뎠습니다. 우리가 2천 년 전의 가정 교회 형태로 돌아가야 한다는 말은 아닙니다. 요점은 그들이 가졌던 높은 수준의 영성과 실제적인 크리스천 삶의 영적 능력이 어디에서 나왔느냐는 것입니다. 그것은 분명 교회당 건물이나 기타 물질적인 치장에서 나오지 않았습니다. 오늘날의 교회는 갱신되어야 할 부분이 많습니다. 우리가 진정으로 잘못된 것들을 인정하고 시정할 뜻이 있다면, 우리도 초대 교회의 능력 있는 승리의 삶을 살 수 있을 것입니다. 골로새 교회와 라오디아 교회와 히에라볼리 교회의 주님이셨던 예수님은 지금도 살아 계셔서 성령과 말씀으로 우리를 새롭게 하실 수 있습니다.

초대 교회에는 여성도들의 기여가 컸습니다. 기독교가 세계에 공헌한 것의 하나는 여성들의 자유와 지위를 향상한 것입니다. 1세기의 고대 사회는 유대교를 포함해서 여성들의 지위가 낮았습니다. 그러나 예수님은 남녀를 가리지 않고 상대해 주셨고 십자가 구원을 모든 종류의 사람들에게 제시하셨습니다. 신약 교회에는 여성도들의 역할이 두드러집니다. 그런데 이것을 남성 리더십을 원칙으로 삼는 신약의 가르침을 번복시키려는 구실로 사용되지 말아야 합니다. 성경의 남성 리더십은 남녀 차별이 아니라, 기능과 역할의 구분이었습니다. 교회는 남성 리더십을 내세워 하나님 나라를 위한 여성도들의 합당한 기여를 막아서도 안 됩니다. 초대 교회에는 복음 사역에 헌신한 여성도들의 이름이 매우 많이 언급되었습니다.

마리아: 마리아가 천사로부터 동정녀 수태 소식을 받았을 때는 십대였습니다. 그런데도 마리아는 후세대에 길이 빛나는 믿음과 순종의 모범이 되었고 마리아의 찬가라고 알려진 귀한 메시지를 남겼습니다(눅 1:38, 46-55).

엘리사벳: 세례 요한의 모친으로서 마리아의 방문을 받고 성령에 충만하여 마리아와 태중의 예수 그리스도를 축복하였습니다(눅 1:39-45).

마가의 모친 마리아: 자기 집을 기도와 교제의 장소로 사용하였습니다(행 12:12).

루디아: 바울로부터 전도를 받았으며 바울과 실라가 빌립보 감옥에서 풀려났을 때 친절하게 자기 집에 모셨습니다. 그녀는 자기 집을 모임의 장소로 사용하였는데 빌립보의 첫 가정교회가 되었습니다(행 16:15, 40).

브리스길라: 남편인 아굴라와 함께 성경에 능통한 아볼로에게 예수 그리스도의 복음을 더 분명하고 정확하게 풀어주었습니다(행 18:26). 또한, 자기 집을 가정 교회로 사용하였습니다(고전 16:19; 롬 16:3-5).

빌립의 네 딸들: 이들은 일곱 집사의 한 사람이었던 빌립의 딸들이었는데 모두 예언의 은사가 있었습니다(행 21:9).

베뵈: 겐그레아 교회의 일꾼이었고 바울이 크게 신뢰하여 로마 교

회에 추천하였습니다(롬 16:1). 아마 로마서를 전달했을 것입니다.

유오디아와 순두게: 바울과 함께 복음 사역에 힘썼습니다(빌 4:2).

이 이외에도 마리아와 마르다, 막달라 마리아가 있으며 각 서신과 로마서 16장에 열거된 훌륭한 여성도들이 있습니다.

"이 편지를 너희에게서 읽은 후에 라오디게아인의 교회에서도 읽게 하고 또 라오디게아로부터 오는 편지를 너희도 읽으라"(16절).

바울은 사도로서의 자신의 글이 성령의 감동에 의한 것임을 알았습니다. 그래서 그는 교회에서 그의 서신을 읽으라고 지시하였습니다. 초대 교회에서 성경 읽기는 중요한 부분이었습니다. 이것은 유대인 회당의 전통이었는데(눅 4:16; 행 13:15, 27; 15:21; 고후 3:14-15) 초대교회가 이어받았습니다(살전 5:27; 딤전 4:13). 그러나 무턱대고 읽는 것이 아니라 예배의 문맥에서 읽었습니다. 스코틀랜드 장로교에서는 지금까지도 예배 때에 먼저 구약과 신약의 본문들을 각각 낭독하는 관습이 있습니다. 이것은 모든 신자가 하나님의 말씀의 권위 아래 있다는 것을 상기시키고 성경을 전체적으로 듣게 하는 데 도움이 됩니다.

아킵보: 바울은 그를 "우리와 함께 병사 된 아킵보"(몬 2절)라고 하였습니다. 그가 주 안에서 받았다는 직분이 정확하게 무엇인지 알 수 없습니다(17절). 그러나 바울이 유독 그만 골라서 권면한 것을 보

면 어떤 중요한 직분이었다고 봅니다. 그는 아마 라오디게아 교회에서 가르치는 일을 맡았을 듯합니다. 계시록에 나오는 라오디게아 교회에 대한 주님의 평가를 보면 차지도 않고 덥지도 않은 미지근한 상태에 있었습니다(계 3:15-16). 그래서 "열심을 내라 회개하라"(계 3:19)고 하였습니다. 라오디게아 교회가 언제부터 이렇게 되었는지는 알 수 없지만 아킵보는 분명 격려가 필요하였습니다.

[묶일 수 없는 복음]

"나 바울은 친필로 문안하노니 내가 매인 것을 생각하라 은혜가 너희에게 있을지어다"(18절).

바울은 대필을 시켰습니다. 그래서 자신이 끝부분을 친필로 적어서 위조나 가짜 서신을 구별하게 하였습니다. 대필은 당시의 관습이기도 했지만, 바울의 경우에는 아마 다메섹에서 주의 강렬한 빛을 본 이후로 시력 장애를 받은 듯합니다. 그렇다면 그가 서신을 쓸 때마다 더욱 대필자에게 의존할 수밖에 없었을 것입니다.

바울은 골로새 교인들에게 "내가 매인 것을 생각하라"고 상기시켰습니다. 그 목적이 무엇이었을까요? 그는 자신이 복음으로 받는 고난을 달게 여기며 당연시하였고 오히려 기뻐하였습니다(골 1:24; 빌 1:12-18; 딤후 1:8). 그래서 자기를 동정해 달라는 말이 아님이 분명합니다. 바울은 디모데에게 "무릇 그리스도 예수 안에서 경건하게 살고자 하는 자는 박해를 받으리라"(딤후 3:12)고 하였습니다. 바울은 누구보다도 주 예수와 그의 복음에 헌신하고 살 때는 어둠의 세력이 막아서고 박해가 와서 자유를 박탈당하는 고통이 온다는 사실을 잘 알았습니다. 그래서 그는 골로새 교인들에게 그를 위해 간절히 기도하라는 부탁을 다시 상기시켰습니다.

그런데 예수 그리스도의 구원의 복음은 결코 사슬에 묶여 있을 수 없습니다. 하나님께서는 자신의 사도들이 감옥에 묶이는 일을 허락하시면서도, 복음은 묶이지 않게 하십니다. 복음은 감옥에서도 전파되고 감옥 밖에서도 전파됩니다. 바울은 자유의 몸으로 있을 때는 말할 나위도 없었지만, 어두운 감옥 속에 갇혀 있을 때도 복음의 빛을 전할 수 있었습니다. 그가 로마의 감옥에 투옥되지 않았더라면 가이사의 시위대가 회심할 수 없었을 것입니다(빌 1:12-13). 또한, 바울이 감금 상태에 있으므로 말로 복음을 전할 수 없게 되었기에 많은 서신을 쓰게 되었습니다. 그 결과, 후대에 읽힐 신약 성경의 일부가 되었습니다. 이것이 하나님의 능력이며 섭리입니다. 하나님께서는 자신의 복음에 투신하셨습니다. 그래서 예수 그리스도의 복음은 절대로 묶이지 않습니다. 비록 전파자의 몸이 묶인다 하여도 복음은 하나님의 전능하신 능력으로 주님이 다시 오실 때까지 자신의 길을 달려갑니다.

바울은 친필로 문안하면서 "내가 매인 것을 생각하라"고 하였습니다. 만약 사인(서명)에 해당하는 바울의 이 친필이 남아 있다면 얼마나 많은 사람이 소장하기를 원할지 모릅니다. 값으로 따질 수도 없을 것입니다. 그런데 바울의 친필은 사슬에 묶인 몸으로 쓴 것이었습니다. 이제는 바울의 친필 사인이 새겨진 그의 서신도 없고, 바울을 묶었던 쇠사슬도 없습니다. 기록으로만 남아 있는 먼 옛날의 일입니다. 그러나 바울의 친필과 쇠사슬은 그가 전한 복음과 함께 우리의 심령에 아직도 새겨져 있습니다. 우리는 바울의 고난과 수고의 덕을 입고 삽니다. 그는 자신의 세대만이 아니고, 후세대를 위해서 영원한 복음의 가치가 어떤 것인지를 밝히 보여 주었습니다.

바울은 그리스도와 복음을 위해 숱한 고난을 겪었습니다. 그는 수차례 투옥되었고, 유대인들로부터 사십에서 한 대를 뺀 매를 다섯 번 맞았으며, 채찍으로 세 번 맞고, 돌로 한 번 맞았습니다. 바울이 이런 혹독한 매질에서 살아남은 것은 하나님의 기적적인 보호가 없었다면 불가능한 일이었습니다. 그는 세 번씩 파선을 당하였고, 밤낮 하루 동안 깊은 바다를 떠다녔습니다. 그는 선교 여행 중에 강도와 여러 대적자를 만났으며 강과 바다의 위험을 겪었습니다. 그는 여러 밤을 지새우고 굶주리며 추위와 갈증으로 고통을 받았습니다. 그 이외에도 그는 교회에 대한 염려로 마음이 항상 눌렸습니다. 바울의 이 간증은 고린도후서 11장에 나옵니다(고후 11:23-27). 그 후에도 바울은 로마에서 순교하기 전까지 적어도 십 년 이상을 더 많은 고난을 받았습니다.

바울은 골로새서를 쓰는 이 순간에도 쇠사슬에 묶여 있었습니다. 그러나 그가 남긴 서신들은 신약 성경의 경전이 되었고 죄와 악의 세상에 참 빛을 비추는 구원의 등대가 되었습니다. 바울은 "내가 매인 것을 생각하라"고 하였습니다. 바울이 전한 복음은 쇠사슬에 묶인 채 생명의 빛을 비춥니다. 사람들은 바울의 사인은 원하지만, 그의 쇠사슬은 원하지 않습니다. 그러나 쇠사슬의 의미를 모르면 바울의 사인은 아무런 의미가 없습니다. 우리도 바울처럼 주 예수의 생명과 빛의 복음을 위해 "내가 매인 것"이 있어야 합니다. 복음을 위해 받는 고난은 나 자신뿐만 아니라 다른 사람들의 영혼을 위한 축복의 통로입니다.

[마지막 축도]

"은혜가 너희에게 있을지어다"

이 마지막 축도는 본 서신 전체에 비추어 보지 않으면 하나의 형식적 결언에 그칩니다. 바울은 골로새서의 서언에서 복음이 하나님의 은혜라는 것을 언급하였습니다.

"이 복음이 이미 너희에게 이르매 너희가 듣고 참으로 하나님의 은혜를 깨달은 날부터 너희 중에서와 같이 또한 온 천하에서도 열매를 맺어 자라는도다"(1:6).

바울은 이 복음의 주인공이신 예수 그리스도의 탁월성과 충만성을 지적하고 골로새의 세속 철학과 사이비 종교의 유혹을 경고하였습니다. 골로새 교인들은 하나님의 은혜로 복음을 깨달았지만, 그들을 그리스도에 대한 믿음에서 떨어지게 하려는 악한 세력들을 막아야 했습니다. 그래서 그들은 그리스도의 구원이 가져온 용서와 하나님과의 화평한 관계를 다시 확인해야 했습니다. 그들은 그리스도와 함께 부활하여 새 생명의 영역으로 완전히 옮겨졌다는 사실도 기억해야 했습니다. 그들은 옛사람에 속한 행위를 벗어버리고 그리스도의 형상을 닮는 승리의 삶을 살아야 했습니다. 이것은 하나님의 은혜로서만 가능한 것입니다. 하나님의 은혜가 없이는 복음도 깨달을 수 없고 새 생명의 삶도 살 수 없습니다.

하나님의 은혜는 사실상 바울에게도 필요하였습니다. 그는 로마 감옥의 불편을 극복하고 다시 복음을 널리 전하기 위해 하나님의 은혜가 있어야 했습니다. 우리에게도 하나님의 은혜가 필요합니다. 우리도 골로새 교인들처럼 세상의 악한 세력들 앞에서 군건하게 서려면 복음을 더 깨달아야 합니다. 역경 속에서 소망을 잃지 않고 오직 주 예수의 능력으로 사는 법을 터득하고 실천하기 위해서 은혜가 필요합니다. 주 예수를 닮는 거룩한 삶을 위해서 하나님의 은혜가 필요하고, 우리 죄를 용서받고 새롭게 살기 위해서 하나님의 은혜가 있어야 합니다. 우리는 성령의 도우심으로 하나님의 뜻을 깨닫고 자신에게 주어진 소명을 이루기 위해서 하나님의 은혜가 있어야 합니다. 우리는 주께서 주시는 유업의 상을 받기 위해서(3:23-24) 하나님의 은혜가 필요합니다. 이 세상에서 하나님의 은혜처럼 우리에게 필요한 것이 무엇이겠습니까?

"은혜가 너희에게 있을지어다"라는 바울의 축도는, 곧 주 예수께서 우리에게 내리시는 축원입니다. 우리가 하나님의 은혜를 날마다 사모하고 간구하는 것은 무엇을 의미합니까? 그것은 우리가 언제나 하나님의 은혜로 산다는 것을 하나님 앞에서 알리는 우리의 신앙고백입니다.